精品课
EXCELLENT COURSE

高等院校精品课程系列教材

现代工程项目管理

MODERN ENGINEERING PROJECT MANAGEMENT

白礼彪 杜强 编著

机械工业出版社
CHINA MACHINE PRESS

本书从现代工程项目管理全局出发，针对现代工程项目管理的特点，以及国内外现代工程项目管理的发展历程与发展趋势，就现代工程项目管理的科学原理与科学方法、工程项目管理体系框架、工程项目组织、工程项目管理核心技术和支撑技术等内容进行了较为详细、全面的阐述，并且在最后通过阐述工程项目管理技术的发展与应用，预测了现代工程项目管理的发展趋势。本书不仅为提高工程项目管理水平提供了理论基础，而且能够促进工程项目管理现代化发展，具有较强的理论性、科学性、系统性、针对性和实用性。

本书可以作为项目管理专业和工程管理专业开设项目管理概论课程的教材，也可以作为从事工程项目管理方面研究的人员了解现代项目管理框架体系及其方法技术要素的参考书。在利用本书进行教学时，可根据课程教学要求在内容和学时上进行适当的调整。

图书在版编目（CIP）数据

现代工程项目管理 / 白礼彪，杜强编著 . —北京：机械工业出版社，2022.10
高等院校精品课程系列教材
ISBN 978-7-111-72448-3

Ⅰ . ①现… Ⅱ . ①白… ②杜… Ⅲ . ①工程项目管理 – 高等学校 – 教材 Ⅳ . ① F284

中国国家版本馆 CIP 数据核字（2023）第 009929 号

机械工业出版社（北京市百万庄大街 22 号　邮政编码 100037）
策划编辑：张有利　　　　　责任编辑：张有利　何　洋
责任校对：张爱妮　梁　静　责任印制：任维东
河北鹏盛贤印刷有限公司印刷
2024 年 5 月第 1 版第 1 次印刷
185mm×260mm・18 印张・380 千字
标准书号：ISBN 978-7-111-72448-3
定价：59.00 元

电话服务　　　　　　　　网络服务
客服电话：010-88361066　机　工　官　网：www.cmpbook.com
　　　　　010-88379833　机　工　官　博：weibo.com/cmp1952
　　　　　010-68326294　金　书　网：www.golden-book.com
封底无防伪标均为盗版　　机工教育服务网：www.cmpedu.com

前　言
PREFACE

　　现代工程项目是指为达到预期目标，在一定的约束条件下，投入一定量的资本，经过一定的程序后形成固定资产的一次性活动。现代工程项目具有规模大、决策流程复杂、科技含量高、组织结构庞大、风险管控难度大等特点，因此需要复合型高层次人才胜任现代工程项目的管理工作。

　　现代工程项目管理是以工程项目为对象，以实现工程项目目标和达到规定的工程质量标准为目标，在有限的资源约束条件下，根据工程项目建设的内在规律，运用现代管理理论、方法和技术，在策划决策到竣工交付使用的全过程对工程项目进行计划、组织、协调和控制等系统化管理的过程。

　　现代工程项目管理是科学管理，其科学性体现在依据科学原理，采用科学方法对项目进行管理。工程项目管理以系统论为基本原理，以控制论为基本理论，以目标管理为基本方法，以 PDCA 循环为基本活动。工程项目管理离不开核心技术的支持，包括计划编制方法、偏差分析方法、WBS 方法、网络计划技术、甘特图方法和挣值法等。项目管理支撑技术作为项目管理成功不可缺少的组成部分，能够更好地保障并促进工程项目的实施，为实现高效项目管理奠定了基础。有效的工程项目管理依赖于高效的信息管理模式、缜密的风险管理方式、合理的环境管理形式，并且注重沟通管理和解决项目实施过程中所存在的冲突。

　　工程项目管理具有很强的实践性和全面性。就管理的时间范畴而言，工程项目管理涉及从项目的立项到项目运营，再到项目交付的全生命周期；就管理要素而言，它涉及项目采购，项目范围，项目的进度、费用、质量和安全，项目风险，项目生产要素，项目信息，项目现场，项目文化等众多要素，以及可行性研究和项目评价；就管理的过程而言，它涉及项目管理规划，各种计划的编制、实施，以及项目管理过程的控制等。

　　本书从现代工程项目全局出发，基于现代工程项目管理的特点，以及国内外现代工程项目管理的发展历程与发展趋势，针对上述问题进行了较为详细的阐述，具有较强的理论性、科学性、系统性、针对性和实用性。

在本书写作过程中，马珂、康姝云、陈迁、刘诗怡、宗小艺等做了大量辅助工作，在此表示衷心感谢。本书参阅了有关人员的研究成果，并且尽可能地罗列了各位专家、学者的研究成果和工作，在此对他们的辛苦工作和重要贡献一并表示感谢。由于编者水平有限，书中难免存在不足之处，恳请读者批评指正，以便再版时修改、完善。

本书是陕西省哲学社会科学重点研究基地、陕西高校青年创新团队——长安大学绿色工程与可持续发展研究中心的研究成果，受到以下项目资助：教育部产学合作协同育人项目（202102470011，202102590013，202102193042）；教育部工程管理和工程造价专业教学指导分委员会教学改革研究项目"工程管理专业教育现状报告"；陕西省新工科研究与实践项目"面向'中国建造2035'的工程管理专业改造升级路径探索与实践"；陕西省教师发展研究计划专项项目（SJS2022ZY017）；长安大学高等教育教学改革研究项目（23ZZ023）。

编　者

目　录

前言

第 1 章　工程项目管理的发展 …… 1

开篇案例 …………………………… 1
学习目标 …………………………… 2
1.1　国际工程项目管理的发展历程与发展趋势 …………………… 2
1.2　我国工程项目管理的发展历程与发展趋势 …………………… 9
课后思考题 ………………………… 12

第 2 章　工程项目管理与项目管理 …… 13

开篇案例 …………………………… 13
学习目标 …………………………… 14
2.1　工程项目 ……………………… 14
2.2　工程项目管理 ………………… 18
2.3　项目管理 ……………………… 24
2.4　工程项目管理与项目管理的区别 …… 31
课后思考题 ………………………… 32

第 3 章　工程项目管理体系框架 …… 33

开篇案例 …………………………… 33
学习目标 …………………………… 34
3.1　项目管理体系 ………………… 34
3.2　工程项目管理体系 …………… 46
课后思考题 ………………………… 64

第 4 章　工程项目组织概述 …… 65

开篇案例 …………………………… 65
学习目标 …………………………… 65
4.1　工程项目前期策划 …………… 66
4.2　工程项目融资 ………………… 75
4.3　工程项目采购 ………………… 83
4.4　工程项目组织结构 …………… 84
4.5　工程项目管理组织 …………… 100
课后思考题 ………………………… 119

第 5 章　工程项目管理核心技术 …… 120

开篇案例 …………………………… 120
学习目标 …………………………… 121
5.1　项目范围管理 ………………… 121
5.2　工程项目进度管理 …………… 140
5.3　工程项目成本管理 …………… 167
5.4　工程项目质量管理 …………… 192

5.5 工程项目合同管理 ………………… 205
5.6 工程项目变更管理 ………………… 228
5.7 工程项目施工现场管理 …………… 230
课后思考题 ……………………………… 239

第 6 章　工程项目管理支撑技术 ………… 240

开篇案例 ………………………………… 240
学习目标 ………………………………… 241
6.1 工程项目沟通管理 ………………… 241
6.2 工程项目冲突管理 ………………… 244
6.3 工程项目信息管理 ………………… 247
6.4 工程项目风险管理 ………………… 259
6.5 工程项目职业健康安全与
　　环境管理 ………………………… 264

课后思考题 ……………………………… 270

第 7 章　工程项目管理技术的发展与
　　　　　应用 ……………………………… 271

开篇案例 ………………………………… 271
学习目标 ………………………………… 272
7.1 工程项目管理技术的发展 ………… 272
7.2 现代工程项目管理技术的
　　应用领域 ………………………… 274
7.3 现代工程项目管理的
　　发展趋势 ………………………… 276
课后思考题 ……………………………… 278

参考文献 ……………………………… 279

第 1 章
CHAPTER 1

工程项目管理的发展

开篇案例

施工企业 Q 社的工程项目管理发展

改革开放以来，我国经济迅速发展，工程建设成果显著，建造了大批如港珠澳大桥、川藏铁路等重大基础设施工程，为高质量发展奠定了坚实基础。施工企业 Q 社是一家集设计、设备、质量管理、运营于一体的建筑专家集团，是中国的日系施工企业中位居前列的综合性建筑总承包公司。Q 社拥有完善的工程管理与技术监督体系，执行统一的行业标准，高效地开展各种经营活动。以 Q 社为代表的日系施工企业工程项目管理模式的特征包括设计优先参与施工管理，PDCA 模式和 5S 活动贯彻项目周期，报价、采购、生产计划统一管理，等等。从理念的提出到政策的逐步实施，30 多年的摸索使我国的建设模式正经历着一场大变革，为响应国家号召，必须加快推行工程总承包。但对于总承包而言，目前仍有较多问题亟待解决。施工企业 Q 社在国际上享有盛誉，其成功绝非偶然，其中有许多可供我国建筑企业学习和借鉴的地方。因此，我们需要对国内外工程项目管理的发展历程有一个清晰的认知，把握其发展趋势，以促进人民生活质量和社会建设水平的提升。

中国产业调研网发布的《中国工程项目管理行业现状调研分析及发展趋势预测报告》显示，随着工程项目逐渐大型化和复杂化，建设工程项目管理正趋于形式一体化和结构多样化。该发展模式无疑对建筑企业的工程管理能力提出了更高的要求，需要企业具备完善的管理体制、先进的信息化管理技术和工程项目管理模式来与建设工程项目管理的发展相匹配。

> **学习目标**
> - 熟悉国际工程项目管理的发展历程。
> - 了解国际工程项目管理的发展趋势。
> - 熟悉我国工程项目管理的发展历程。
> - 掌握我国工程项目管理的发展趋势。

1.1 国际工程项目管理的发展历程与发展趋势

1.1.1 国际工程项目管理的发展历程

项目管理是指在有限的资源条件下，为实现某种目标而进行有效管理的活动，其具有漫长的发展历程。自有组织活动出现以来，人们便开展了诸多项目管理方面的实践活动，如中国的万里长城、埃及的金字塔、古罗马的供水系统等伟大工程都是古代人民运作大型复杂项目的范例。

项目存在之处便存在项目管理思想。例如，我国春秋战国时期的《考工记》中有记载，在修筑沟渠和堤坝的时候，需要以匠人1天修筑的进度为参照，然后根据1里⊖工程所需的匠人数和天数对该工程的劳力进行预算，最后通过合理的人力调配开展施工。这是现代项目管理"以计划为基础"的基本思想的充分体现。

项目管理的发展依赖于工程领域中的大量实践活动。项目和项目管理的概念起源于建筑行业。相较其他项目而言，建筑项目的实施过程具有更高的复杂性和密集性。随着社会的不断进步，以及科技文明的飞速发展，项目管理理论得到不断完善与补充，其应用领域也不断扩宽，被成功引入大型国防工业的发展领域且取得了巨大成功，被誉为美国军方对当代管理科学的十三项最大贡献之一。第二次世界大战的爆发也促进了现代项目管理的发展。例如，北极星导弹计划、曼哈顿原子弹计划等，它们推动了现代项目管理学科的形成和发展。第二次世界大战爆发时，项目管理主要被应用于国防和军工项目中。一个典型的案例是美国的曼哈顿计划，其把第一颗原子弹的研制任务作为一个项目来管理。美国将军莱斯利·R. 格罗夫斯（Leslie R. Groves）在其回忆录《现在可以说了：美国制造首批原子弹的故事》中详细记载了这个项目的始末。这一阶段，项目管理强调计划的协调与管理，并且以甘特图制订计划。

20世纪50—60年代，由于关键路径法（CPM）和计划评审技术（PERT）的出现，项目管理的发展出现了突破。1957年，美国杜邦公司为了实现生产目标连续运行机器，致使机器无法进行有效检修。为克服这一问题，公司安排时间停工所有生产线并全面检修设备。杜邦公司通过对检修流程进行详细的分析，发现每条线路的检修时间都不相同，所以只要把最长线路上的各道工序的检修时间缩短，就可以大大减少检修时间。经过反复检查、优化，最后

⊖ 商周时的1里约为406米，秦汉时的1里约为415米。

杜邦公司将检修时间从 125h 缩短至 78h，进度提前了 38%，产生了 100 多万美元效益，并且在此基础上形成了关键路径法。同时，美国海军特种计划局制订了北极星导弹计划，接近 1/3 的美国科学家参与了这个项目的研究。该项目具有技术新、组织复杂的特点，致使项目的管理与推进难度非常大。为了完成这项工作，项目的组织者提出了一个构想：为每项任务预估最悲观、最乐观和最客观的工期，并且基于关键路径法用"三值加权"的方法对该项目进行编排，最后将项目完成时间从 6 年缩短至 4 年，研制周期缩短了 33%，进而形成了现代项目管理的核心方法——计划评审技术。

20 世纪 60 年代，美国实施了著名的载人登月项目——阿波罗计划。该项目由 42 万人参加、耗资 400 亿美元，基于关键路径法和计划评审技术，根据阿波罗计划所涉专业多、单位多、部门多的现实情况，提出了"矩阵"管理模式，对阿波罗计划的顺利实施起到了推动作用。到了这个时候，就需要有一套科学的、系统的、行之有效的手段。当前，甘特图、CPM、PERT 与矩阵模型被公认为最常用、最基础的项目管理工具和方法。20 世纪 70 年代，项目管理模式被引入中型企业的新产品开发领域，并且在 70 年代后期和 80 年代，逐步被推广到中小企业中。将项目管理灵活运用于企业管理的各种实践活动，完善了项目管理过程中所涉及的方法和相关技术，逐渐形成了项目管理学科体系。项目管理被公认为一种可以实现企业目标的良好方法和模式。

20 世纪 90 年代，随着高新技术产业飞速发展，制造业经济下，项目的特点也随之发生了改变，传统项目管理方法不能适应信息经济时代。在制造业经济的背景下，项目管理更注重可预见性与可重复性，将生产流程的合理化与标准化作为其工作重心。但信息经济环境下，信息自身具有动态性，并且项目任务的独特性取代了其重复性。因此，如何灵活地应对环境的不断变化是当下需要解决的核心问题，而项目管理正是实现灵活性的有效途径，"灵活性"成了新秩序的代名词。此外，通过最大限度地利用企业内外部资源，项目管理模式可以有效提升管理人员的管理能力。许多企业应用项目管理模式，并且将其作为企业重要的管理手段。目前，在经历了长时间的探索、发展与演变之后，项目管理已逐渐发展为一门独立的学科，成为现代管理学的一个重要分支。总之，项目管理在其发展过程中主要经历了三个阶段，如图 1-1 所示。

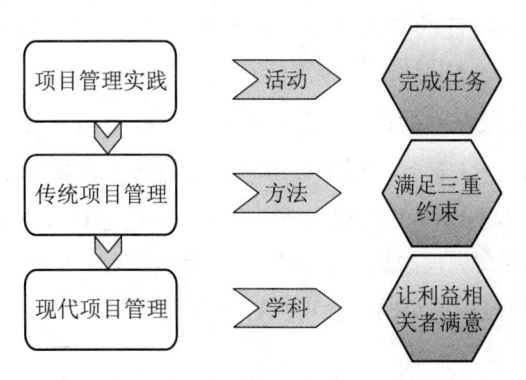

图 1-1　项目管理发展的三个阶段

（1）第一阶段：项目管理实践阶段。这一阶段的主要目标是完成既定任务，并未形成系统的方法与计划，也未形成有效的科学管理手段与操作技术规范。典型的项目如埃及的金字塔、古罗马的供水系统、中国的万里长城等。

（2）第二阶段：传统项目管理阶段。这一阶段的重点是项目管理技术的应用，以保证项目时间、质量和成本三大目标的最优实现。例如，通过科学应用关键路径法与计划评审技术优化进度计划，确保了对美国军事计划和阿波罗计划目标的成功管理。

（3）第三阶段：现代项目管理阶段。这是项目管理发展的成熟阶段。此阶段在传统项目管理的基础上，进一步扩大了管理范围和应用领域，开始与其他学科交叉融合，不断促进多学科的发展。本阶段，项目管理主要面向市场与竞争，此外，引入了人本管理和柔性管理的理念，重点以项目管理知识体系中包含的内容作为指导，进行全面、全过程和全方位的发展，以实现利益相关者的目标。可以看出，项目管理科学的发展是人类生产实践活动发展进程中的必然产物。从项目管理实践阶段的实践活动可以看出，当时的项目管理以实现既定的任务为目标。然而，为了完成任务，企业的实践活动通常受到项目完成时间、所消耗成本和可交付物质量的限制。传统项目管理的概念就是基于实现项目的三维坐标（时间、成本、质量）约束而提出的一套科学管理方法，它追求的目标是在既定的成本约束下，在规定的时间内完成项目的任务和目标。根据这一概念可知，传统项目管理注重项目的实施，并且基于项目实施方的立场，分析如何才能按照计划更好地完成项目。但是，由于项目管理涉及的利益相关者非常广泛，有投资单位、设计单位、承包方单位、监理单位和用户等，因此项目管理工作就必须秉持"多赢"这一核心理念。现代项目管理为项目管理的应用提供了一套完整的学科体系，其所追求的是使各参与者的满意度最大化，并且使各参与者的整体利益最大化。现代项目管理以市场和竞争为导向，更注重人的因素，以及顾客与柔性管理，是一套拥有完整理论和方法基础的学科体系。

1.1.2 国际工程项目管理的发展趋势

工程项目管理是指按照客观的经济规律，对工程项目的整个过程进行有效的规划、组织、控制和协调的一种系统性的管理活动。从内容上看，工程项目管理是指工程项目从立项、可行性研究、设计、施工到竣工、投产的全过程管理；从本质上看，工程项目管理是对企业进行固定资产投资的最基本的依据，是对企业进行投资的一种管理方式。工程项目管理模式就是把管理对象看作一个系统，用某种组织管理方法来保证该系统的正常运作，从而保证其目的的达成。最近几年国际上比较先进的工程公司，如美国柏克德工程公司、西班牙ACS集团等，为满足项目大规模融资和分散项目风险的需要，已经开始探索并提出了适应大型化、一体化趋势发展的建设项目的工程项目管理方式。

1. 传统的项目管理模式（DBB 模式）

传统的项目管理模式为设计—招标—建造（Design-Bid-Build，DBB）模式，主要参与方为业主、建筑师、工程师和承包商。这种管理模式被广泛运用于全球各地。其中，世界银行、亚洲开发银行的贷款项目和采用国际咨询工程师联合会（FIDIC）合同条件的国际工程项目都采用这种模式。它最突出的特点是强调工程项目的实施必须以设计—招标—建造的顺序依次进行，并且后一个阶段的开始依赖于前一个阶段的结束。

它的优点在于：
1）具有较高的通用性。
2）可以自由选择顾问、设计和监理单位。
3）各参与方对合同文本的熟悉程度，有利于合同管理，控制风险，降低投资成本。

它的缺点在于：
1）在向业主交付前，必须经过规划、设计和施工三道工序，工期较长。
2）物业公司经营成本高，前期投资大。
3）在修改过程中，可能会产生更多的索赔额。

2. 建筑工程管理模式（CM 模式）

建筑工程管理模式又称为阶段发包模式，是指业主聘请有经验的顾问（CM 经理）来从事项目的管理工作，从项目启动阶段开始，就对设计和施工的全过程进行管理。相比于过去运用连续施工的生产方法，必须在设计图确定后才可招标、施工，CM 模式的特点则主要是：①由项目总承包单位、业主委派的项目经理和工程技术人员组成的联合体，对项目的规划、设计和施工进行统一的组织与管理；②在部分分项（单项）项目的设计工作结束后，可以将各部分分包给一个承包人，对其进行投标；③在不设总包商的情况下，每项分包商均由业主与总包商单独订立承包合同。

CM 模式的优点在于，能从规划、设计、施工到交付用户缩短工程时间，从而节省建设投资，使业主可得到的利益最大化。但是，由于分项招标将造成项目总成本过高，所以需要进行分析和对比，对分项招标项目的数量进行研究，并且选择最佳节点。

3. 代理型 CM 模式

在这种模式下，CM 方一般为具有丰富经验的专业施工单位或业主咨询单位。业主要与 CM 方签订咨询服务合同，并且分别与多个施工单位与材料、设备供应单位签订所有的工程施工合同和供应合同。与 CM 模式不同的是，代理型 CM 模式中的 CM 方与设计单位之间是一种协调关系。这种关系体现为 CM 方无法向设计单位发布指令，而只能提出一些合理的建议。此外，CM 方与多个施工单位、材料、设备供应单位之间也是协调管理关系。

4. 非代理型 CM 模式

这种模式又称为风险型 CM 模式，其属于管理承包模式组织结构。通常情况下业主并不会与施工单位签订工程项目施工合同，但有时在某些情况下，对某些专业性较强的工程内容和工程专用材料、设备，业主会与少数施工单位和材料、设备供应单位签订合同。业主与CM 单位之间签订的合同，不仅包括 CM 的服务内容，还包含工程项目施工承包内容，并且对项目实施进行协议管理。CM 单位与各分包商直接签订合同，并且向业主公开各分包商的招标和签约情况，而且仅在经过业主确认后才有效。另外，CM 单位并不会承担设计任务，仅提供 CM 费用，不能向业主直接报告具体工程的价格。工程项目自身费用是 CM 单位与各分包商、供应商的合同价之和。业主签订 CM 合同，本质上属于成本加酬金合同的一种特殊形式，更多的是确定计价原则和方式，而非明确的具体数据。

采用非代理型 CM 模式时，业主无法获得工程项目的具体价格，使其存在较大的风险。因此，业主需要在 CM 合同中提前确定工程总费用和 CM 费用的"最高总价"，并且在合同条款中规定：若实际总费用超出"最高总价"，由 CM 单位承担超出部分；反之，节余部分归业主，或者由业主和 CM 单位按一定比例分成。

5. 设计—建造模式（DB 模式）与交钥匙模式（TK 模式）

设计—建造（Design Build，DB）模式为确定项目原则之后，由业主指定一个独立的单位承担工程的设计和建设，承包商除了承担设计期间的费用外，还可以通过竞标来挑选分包商，也可以自己进行设计和建设。在此模式中，业主先挑选一位专业顾问，代替业主对拟建工程的基本需求进行研究，再由所有或部分业主推选并委任一位具备充分的专业知识和管理技能的人员，作为业主代表，与设计、施工承包商进行联络。

交钥匙（Turn Key，TK）模式是一种特殊的设计—建造方式，承包商应该向业主提供包括项目可行性研究、土地购买、设计、融资、施工直到竣工、交付业主的完整服务。在项目实施过程中，维持单一的合同责任，并且在项目开始阶段提前考虑施工因素，从而减少因设计错误、疏忽造成的变更，降低管理成本，同时也可以降低业主的索赔。但是，由于业主没有足够的监督权，也没有足够的权利决定建筑师、工程师的人选，所以，业主在项目中往往扮演着小部分监督者的角色。在项目的设计过程中，业主的利益很有可能会影响到项目的设计。

6. 建造—运营—移交模式（BOT 模式）

建造—运营—移交（Build-Operate-Transfer）模式简称 BOT 模式。20 世纪 80 年代，BOT 模式在国外出现，它是一种将政府基础设施建设项目依靠私人融资、建造的项目管理模式。政府给私人机构以特许，允许其成立项目公司，在一定时间内筹集资金建设某一基础设施，并经营管理该设施及其相应的产品与服务。项目公司的主要任务是筹集资金并组织施工，竣工之后，项目的运营和贷款的还款都由项目公司承担，在合同到期之后，项目公司将项目移交给政府。BOT模式能够缓解东道主国家的外债压力，同时解决资金短缺的问题。这种模式要求工程承建方具备很强的经济实力（如大财团）；资格预审和招投标程序复杂。

7. 项目管理承包模式（PMC模式）

在项目管理承包（Project Management Contractor，PMC）模式中，由业主委托工程项目管理公司为其提供全程或多个阶段的管理与服务。PMC模式因其在工程设计、采购、施工、调试等各阶段的分工，以及要承担相应的责任而更具灵活性。总的来说，PMC有三个基本的应用模式：

（1）业主委托PMC承包商进行工程项目管理，选择设计单位、供货商和施工承包商，并且签订设计合同、供货合同和施工合同。在此模式下，由PMC承包商作为业主的代理人，负责工程项目的质量、进度、安全、合同、费用等管理和控制。这一模式统称为工程项目管理（Project Management，PM）。

（2）业主与PMC承包商签署项目管理合同，业主以指定或招标方式选择设计单位、供货商（或其中的部分）和施工承包商，由PMC承包商与之分别签订设计合同、供货合同和施工合同。

（3）业主与PMC承包商签署项目管理合同，PMC承包商不承担设计工作，但有权自行选择供货商和施工承包商，并且与其签订施工合同和供货合同。在此模式中，PMC承包商一般对工程成本进行控制，以保证工程的工期。

国际上将项目划分为前期阶段和实施阶段两个阶段。

在前期阶段，由PMC承包商代表业主对工程项目进行前期管理，其主要的工作内容包括优化项目建设方案、管理项目风险、审查设计文件、提出项目实施方案、完成项目投资估算、编制招标文件、进行资格预审、完成招标和评标等。

在实施阶段，工程项目的具体设计和施工工作均由中标承包人进行。在这一阶段，PMC承包商以业主的名义，对整个工程进行全面管理协调和监督，直至工程完工。将设计管理、施工组织与管理、投资控制、设备管理等全部承包给PMC承包商，使琐碎而繁重的管理工作与业主分离，这样有利于业主进行宏观控制，促进工程建设项目目标的实现。这一阶段的主要工作包括：制定和公布工程项目统一规定；进行设计管理、技术条件协调，保证各承包商之间的互动性和一致性；施工管理与协调；采购管理；与业主配合进行运营准备，组织试运营，组织验收；向业主移交项目的全部资料；等等。

8. 设计—采购—施工模式（EPC模式）

设计—采购—施工模式又称为设计施工一体化模式。自20世纪80年代开始，这种模式就得到了建筑项目业主的普遍认同，并且在世界范围内得到了越来越多的运用。在EPC模式下，由企业自身或委派业主代表管理工程，业主则不需要聘请工程师管理工程。EPC合同中的相关条件规定，若委派业主代表管理工程，则业主代表应是业主的全权代表。1999年，

FIDIC 制定了一套适用于化工、火力发电、油田开发、基建等项目的总承包标准，促进了 EPC 模式的广泛应用。

在传统的承包模式下，主要的工程设备与物资采购由总承包方负责，而部分重大的、特别的物资的采购权则由业主保留。而 EPC 模式强调总承包企业对建筑材料、工程设备拥有绝对的采购权，也使总承包企业在这种模式下承担了最大的风险。在 EPC 模式中，承包商的承包范围包括设计及其风险承担。FIDIC 合同条款有相关规定，即业主承担"一个有经验的承包商不可预见且无法合理防范的自然力作用"的风险。这类风险在 EPC 模式中也由承包商承担，很大限度地增加了承包商在工程实施过程中的风险。

在 EPC 模式中，业主通常不介入项目的经营活动，项目施工中的风险主要由承包商来承担，而业主则把主要精力放在竣工验收上。但是，如果委派了业主代表，就会出现不同的情况。在现实生活中，业主会委派特定的工程项目管理公司作为合同代表，对建设工程的设计、采购和施工展开全面的严格管理。EPC 合同与固定总价合同相似。但是，在国际项目建设中，固定总价合同仅用于规模小、工期短的项目；而 EPC 合同通常适合工期长、技术复杂度高的大型项目。在工程总承包中，由于成本的变动，业主通常不会同意承包商进行价格调整。

EPC 模式适合的项目不能包括过多的地下隐蔽工程和过大的招标项目，因为招标前不能确定勘察面积，所以难以确定工程量，加大了风险。在总承包方式方面，由于总承包方式的特点，总承包方对总承包的设计和施工过程进行了全面控制，使业主无法对总承包方的工作进行过多的干预。当承包商完成的工作满足了"约定中规定的工作目标"时，即被视为其已完成了合同的义务。招标人在选定承包商时，要注重其以往的业绩，对其所提供的技术资料及其质量管理系统进行审核。因为是总价合同，所以合同价格的中间付款可能是每月的，也可能是分期的。一次支付的特定金额，或者一次支付的合同价格的百分比，都可以在一份合同中加以规定。

9. 合伙模式

合伙模式最早是 20 世纪 80 年代中期在美国兴起的，90 年代中期以后，在澳大利亚、英国、新加坡等国也开始出现。它是基于业主和施工单位之间的相互信任和资源共享而形成的一种长期或短期的合作关系。这种模式通过综合考虑各方的利益，确定了工程建设项目的共同目标；利用组建工作小组的方式，可以让工作小组能够及时、有效地进行交流、沟通，从而避免出现纠纷、诉讼等情况。在实施项目的过程中，双方可以互相配合，高效地解决各种问题，还可以共同承担工程风险和相关费用，从而确保参与各方的目标和利益都可以有效实现。合伙协议是指业主与施工单位、建设工程参与各方共同签订的协议。其包含业主、总承包商、设计单位、分包商、咨询单位、主要的材料和设备供应单位等，主要针对工程变更管理、安全管理、争议和索赔管理等问题，对建设工程的时间、成本、质量三大问题做出相应规定。

合伙模式的特点在于，合伙模式中的参与方必须是完全自愿的，并且在认识上达成一致，采取合作与信任的方式，一起承担风险与相关成本，共同解决问题与纠纷。

合伙模式中，参与方必须分享包含企业重要信息在内的各种资源，以确保能及时、方便地对项目的设计、投资、进度和质量等信息进行传递，以此获得其他参与方的认可、支持并做出决策。与工程合同不同，合伙协议不是法律意义上的合同。在工程合同签订后，经建设工程的参与各方讨论协商才会签署合伙协议。合伙协议不会对项目各方在有关合同规定范围内明确的权利和义务关系造成改变，参与各方仍要切实履行有关合同规定的内容。合伙协议作为工作小组的纲领性文件，主要明确了参与各方在建设工程上的共同目标、任务分工和行为规范。

对业主而言，合伙模式适用于有长期投资活动的工程，如重要的基础设施建设工程、房地产集群开发项目等。这类长期且连续性的项目为业主与施工单位、监理单位等参与方提供了长期合作的基础，有助于增加业主与建设工程参与各方之间的理解与信任。因此，签订长期的合伙协议相对会带来较好的效果。

1.2　我国工程项目管理的发展历程与发展趋势

1.2.1　我国工程项目管理的发展历程

我国工程项目管理起源于 20 世纪 60 年代华罗庚"统筹法"的推广。随着统筹法的不断推广与广泛应用，现代项目管理学科逐渐形成。除此之外，"两弹一星"研制中推行的系统工程理论与方法也为我国现代工程项目管理体系的形成奠定了坚实的基础。

我国工程项目管理的发展主要经历了四个阶段。

1. 项目管理方法的产生与引进

20 世纪 60 年代初期，华罗庚结合我国"统筹兼顾，全面安排"的指导思想，将引进的网络计划技术命名为"统筹法"，并且带领团队将"统筹"思想引入重点工程项目，对该方法进行推广应用，获得了良好的经济效益。因此，华罗庚推广的"统筹法"是我国项目管理学科发展的基础。20 世纪 80 年代，现代化管理方法在我国的大规模推广进一步提高了"统筹法"在项目管理过程中的应用程度。此时，项目管理已经积淀了科学系统的方法，其主要应用于国防和建筑领域，强调项目在时间、成本与质量三个核心目标上的实现。

2. 现代项目管理体系的引进与推广

20 世纪 80 年代，在鲁布革水电站引水系统工程的建设过程中，日本大成建设株式会社运用项目管理方法对工程实施过程进行了有效管理，使该工程的投资总额降低了 40%，大幅度缩短了工期，取得了令人瞩目的成果。这给我国投资建设领域带来了很大影响。基于鲁布革水电站引水系统工程相关建设经验，原国家计划委员会、建设部等有关部门于1987年联合发出通知，遴选一批试点企业和建设单位，对项目管理施工法进行应用和推广并逐步建立项目经理认证制度。1991年，原建设部提出将试点工作推广至全行业的综合改革方案，全面推行项目管理和项目经理负责制，取得了显著成果。

3. 项目管理专业学会及协会的成立

1991年6月，在西北工业大学等单位的倡导下，我国第一个项目管理专业学术组织——中国优选法统筹法与经济数学研究会（简称中国"双法"研究会）项目管理研究委员会（Project Management Research Committee，PMRC）成立。PMRC的成立是我国项目管理学科体系开始走向成熟的标志。成立至今，PMRC每年组织开展各种形式的项目管理学术活动，对我国项目管理领域发展和学科体系建立、我国项目管理与国际项目管理领域的深度交流沟通，以及我国项目管理专业化与国际化发展具有极大的促进作用。目前，许多行业均成立了相应的项目管理组织，如中国工程咨询协会项目管理指导工作委员会、中国建筑业协会工程项目管理专业委员会、中国软件行业协会项目管理专业委员、中国宇航学会系统工程与项目管理专业委员会、中国石油和化工勘察设计协会工程项目管理工作委员会等。

4. 项目管理的培训、普及与应用

2000年以后，随着IPMP（国际项目经理资质认证）、PMP（项目管理专业人士资格认证）的引进与逐步推广，项目管理培训得到广泛普及，参与培训的人数已有数十万人。在此基础上，项目管理应用逐步扩展到其他行业领域，企业项目化管理的思想逐渐出现，形成了具有典型中国管理特色的《中国项目管理知识体系（C-PMBOK2006）》。

1.2.2 我国工程项目管理的发展趋势

1. 强调行业项目管理的应用研究

我国于1984年首次采用国际招标助力鲁布革水电站引水系统工程建设，取得了良好的经济效益和社会效益。此后，原建设部、电力部、化工部等部委相继推行承包商项目经理制度。目前，项目管理已不局限于工程建造领域，其在国防、IT、金融、服务等多个行业领域均得到了广泛应用和实践。

随着项目管理在各行业的广泛应用和多元化发展，行业项目管理的需求更加具体化。因此，需要结合行业项目特点对广义的项目管理方法体系进行"裁剪"与完善，进而形成细化领域的项目管理，如国防项目管理、IT项目管理、R&D项目管理和会展项目管理等。

2. 企业管理的项目化发展

基于项目管理模式在企业中的广泛应用及其在新产品开发研究、市场营销、技术创新等方面取得的显著成效，项目管理已上升为一种企业管理思想和运营模式。在实践中，这种思想和模式被称为企业管理项目化发展。

企业管理项目化发展的基础是将企业中一次性的，具有明确目标、预算和进度要求的活动任务视为特殊项目，并且根据项目的专业化方法和技术进行管理。项目化管理突破了原有的职能业务型组织形式，以创新为导向明确需要改变的内容，而非以约束为导向确定不能改变的内容，极大限度地促进和培养了企业的创新型文化。

例如，天津天士力制药公司作为我国最早一批在企业内全面推行项目化管理的企业之一，通过实行项目化管理，助力形成员工团队精神，培养了一批优秀的项目管理经理。此外，天津天士力制药公司通过鼓励不分职务、等级的项目讨论方式，营造出以人为本、鼓励创新的团队文化，涌现出数以百计的有价值的技术和工艺改进项目，极大限度地缩短了公司的劳动时间，并且提高了生产效率。

3. 强调组织项目管理应用的成熟度

项目管理成熟度模型（PM3）反映了一个组织（通常是一家企业）具有的按照预定目标和条件成功、可靠地实施项目的能力。项目管理成熟度是指在发展过程中对项目管理进行不断充实和改善的能力。项目管理成熟度的提升意味着项目管理能力从低级向高级的发展演变过程。因此，项目管理成熟度模型不是一个数学解析式或一幅图表，而是一整套系统的科学体系和管理方法，也是表征一家企业的项目管理能力从低级向高级、项目实施成功率不断上升的提升过程。

PM3 最早由著名项目管理大师哈罗德·科兹纳（Harold Kerzner）博士提出，该模型有助于企业对自身项目管理水平进行客观评判。该模型包括通用术语、通用过程、单一方法、基准比较和持续改进五个层次，不同的层次标志着不同的项目管理成熟度。虽然该模型将项目管理成熟度分为五个层次，但是实际上各层次之间可能会发生重叠，并且各阶段完成的先后顺序是不可改变的。

IPMA 的 Delta 模型和 PMI（美国项目管理协会）的 OPM3（Organizational Project Management Maturity Mode）都是针对组织项目管理的应用成熟度而建立的评价模型，它们是组织提升项目管理能力的主要参考依据和标准。

4. 企业项目管理体系的建设

项目管理作为一项具有强技术性和针对性的工作，必须符合社会化大生产的需要，并且实现标准化、规范化和体系化。企业项目管理发展需要企业基于自身特点，结合企业特定的业务流程，形成一套以项目管理为核心的标准化管理体系。项目管理体系强调在综合考虑企业项目管理中涉及的单项目、多项目和项目群管理等问题的基础上，运用系统化的思维方式，结合企业项目管理策略和方法，规范项目的工作流程、操作方法和操作规则，为后续的项目考核评价奠定基础。

在我国未来企业项目管理的应用发展中，项目管理体系的构建与运行将成为企业项目管理工作者与研究者共同面临和探讨的主题。我们应在全面梳理、总结和吸收微软、IBM、波音、华为等国内外知名企业项目管理体系建设框架的经验基础上，构建具有中国企业特色、行业特色和组织特色，适应中国管理情境的项目管理体系。

5. 项目管理的职业化与专业化发展

项目管理在实践中的广泛应用和企业项目化的快速发展推动了项目管理的职业化与专业化发展。项目管理的职业化发展为人们的职业发展提供了更大的选择余地和发展空间，项目管理者可以从一个小型项目负责人开始，逐渐成长为有能力独立负责一个中等规模，甚至能够影响企业未来发展的大型项目的管理者。现如今，越来越多的企业员工的理想职位不再是数量有限的部门经理，而是具有广阔前景和更多机会的项目经理人。此外，各机构广泛开展的项目管理资格认证也为项目管理的职业化与专业化发展提供了强有力的支持。

6. 项目管理软件的系统化和多元化发展

随着项目管理在实践中的广泛应用，项目管理软件（PMS）开发成为项目管理中的又一个热点问题。据不完全统计，仅美国就有 200 多家企业开发各种类型的 PMS。在我国，PMS 的开发热潮随着项目管理的应用热潮也已掀起。由于项目的大型化、动态化和复杂化，以及企业的项目化管理对 PMS 的功能提出了更系统和全面的要求，因此单一功能和方法的 PMS 适应范围也将逐渐减少。此外，行业项目管理的应用也将促进行业 PMS 的大量涌现，使 PMS 的多元化发展成为必然趋势。

上海普华科技公司对我国项目管理信息化的发展起到了非常大的促进作用。其率先引进了美国 Primavera 公司推出的项目管理综合管理系统 P3 软件，并且在此基础上开发了具有自主产权的企业项目管理信息平台 PowerPIP、项目管理集成系统 PowerOn、企业多级计划管控平台 Power Plan Enterprise（PPE），以及工程管理教学实验云平台 PowerEdu。

◆ 课后思考题

1. 项目管理发展经历了哪些阶段？
2. 国际工程项目管理的发展趋势有哪些？
3. 我国工程项目管理的发展历程经历了哪些阶段？
4. 我国工程项目管理的发展趋势有哪些？

第 2 章
CHAPTER 2

工程项目管理与项目管理

开篇案例

工程项目管理思想在机场基础设施建设项目中的应用

A机场是某大型城市基础设施建设项目，其定位是成为国际枢纽机场。它的顺利建成能够进一步完善我国交通基础设施布局，通过提供便捷、高效的交通服务，为改善民生、优化投资环境、吸引外资、带动相关产业助力，对区域经济社会发展具有重要意义。机场建设指挥部是机场建设的项目业主，它在工程建设过程中，就如何在现代社会条件下对大型工程项目进行管理做了有益探索。机场工程项目业主是以市场经济的思维方式对项目管理组织模式进行构思，并且提出按投资多元化、经营市场化、管理社会化构建工程项目管理组织的总体构想，从而最终实现机场工程建设的社会化管理。

机场投资多元化，不可避免地要面临建设项目的组织管理问题。机场工程项目业主是机场工程施工管理的主体，对机场工程项目的整体规划与设计实行有效的、统一的领导和管理。在规划和设计上，所有项目都应符合机场总平面图的要求。在工程项目实施方面，建立相应的统一标准和制度后，业主与相关单位签订委托合同，组建建设分指挥部，在建设指挥部的领导下，通过若干分指挥部对项目进行管理。除此之外，为提高机场建设综合效益，A机场建设项目充分利用社会的专业力量，将部分特殊工程项目，如暖通、装饰装修、消防等，委托给社会上的专业部门或机构。总之，在A机场建设项目的管理组织方面，已经形成了一个由机场项目业主、建设分指挥部和社会专业机构，通过经济关系建立起来的、有特色的、具有一定规模的工程项目管理组织模式，这样就可以使工程项目的社会化管理得以实现。

在此过程中，机场也对工程项目的管理与控制进行了积极的探索，并且取得了一定的成效。在投资管理上，通过规划设计、科学技术、工程招标控制项目投资；在质量管理上，对工程质量进行独立平行的监理，机场工程项目业主将制度建设作为工程项目质量的根本保证，构建了层层负责的质量责任制；在进度管理上，依靠先进、适用、经济的科学技术、工艺与设备等缩短建设工期；在资料管理上，对文档资料进行规范化、制度化管理，构建机场项目资料管理信息平台，提高管理效率。

通过对工程项目管理方法的不断研究和实践，A机场的建设按预期规划有序开展，并且取得了良好的效果和成绩，圆满解决了远期与近期建设目标的有机协调，实现了规划设计的可持续发展。A机场作为大型城市基础设施建设项目，其通过工程项目管理理论与方法，促进了工程按期、保质保量完工，在为区域经济社会发展注入强大动力的同时，也为我国进一步实现基础设施互联互通提供了动力，其成功的工程项目管理实践经验，也能够为其他工程项目建设提供指导与借鉴，对推进城市化进程，实现区域经济效益、社会效益、环境效益具有重要作用。

学习目标

- 熟悉工程项目的概念和特征。
- 了解工程项目的组成要素，熟悉工程项目全生命周期。
- 熟悉工程项目管理的概念和核心内容。
- 掌握工程项目管理模式。
- 熟悉工程项目管理与项目管理的区别。

2.1 工程项目

2.1.1 工程项目的概念

工程项目是指在一定约束条件下，投入一定资本，通过一定程序达到预定的目标，并且形成固定资产的一次性活动。工程项目涉及从项目构思、项目策划、项目设计、项目实施、项目交付到项目终止的全过程。工程项目是投资项目中常见且最典型的项目类型，是一种既有投资行为，又有决策行为的项目决策与实施活动。通常，投资与建设是紧密联系的，投资是建设的基础，建设需要投资作为支持，而投资只有经过建设活动，才能达到预期目的。因此，建设过程本质上是一种投资决策与实施的过程，是一种投资目的实现的过程，是一种把投入的货币转化为实物资产的经济活动过程。

2.1.2 工程项目的组成要素

工程项目的组成要素是指与工程项目自身相关的各方面活动的总和。工程项目管理人员需要对工程项目的组成要素有正确的认识和理解，才能更好地进行工程项目管理。一般而言，工程项目的组成要素主要有以下 5 方面内容。

1. 工程项目的范围

工程项目成功与否的关键在于正确的界定范围。若工程项目的范围界定不清，会产生无法避免的变化，从而打乱工程项目的节奏，导致工作重复，增加工程项目的运作成本与时间。界定工程项目范围所采用的工具和技术主要包括两个方面。

（1）工作分解结构（WBS）样板。尽管每种工程项目都有其独特之处，但在一定程序中仍存在着相似性。新的工程项目可借鉴同类项目已有的工作分解结构，WBS 样板可重复使用。

（2）范围分解。它是指将主要的工作细目分成更小、更易操作的要素。详细明确地界定工作细目，有利于对项目开展更具体的活动，如规划、评估、控制等。范围分解采用的主要方法是 WBS 分析法。

2. 工程项目的组织结构

工程项目组织是指为完成工程项目而成立的一种组织形式，通常可称为工程项目组、工程项目班子、工程项目管理班子等。工程项目组织的人员结构、组织结构，以及相关职责与任务等取决于工程项目的类型和复杂性。工程项目组织可以是一个独立的、专职于某一管理项目的组织，或者是其他组织的下级单位。例如，某企业的新产品开发项目组织是隶属于该企业的组织。

工程项目的组织结构有多种形式，常见的有矩阵式、直线式和职能式。应针对不同的企业规模与项目需求，确定工程项目的组织结构。

3. 工程项目的质量

工程项目质量不同于产品和服务质量，其定义和内涵本身就具有独特性。这是因为工程项目不仅具有产品和服务方面的特性，而且还具有独特性、唯一性和创新性。其中，工程项目质量的独特性主要体现在两个方面。

（1）工程项目质量的双重属性。工程项目既有产品成果，也有服务成果，因此，工程项目质量具有双重属性。这是指工程项目质量既具有产品质量的特性，又具有服务质量的特性。

（2）工程项目质量的过程特性。它是指工程项目的整体质量受其工作质量的影响。由于项目具有独特性、一次性的特质，在项目定义和决策阶段无法充分明确需求，因此工程项目的质量要求需要在项目实施过程中不断修订与更新。

4. 工程项目的成本

工程项目的成本是指为实现工程项目目标，进行各种项目活动引起资源消耗从而产生的各项费用。工程项目成本管理主要包括项目资源计划、项目成本估算、项目成本预算、项目成本控制、项目成本预测等。

5. 工程项目的时间进度

工程项目的时间进度包括工程项目每个任务或工作的开工时间和预期的完工时间。工程项目时间进度可以用提要或详细描述的形式表示，也可以用表格表示，常用的形式是以各种直观图形方式加以描述。主要的工程项目时间进度形式有时间坐标网络图、条状图（甘特图）、里程碑事件图、项目网络图等。

在工程项目的 5 个组成要素中，最基本的是工程项目的范围和组织结构，而质量、成本和时间进度则依附于范围和组织结构，并且可以进行修改。

2.1.3　工程项目的特征与属性

工程项目一般具有如下特征。

1. 目标的明确性

工程项目具有明确的建设目标，其建设目标规定了工程项目预期达到的效果，包括宏观目标和微观目标。其中，宏观目标由政府有关部门审核，包括项目的宏观经济效果、社会效果和环境效果等。一般企业更注重项目的盈利能力等微观目标。

2. 条件的约束性

工程项目实现其建设目标的过程中，会受到多方面条件的约束，主要包括以下几个方面。

（1）时间约束，即受到工期时限约束，需在工期内完成工程。

（2）资源约束，即受到人、财、物的条件约束，由于人、财、物资源有限，工程项目需在有限的资源下完成建设任务。

（3）质量约束，即工程项目需达到预期的质量要求，满足质量审核标准和产品等级要求等。

（4）空间约束，即工程项目受到施工空间范围的约束，需在一定的空间内完成建设任务。

3. 实施的不可逆性

工程项目在完成后很难进行更改，其实施过程是不可逆的。因为其建设地点是固定的，完成后不能移动，并且其设计、施工等具有单一性，这些都使其具备了实施的不可逆性。

4. 影响的长期性

工程项目的影响时间较长，其具有较长的建设周期和投资回收期，整个工程的生命周期长，工程质量好坏影响面大、作用时间长。

5. 投资的风险性

工程项目建设周期较长，中间涉及活动较多且较为复杂，受到许多不确定因素影响，因此，其投资的风险很大。

6. 管理的复杂性

工程项目的内部结构、活动等存在许多交叉和组合，使得参与建设的各单位之间的沟通、协调较为复杂。这不仅是工程项目管理的关键环节，也是在工程项目实施中极易出现事故和质量问题的环节。

2.1.4 工程项目全生命周期管理

工程项目的全生命周期是指一个工程从项目立项开始，到项目完工使用、取得效益而达到预期投资目标的整个过程。工程项目全生命周期管理是对工程项目从项目策划、实施到交付、运营等各阶段进行集成管理，将其作为一个完整的项目全生命周期管理系统，对工程项目的全过程统一管理，以满足项目需求，实现业主和投资人的投资收益目标。

工程项目的生命周期一般可划分为定义、决策阶段，设计、计划阶段，实施、控制阶段和完工、交付阶段，如图 2-1 所示。

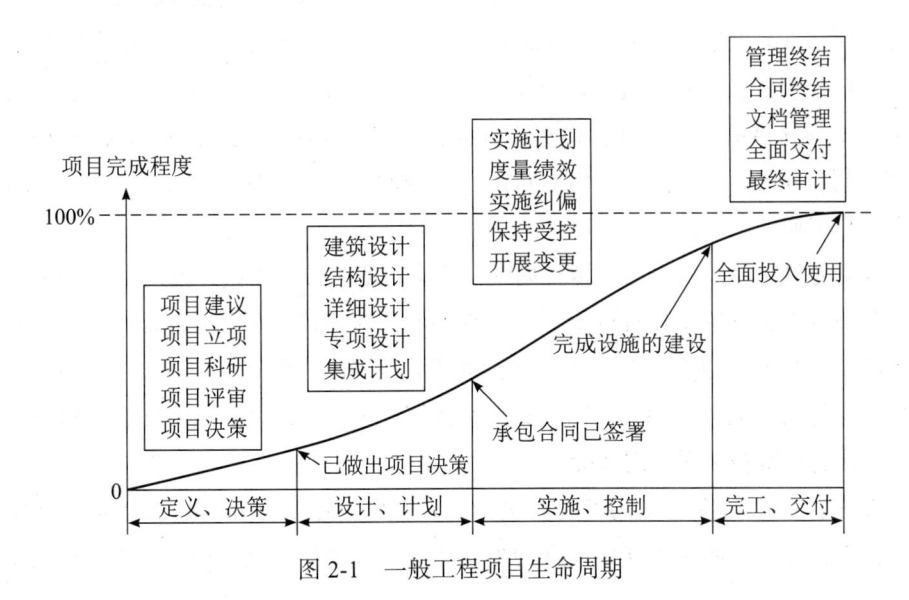

图 2-1 一般工程项目生命周期

由图 2-1 可见，工程项目主要包括四个阶段，每个阶段都有其独特的任务和成果。管理者可以选择将工程项目的生命周期划分成更多阶段。此外，由于不同专业应用领域的工程项目，其生命周期会存在较大的差异，因此，其划分方法也可能会发生改变。

2.2 工程项目管理

2.2.1 工程项目管理的概念

工程项目管理是指在有限的资源约束条件下，以工程项目为对象，根据工程项目建设特性和规律，运用管理理论，对工程项目从决策到交付使用的全过程进行计划、组织、协调和控制等系统化管理，从而最优地实现预期目标并达到规定工程质量标准的过程。

2.2.2 工程项目管理核心内容

工程项目管理的核心内容是运用组织、经济、技术和合同措施，对工程项目的决策立项、建设准备、项目设计、施工、竣工验收等全过程实行"四控制、两管理、一协调"，从而确保工程项目的质量、进度、投资目标能够顺利实现。

1. 四控制

四控制作为工程项目管理的核心内容之一，是指质量、进度、投资和安全控制。四控制在基本建设的各个阶段存在着不同的内容。

（1）质量控制。质量控制贯穿工程项目的全过程，包括在立项阶段控制项目决策质量，在设计阶段控制方案优选及施工图设计的质量，在建设准备阶段控制招投标质量等。

（2）进度控制。在工程项目建设前期，以项目实际情况和要求为依据，确定合理的工期目标，编制工程项目的进度计划，检查工程项目建设的实施情况，跟踪进度计划完成情况，进行进度控制。此外，在此过程中需对可能存在的问题进行处理，并且及时调整措施，以确保工程项目总工期的实现。

（3）投资控制。在立项阶段，需正确地估算项目所需投资，做好投资决策；在设计阶段，需通过优化设计方案和落实设计标准，以保证将设计概算控制在估算的范围内；在建设准备阶段，需确定合同所需预算，以保证预算在概算的范围内；在施工和竣工结算阶段，则需减少变更事件所导致的额外费用，控制结算额在预算范围内。总之，需要在各个阶段采取相应的措施和方法将投资控制在计划目标内。

（4）安全控制。它主要在施工阶段进行，其对象为施工活动中的人、物、环境构成的施工生产体系。安全控制必须建立安全的生产体系，以达到安全目标。工程项目安全控制程序包括确定施工安全目标、编制工程项目安全保证计划、实施并验证工程项目的安全保证计划、通过持续改进达到安全目标。

2. 两管理

工程项目管理核心内容中的两管理是指合同管理与信息管理。

（1）合同管理。这主要是合同订立和履行过程中的管理，包括合同文本的选择、合同条件的谈判、合同文件的签署，以及合同的履行、变更与索赔的处理等。建设工程合同是工程项目各参与主体之间明确责任、权力关系的具有法律效力的协议文件。

（2）信息管理。它是对有关工程项目的各类信息的收集、储存、加工、整理、转移和使用等一系列工作的统称。在工程项目管理中，信息化是最基本的，只有不断提高信息管理水平，才能及时地掌握各种突发情况，进行信息共享，从而更好地提高项目管理水平。信息管理是实现项目目标控制的保证，其主要是将信息提供给工程项目管理涉及的相关人员，帮助其进行决策制定和措施执行，从而实行动态管理，实现项目目标。

3. 一协调

在工程项目管理中，一协调是指组织和协调工作。在工程项目施工中，一定要做好组织和协调工作，包括内部和外部协调工作。各单位之间需协调组织关系，以保证项目的顺利开展。其中，内部协调工作是针对项目参与单位内部各部门、各层级与各成员之间的协调，主要包括选择合适的组织机构形式、确定项目经理，建立项目管理团队，聘任项目成员，做好项目各阶段的计划准备和组织工作。

2.2.3 工程项目管理的特点

工程项目管理涉及的主体较多且对象复杂，因此，在进行管理工作时，必须要有正确的理论指导。从总体上来看，工程项目管理具有如下特点。

1. 工程项目管理的对象具有复杂性

工程项目一般建设周期较长、阶段较多、规模较大，其管理对象包括工程项目建设全过程中的各项活动和内容，所涉及的过程较多，各阶段的工作内容也较为复杂。

2. 工程项目管理的主体是多方面的

工程项目建设过程中参与工程项目管理的主体涉及多方，包括业主、设计单位、施工单位和监理单位等。其中，业主是对工程项目实施全面管理的中心。施工单位、设计单位、监理单位、项目材料设备供应商等会根据合同，从自身立场出发对项目进行管理。此外，政府有关部门也会对项目的建设进行必要的监督管理。

3. 工程项目管理的核心是目标管理

工程项目管理以实现预定目标为目的。工程项目管理的基本目标是在有限的资源约束条件下，使用尽可能少的资源和时间，在保证工程质量的同时确保工程项目实现预期的功能。因此，工程项目管理目标可概括为质量、进度、成本三大目标，它们是实现项目功能目标的基础和保证。工程项目的目标管理要落实到具体的工作和活动中，建立一套较为完善的目标管理系统，以实现工程项目的质量目标、进度目标、成本目标，最终确保项目功能目标的实现。

4. 工程项目管理具有科学性

工程项目管理以系统理论为基础，运用现代化管理手段与方法，对工程项目管理活动进行指导。工程项目管理的对象较为复杂，要进行有效的管理工程项目须从系统整体出发，对系统内部各子系统、各要素之间的关系，以及系统与环境之间的关系进行研究。在这种情况下，系统理论成为现代项目管理的思想和理论基础。在现代组织理论的基础上，建立一个项目的管理组织，可以使组织的功能和目标得到合理的确定，对系统内外的各种关系进行有效的组织和协调，进而提升工作效率，保证项目目标的实现。

2.2.4 工程项目管理模式

工程项目管理模式是指在项目的生命周期内，项目的关键利益相关者围绕项目运作而建立的关系。其中，关键利益相关者是指建设单位、设计单位、监理单位、施工单位等，也可以理解为业主所采用的项目管理任务的委托方式。从建设交易过程来看，工程项目的管理模式是承发包模式，以建设单位为主体的是发包体系，以设计、施工、供货方为主体的是承建体系，以工程咨询或监理方为主体的是咨询体系。

1. 影响工程项目承发包模式选择的因素

（1）承包商的信誉、相关资质、财务情况和投标能力，是否具备管理人员、施工设备、施工经验等技术资格。这些因素是项目选择承发包模式的主要决定因素。

（2）工程项目的结构类型、技术复杂程度、建设规模、目标限制和资源的供应条件等。

（3）工程所处的周围经济环境、生态环境、法律环境，以及市场竞争的激烈程度等。

（4）发包方的预期目标、管理水平和专业能力，参与工程项目管理的程度，以及发包方对委托的监理单位和承包商的信任程度等。

2. 主要的工程项目承发包模式

按照内容分类，当前我国工程项目管理的承发包模式主要包括平行承发包、设计—施工总承包、项目总承包、项目总承包管理和联合体承包五种。

（1）平行承发包模式。它又称为分别承包模式，是指工程项目的建设单位（业主）将工程项目的任务进行分解，然后分别发包给若干个设计单位、施工单位和材料、设备供应单位，并且分别与各方签订合同。各承包单位之间的关系是平行的，各自依据合同内容对业主负责，如图2-2所示。

以这种模式进行工程项目管理的优缺点如下。

1）优点。工程项目建设单位将工程项目的任务进行分解，并且分别发包给工程的各承包单位，使不同规模的承包商都有可能参与竞争，有利于业主在较大范围内选择承包商，也有利于承包商之间的工作衔接，进而缩短工程的施工周期。同时，由于对专业进行精细划分，各承包商之间会形成相互检查与监督的约束力，有利于控制工程质量。

2）缺点。工程承包商众多，合同数量大且合同关系复杂，使得合同管理难度大。同时，由于该模式属于大跨度管理模式，因此对业主的项目管理要求高，组织协调工作量大。此外，由于项目的合同总价只有在所有合同签订后才能汇总，短时间内不容易确定总投资额，并且招标过程中需要控制每个合同的价格，所以投资控制任务量大。

（2）设计—施工总承包模式。它是指业主将工程项目的设计和施工任务分别发包给设计总承包单位和施工总承包单位，并且分别与设计和施工总承包单位签订承包合同，设计和施工总承包单位之间的关系是平行的，它们分别根据合同条款对业主负责。总承包单位可以将其部分任务委托给另一承包单位，与其形成总承包与分包的关系。分包单位根据合同条款对总承包单位负责，而与业主之间没有直接的合同关系，如图2-3所示。

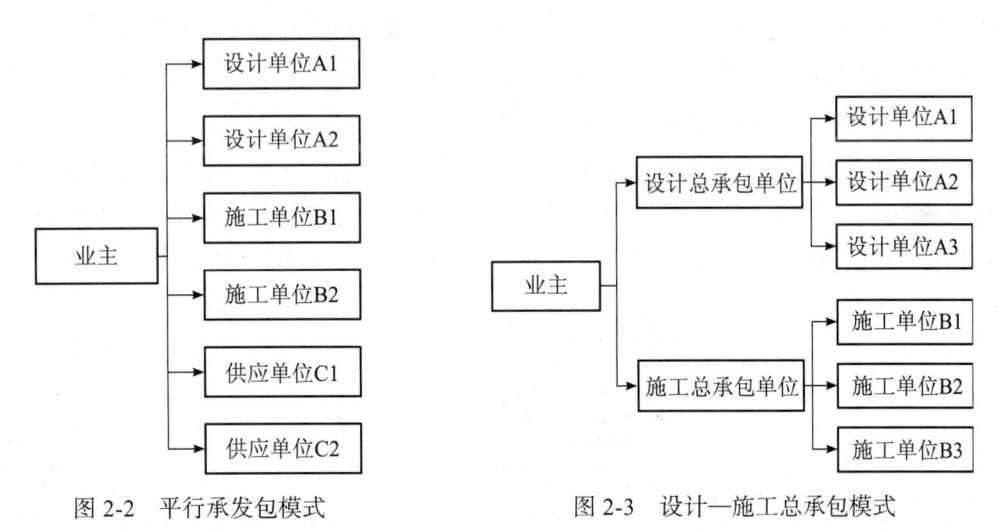

图2-2 平行承发包模式

图2-3 设计—施工总承包模式

以这种模式进行工程项目管理的优缺点如下。

1）优点。因为业主仅与设计、施工总承包单位订立合同，所以合同数量较少，有利于业主对合同进行管理，也使组织协调工作量减少。同时，由于该模式的总承包合同价格可提前制定，从而有利于投资控制。对质量控制而言，总承包单位拥有控制权，能够主动运用其专业能力与工程经验对分包单位实施管理，而各分包单位之间也可相互制约，因此也有利于质量及总体进度的协调控制。

2）缺点。由于该模式只有在设计图全部完成后才能由施工总承包单位进行投标，因此设计与施工任务不能交错进行。同时，施工总承包单位招标受到影响，会导致建设周期较长。此外，具有总承包资格和能力的总承包单位往往资质等级高、企业规模大，并且需对各分包单位实施管理等，因此总承包合同价款也比较高。

（3）项目总承包模式。它是指业主建立项目后，将工程项目的设计、施工、材料和设备供应等工作都发包给项目总承包单位，由它承担该项目的一系列实质性任务，并且最终将满足要求的工程项目交付业主使用。业主与项目总承包单位签订承包合同，这种模式发包的工程又称"交钥匙工程"。对于总承包项目，项目总承包单位还可转包一部分项目任务，由总承包单位承担对转包单位的协调管理工作，转包单位与业主之间没有直接承发包关系，如图2-4所示。

以这种模式进行工程项目管理的优缺点如下。

1）优点。业主与总承包单位只签署一份合同，因此合同结构较简单，相应的组织协调工作量小。同时，在总承包合同签署之后，项目总造价即可确定，有利于控制总投资。此外，将设计和施工工作集中由一个单位统筹安排，使两个阶段的衔接更加紧密，缩短了工期，有利于工程的进度控制。

2）缺点。由于承包范围大，并且介入项目时间较早，需要具备很强的专业性和综合性，可供业主选择的承包单位的数量较少，投标竞争不激烈，择优范围较小，导致招标难度大、合同价格高。此外，合同的内容较多，在执行中容易产生纠纷，进行合同管理较为困难。由于在签署项目总承包合同时，很难全面、具体、准确地规定与说明质量标准和功能要求，这会影响质量控制标准的制约性，从而增加质量控制的难度。对业主而言，在确定总承包单位后，就必须承担由于其专业能力和管理水平所带来的巨大风险。

（4）项目总承包管理模式。它是指业主将整个工程的工作全部发包给专门从事项目总承包管理的单位，并且与其签署项目总承包合同，然后由其将工程工作转包给多个设计、施工和材料、设备供应单位，并且对工程项目进行全面管理，如图2-5所示。

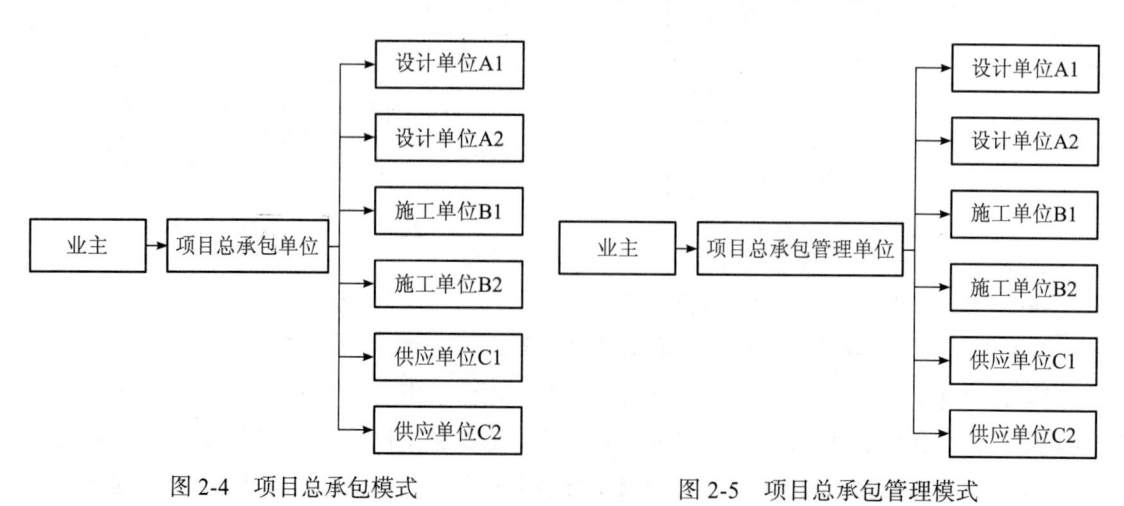

图2-4 项目总承包模式

图2-5 项目总承包管理模式

项目总承包管理模式与项目总承包模式的区别是，在通常情况下，项目总承包管理单位不涉及设计、施工和材料、设备供应等实质性工作，而只对工程项目进行管理。以这种模式进行工程项目管理的优缺点如下。

1）优点。业主与总承包管理单位之间的契约关系较为简单，工程项目的组织协调工作全部由总承包管理单位负责，从而减轻了业主的负担。总承包管理单位通过对各个工序进行合理安排，可有效缩短工期，并且对施工过程中的总体进度进行有效的协调和控制。

2）缺点。项目总承包管理单位同设计、施工、材料与设备供应单位之间属于总包与分包的关系，而分包单位是项目建设的实质力量，因此对分包单位的确认是十分重要和关键的环节。此外，虽然项目总承包管理单位拥有高水平的管理人才和一定资金，但其通常没有专业团队且经济实力一般，从而导致业主承担的风险较大。

（5）联合体承包模式。联合体是指多家企业为完成一个项目而暂时组建起来的一次性组织。通常由一家或几家企业发起，经过协商确定各自所投资的资金份额、固定资产和人员数量等，并且签订联合体章程，建立联合体组织机构，产生联合体代表。联合体承包模式是指由多家企业联合起来组建联合体，竞争承揽工程建设任务，并且以联合体的名义与业主签订工程承包合同，待合同实施期满后联合体解散，各企业按协议规定的原则分配联营所得，如图 2-6 所示。

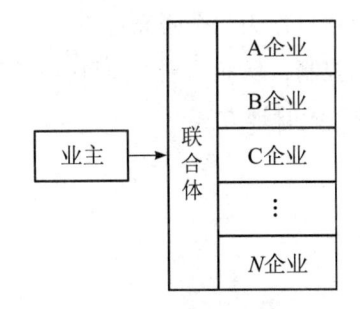

图 2-6 联合体承包模式

以这种模式进行工程项目管理的优缺点如下。

1）优点。联合体通过整合所有成员单位在资金、技术、管理等方面的优势，增强了其市场竞争力。对业主而言，联合体承包模式与总分包模式的合同结构相同，在项目建设实施过程中的组织协调工作量较小，可由联合体实行统一经营，并且按照各方的投入比例确定其经济利益和风险分配，有利于对工程进度和工程总投资的控制。此外，联合体具有较强的经济实力和技术实力，有利于对工程质量进行控制。

2）缺点。联合体是为了承包某项工程而进行一种临时的一次性联营，其不存在企业资金方面的考量。因此，联合体必须具备相应的承包资质和财务信誉，以完善详细的法律法规条款作为保障，才能保证合法承包、合理收益，避免出现经济纠纷。

2.3 项目管理

2.3.1 项目管理的概念

关于"项目管理"的定义包括两个方面：一方面是指按照项目的特征与规律，自觉地组织与管理项目的活动；另一方面是指研究项目管理工作的学科，是对项目管理理论和方法科学化的探索。其中，前者是客观的实践活动，后者是前者的理论总结；前者以后者为指导，后者以前者为基础。从项目管理实质来看，两者具有统一性。

美国项目管理协会（PMI）给出的项目管理定义是：为实现工程项目目标，在项目活动中应用各种知识、技能、手段和技术。管理人员通过综合应用启动、计划、实施、监控和收尾等项目管理程序进行项目管理。

国际知名项目管理专家、《国际项目管理杂志》（*International Journal of Project Management*）主编罗德尼·特纳（Rodney Turner）给出了一个很简练的定义：项目管理既是艺术，又是科学，它使远景转变为现实。

美国著名的工程项目管理学家詹姆斯·刘易斯（James Lewis）将项目管理定义为：项目管理是指一个组织为了达到项目目的而进行的所有必要活动，如计划、安排和控制。

综上所述，项目管理是指把项目作为一个研究对象，利用一个临时的专门组织，有效地对项目展开计划、组织、指导和控制，从而达到对项目全过程的动态管理，以实现对项目目标的综合协调和优化目的的一种系统管理方法。

2.3.2 项目管理的核心内容

1. 项目管理的两个层次

项目管理的两个层次是指企业层次的项目管理和项目层次的项目管理。

（1）企业层次的项目管理。在竞争日趋激烈的市场环境下，为了寻求生存和发展，并且应对快速变化带来的挑战，越来越多的企业在管理流程中加入了项目管理的思想与方法，将传统的项目型任务和一些运作型任务按项目进行管理。在多项目并存、快速变化和资源有限的环境下，企业面对不断变化的项目，必须从战略层面，站在企业高层管理者的角度，考虑如何对企业中的各项任务实施有效的项目管理。所以，企业层次的项目管理，即企业项目管理是以项目为主导思想进行管理。

在企业层次上，项目管理的核心问题是项目整体目标的实现。一家企业在同一时间内可能需要完成多个项目，因此，经济、高效地管理众多项目是企业层次项目管理的核心问题。基于经济因素且最大限度地利用资源的多个项目，也就是由一个项目经理来管理多个项目，是企业层次常采用的项目管理方法。

企业层次项目管理的核心内容是构建企业项目管理体系，包括企业项目管理组织架构、企业项目管理制度体系、项目经理的职业化发展等方面。其成果是企业项目管理的实施指南，也是企业项目管理的纲领性文件。

（2）项目层次的项目管理。它主要是针对一般项目管理范畴。随着项目管理的快速发展，与传统项目管理相比，现代项目管理已经超越了传统的建筑、国防和工程等领域的范畴，扩展到多个领域、多种项目。所有一次性、独特性和不确定性的工作都属于项目，并且需要进行项目管理，这是现代项目管理理论的一个基本观点。在国际上，项目管理已有较多的研究成果，但也还存在一些问题。同时，伴随着项目管理的国际化发展，许多学者开始致力于建立一套全球性的项目管理知识体系。

因此，在项目层次上，项目管理的重点是如何通过规划、调度、控制等一系列管理活动达到项目的目的，以满足项目利益相关者的需求。

在项目层次的项目管理中，建立项目管理的操作手册是一种重要的手段，它可以被用来作为项目经理和管理人员实施项目的业务操作指南。项目管理操作手册反映了项目执行过程中的各个方面，并且通过不同的流程体现出来。

2. 项目管理的五个过程

（1）启动过程。在项目管理的各个环节中，首要环节就是项目的启动过程。其管理活动的具体内容包括对项目或项目阶段的工作与活动进行定义，对项目或项目阶段的启动做出决策，对项目或项目阶段继续进行做出决定。

（2）计划过程。项目或项目阶段的计划过程属于项目管理过程中的第二种具体管理过程。它的管理活动具体包括项目或项目阶段的工作目标与任务、工作计划与方案、成本预算、应急措施等的制订和修订。

（3）执行过程。项目或项目阶段的执行过程是项目管理过程中的第三种具体管理过程。它的管理活动具体包括组织和协调企业的各类资源、各项任务和工作，推动项目组按照既定的工作计划完成项目的产出，等等。

（4）控制过程。项目或项目阶段的控制过程是项目管理过程中的第四种具体管理过程。它的管理活动具体包括标准的制定，项目工作的监督与测量，项目工作的偏差与问题的分析，以及项目工作的纠偏，等等。

（5）收尾过程。项目或项目阶段的收尾过程是项目管理过程中的第五种管理过程。它的管理活动具体包括制定项目或项目阶段的移交与接收条件，移交项目成果，使项目顺利结束。

3. 项目管理的十个领域

PMI 从不同的管理职能角度，将项目管理知识体系划分为项目整合管理、项目范围管理、项目成本管理、项目质量管理、项目时间管理、项目人力资源管理、项目风险管理、项目采购管理、项目沟通管理和项目利益相关者管理十大职能领域。

（1）项目整合管理，包括识别、定义、组合、统一和协调各项目管理过程而开展的各种活动。

（2）项目范围管理，包括确保整个工程能够成功进行的所有流程。

（3）项目成本管理，包括计划、预估、预算、估算融资，资金管理和控制等一系列活动，目的是让项目能够在批准的预算内完成。

（4）项目质量管理，包括在计划、管理、控制项目和产品品质需求中应用组织的品质方针，使之符合利益相关者的期望。

（5）项目时间管理，包括对项目进度进行的全面管理。

（6）项目人力资源管理，包括对为确保项目成功完成所需的人力资源进行识别、获取和管理的各个过程。

（7）项目风险管理，包括识别风险、开展风险分析、规划风险应对、实施风险应对和监督风险等全部过程。

（8）项目采购管理，包括项目团队从外部采购或获取所需产品、服务或成果的各个过程。

（9）项目沟通管理，包括为保证项目资料的收集、生成、发布、存储、检索、管理、控制、监督和处置所需的各个过程。

（10）项目利益相关者管理，包括进行如下工作的各个过程：识别影响项目或受项目影响的人员、团队或组织，分析项目利益相关者对项目的期望和影响，制定出适当的管理策略，以便能够有效地调动相关人员参与项目决策与执行。

2.3.3　项目管理的特点

项目管理相较传统部门管理，其最大的特点是注重综合性管理且工作具有严格的时效性，即在确定期限内，经不完全确定的过程生产出不完全确定的产品。项目管理的特点具体体现在以下七个方面。

（1）项目管理的对象是项目或被当作项目来处理的"运作"。项目管理是基于项目特点而产生的管理方式，通常被应用于大型复杂项目。考虑到项目管理的科学性和高效性，通常将重复性"运作"从某些过程中分离，在此基础上增加起点和终点，将其视为项目进行处理，进而更好地应用项目管理方法。

（2）系统工程的思想贯穿于项目管理的全过程。项目管理将项目视为完整的系统，基于系统论的"整体—分解—综合"原理，将项目分解为若干责任单位，各责任单位按规定完成目标且对成果进行汇总和综合。项目管理将项目视为具有完整生命周期的过程，注重责任单位对项目整体的影响程度，促使项目管理者对项目的各个阶段都给予关注，避免造成项目整体效果较差甚至失败。

（3）项目管理的组织具有特殊性。这具体体现在以下四个方面。

1）具有"项目组织"的概念。将项目自身作为一个组织单元是项目管理最显著的特点。

2）项目管理组织的临时性。由于项目具有一次性且项目组织是为项目建设服务的，因此，项目结束标志着项目管理组织已完成任务，此时项目管理组织可以解散。

3）项目管理组织的柔性化。柔性意味着可变，项目管理组织打破了传统固定建制的组织模式。根据项目的不同，项目管理组织的形式会进行适当调整，以确保组织能高效、持续运行。

4）项目管理组织注重协调控制职能。作为一种综合性管理过程，项目管理的组织结构设计必须对组织中各部分的协调与控制进行综合考虑，进而保证项目总体目标的实现。

（4）项目管理的体制是基于团队管理的个人负责制。项目管理必须集中权力，实现对工作的控制，以保证工作正常进行。因此，项目经理在项目中具有重要作用，需要对项目实施和项目成果负责。

（5）项目管理的方式是目标管理。由于项目实施具有明确的目标和约束，因此，项目管理是一种多层次的目标管理方式。项目涉及诸多专业领域，相较各专业领域的专家，项目管理人员无法对所有专业领域进行深入了解。因此，项目管理人员应以综合协调者的身份，为被授权专家阐释其应承担工作的职责和意义，协商确定目标和时间、经费、工作标准的限定条件，使被授权的专家可以独立进行工作。由此可见，项目管理要求在约束条件下实现项目目标，但其实现方法具有灵活性。

（6）项目管理的要点是创造和保持使项目顺利进行的环境。项目管理作为一个管理过程而非技术过程，其主要工作是对各种冲突和意外事件进行科学处理，以保证项目顺利进行。

（7）项目管理的方法、工具与手段具有先进性和开放性。在项目管理中应该运用科学的、先进的理论与方法。例如，运用网络图编制项目进度计划；运用目标管理、价值工程、技术经济分析等理论和方法对项目的总目标进行控制；运用电子计算机对项目信息进行处理；等等。

2.3.4　项目管理模式

1. IPMT（一体化项目管理团队）模式

（1）IPMT模式介绍。IPMT是一体化项目管理团队（Integrated Project Management Team）的英文缩写。IPMT模式是指投资方与项目管理公司根据合作协议，共同组建一体化项目部，并且受投资方委托对工程项目开展全过程管理的项目管理模式。其中，"一体化"是指人员配置和组织机构的一体化、项目各阶段和环节的一体化、项目程序体系的一体化与管理目标的一体化。

提高项目管理专业化水平和效率、降低管理成本是一体化项目管理的核心。一体化项目管理基于项目特点，应用先进管理理论和技术，优化项目管理公司与投资方在各方面的资源配置，以助力实现项目总体目标，以及最大限度地实现项目费用节约与项目增值。项目管理公司通过项目合同谈判、费用审核、方案优化、过程控制等专业化管理手段直接节约投资成本，并且通过提高管理水平和效率（如质量、工期等）间接降低成本。

投资方与项目管理公司之间的合同是一体化项目管理实施的基础。合同概要阐述项目各种交付成果和投资方的期望与要求，具体包括按照项目管理公司绩效与项目实际成果对其进行激励和奖惩的标准。合同的商务基础是实报实销、按实支付，并且按计费工时（采用全包固定费率）计算。

（2）IPMT的主要工作内容。投资方授权委托范围会对IPMT的主要工作内容造成限制。IPMT的工作内容会根据成立时机和投资方已完成工作的不同进行相应删减。IPMT在项目四个阶段的主要工作内容如下。

1）研究项目投资机会阶段：完成可行性研究；完成项目评估与专项评价；开展项目决策、核准工作；策划项目建设实施方案；完成政府部门对项目的核准；确定技术定义与设计基础；资源评价（技术、人力、资金、材料）；分析且制定风险管理策略；选择专利技术；审查专利商提供的工艺包设计文件；项目总体设计；完成项目初步设计、施工图设计等；审查设备、材料供货厂商名单。

2）完成业主采购阶段：制定项目统一标准和规范；项目融资；合同策划。

3）承包商招标（包括设计、采购、施工与辅助承包商）阶段：预审投标方资格；完成招标和评标；合同谈判与签约；制定工程统一规定；全面管理承包商；生产准备；试运投产，组织验收。

4）组织验收阶段：项目全部文件资料的接收；已终结项目遗留问题的处理；项目后评价。

（3）IPMT模式的优点。

1）一体化管理能够确保大型项目总体质量；保证设计的优化、标准化和整体性；确保工程采购、施工的一致性。

2）业主和项目管理承包商进行有效组合，以实现资源最优化配置。

3）IPMT对承包商直接管理，减少项目管理层次，信息沟通更加便捷，项目合同更加简练。

4）业主可直接运用项目承包商的管理经验，并且拥有项目决策权。

5）业主将项目管理日常工作移交专业的项目管理承包商处理，自身可以将主要精力放在项目专有技术、功能确定、资金筹措、市场开发等核心业务上。

6）业主利用项目管理承包商的相关经验，可达到项目定义、设计、采购、施工的最优效果。

7）业主可以直接使用承包商的先进项目管理工具和设施，并且可以从项目管理承包商处获得项目管理体系化知识。

8）业主仅投入少量人员便可保证对项目的控制，而无须考虑项目完成后冗余人员的安置和分流。

2. PMT（业主方项目管理团队）模式

（1）PMT 模式介绍。PMT（Project Management Team）通常指业主方项目管理团队，即投资方根据项目规模和矩阵体制组建的项目经理负责制的项目经理部。其中，管理层人员（尤其重要岗位的管理层人员）大多来自投资方的长期雇员，次要岗位（如一般工作）人员多为临时借聘或招聘。PMT 代表投资方承担组织项目建设的责任，全权负责建设项目的组织和实施。业务方面，其必须向投资方报告且受投资方领导；行政关系方面，其为投资方下属的一个临时职能机构。

由于业主方项目管理内容较多且任务分散，因此 PMT 模式通常需借助监理单位、设计单位、PMC 承包商等外部资源的配合。由此可见，PMT 模式具有协调方较多、协调工作量较大等特点。

（2）PMT 的主要工作内容。PMT 与 IPMT 的主要工作内容基本一致，但实施深度略有差异。PMT 通常仅负责对项目进行宏观管理，将部分工作完全委托给一个或几个项目管理承包商完成，或者由 PMT 负责指导和控制，并且由项目管理承包商实施具体管理工作内容。PMT 的实施深度受自身工作能力和经验的限制会有所下降。

（3）PMT 模式的优点。

1）投资方通过成立 PMT 实施项目管理，可将自身的主要精力集中于核心业务，避免分散精力。

2）PMT 作为投资方相对固定的临时机构，可通过项目实施积累建设经验且反复利用，以实现投资方项目建设资源的优化配置。

3）PMT 作为投资方项目唯一机构，能够简化项目管理流程，增强对项目各方的管理、监督和协调力度。

3. PMC（项目管理咨询）模式

（1）PMC 模式介绍。PMC 是项目管理咨询（Project Management Consultant）的英文缩写。通常情况下，投资方不直接进行项目建设管理，而是通过委托、合作或招标方式选择项目管理咨询公司对项目阶段的工作实施项目管理咨询，之后由 PMC 承包商协助或代表业主通过招投标，择优确定一个或几个承包商对项目的第三阶段、第四阶段工作（设计、采购、施工、试运行等）进行建设。建设过程中，由 PMC 承包商协助实施项目管理。

作为业主代表的延伸，PMC 承包商代表业主对工程项目进行全过程、全方位的管理。PMC 承包商基于从项目准备阶段到收尾阶段的全过程对投资方负责，与投资方的目标和利益保持一致，包括工程整体规划、项目定义、EPC 承包商选择，以及工程招标、设计、采购、施工过程的全面管理。PMC 承包商一般不直接参与项目的设计、采购、施工和试运行等具体工作。PMC 承包商的费用计算方式一般是"工时费用＋利润＋奖励"。

PMC 承包商通常侧重于根据自身经验，运用系统与组织运作的手段对项目开展多方面的计划管理。例如，有效完成项目前期准备工作，对技术来源方进行管理，对设计技术进行统一和整合；对参与项目的众多承包商和供应商进行管理（尤其界面协调和管理），保证各参与方之间的一致性和互动性，寻求使项目整个生命周期的总成本最低。

投资方可单独选择 PMC 承包商，代理业主进行管理工作，并派遣少量人员对其工作进行监督；投资方也可以成立 PMT，由 PMT 与 PMC 承包商联合实施项目组织和管理。PMC 承包商与投资方之间是委托代理关系，与 PMT 之间是管理与被管理关系。"PMT+PMC 承包商"模式是国内工程项目的投资方选择最多的项目管理模式之一。

（2）PMC 承包商的主要工作内容。PMC 承包商主要负责协助业主完成项目管理工作，因而其工作内容与业主在项目四个阶段的主要工作内容基本一致。PMC 承包商的具体工作内容根据合同内容进行确定。

PMC 承包商的部分典型工作内容如下。

1）项目定义阶段。优化项目建设方案；管理项目风险，分散或减少风险；制定融资方案且协助业主完成融资工作；审查专利商提供的工艺包设计文件，制定项目统一标准和规范；组织或完成项目的基础设计、初步设计和总体设计；协助业主完成政府部门对项目各个环节的相关审批工作；提高对业主采购工作的支持；制定项目实施方案且完成项目投资估算；编制 EPC 承包商招标文件，预审投标方资格，完成招标、评标。

2）项目执行阶段。代表业主进行全部项目的管理和协调工作；执行项目设计、采购、施工、监理等工作。

（3）PMC 模式的优点。

1）投资方仅运用很小部分的基建管理力量对关键问题进行决策，而由 PMC 承包商承担绝大部分的项目管理工作。

2）利用 PMC 承包商积累的先进专业管理技术和大量建设经验，优化配置投资方资源，实现项目动态管理。

4. EPC（设计—采购—施工）总承包模式

（1）EPC 模式介绍。EPC 是设计—采购—施工（Engineering-Procurement-Construction）的英文缩写。在 EPC 总承包模式下，投资方仅选择一个总承包商或总承包商联合体，负责整个工程项目的设计、设备和材料的采购、施工与试运行，提供完整的可交付使用的工程项目。EPC 总承包模式适用于工程规模较大、工期较长且具有一定技术复杂性的工程。

EPC 总承包模式的重要特点是充分发挥市场机制的作用。技术标准与规范、技术要求和其他基本要求一般由投资方规定，以使设计、采购、施工等分包商共同寻求最有效、最经济的方法实施工程项目建设工作。EPC 总承包商通常将整个项目划分成若干相对独立的工作包，以避免无效竞争。EPC 总承包商将合同中的部分工作分包给分包商，EPC 总承包商对工程的安全、质量和进度等全面负责。EPC 总承包模式的关键是专业分包商以标准化的程序进行严格的网络控制，这有助于复杂工程项目顺利完成。

EPC 总承包模式的最大特点是总价固定。在 EPC 总承包模式下，业主一般不允许 EPC

总承包商因费用变化而调价。因此，EPC 总承包模式的合同价格通常高于传统模式的合同价格，以实现对风险的防范。对 EPC 总承包商而言，该合同模式的风险较大，但依靠足够的实力和高水平的管理，则有可能获得较高利润。

（2）EPC 总承包商的主要工作内容。在 EPC 总承包模式下，投资方通常通过业主（IPMT、PMT）或委派业主代表（PMC 承包商）对工程项目进行管理。EPC 总承包商一般采用矩阵式组织结构，组织相关人员根据 EPC 总承包合同内容成立项目管理部门，并且以工作组（Work Team）的模式运行，工作组的活动由项目经理全面负责。工作组在 EPC 总承包合同执行完毕后随之解散。该模式对项目管理工作组成员的素质要求远高于具体的施工管理组。工作组成员不仅是相应专业的技术专家，而且是管理协调方面的能手，具有多年技术工作、设计工作和现场建设工作的经历，在组织协调能力、人际沟通能力、应变能力、控制全局和统筹大局能力等方面均有出色表现。高素质、高效率的团队对 EPC 总承包商的全力支持是保证项目顺利实施的重要因素。

EPC 总承包合同模式对 EPC 总承包商的管理能力、综合技术、经济实力等方面具有较高要求。EPC 总承包商应具有 EPC 总承包合同规定的设计、采购、施工、技术培训和融资能力。因此，在国际工程项目中，为了选定最优的承包商参与正式招标竞争，进而签订 EPC 总承包合同，要先对承包商进行两级资格预审。

（3）EPC 总承包模式的优点。

1）整个项目的实施过程由 EPC 总承包商负责，有助于对整个项目进行统筹规划和协同运作，进而有效解决设计与施工的衔接问题，简化采购与施工的中间环节，缓解施工方案中技术性、实用性、安全性之间的矛盾。

2）工作范围和责任界限明确，建设过程中的风险和责任可以被最大限度地转移给总承包商。

3）合同总价和工期固定，明确业主的投资和工程建设期有助于控制费用和进度。

4）工程项目管理各方的优势能够得到最大限度的发挥，有助于工程项目管理目标的实现。

2.4 工程项目管理与项目管理的区别

工程项目管理是指从事工程项目管理的企业在受到业主委托的情况下，按照合同约定，代表业主对工程项目的组织、实施进行全过程或若干阶段的管理和服务。工程项目管理企业不会直接与总承包商或项目的设计、勘察、施工、供货等承包单位和其他承包商签订合同，但可根据合同安排，协助业主与总承包商完成针对项目的设计、勘察、施工、供货等工作与其他承包商签订合同，并且可执行业主指定的监督合同。业主与项目执行机构在合同中约定项目管理的具体形式，以及服务内容、费用、权限和责任等。工程项目管理的范围更广，涉及的方面也更多，如电力、通信、航空与机场、住房与建筑、水利、港湾、运输与道路、冶金与化学工业等。更具体地说，工程项目管理的概念侧重于施工、资源规划、供货，以及供应商、承包商、风险和项目等方面的管理。

项目管理在含义上是指在项目活动中利用专业技能、知识、工具和方法，使项目在有限资源限定条件下，实现或超过设定的需求和期望的过程。在涉及范围方面，项目管理相对明确，只对施工进行管理，涉及范围较小；在概念程度方面，"项目管理"一词相对更宽泛，是指对项目的资源、风险、时间、瓶颈和项目错误等的管理。

工程项目管理的功能重点因角度（业主、PMC承包商、经理、总承包商、分包商、供应商）的不同而不同，其共同的功能是：确保项目的所有方面，包括设计、采购、施工、安装和调试，能顺利进行，围绕"安全、质量、进度、投资"等控制目标，在风险管理、质量管理、时间管理、成本管理、人力资源管理、采购管理、范围管理、整合管理、沟通管理等方面开展工作。

项目管理作为管理学的一个分支，是指将专门的技能、知识、工具和技术应用于项目活动，使资源有限的项目能够达到或超过既定的需求和期望。项目管理涉及项目的规划、进度计划和工作进展的维护。

项目管理的概念更加宽泛，包括管理资源、风险、时间、瓶颈和项目错误，以确保项目顺利完成甚至超额完成；而工程项目管理则比较具体，是对工程的供货、资源规划、供应商施工、承包商和项目风险等进行管理。

◆ 课后思考题

1. 什么是工程项目？其特点有哪些？
2. 什么是工程项目管理？其特点有哪些？
3. 工程项目的生命周期分为哪几个阶段？在工程项目的生命周期各阶段中有哪些任务和工作？
4. 工程项目管理的核心内容是什么？
5. 工程项目管理模式有哪些？分别适用于什么组织？
6. 工程项目管理与项目管理的区别有哪些？

第 3 章
CHAPTER 3

工程项目管理体系框架

开篇案例

市民心河工程中的工程项目管理体系应用

我国华北地区 A 市所在省份的省委、省政府及其市委、市政府于 1996 年制定了十年内实现"蓝天、碧水、绿地"的规划。在省、市各级政府的共同推动下，A 市引水入市改善环境工程（即市民心河工程）于 1997 年 4 月正式启动。到目前为止，该项工程一直运行良好，很大程度上改善了民生，产生了显著的社会生态效益。该工程已被视为 A 市重大标志性工程之一，并且于 2001 年获得原建设部"中国人居环境范例奖"。从现代工程项目管理理论看，A 市引水入市改善环境工程项目具有以下特征：①不确定性大、风险水平高；②项目范围控制难度大；③项目管理工作量大、协调困难；④项目投资大、资源需求多；⑤项目完工时间具有强制性；⑥项目前期工作复杂、紧张；⑦没有现成经验，但必须一次成功。现代工程项目管理技术的运用使这一复杂工程项目的决策更科学合理、实施过程更顺利，极大地推动了项目的成功。通过分析 A 市引水入市改善环境工程的项目管理实践，可以总结出如下几点经验。

（1）加强项目管控。作为大型社会公共项目，A 市引水入市改善环境工程在实施过程中，项目利益相关者需求变更常引起项目的相关变更。若缺乏有效管控，可能会造成成本超支、进度延迟等不良后果。该项目注重范围控制，有效减少了项目范围变更对项目产生的影响。

（2）合理应用先进管理工具与技术。在该项目管理过程中，广泛应用了包括工作分解结构、网络图、矩阵图、资源平衡与优化在内的一系列项目管理工具与技术，有助于尽早明晰项目任务组成，并且合理安排了任务顺序，有效规划了资源使用。

（3）合理构建项目组织结构。该项目涉及利益相关者多、沟通管理难度大，采用了大型矩阵型组织结构。实践表明，对于跨行业、跨区域的大型复杂项目而言，大型矩阵型组织可以实现纵横关联，促进沟通协调管理。

（4）注重风险管理。在项目实施过程中，风险管理对于项目成功至关重要，主要包括风险识别、评估与响应。通过积极主动的风险管理，能有效降低风险损失，提高项目实施成功率。

（5）预防胜于检查。要制订详细的质量管理计划，针对项目实施过程中的不确定性，利用现代项目管理工具与技术，尽早发现项目实施过程中的潜在问题，加强对项目的预防与控制，减少成本超支的可能性，保证项目的质量和工期。

（6）及时总结经验。在项目实施过程中和项目完成后，有必要及时进行深入总结与反思，发现项目实施中存在的问题与缺陷，从而为以后项目的实施积累更多建设与管理经验。

学习目标

- 了解几种项目管理体系及其区别。
- 熟悉几种项目管理体系的框架结构和适用范围。
- 掌握几种项目管理体系的管理过程。
- 了解工程项目管理的理论基础与应用。
- 熟悉工程项目管理方法的分类、应用原则和步骤。
- 掌握工程项目管理组织的几种模式。

3.1 项目管理体系

3.1.1 国际项目管理标准体系：ICB 4.0

1. ICB 概述

国际项目管理协会（International Project Management Association，IPMA）为了促进项目经理的职业化发展，为项目管理从业人员提供一套能力提升的基准，推出了国际项目管理能力基准（IPMA Competence Baseline，ICB）。ICB 自 1992 年推出以来，已经进行多次修改和完善。2016 年，IPMA 发布了项目管理个人能力基准 4.0（ICB 4.0）版本。

ICB 对项目经理的专业能力进行了分类和定义，并且评估了项目管理资格认证所需的能力标准。ICB 将项目管理能力定义为"知识＋经验＋个人素质"。ICB 4.0 从与行为相关、与技术相关、与环境相关三个模块中选出 29 个项目管理能力要素，以明确对从事项目管理工作的项目经理的能力要求。ICB 强调，项目经理应努力满足客户、产品、服务供应商和其他利益相关者在一般项目、重大项目和项目组合方面的需求。项目经理必须能够在需要时寻求专家的帮助，在决策过程中获得他们的尊重和支持，并且利用他们的知识和经验为一般项目、重大项目和项目组合服务。

2. ICB 4.0 的要素结构

在 ICB 4.0 中，为了评估项目经理在实践中应用项目管理的整体专业能力，将项目经理的能力要素总结如下。

（1）行为能力：10 个与行为相关的能力要素，涉及处理项目中与行为相关的社会能力和人际关系能力。

（2）技术能力：14 个与技术相关的能力要素，涉及在项目实践中应用项目管理技术和工具的能力。

（3）环境能力：5 个与环境相关的能力要素，涉及理解适合管理项目环境的能力。

每个能力要素都有相应的知识和经验要求，ICB 4.0 假设知识不仅仅是准确记忆，还包括理解背景及其在实际项目管理环境中的应用。表 3-1 显示了 ICB 4.0 包含的三个模块和 29 个能力要素。

表 3-1　ICB 4.0 的能力要素

要素模块		
行为能力	技术能力	环境能力
自我反思与自我管理	项目策划	战略
诚信与可靠	需求与目标	治理、架构与过程
人际沟通	范围	遵循的要求、标准与规则
关系和参与度	时间	权力与利益
领导力	组织与信息	文化与价值
团队工作	质量	
冲突与危机	财务	
谋略	资源	
谈判	采购	
结果导向	计划与控制	
	风险与机会	
	利益相关方	
	变化与变革	
	选择与权衡	

在 ICB 4.0 中，描述了各能力要素的定义、目的、具体介绍、相关的知识要求、相关的技能和才能要求、涉及的其他能力要素、主要能力指标的描述与测量等。ICB 4.0 对于项目经理评估与提升自身能力具有实际指导价值，也是企业培养项目经理的参考基准。

3.1.2　美国项目管理知识体系：PMBOK

项目管理知识体系（Project Management Body of Knowledge，PMBOK）是美国项目管理协会于 1984 年提出的概念。原型版本于 1987 年推出，于 1996 年进行了修改，并且正式发布了 PMBOK 1.0，之后每四年发布一版，2021 年发布了 PMBOK 7.0。PMBOK 7.0 是一个复杂的项目管理知识体系，主体内容包含项目交付原则和项目主体知识。其中，项目交付原则包括 12 个方面，项目主体知识包括 8 个项目性能域。PMBOK 是项目管理职业的知识总和，已经成为美国项目管理的国家标准之一。

1. PMBOK 体系

PMBOK 7.0 体现在价值交付体系上，其中项目交付原则包括管理工作、团队、利益相关者、价值、系统思维、领导力、定制、质量、复杂性、适应性和弹性、风险、变更。这 12 项原则与 PMI 道德和职业行为准则中确定的价值观一致。它们遵循着不同的格式，彼此不重复，在道德和原则上互补。项目管理原则的制定者是来自全球各地的项目管理从业者。这些从业者代表不同的行业、文化背景和组织，扮演不同的角色，拥有不同类型的项目经验，通过多轮反馈产生 12 项原则，为有效的项目管理提供了指导。

项目性能域是关于有效交付项目成果的一组活动。项目性能域是交互式的、相互关联的、相互依赖的重点领域，它们协同工作以实现预期的项目成果。项目一般包括 8 个项目性能域，分别是团队（Team）、利益相关者（Stakeholder）、发展方法与生命周期（Development Approach and Life Cycle）、计划（Planning）、不确定性（Uncertainty）、交付（Delivery）、衡量（Measurement）和项目工作（Project Work）。

项目管理中的定制是对项目管理方法、治理和过程的有意调整，以适应具体的工作环境和工作内容。在项目环境中，定制过程由项目管理标准中的项目管理指导原则、组织价值观和组织文化指引，并且考虑了开发方法、过程、项目生命周期、可交付成果和参与人员的选择。

PMBOK 7.0 还提供了一些对项目管理有用的常用方法和模型，以及对工作产出的描述。其方法反映了小规模的、简化的现实观点，以及当前的优化工作过程、场景、策略或方法。模型有助于揭示某些事物在现实世界中的运作方式，能够塑造行为，并且引导人们解决问题或满足需求。工作产出则可以是模板、文档、输出或项目可交付对象。

原则是一种基本规范、真理或价值，会影响项目参与者的绩效，刺激产生预期的结果。因此，项目管理是为人的行为提供指导。虽然原则和性能域之间在概念上有所重叠，但原则指导行为，性能域又提供了广泛的关注领域来证明这种行为。图 3-1 显示了项目交付原则如何超越性能域，为每个性能域的活动提供指导。其中，定制包括在项目性能域中执行工作的模型和方法，可交付成果和产品同样可以根据价值传递系统、内部环境和外部环境进行定制。

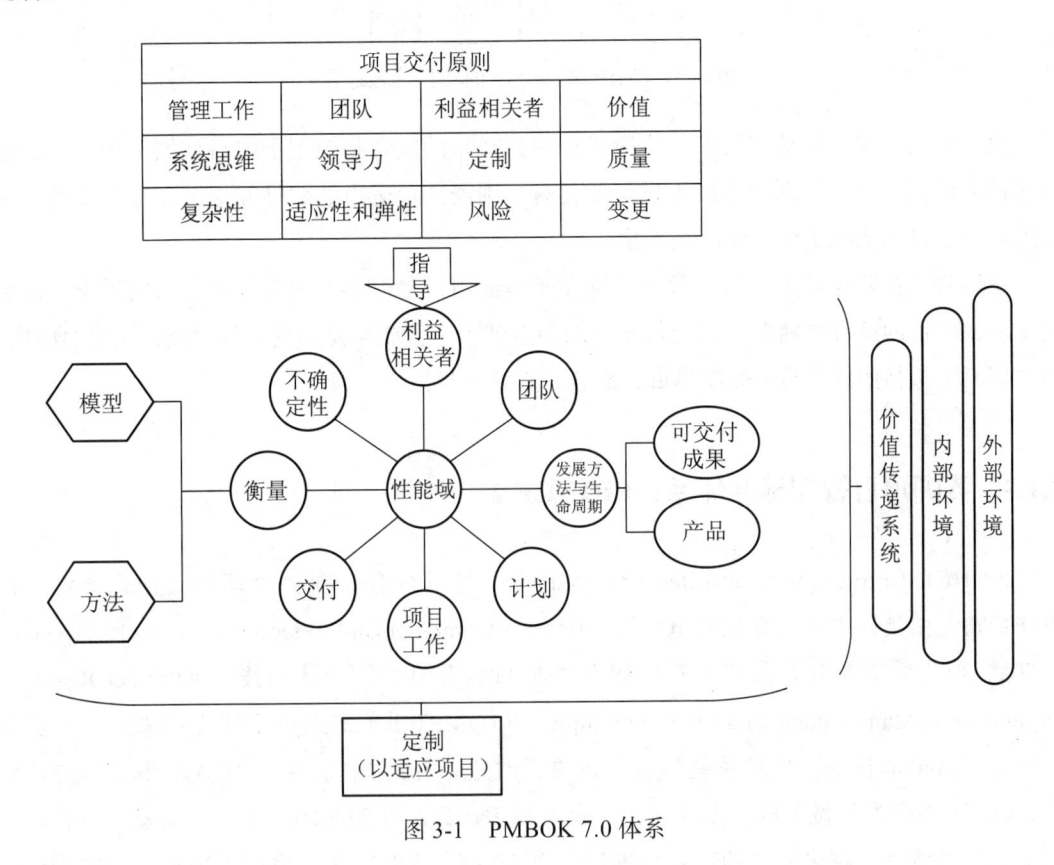

图 3-1 PMBOK 7.0 体系

2. PMBOK 体系下的项目管理过程

图 3-2 表明了 PMBOK 体系下的项目管理过程。PMBOK 项目可划分为四个基本项目阶段。

第一阶段是启动阶段，包括识别需求、确定需求和描述需求。本阶段主要确定可交付成果和参与工作的人员，团队开始形成；提出可行性（项目实施能力）和合法性（项目是否可以实施）问题，以供分析和论证。

第二阶段是计划、设计阶段。本阶段项目的解决方案应尽可能包括所有细节，根据工作任务的需要，按其实施顺序，逐步进行排序工作；过程产出（临时可交付成果）与制造策略一起确定；需要对每项工作所需的时间和资源，以及何时可以完成这些工作等进行估计；再次分析可行性和合法性问题，通常要求在项目继续之前获得正式的项目批准。

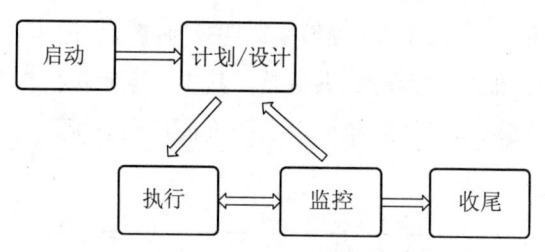

```
    启动  →  计划/设计
              ↓  ↘
            执行  ↔  监控  →  收尾
```

图 3-2　PMBOK 体系下的项目管理过程

第三阶段是执行和监控阶段。本阶段在项目经理的监督和控制下执行计划工作，该过程需要持续监控；在原计划的基础上发生变化时，则需进行适当的调整并记录；在整个项目建设期间，项目团队应始终关注项目产出。

第四阶段是收尾阶段。本阶段的关键在于验证项目是否令人满意或满足初始需求。理想情况下，项目的结束伴随着从可交付成果的制造到可交付成果使用的平稳过渡；在整个阶段，项目资源（包括团队成员）被逐步重新部署，直到项目最终结束。

3.1.3　英国项目管理标准体系：PRINCE 2

PRINCE（Project In Controlled Environment）是进行有效项目管理的结构化方法，该方法最初是由英国中央计算机与电信局（Central Computer and Telecommunications Agency，CCTA，现为政府商务办公室）于1989年在项目资源组织管理计划技术（Project Resource Organization Management Planning Technique，PROMPT Ⅱ）的基础上建立起来的。为适应对所有项目而非仅对于信息系统项目管理进行改进指导的要求，经过深入调研和广泛的咨询，CCTA 对该方法做了进一步改进，形成了 PRINCE 2。PRINCE 2 采用一套基于过程的方法进行项目管理，将多阶段的项目管理过程作为核心。PRINCE 2 界定了项目过程中需要进行的管理活动，同时描述了这些活动所包含的一些组成内容。

1. PRINCE 2 体系

:案　例:

英国约克郡的一家隶属于英国国民医疗保健体系的精神康复医院对临床医疗情况进行了监督和审查的规章设置，但审查结果往往不被采纳。

公共服务性组织的服务质量低、经费紧张是普遍现象。对于像国民医疗保健体系这种巨大且分散的组织，则需要建立一种像 PRINCE 2 这样的定期任务提醒机制，从而实现对规章制度的强化作用，并且保持服务的质量。同时，这套系统有利于新入职人员对职责的了解和熟悉。例如，麦当劳依靠严格的书面管理规程实现了全球拓展，它的每名负责人都要在完成一项工作后进行书面记录，使责任到位，并且变"人治"为"法治"。PRINCE 2 管理方式定义了组织结构，明确了组织结构中人员的角色及其相应的职责，并且为人员制定了实现目标所应进行的活动，从而使个人责任落实到位，切实地促进了公共服务性组织服务质量的提高。当项目出现预算不足的情况时，PRINCE 2 对工作完成情况的记录和责任的明晰，加上其为项目人员和项目管理委员会提供的沟通渠道－期望报告，都可以帮助项目人员向项目管理委员会申请超出预算的经费。机构工作人员还发现，他们运用 PRINCE 2 管理方式对不熟悉的领域进行管理也取得了很好的效果。例如，医院病房的翻新工程就采用了 PRINCE 2 的管理方式，并且成效显著。

从这个案例中可以看出 PRINCE 2 模式的优势：首先，每个阶段所取得的成果都可以得到最大限度的发挥，而不像有些项目必须一次全部做完，或者因烂尾而被全面放弃；其次，在项目开发过程中，可以根据最新情况变化进行调整，如开发本身出现问题，或者外部政策、经费发生变化。基于这种分阶段的模式，产生了项目管理的新思路。在 PRINCE 2 体系中，计划始终随变化而行，不需要像 PMBOK 一样对整个项目都做出详细的计划，对当前阶段的任务可以做出详细的计划，但对后续阶段的任务则只做出粗略的计划。在多数情况下，项目计划前详后略，越靠后的阶段所做出的计划越少。

图 3-3 描述了欧洲的 PRINCE 2 体系。该体系包括 7 个部分，分别是项目筹备、项目指导、项目启动、阶段边界管理、阶段内控制、产品交付管理、项目收尾。整个体系还包含 7 个支撑过程执行的要素，分别是项目论证、组织、品质、计划、风险、变更和过程监控。PRINCE 2 中的计划不像 PMBOK 中那样是一个独立的过程，而是作为一个要素贯穿整个项目过程；同样，PRINCE 2 中的过程监控也是作为一个要素贯穿整个项目的过程，旨在发现计划与实际执行之间的差异，若有差异则采取必要的措施。

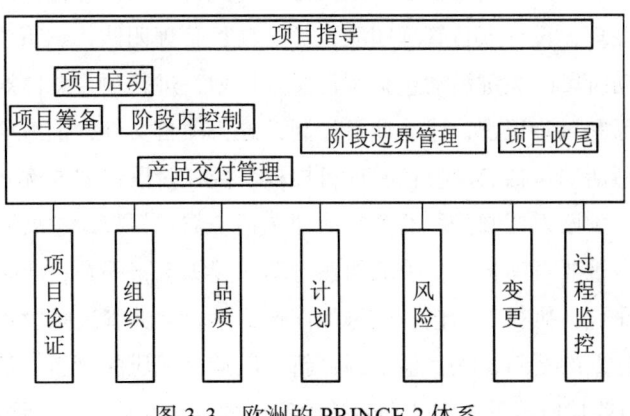

图 3-3 欧洲的 PRINCE 2 体系

2. PRINCE 2 体系下的项目管理过程

图 3-4 说明了 PRINCE 2 体系下的项目管理过程。PRINCE 2 把项目的实施分为三个过程：阶段内控制、产品交付管理和阶段边界管理。其中，阶段内控制和产品交付管理是项目中最基础的环节，大部分工作在此阶段完成，其成果也在此体现。产品交付管理是基于阶段内控制进行的，这两个过程是项目计划的具体实施，二者密不可分。PRINCE 2 中的项目指导、阶段内控制和阶段边界管理与 PMBOK 中的监控存在关联；PRINCE 2 中的产品交付管理同 PMBOK 中的执行相互联系，但不能完全对应。PRINCE 2 中的计划不同于 PMBOK，其计划在各个层次、各个阶段持续进行，计划随着项目的发展不断变化。

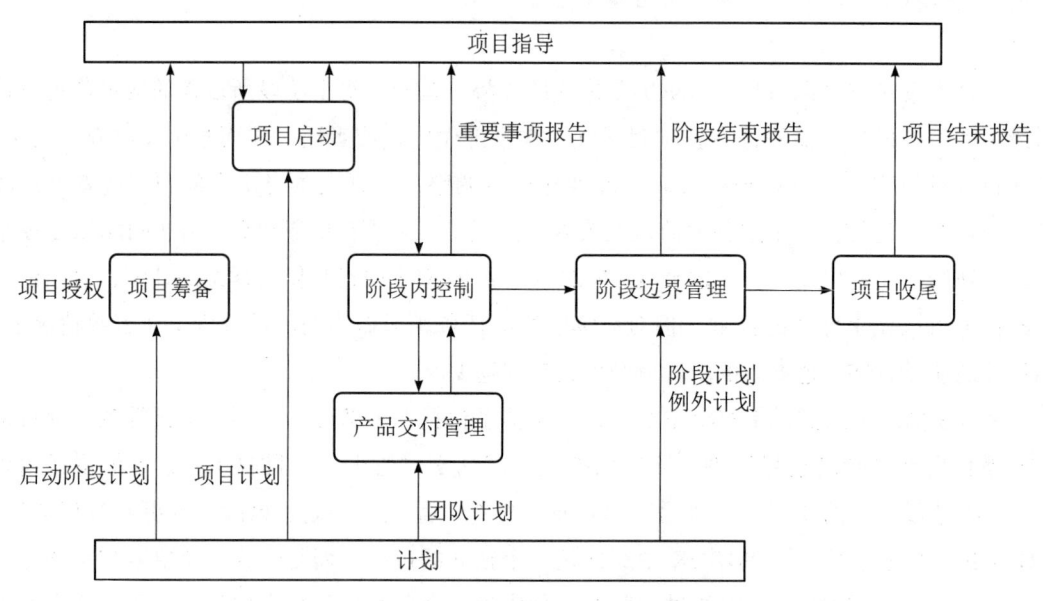

图 3-4 PRINCE 2 体系下的项目管理过程

PRINCE 2 中一个过程可以包含很多个活动，一个活动又可以包含很多个行动。活动与行动同过程一样，都有输入和输出，也可以安排并行执行。项目筹备阶段的关键活动包括任命项目总裁和项目经理，设计项目管理团队，任命项目管理团队，编写项目总体文件，确定项目方法；项目启动阶段的关键活动包括制订质量计划，进行项目总体规划和项目启动阶段规划，完善项目论证和风险识别，建立项目控制，准备项目文件，汇编项目启动文件；项目指导阶段的关键管理活动包括启动授权，项目授权，授权阶段计划或例外情况，分配临时任务，确认项目完成；阶段内控制阶段的关键活动包括工作包授权，进展评估，问题捕获和检查，阶段状况评估，重要事项报告，采取纠偏行动，逐级汇报问题；产品交付管理阶段的关键活动包括验收工作包，执行工作包，交付工作包；阶段边界管理阶段的关键活动包括阶段计划的制订，项目计划的更新，项目事由的更新，风险登记册的更新，阶段结束的报告，例外计划的制订；项目收尾阶段的关键活动包括确定后续行动，审查项目评估，项目结束报告；计划阶段的关键活动包括起草计划，定义和分析产品，定义活动及其依赖关系，制定时间表、分析风险和编制计划。

PRINCE 2 中,项目筹备、启动、收尾和指导的过程分别只有一个,但每个过程中都可以完成许多工作。除项目收尾阶段外,每个阶段结束时都需要完成阶段边界管理的相关工作。PRINCE 2 中,阶段内控制和产品交付管理过程可能分别只有一个,也可能有很多个。例如,项目分为 8 个阶段,则有可能产生 8 个串行的阶段内控制过程,而每个阶段内控制过程又可能有若干个产品交付管理过程。对于大型复杂项目,一般都可划分出多个项目阶段。

PRINCE 2 按时间顺序对过程进行了大致分类,包括 4 个时期,分别是预备期、启动期、交付期和最后交付期。

预备期来自某人的想法或需求。这个想法给项目授权,在此期间的主要任务是确认项目的正当性(是否值得做)和可行性(是否有能力做)。通过预备期的工作,可以产生项目概要和项目启动阶段计划书。项目委员会审查并认可项目概要后,可以给项目经理授权进入下一个时期——启动期。

启动期的作用是对项目做进一步的分析和计划。为了使该项目能够达到项目投资人的期望,需要明确项目的控制方法,并且保证必要的资金。在此期间会产生一个重要的文档——项目启动文件(PID)。PID 中包含项目论证,是一份收益–成本分析报告。项目委员审查且认可 PID 后,会正式授权项目的全面实施。PID 作为一份文档,在项目实施过程中应当被持续审查,其内容也可能由于各种内外部原因而发生变更。在这期间还会触发阶段边界管理过程,为下一阶段制订详细计划。

交付期的主要工作由项目经理来负责。项目委员会把日常工作分阶段地授权给项目经理,项目经理分派任务,并且保证项目进度与批准计划之间的差异在可承受范围之内。项目经理向项目委员会汇报重要事项,并且在必要时向项目委员会请示其采取的相应行动。在进行控制时,项目经理会运用一系列文档,如日志记录、经验记录、问题登记、风险登记、品质登记、配置记录等,这一系列活动构成了阶段内控制过程。项目经理向团队经理下达工作包,产品交付管理的过程就是团队经理完成工作包且接受检查的过程。当每个阶段结束时,项目经理都要请示是否进入下一阶段。此时项目经理需要提交本阶段的完成情况、更新后的项目论证、下一阶段的具体计划。项目委员会审查且认可项目的可行性和正当性之后,授权下一阶段的执行。旧阶段与新阶段的交接工作由阶段边界管理过程来完成。

最后交付期是项目行将结束的阶段。若项目委员会确认对产品满意且能够用于运营中,就可以进行项目收尾工作。项目的所有文件记录必须归档,并且归还项目所用的资源。另外,还可以做一次项目效益的后续评价。

3.1.4 中国项目管理知识体系:C-PMBOK

中国项目管理知识体系(Chinese-Project Management Body of Knowledge,C-PMBOK)

是由中国"双法"研究会项目管理研究委员会（PMRC）开发并组织实施的。自1993年其概念被提出以来，C-PMBOK经历了知识体系结构研究（国家自然科学基金项目）、知识体系文件开发（C-PMBOK 2001）、C-PMBOK 2001试行与修订等阶段，现已正式发布C-PMBOK 2006。

C-PMBOK开发的实质是回答"为什么要建立PMBOK文件""PMBOK文件中应包括哪些知识""如何将这些知识组织在一个有机的系统中"。这三个关键问题实质上是在明确创建PMBOK的"目的"的基础上确定知识体系的"范围"和"结构"。

1. C–PMBOK体系

基于体系化与模块化的要求，面向构建中国项目管理学科体系的目标，产生了如图3-5所示的C-PMBOK 2006体系框架和模块化结构。

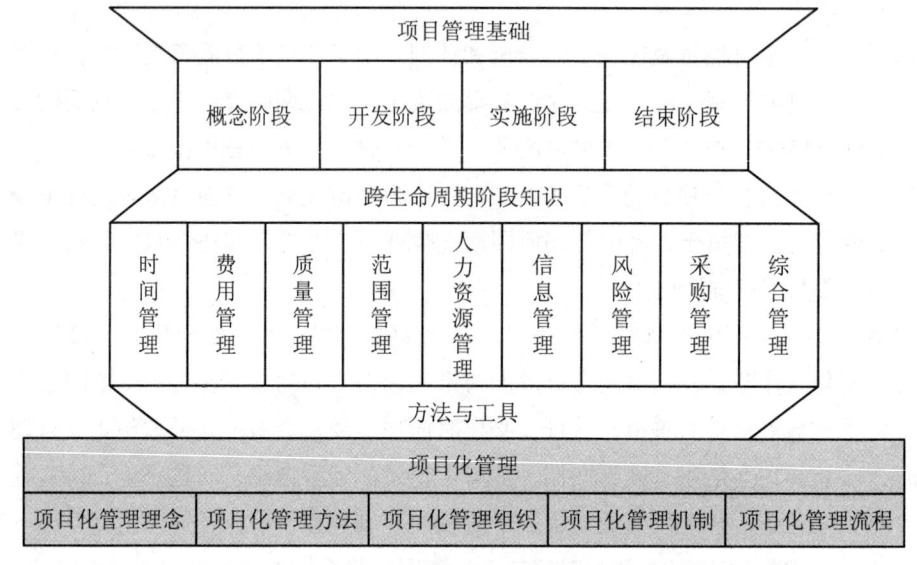

图3-5　C-PMBOK 2006体系框架和模块化结构

C-PMBOK 2006体系可以被粗略地描述为"两层多级的模块化结构"。其中，两层多级是指两个组织层次，即临时项目组织和长期项目组织；模块化结构是指将项目管理知识组织成一组相对独立的知识模块，C-PMBOK的基本单位就是知识模块。

项目管理是一种以项目为对象的系统管理方法，其内容可以根据临时项目组织和长期项目组织的不同管理对象，分为面向临时项目组织的项目管理知识和面向长期项目组织的项目管理知识。为方便后面的表述，称前者为"项目的管理"，后者为"项目化管理"。

针对面向项目的管理知识的组织，C-PMBOK 2006呈现的线索有三条，分别为项目生命周期、项目管理职能领域及项目管理基本方法和工具。C-PMBOK 2006的模块化结构为按多种线索组织项目管理知识体系提供了可能性。

（1）按项目生命周期阶段划分。项目生命周期通常分为四个阶段：概念阶段、开发阶段、实施阶段和结束阶段。C-PMBOK 2006 沿着项目生命周期组织知识模块，突出项目管理的主要过程，以便于理解这一过程及其重要内容。

（2）按项目管理职能领域划分。项目管理九大领域是基于项目管理职能分工的背景而提出的，是目前国际项目管理界普遍接受的一种项目管理知识组织逻辑。C-PMBOK 2006 以"项目管理领域"为线索组织知识模块，有两方面的需求：一方面，建立 C-PMBOK 2006 知识模块与国际公认的项目管理领域之间的关系，以促进国际一体化；另一方面，作为项目生命周期主线的补充，它根据项目管理的职能领域，有序地组织了一些跨生命周期阶段的知识内容，既保证了 C-PMBOK 2006 在系统中的完整性，又保证了其知识模块在组织中的逻辑性。但 C-PMBOK 2006 关于项目管理职能领域的定义及其内容与国际上普遍认可的项目管理九大领域有所差异：C-PMBOK 2006 用"信息管理"取代了国际上的"沟通管理"，并且将沟通管理的人际关系方面纳入人力资源管理领域；基于国际上的"集成管理"领域定义了"综合管理"领域，除集成管理的内容外，还包括一些跨生命周期阶段和职能领域的内容。

针对面向项目化管理知识的组织，C-PMBOK 2006 在面向对象的变革管理方法上为长期项目组织建立了一个基于项目的管理结构，从项目化管理的理念（思想）、方法、组织、机制与流程五个方面组织相关的知识内容。

2. C-PMBOK 体系下的项目管理过程

项目管理过程是对项目管理方法与机制的科学性和可靠性的保证。这里从现代项目管理与传统项目管理的区别方面介绍项目管理过程。

项目管理过程可以从组织内部与跨组织两个方面划分为四个部分，主要包括组织内部的单项目管理过程、组织内部的多项目管理过程，跨组织的单项目管理过程和跨组织的多项目管理过程。由于跨组织的单项目管理过程和跨组织的多项目管理过程都关注组织之间的关系，因此不做单独介绍，统一为跨组织的项目管理过程。

（1）组织内部的单项目管理过程。从项目生命周期的角度来看，组织中的项目管理过程包括项目启动、项目计划制订、项目执行、项目控制、项目收尾等。管理功能包括启动、计划、执行、控制和收尾等，以及针对特定对象的资源分配过程。

组织内部的单项目管理过程并不描述项目内部的细节，而主要描述项目与组织中各职能部门、项目管理委员会和项目管理办公室之间的各种业务关系。组织中的单项目管理过程基本描述了项目立项过程、项目经理选择过程、项目收尾过程和项目资源配置过程。

1）项目立项过程。它主要包括收集和分析信息，监测客户需求，分析和选择潜在项目。根据项目的来源，可以立项的项目分为两部分：企业内部发起的项目和外部委托的项目。

① 企业内部发起的项目。它是指企业内部人员根据企业战略，结合企业现有资源状况发起的项目。企业内部发起的项目的一般过程为：发起人填写项目申请书；项目管理办公室组织专家评审；项目管理委员会根据专家的评审意见，确定项目是否立项；项目管理委员会发布立项通知书，确定项目立项。

②外部委托的项目。这种项目需经过项目投标才能完成立项。项目投标过程是指从填写资格预审调查表开始，到将正式投标文件送交业主为止所进行的全部工作。项目投标的一般过程为：填写资格预审调查表，申报资格预审；购买招标文件（资格预审通过后）；组织投标班子；进行投标前调查与现场考察；选择咨询单位及雇用代理人；分析招标文件，校核工程量，编制施工规划；工程估价，确定利润方针，计算和确定报价；编制投标文件；办理投标保函；递送投标文件。

2）项目经理选择过程。优秀的项目经理是项目成功的保障。项目立项后，组织即可从项目经理库中选择合适的项目经理。具体过程为：具有资格的项目经理提出申请；项目管理办公室组织专家评审；根据专家评审意见，确定项目经理。

3）项目收尾过程。项目化管理组织在项目收尾阶段必须处理好项目的临时性与组织的长期性之间的矛盾。具体过程为：最终产品验收；文档、资料总结；项目后续服务分配；项目奖金发放、人员晋升；项目组解散。

4）项目资源配置过程。组织内部的单项目管理的资源配置过程的主要工作是项目全过程的资源计划、实施和控制。具体过程为：项目经理提出资源需求；部门经理根据项目优先级分配资源；项目经理进行项目内部资源优化；项目实施过程中进行资源变更控制。

（2）组织内部的多项目管理过程。组织内部的多项目管理过程主要包括大型计划管理过程和项目组合管理过程。其中，大型计划管理过程又包括大型计划的发起、大型计划的制订、大型计划的实施控制和大型计划的收尾；项目组合管理过程又包括项目组合的确定、项目组合计划的制订、项目组合的实施控制和项目组合的收尾。考虑到资源分配在多项目管理中的独特性和重要性，还将阐述多项目资源优化配置过程。

在多项目管理过程描述中，对组成多项目的各项目内部过程不展开叙述，而重点介绍多项目与组织内部各部门发生的各种业务关系和多项目之间的平衡与协调。

1）大型计划管理过程。

①大型计划的发起。大型计划的发起主要包括根据组织的战略目标、指导方针和政策，编制大型计划任务书。具体过程为：总体可行性研究；方案规划；初步和详细的可行性研究；编制项目进度和资源计划；编制大型计划任务书。

②大型计划的制订。它是描述大型计划需要做"什么"、"何时"进行、持续"多长时间"、"如何"监控、需要"谁"参加等内容。具体过程为：建立大型计划的管理组织；编制大型计划的总体计划；编制大型计划的分阶段计划；编制大型计划的详细进度和资源计划；编制大型计划的管理计划；审查和修订计划。

③大型计划的实施控制。它包括从重大计划开始到实现重大计划的绩效目标的所有任务。具体过程为：项目启动；监测重大计划的进展；信息共享；变更控制；应对风险和实现重大计划的成果。

④大型计划的收尾。它包括从大型计划实施结束到解散大型计划组织整个阶段的所有工

作任务。具体过程为：大型计划交接与验收；大型计划审计；大型计划总结；大型计划组织解散；释放资源。

2）项目组合管理过程。

① 项目组合的确定。它是指根据组织的战略目标、指导原则和基于组织战略与现有项目的优先次序标准来确定项目的组合。具体过程为：分解组织的战略目标；识别项目组合机会；确定项目组合；确定项目的优先次序。

② 项目组合计划的制订。它主要是基于项目计划的制订和不同项目计划的平衡。具体过程为：制订项目计划；平衡多个项目计划；制订组合计划；批准组合计划；修订和优化组合计划。

③ 项目组合的实施控制。它是指启动项目组合中的各个项目，对项目实施中的各种变化做出适当的反应，管理项目之间在资源、效益和结果方面的相互作用，并且确保当前的项目组合与组织目标相一致。具体过程为：启动项目组合实施；监测项目组合实施的进展；信息共享；变更控制；应对项目组合实施的风险和结果。

④ 项目组合的收尾。它包括从项目组合实施结束到项目组合组织解散的所有任务。具体过程为：项目组合交接和验收；项目组合汇报；项目组合组织解散；释放资源。

3）多项目资源优化配置过程。它是指通过在项目间有效地分配资源来实现组织的全部资源潜力，以降低资源成本，并且最大限度地提高每个项目的有效资源需求。多项目资源优化配置包括以下步骤：项目经理提交资源需求计划；确定各项资源分配优先级；确定资源获取方式；资源部门制订各项目资源分配计划；项目经理制订项目资源配置计划。

（3）跨组织的项目管理过程。随着经济一体化的浪潮席卷全球，面对日益个性化的客户需求和激烈的市场竞争，组织往往面临着资源不足和项目管理程序不完善的问题。为了更好地利用市场机会、快速响应客户需求，组织与其他组织组成联盟，共享资源和机会，共同实现项目目标。因此，跨组织的项目管理是组织层面项目管理的一项重要内容。

跨组织的项目管理是通过战略联盟、分包和联合研究与开发来实现的。与传统的项目管理相比，它实现了互补性、协同性和风险分担；同时，它可以帮助组织进入新的业务领域且使其活动多样化。

对于组织来说，跨组织项目管理的关键是以项目为桥梁，管理相关组织之间的各种合同关系。跨组织项目通常要经过五个过程：启动、计划、实施、控制和收尾。下面从组织层面介绍跨组织的项目管理过程。

1）跨组织项目的启动。主要工作过程：确定联盟形式；选择合作伙伴；沟通协商；签订结盟意向书。

2）跨组织项目的计划。主要工作过程：组织间任务分工；确定跨组织项目管理机制；签订跨组织项目管理合同。

3）跨组织项目的实施和控制。主要工作过程：跨组织项目启动；跟踪跨组织项目的进展；变更控制；联盟绩效反馈；合作价值评估。

4）跨组织项目的收尾。主要工作过程：项目总结；项目收益分配；明确各组织在项目维护阶段的任务；联盟解散。

3.2　工程项目管理体系

3.2.1　工程项目管理知识体系

工程项目管理知识体系是一系列项目管理理论和知识组合而成的整体，其范围涵盖了现代项目管理中进行的各种管理活动，使用的各种管理理论、方法和工具，以及所涉及角色的各种职责及其相互关系。工程项目管理知识体系包括很多方面，并且可以通过各种方式组织起来，形成一组完整的项目管理知识体系。这种知识体系可以划分为专业管理或职能管理的多个不同方面，与一般的运营管理知识体系没有根本的区别。

1. 工程项目管理知识体系的构成

根据美国项目管理协会提出的理论，并且结合各种管理职能和领域对现代工程项目管理所必备的知识、方法、工具和技能的描述，可以将现代工程项目管理知识体系分为九个领域。

（1）工程项目集成管理。它是指在工程项目管理过程中，将不同的项目管理过程整合在一起，确保各项工程项目的工作相互协调、相互支持，最终实现整体项目目标。工程项目集成管理不是为某一项目或阶段实现一个目标，而是以全面协调的方式管理项目，确保工程项目成功实施，同时满足项目利益相关者的需求。工程项目集成管理主要包括编制工程项目集成计划，实施工程项目集成计划和管理与控制工程项目总体变更。

（2）工程项目范围管理。它是指在工程项目管理过程中，通过对工程项目范围的规划、定义、控制、验证和管理，确保项目进度、质量和成果的实现。其主要目的是通过规划和定义工程项目范围来控制并管理项目内容，以确保项目的成功实施，并且达到项目利益相关者的最大满意度。工程项目范围管理主要包括确定和控制项目启动，规划项目范围，定义项目范围，确认项目范围，控制项目范围的变更，以及全面管理可控制项目范围。

（3）工程项目时间管理。它是指在工程项目管理过程中，对工程项目的时间进行规划、安排、监控和控制，确保工程项目能够按既定时间顺利开展。其主要目的是帮助项目经理有效规划和合理安排项目时间，监测项目进度，确保项目按计划进行，从而降低项目风险、提高成功率。工程项目时间管理主要包括定义工程项目活动，估计工程项目的活动顺序和活动时间，编制工程项目工期和工程项目生产计划，以及管理可控制工程项目的运营计划。

（4）工程项目成本（投资或费用）管理。它是指在工程项目管理过程中，对工程项目成本进行规划、估算、控制、分析的过程，确保项目能够在不超过预算（或合同价格）的情况下完成所有预期工作。其主要目的是提供全面的工程项目成本（投资或费用）管理和控制，帮助管理者合理安排和管理项目的成本，降低项目成本风险，保证项目的成功实施。工程项目成本管理主要包括规划工程项目的资源，估算工程项目的成本，制定预算和规划工程项目费用，以及管理和控制工程项目成本。

（5）工程项目质量管理。它是指在工程项目管理过程中，对工程项目的质量进行规划、保证、控制和改进的过程，确保工程项目的质量符合标准要求。其主要目的是严格约束和管理工程项目的工作流程，降低项目质量风险，保证工程项目的顺利实施。工程项目质量管理主要包括确定与控制工程项目产出质量和工程项目工作质量，以及全面管理和控制有关工程项目质量变更程序与工程质量活动。

（6）工程项目人力资源管理。它是指在工程项目管理过程中，对工程项目的人力资源进行规划、招聘、培训管理和绩效评估的过程，确保项目所涉及的人力资源能够得到有效利用。其主要目的是科学地明确工程项目所需要的人力资源，并且通过有效的管理确保其充足、合适和高效，以提高工程项目完成的效率和成功率。工程项目人力资源管理主要包括规划工程项目管理机构，获取和配置工程项目人员，以及建设工程项目团队。

（7）工程项目信息管理。它是指在工程项目管理过程中，对工程项目的相关信息进行收集、存储、共享、分析和应用，保障工程项目信息沟通的顺利开展。其主要目的是保障工程项目及时准确地获取和使用相关信息，帮助项目经理有效地管理工程项目所需的信息，以保障工程项目完成的效率和成功率。工程项目信息管理主要包括规划工程项目沟通，传送工程项目信息，报告工程项目作业信息，以及制定工程项目管理决策，等等。

（8）工程项目风险管理。它是指在工程项目管理过程中，对工程项目所涉及的风险进行准确识别、分析、评估、应对和监控，确保风险控制的有效性。其主要目的是在工程项目实施过程中有效地应对风险，减少风险对项目的影响，减少工程项目中因不确定性而引起的损失。工程项目风险管理主要包括识别工程项目风险，评估工程项目风险，应对工程项目风险，监控工程项目风险，以及就工程项目风险进行沟通。

（9）工程项目采购管理。它是在工程项目管理过程中，对工程项目所需物资、设备和服务进行采购，确保项目过程中能够及时从管理组织外部寻求并获得工程项目所需的各种商品与服务。其主要目的是确保工程项目能够及时、保质保量地采购到必要的物质资源和设备服务，并且协助项目经理制订适当的采购计划，提升效率和成功率。工程项目采购管理主要包括规划工程项目采购，确认工程项目采购需求，选择工程项目采购供应商，签订工程项目采购合同，监督工程项目采购，以及评估工程项目采购绩效。

2. 工程项目管理知识与其他知识之间的关系

工程项目管理知识体系涵盖了大量的专业知识，又具有自身的独特性。一方面，一般认为工程项目管理的知识体系与一般的管理知识体系和工程项目所涉及的具体专业领域的知识体系有比较密切的联系，它们是紧密相连、不可分割的；另一方面，现代项目管理中也有一些具体的知识和方法,如工作分解结构法、关键路径分析法、里程碑计划法等,是工程项目管理中常用的一些独特方法。这些方法能帮助项目经理更科学、更系统地管理项目,以达到提高项目绩效的目的。工程项目管理知识与其他知识之间的关系如图3-6所示。下面介绍现代工程项目管理所涉及的具体知识。

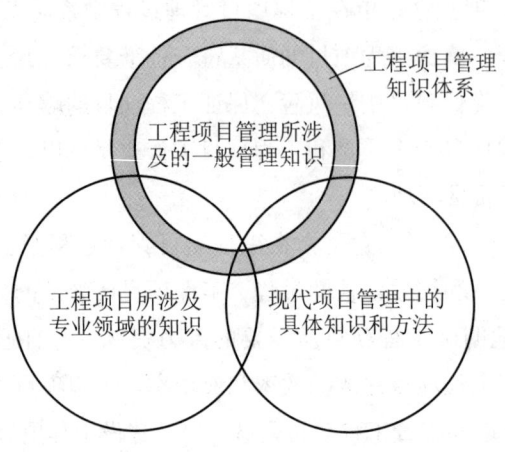

图 3-6　工程项目管理知识与其他知识的关系

（1）一般管理知识。它的主要内容由三部分组成：企业流程的管理知识、企业资源的管理知识和一般管理中的专业管理知识。首先,企业流程的管理知识涉及企业运营的各个环节,如企业运营的计划与管理、组织与管理、决策、领导和管理控制等内容；其次,企业资源的管理知识主要包括人力资源管理、财务管理、设备与固定资产管理、信息资源管理、供应与库存管理等内容；最后,企业信息系统管理、产品和服务质量管理、企业物流管理、企业形象管理等属于一般管理中的专业管理知识。

（2）工程项目所涉及专业领域的知识。它是指与具体工程项目专业领域相关的各种专业知识。工程项目所涉及的专业知识通常包括专业技术知识、专业管理知识和专业行业知识。专业技术知识是指工程项目所涉及的特定专业领域的技术知识。例如,水利工程项目中的水利工程技术知识、铁路工程项目中的铁路工程技术知识、建筑工程项目中的结构设计和施工技术知识等。专业管理知识是指工程项目所涉及的特定专业领域的专业管理知识。例如,政府工程项目所涉及的政府财政拨款等行政管理知识,科技开发工程项目所涉及的国家或企业的科技政策知识。专业行业知识是指工程项目所涉及的特定行业领域的一些专业知识。例如,汽车行业工程项目中的相关行业知识（能耗、环保知识等）,化工行业工程项目的相关行业知识（加工行业、上下游行业知识等）,以及金融行业工程项目的相关行业知识（保险、信托、证券行业知识等）。

（3）现代项目管理中的具体知识和方法。用于管理项目各个方面的理论和方法也可以应用于工程项目管理中,基本上与企业项目管理的原则相对应。现代工程项目管理中使用的具体知识和方法主要包括以下几个方面。

1）计划管理知识。计划管理是整个管理中的核心职能,因为任何有组织的工作都必须从计划管理开始。事实上，如果没有计划管理，任何有组织的活动都会失去管理基础，无法很好地发展，更难以达到计划目标和工作指标，因为没有计划管理就根本没有计划和指标。"凡事豫（预）则立，不豫（预）则废"，"预"指的就是计划管理，由此可见计划管理的重要性。

计划的目的是制订广泛的计划和活动，从一般政策的战略计划到一般业务的操作计划。计划管理的另一个功能是调整和修订现有的计划，尤其当环境和条件发生变化或工作目标发生变化时，这是计划管理的一种形式。这些制订或修订计划的管理工作及其产生的计划管理文件往往有以下作用：作为管理人员进行领导和协调的基础；作为管理人员开展管理控制的指南；作为减少不确定性的手段；作为提高效率和效益的工具；作为提振工作人员士气的武器。

简而言之，计划管理是一项非常重要的管理职能。无论是一般的项目管理还是工程项目管理，计划管理都是首要的工作。只是在原则、方法和准则方面，计划管理与一般项目管理和工程项目管理有所不同。许多用于一般项目管理的原则、方法和准则也适用于工程项目管理。

2）组织管理知识。在一般项目管理中，组织管理也是一项重要的管理职能。其基本功能包括：分工和部门化（即按照一定的标志划分组织的任务，然后将具有某种特征的工作小组按照一定的准则组合在一起，形成具有类似任务的组织部门）；建立和安排组织内部的责任、权力和利益关系（这些关系使组织中的每个部门和职位都有明确的权力和责任，从而使整个组织有明确的责任等级关系和指挥与秩序体系）；建立分工与合作的组织体系（即将组织整合成一个有机的整体）；发展组织能力（即提升组织的整体能力）。

组织管理的主要功能是将一群不相关的个人组织成一个有机的整体，使这些个人能够实现组织管理组成系统所设定的组织目标和目的，并且使组织中的每个人都能从中受益。组织管理的另一个功能是在组织内分配和协调权力和责任，并且在组织内建立一个指挥、秩序和权威系统。这不仅包括部门之间的权责分配和协调，也包括领导岗位之间的权责分配和协调。此外，组织管理的功能还有促进和实施组织变革，使组织能够保持活力、积极适应环境的变化且保持有效。

只有一部分来自一般项目管理的组织管理知识可以用于工程项目管理中。由于二者在组织形式上有很大的区别，大多数一般项目管理的业务组织采用直线职能制或事业部制组织结构，而大多数工程项目管理组织采用项目型或矩阵型组织结构。这从组织管理的角度体现了一般项目管理和工程项目管理之间的差异。因此，一般项目管理中的组织管理知识不能被完全运用于工程项目管理中。

3）领导力管理知识。领导力管理也是一般项目管理中的一项非常重要的管理职能。关于领导力的概念有许多不同的解释。根据传统管理学，领导力是指一个人能够带领其部门实现组织既定目标的管理。而现代管理学则将领导力理解为利用个人所拥有的各种组织权力和权威来影响他人的行为，以实现组织目标的行为和过程。

领导力管理的关键要素包括：①领导者的方向和目标，这不仅包括设定未来的愿景和组织需要的战略，还包括设定领导者的日常方向和目标；②使用权力来影响他人的行为，具体包括组织和协调所有个人的行动；③向组织成员传达目标、愿景和目的，使他们能够实现目标。

根据一般的项目管理理论，有几个关键因素影响领导力的有效性：①领导者与被领导者，因为他们自身的技能、经验、培训、知识、责任、成熟度和价值观直接影响领导力的有效性；②领导环境，即领导工作所面临的各种环境因素。

一般项目管理中的一部分领导力管理知识可以用于工程项目管理，但有些知识不能简单应用。在工程项目管理中，特别是大型工程项目管理过程中，项目经理是领导者，但工程项目中的领导工作不仅仅是项目经理的任务。因为在工程项目管理中，各项目相关利益主体的各类管理人员都会进行相关领导活动，特别是决策活动，而在一般项目管理中，这种领导工作只是高层管理人员的任务。

3.2.2　工程项目管理的基本理论与方法

1. 工程项目管理的理论基础与应用

系统论、控制论、运筹学和组织行为学是工程项目管理的四大理论基础，这些理论为有效进行工程项目管理提供了科学依据。

（1）系统论是工程项目管理的基本思想。系统论是生物学家贝塔朗菲（L.V.Bertalanffy）于20世纪40年代创立的。它以系统的概念为基础，强调系统内部逻辑关系，运用相关数学方法，实现了管理科学从定性到定量、从实证到规范的转变。系统论的基本思想主要体现在整体性、关联性、有序性和动态性四个方面。

工程项目作为一个大系统，包括投资决策、规划设计、征地拆迁、施工准备、物资采购、招标投标、施工建设、竣工验收和运营维护服务等多种活动。因此，工程项目管理应确保项目体系的完整性，以此为前提不断地观察、分析和解决问题。在注意"零件"的同时，也需要注意"零件"之间的有机连接。在一定的资源约束下，进行合理的组织协调，实现资源的优化配置，以达到效益最大化。

工程项目整体目标的实现，是项目系统内外相关部门和相关工作共同作用的结果。因此，工程项目管理必须全面调查、分析项目内外各要素之间的各种关系，揭示要素之间的本质关系和运动规律，即考察项目要素之间的相关性。当需要对项目的某些因素进行调整时，有必要分析相关因素及其带来的系统目标的联动反应和影响作用。

工程项目的基本建设需要遵循一定的程序和顺序。不同建设实施环节相互依存、联系紧密，也就是说建设程序不能随意调换顺序。工程项目管理必须按照项目体系内部的有序性进行，合理安排各部分、各单位的逻辑，使其集成为整体，形成统一的功能，从而提高实施活动的有效性；同时，要科学安排项目内部系统的顺序和位置，最大限度地发挥各部门和各单位项目的系统功能。

工程项目规模大、工期长、涉及单位多，因此影响工程项目实施的因素很多。某一因素在任何阶段的变化都会影响其他部门的活动和系统的整体运行，而且这些因素的变化是动态的。在工程项目管理的协调工作中，有必要基于动态思维，以系统的历史、现状和未来为出发点，了解系统的发展和变化，还需要分析其未来变化趋势，以便采取有针对性的有效措施，防止系统运行偏离目标。这就要求在工程项目管理过程中，应加强动态性预测，重视信息收集与信息反馈，随时调节施工计划，保持计划的弹性，及时适应各种变化带来的系统变化，以有效地实现动态管理。

（2）控制论是工程项目管理的基本理论。作为20世纪的一项重大科学成就，控制论由美国数学家维纳（N. Wiener）于1940年创立，并且在1960年后被广泛应用于管理科学领域。控制论突破了自然科学和社会科学、工程技术和生物技术之间的界限，其目的在于顺利实现系统的目标和计划。管理控制的过程包括三个步骤：确定目标、衡量成效和纠正偏差。其中，确定目标是衡量成效的依据；衡量成效的结果是纠正偏差的基础；纠正偏差措施的制定和落实是控制过程的目的。

从一定程度上讲，工程管理过程就是控制论在其实施中的应用过程。一旦确定工程项目目标，则必须为各项工作计划和流程、组织职责的分工等进行详细规划，这也代表工程项目管理步入控制周期阶段。其间，需要及时了解项目的进展情况，检查实际情况是否偏离计划，如果出现偏差，则采取必要的纠正措施，使项目运行重新回到预定轨道。

工程项目管理实施控制是"计划—跟踪—控制"不断循环往复的动态闭环过程，围绕投资控制、质量控制和进度控制三大目标进行，贯穿于工程项目实施的始终。

工程项目管理实施控制的内容包括：在工程项目的施工过程中，必然会出现各种干扰，如恶劣的天气、不明确的设计图、不充足的材料和设备、市场需求的变化，需收集实际数据，评估和检查工程项目的进度情况；除检查项目进度、已完成项目的成本和质量，还需要检查组织内部工作流程是否正常，职责分工是否明确和适当；及时分析工程项目所处环境的变化情况，把投资目标、进度目标和质量目标的计划值与实际投资发生值、实际进度和质量检查数据进行比较，并且分析产生差距的缘由。

正确合理的项目目标是有效的项目控制的前提，但鉴于各种主客观因素的制约，项目规划中的计划目标值有可能是难以实现或不尽合理的，必须注意对计划目标值进行论证和分析，如有必要，还需在项目实施的过程中进行合理调整。此外，除了检查进度、成本和质量三方面的实际值和计划值有无偏差，还必须注意组织运转中是否存在矛盾，市场或消费者的要求是否发生变化，等等。从某种意义上说，后者对实现项目目标更具决定性。如果没有偏差，则项目继续推进；如果存在偏差，则分析原因并采取控制措施，以确保项目目标的实现。产生偏差的原因包括原始目标不合理、项目规划不完整或无效、发生不可预见的事件、组织内部缺乏沟通、人员素质不足、职责和权力不明确等。在分析原因的基础上，预测这些偏差的发展趋势，并且分析偏差对实现项目目标的影响，从而采取相应的控制措施。具体的控制措施包括组织措施、经济措施、合同措施和技术措施。

组织措施是通过明确责任和分工，进一步落实控制人员或撤换不称职人员，并且在制度上保证控制的效果，从而优化工作流程和信息流程；经济措施是通过经济手段实行控制；合同措施是借助合同条款落实目标控制的责任，在合同执行过程中加强对索赔的控制和管理等工作；技术措施是利用价值工程原理，通过对多种技术方案的论证和比较以实现对目标的控制。在选择控制措施前，要充分考虑发生偏差的具体情况，同时必须注意这种纠偏措施的选用可能会给项目目标控制带来的影响。因此，选择纠偏措施时，不仅要考虑纠偏措施的有效性，还要分析纠偏措施自身的成本和代价，以及对工程项目目标可能产生的新影响，等等。

（3）运筹学是工程项目管理的重要理论工具。运筹学作为一门定量优化决策科学技术，运用分析、实验和定量化的方法对系统中的资源进行统筹安排，旨在获得尽可能满意的社会经济效益。从学科角度来看，运筹学的性质包括：在研究问题时，从系统的观点出发，研究全局性的规划问题和综合优化规律，是系统工程学的主要理论基础；运筹学的运用具有多学科交叉的特点，如在实际运用中，要综合经济学、管理学、计算机科学等学科的相关知识与方法。

从工程项目的构成来看，工程项目由一系列单位项目和单项项目组成；从建设过程来看，工程项目是由几个相互连接、具有独立功能的组织单元组成的。工程项目的规模随着社会经济发展而越来越大，并且生产技术越来越复杂，专业化和协作化程度越来越高，导致工程项目管理难度加大。因此，有必要利用数学优化方法（数学管理模型）和计算机技术来实现工程项目的现代化管理。运筹学涉及数学规划、网络图、存储理论、排队理论、博弈论、搜索理论和系统仿真等多种主题。下面以存储理论、线性规划和运输问题为例，介绍运筹学在工程项目管理中的应用。

工程项目建设需要大量的建筑材料，为了保证建设施工的顺利进行，必须存储一定数量的建筑材料，因而选择适度的材料存量是建设工作管理需要解决的一个问题，运用运筹学中存储理论的基本方法可以设计一个经济订货批量模型，解决材料存量、订货次数的优化问题。

在工程项目管理中，线性规划主要运用于灵敏度分析。灵敏度分析是在求出最优解之后，研究线性规划模型中各有关参数的变化对最优解的影响。在建立线性规划数学模型的过程中，有必要对实际问题进行总结、分析和假设，忽略一些次要因素，选择一组确定的参数来建立模型并找到最优解。由于这些参数经常在一定范围内变化，因此要进一步研究和讨论参数变化会对最优解产生何种作用。

工程项目建设所需的建筑材料和设备来源于不同地区的供应单位，因而会涉及诸多运输问题。在运输过程中，运输成本因地理位置不同、交通状况不同而存在差异。这就可以运用运筹学中的运输问题来解决建筑材料的调度问题。

（4）组织行为学是工程项目管理的重要手段。组织行为学是一门探讨个体、群体和组织系统对组织内部行为影响的学科，旨在提高组织绩效。组织行为学研究的核心领域包括激励、领导行为与权威、人际沟通、群体结构与过程、学习、态度形成与知觉、变革过程、冲突、工作设计和工作压力等。

组织行为学研究的三个层次包括个人、群体和组织系统。其中，小组讨论是对个人行为的研究，但对个人和群体的研究会受到组织的约束，提高组织系统绩效则为最终目的，三个层次依次推进。工程项目管理中可利用组织行为学的原理，进行工程建设中的个人行为管理、群体行为管理和组织系统管理。

个人行为管理就是分析包括简历、个性、能力、学习、知觉、价值观、态度和激励等内容，安排工作岗位，进行组织匹配、绩效考核时，要充分考虑个人的行为特征。

从本质上说，工程项目管理就是对由个人组成的群体进行管理。而从事工程项目建设的群体行为决定了工程项目建设效果，包括组织战略、权力结构、组织规范、组织资源、绩效评估、薪酬体系和物理工作环境等。其中，工程项目业主的组织战略通常由战略目标及其实施手段组成。例如，工程项目所有者的战略目标可能是扩大市场份额，也可能是提高质量。一般来说，不同的战略目标在分解为每组的子目标时会有所不同，所采取的措施也不同。不同工程项目建设的组织结构存在差异，而相似的工程项目也可能采取不同的组织结构。组织结构不同，赋予群体及其群体领导或成员的权力也不一样。

业主或承包商的文化和规章制度间的差异会对其下属群体行为产生不同影响。当存在健全的规章制度，并且群体及其成员的行为趋于一致时，管理效率较高。从资源来看，因为群体的职能不同，所以组织在不同群体间的资源配置是不一样的，这在一定程度上决定了群体的行为。此外，组织的绩效评估和薪酬体系是对组织及其成员产生重大影响的另一个外部因素。一般来说，当绩效目标极具挑战性，并且与奖励和薪酬密切相关时，组织成员的效率较高。此外，员工的行为也受到物理工作环境和条件的影响。

群体成员个人作用的发挥很大限度地决定了群体可能达到的绩效水平。群体成员的资源主要体现在个人能力和人格特性两个方面。个人能力对群体行为和绩效的影响非常显著，但也不能忽视组成群体的个人的人格特性在工程项目管理中的作用。如果成员善于社交和沟通、独立性强，则群体的生产率和凝聚力可以得到提高；否则相反。完成工程项目建设某些方面的群体具有一定的结构，群体的行为也因群体领导、成员角色、群体规模和组成的不同而存在差异。

群体领导对群体行为的绩效具有决定性的影响。根据特质理论，群体领导必须具备进取心、领导意愿、正直与诚实、自信、智慧和与工作相关的知识等特质。而作为工程项目的群体领导，除了能正确处理与成员之间的关系，还应该对建设环境具有较高的敏感性。从角色来看，群体成员和领导对角色有不同的看法。成员通常希望领导能够公正地对待他们的工作，提供相应的工作条件，明确地表达每一项工作，并且对他们的工作表现做出合理的评估。领导希望成员工作态度认真，听从指挥，忠于群体和组织。为了实现这一目标，工程项目经理必须关注群体成员的想法。从群体规模来看，由于"社会惰化"的存在，导致个人在群体中工作一般不如单独工作时更努力，因此通常小群体在完成任务方面比大群体更有效率。所以，在工程项目管理中，应尽可能缩小群体的规模。按照组织行为学的研究成果，5～7人的群体规模最为合适。并且，如果一个群体由具有不同性别、个性、观点、能力、技能和视野的个人构成，则该群体会更加高效地完成任务。

工程项目的建设过程是群体在其中发挥作用的过程。需要注意这一过程中的协同效应。协同效应是指两种或两种以上物质相互作用产生的效果总和与单一物质的效果不同。将这一概念应用于工程项目管理，意味着群体成员共同工作的效果并不是所有个人单独行动的效果之和。"社会惰化"是一种负协同效应，但考虑到工程项目的建设是不同群体和所有个体共同发挥作用的过程，如工程项目的设计、规划和施工均不是单个个体所能完成的，因此，群体成员在工程项目建设中的协同效应应是正向的，即工程项目管理者必须注意降低负协同效应。

在工程项目建设中，群体任务可分为简单任务和复杂任务两种。简单任务是指常规性的、标准化的任务。完成此类任务时，群体成员不需要探讨工作方法，只需按照标准化的操作程序完成即可。复杂任务是指新颖的、非常规性的任务。完成这类任务需要探讨相应的工作方法并降低冲突水平，要求成员之间工作的依赖性相对较强。因此，执行复杂任务时，不仅需要强有力的群体领导，还需加强不同群体之间和同一群体内部成员之间的信息沟通。

群体绩效是上述各方面综合作用的结果。群体凝聚力是指从事工程项目建设的群体成员之间相互吸引并愿意留在群体中的程度。高凝聚力可以提高群体的工作效率和群体绩效。而凝聚力本身也受到各种因素的影响，如成员在一起的时间、加入群体的难度、群体的规模和性别构成等。

群体成员满意度是群体外部条件、群体结构等共同作用的结果，在一定程度上会对群体绩效产生影响。当群体成员满意度提高时，工作积极性就会有所提升，从而降低"社会惰化"、提高群体绩效。群体成员满意度既取决于领导对其工作的评价和薪酬体系，又与其自身的角色地位有关，并且受群体规模的影响。一般来说，群体规模越大，成员间的纠纷与冲突就越多，群体成员满意度可能越低。因此，为了提高群体成员满意度，项目经理不仅要建立合理的绩效评估和薪酬体系，还要确定合适的群体规模。

工程项目管理中的组织系统涉及组织结构、人力资源政策和工作设计与压力等方面。组织结构就是对群体成员进行合理分工、分组，使其协调合作完成工程项目建设中的有关任务。人力资源管理的内容包括员工的招聘和培训、绩效评估、薪酬体系和劳动关系的设计。根据组织行为理论，员工绩效受工作风格、工作灵活性和工作所面临的压力等多个方面的影响。这就要求项目经理合理制定员工工作任务，适当地给员工一定的工作压力，激发其工作积极性。根据工作任务特性理论，任何工作都可以用技能多样性、任务重要性、工作自主性和工作结果反馈等特征来描述。这些特征直接影响员工的工作积极性、工作绩效和对工作的满意度。因此，工程项目管理者在要求员工具备多种技能和才干的同时，可以通过强调工作的重要程度、提高工作时间的灵活程度和工作独立性，以及及时而明确地对员工的工作绩效进行评估等方式，提高员工的工作积极性和满意度。从工作压力来看，工程项目管理者可以采取绩效评估等方式，给每一个职位增加一定的压力，以此提高员工的工作绩效。然而，当压力过大时会产生负面影响，如导致员工情绪低落、工作效率降低等，甚至产生缺勤和离职行为。这也是工程项目管理者在设计工作压力时应注意的问题。

2. 工程项目管理方法

（1）工程项目管理方法的应用特征。

1）选用方法的广泛性。工程项目管理的发展过程实际上是对其管理理论和方法继承、研究、创新和应用的过程。工程项目管理方法的选择具有时代特征。管理理论发展以来，形成了以商业决策为核心，以计算机应用为手段，运用运筹学和系统论方法，结合组织行为科学的应用，将管理对象视为人和物组成的完整系统的综合管理，即现代化管理。进入信息时代以来，管理方法再次发生巨大变革。现代化管理方法具有科学性、综合性、信息化和系统性等特点，可以适应工程项目管理的需要，因而可以在工程项目管理中有针对性地选用。

2）工程项目管理方法服从项目目标控制的需要。由于工程项目的一次性特征，与其相关的工程项目管理方法必须满足目标控制的需要。一般来说，各种目标控制方法相互独立，并且都有自己的专业体系。然而，由于管理方法的综合性，可以将几种目标控制方法进行系统整合，如合同管理方法，这类方法适用于所有目标控制。因此，选择合适的方法体系是控制项目目标的首要前提。

3）工程项目管理方法与企业管理方法紧密相关。建筑企业管理方法是建筑企业根据施工、生产和经营活动的需要而选择的方法体系。考虑到完成工程项目承包任务是建筑企业的主营业务，因此，建筑企业经营管理必须以工程项目为中心。由此可见，建筑企业管理方法与工程项目管理方法之间存在一定的相关性。建筑企业管理的对象是组织及其所有活动，工程项目管理的对象是工程项目和项目组织开展的工程管理活动。工程项目管理方法和企业管理方法相结合，结合部分也彰显了这两个方法体系的相关性。

（2）工程项目管理方法分类。

1）按管理目标划分，工程项目管理方法可分为进度管理方法、质量管理方法、成本管理方法、安全管理方法、现场管理方法等。

2）按管理方法的量性划分，工程项目管理方法可分为定性方法、定量方法和综合方法。其中，定性方法是经验方法，综合方法则是定性方法和定量方法的融合。

3）按管理方法的专业性质划分，工程项目管理方法可分为行政管理方法、经济管理方法、管理技术方法和法律管理方法等。

4）在工程项目管理中还有大量可用的管理技术和方法，主要包括经济评价法、全面质量管理法、网络规划法、价值工程法、数理统计法、信息管理法、线性规划法、ABC分类法、目标管理法、系统分析法等。管理技术和方法是管理中的硬方法，其中定量方法占主导地位，也有一些定性方法可用于项目实践，并且能产生较好的管理效果。

（3）工程项目管理方法的应用原则和步骤。

1）工程项目管理方法的应用原则。在应用工程项目管理方法时，应贯彻以下四项原则。

① 适用性原则。首先要明确管理目标，再根据管理目标选用不同的、有针对性的方法，并且在应用前对管理环境进行调查分析，判断管理方法应用的可行性和适用性，以及应用后可能产生的干扰和预期效果。

② 坚定性原则。在应用管理方法时，通常会遇到各种干扰，如员工习惯性地抵触新方法，或者可能受许多条件的限制，对整个管理过程产生干扰或制约等。此时项目管理人员应该坚持采用现行的管理方法，克服困难，以取得实际效果。

③ 灵活性原则。在工程项目管理中，需根据内外部环境变化，灵活运用各种有效的管理方法，以达到一定的管理目的，防止盲目、教条和僵化。

④ 开拓性原则。在原有基础上对相对成熟的工程项目管理方法进行创新，用出新水平，产生更大效果；同时，结合项目现实背景，提出现代化工程项目管理方法。

2）工程项目管理方法的应用步骤。运用现代工程项目管理方法需遵循六个步骤：第一，研究管理任务，明确其专业要求和应用管理方法的目的；第二，调查进行管理的环境，以便为选择管理方法的决策提供依据；第三，选择合适、可行的管理方法，管理方法应具有专业性和相关性，并且在条件允许的情况下能够实现任务目标；第四，分析所选方法在应用中可能遇到的问题，确定关键问题，并且制定相应措施；第五，在所选方法的实施过程中加强动态控制，解决冲突，使其有效；第六，应用过程完成后，进行总结，从而不断提高管理方法的应用水平。

（4）工程项目管理的一般方法。

1）工程项目管理的法律方法。我国目前颁布的与工程项目管理相关的法律规范主要涉及企业法、合同法、税法、会计法、房地产管理法、基本建设法、环境保护法和质量法等方面。上述各种法律规范所调整的都是工程项目管理组织和其他社会组织之间，以及它们与员工之间在管理与协作活动中所发生的经济法律关系。

运用法律手段可以确保建立稳定的经济秩序，顺利开展工程项目建设活动，同时，使工程项目组织（如决策者和管理者）和个人的合法权益得到有效保护。由于明确了工程项目管理组织和个人应承担的责任和风险，既给工程项目管理机构和员工带来了内在动力，也给他们增加了外部压力。

2）工程项目管理的行政方法。它是指依靠行政管理机构的法定权力，通过命令、指示、规定、规章、制度和具有约束力的计划等行政手段对工程项目进行管理。由于行政方法具有强制性，工程项目管理组织中的所有成员必须服从并严格执行上级所采用的行政手段。

行政方法是必不可少的管理方法之一。采用强制性的行政方法，不仅能使工程项目管理组织内部各个环节、各个成员的活动相互配合，还能有效地统一组织内部所有成员的意志和行动，促使全体成员为实现组织的目标而共同奋斗。

3）工程项目管理的数学方法。运用数学方法在工程项目管理和决策中进行定量分析，能增加工程项目管理和决策的科学性，减少个人的主观判断。在项目实施的每一个阶段，都可运用数学方法进行管理，并且适用的数学方法也比较多，如投资决策时的决策树法、施工管理中的网络图法、市场调研中的时间序列预测法，以及可行性研究阶段运用的各种数学方法。

网络分析的基本原理是通过网络形式，对组成系统的各项工作进行统筹规划、合理安排，有效地利用人力、物力、财力和时间，以最少的资源消耗完成整体系统的预期目标。其本质是将工程项目建设及其管理过程作为一个系统加以处理。

网络分析技术的重要功能之一是利用网络图对工程项目建设的进度进行控制。作为一门广泛运用的管理技术，网络分析能以动态方法控制项目进度，随时监督与检查项目的进度，并且进行控制和调整。

经济指标的时间序列是通过将不同时期的数据按一定的时间序列排列而获得的。例如，如果按时间顺序排列开发商历年开发的建筑产品面积，则可以获得该企业建筑产品开发面积的时间序列。时间序列有两个基本要素，即经济指标所属的时间和经济指标在时间范围内的值。时间序列预测的中心任务是通过对时间序列进行汇编和分析，并且根据时间序列所反映的发展过程、方向与趋势对其进行外推和扩展，来预测下一个时间点或未来可能的经济指标水平。根据这项任务，时间序列预测方法应包括四个方面：①对经济指标过去和现在的数据进行收集和整理；②处理数据，并且将其排列成一个序列；③分析时间序列，找出经济指标随时间变化的规律，运用一定的数学模型来反映这一规律；④使用建立的数学模型来预测这一经济指标的发展趋势。

4）工程项目管理的全生命周期管理方法。工程项目全生命周期是工程项目按过程循环一次的现象，是工程项目运动规律的总概括。以工程项目全生命周期作为研究依据，从投资前期、选择投资机会、投资建设时期运营策划和工程项目后评价等阶段研究工程项目管理的方法，是从设备全生命周期到系统全生命周期的管理思想在工程项目管理中的具体应用。

工程项目生命周期的不同阶段划分如下。

① 投资前期。从产生投资意向到工程项目评估决策这一时期是工程项目的投资前期。此阶段的中心任务是对拟建工程项目进行科学论证和评估决策，包括选择投资机会、立项、进行可行性研究和项目评估与审批等。工程项目立项与否、投资规模大小、投资方向、资金来源及其利用方式、技术与设备选择等重大问题都在投资前期解决。

② 选择投资机会。它是对工程项目投资方向提出的原则设想。研究投资机会是对工程项目内容的粗略描述和总结，旨在准确选择投资方向和领域。项目批准或项目建议书作为确保项目成功的书面文件，是投资机会具体化的表现形式，主要介绍项目的市场需求、生产建设条件、投资估算，以及简单的经济效益和社会效益。可行性研究作为项目建设与决策的依据，是该阶段的中心环节。项目建议书经审查通过后，要组织各方面专家对项目进行科学细致的研究论证，论证项目建设的必要性、技术先进性和经济合理性，规定项目的主要内容和标准，最终提出项目可行性研究报告。

③ 投资建设时期。它是指工程项目决策后，从建设选址到验收、交付使用这一时期。此阶段一般包括投资项目选址、工程项目设计、制订建设计划、施工准备与施工、竣工验收与交付使用几个具体阶段。工程项目经过验收、交付使用或经过销售可实现经营目标，归还贷款，回收投资。

④ 运营策划。运营策划是指在充分理解工程项目本身与其相关活动的基础上，设计项目前期经营管理过程与其相关资源的调配利用计划。其目的是最大限度地发挥工程项目的经营价值。关于工程项目运营策划的开始时间，并没有统一的规定。为确保工程项目的运营效率与结果，运营策划应在早于工程项目运营阶段的基础上尽快开展。工程项目的运营策划应与项目的开发策划、项目的实施策划相结合，形成完整的工程项目规划与管理体系，以达到最佳效果。

⑤ 工程项目后评价。它是指工程项目竣工验收和交付使用一段时间后，对工程项目的立项决策、设计、施工、竣工验收和运营全过程的系统评价。工程项目后评价运用的基本方法是比较法，主要对工程项目的决策、经济效益和建设过程进行比较和评价，以建设项目投入使用后的社会环境和技术影响为指标对工程项目决策的正确性进行评估。其中，经济效益评价是指将工程项目建设产生的实际经济效益与可行性研究制定的经济效益进行比较，以评价工程项目的投资是否值得、市场调查是否正确、管理是否合理。通过工程项目后评价，可以确定工程项目建设和管理成败的原因。

5）工程项目管理的价值工程方法。价值工程（Value Engineering，VE）产生于20世纪40年代的美国，是由价值分析发展而来的，主要分析产品或项目的必要功能。其内容是以最低的生命周期成本实现产品或项目的必要功能，并且专注于有组织的功能研究活动，以提高产品或项目价值。价值工程是工程项目管理中成本核算的一个特例，主要体现在工程项目的物流管理中，其实质是一种管理思想的发展，产生于从购买物品实体向购买物品功能的转变。从规划设计、材料采购到施工建设等各个环节，都可运用价值工程的原理与方法对工程项目进行功能成本分析，不断优化设计与施工方案，从而提高综合效益。

3.2.3　工程项目管理组织

工程项目管理组织主要包括三方面内容：一是工程项目管理组织模式；二是工程项目管理组织规划设计原则；三是工程项目管理组织规划设计依据。

1. 工程项目管理组织模式

工程项目管理组织模式是由工程项目的特点、业主（建设单位或项目法人）的管理能力和工程建设条件所决定的。目前，国内外已形成多种工程项目管理组织模式。下面主要介绍几种常用的工程项目管理组织模式。

（1）传统的建筑师、工程师项目管理模式。传统的建筑师、工程师项目管理模式，又称设计—招标—建造（Design-Bid-Build）模式，作为国际上通用的工程项目管理组织模式之一，被广泛运用于世界银行、亚洲开发银行的贷款项目和采用国际咨询工程师联合会合同条件的国际工程项目中。在这种模式下，业主委托建筑师、工程师进行投资机会研究、可行性研究等各种前期工作，待项目评估且通过批准后进行设计，并且在设计阶段的后期进行施工招标准备，通过招标选择施工承包商。在这种模式下，施工承包可分为施工总承包和分项直接承包两类。

　　1）施工总承包。它是最早出现，也是目前被广泛应用的工程项目承包模式之一。在这种承包模式下，工程项目业主（Owner）、监理工程师（Supervision Engineer）和总承包商（General Contractor）三个经济上相互独立的单位共同承担工程项目建设任务。

　　业主首先通过招标选择、委托监理单位，双方签订管理合同。在合同执行过程中，监理单位的监理工程师需协助业主准备整个建设项目的投标，编制招标文件，确定施工承包商，签订施工总合同，实施合同管理。在施工总合同中，业主只选择一个总承包商，要求总承包商自身承担主体工程或主要部分工程的施工任务。只有当业主同意后，总承包商方可将部分专业工程或子项目工程分包给分包商（Sub-contractor）。总承包商向业主承担整个工程的施工责任，并且接受监理工程师的监督管理。而分包商和总承包商签订分包合同，与业主没有直接的经济关系。总承包商除组织好自身承担的施工任务外，还要负责协调各分包商的施工活动，承担施工项目的总协调和总监督的作用。

　　随着现代工程项目规模的扩大和技术复杂程度的提高，对施工组织、施工技术和施工管理的要求也越来越高。于是，具有管理型、智能化特征的建筑总承包企业应运而生。这类总承包商将大部分或全部建设任务分包给专业化程度高、设备精良、技术熟练的专业或劳务承包商，其在工程项目实施过程中独自承担的任务少，主要从事施工中的协调和管理工作。

　　2）分项直接承包。它是目前我国大中型工程项目建设中广泛使用的一种工程项目承包模式。它主要是业主将整个工程项目按子项目工程或专业工程分期、分批，分别以公开或邀请招标的方式直接发包给承包商，业主与各承包商直接签订发包合同，以确定每一子项工程或专业工程的发包任务。在此模式下，每个承包商对自己的工程部分向业主负责，并且接受监理工程师的监督。经业主同意，直接承包的承包商也可以从事专业或劳务分包，而业主可根据工程规模的大小和专业情况，委托一家或多家监理单位对工程施工进行监督和管理。这类承包模式的优点在于可充分利用竞争机制，选择专业技术水平高的承包商承担相应专业工程项目的施工，从而达到提高质量、降低造价、缩短工期的目的。但相比施工总承包模式，业主的管理工作量会增加。

　　（2）设计—施工总承包模式。在这种模式下，总承包商同时承担工程设计与施工任务。但总承包商可以将部分或全部设计任务转包给其他专业设计单位，也可将部分或全部施工任务转包给其他承包商，在此之前，总承包商应与业主签订设计施工总承包合同，并且向业主承担整个工程的设计和施工责任。这种模式不仅使工程项目设计和施工紧密结合，获得优化设计方案、提高设计的可施工性、加快建设进度和节省费用的效果，还能加强设计与施工的配合，有利于施工新技术在设计中的推广应用。但在此模式下，要求承包商既有设计职能，又能承担相应的施工任务，业主难以实现设计与施工的互相制约和把关，因而需要监理工程师加强监督和管理，以确保工程项目的建设质量。

（3）工程项目总承包模式。工程项目总承包又称为一揽子承包或"交钥匙"承包。在这种模式下，业主只需概略地提出拟建项目的要求和条件，由承包商对工程项目的计划、设计、采购、施工和竣工等全部建设活动实行总承包。

（4）CM模式。这一模式最早起源于美国，并且在很多国际大型工程项目建设中得到广泛应用。这种模式是指业主委托建设项目经理作为代理人负责整个工程项目的管理，业主和代理人之间签订委托合同，代理人必须在委托合同规定的范围内工作，主要包括可行性研究、设计、设备采购、施工、竣工投产等内容。作为业主的代理人，建设项目经理不同于监理工程师，其有权为业主选择设计人和承包商，并且以业主的名义开展工作；而业主对代理人的所有行为负责。

采用CM模式关键在于选择称职的建设项目经理。一般要求建设项目经理精通设计、施工、商务、法律、管理等工作，并且具有丰富的工程项目管理实践经验和良好的社会信誉。CM模式与传统总承包模式的核心区别在于，它不需要等到所有设计完成后才开始施工招标，而是在初步设计完成后即可分批招标、发包。施工图则在详细工程设计过程中分阶段完成（如基础土石方工程、主体结构工程、金属结构安装工程等均能单独成为一套分项设计文件）。CM模式的主要优点是，虽然设计和施工时间未变化，但缩短了完工所需要的时间。

（5）BOT模式。BOT模式，即"建造—运营—转让"（Build-Operate-Transfer）模式，是一种关于基础设施等实施特许权经营的建设工程项目管理的组织方式。它是指政府将某些基础设施和其他工程项目外包给私营公司（如外国公司）进行融资、建设和运营，去除了政府资金规划和准备的工作环节。私营公司在运营期间拥有对所建造工程项目的所有权和管理权，在运营的约定期限内，政府应能保证公司偿清项目筹资本息，为项目主办人和其他持股人的股本投入赢得合理的收益。约定期（特许期）期满后，私营公司将工程项目的所有权与管理权转交给政府。随着工程建设实际需要的变化，基于BOT模式的基本原理又演化出一些类似相关组织模式，如BOO（Build-Own-Operate，即"建造—拥有—运营"）模式、BOOM（Build-Own-Operate-Management，即"建造—拥有—运营—管理"）模式、BOOT（Build-Own-Operate-Transfer，即"建造—拥有—运营—转让"）模式等。

BOT模式一般适用于道路、桥梁、交通隧道、供水、港口、水电站、电信等基础设施建设。BOT模式的主要参与方如下。

1）东道国政府（Host Government）或政府部委（Ministry）。作为工程项目的最终所有者，国家政府委托相关部门或公司制定实施此类项目的具体方法，然后邀请一些私营公司（如外国财团和公司）提交项目实施和特许权提案，最终选择、协商并达成项目建设协议。

2）特许（Concessionary）或私营项目公司（Private Company）。所有BOT项目都由一个特许或私营项目公司主办，一般是由施工承包商、设备供应商和维修与经营项目的公司所组成的联合体，该公司既可以在项目经营期内拥有特许权，也可将其出租。由于开发 BOT 项目的成本很高，在项目进行之前，公司联合体的每个成员都应该就它们将承担的费用金额达成一致，并且在项目开始时组建一家私营项目公司，以促进相关各方之间的谈判。在很多情况下，特许或私营项目公司中有很多不直接参与项目实施的股东，如保险公司、基金会、金融机构或项目所在地政府本身。政府参与投资，有助于提高项目可信度，但也会引发政府干预项目运营的问题。

3）施工联合集团（Construction Consortium）。为使金融机构相信公司能按时完成项目建设且费用不超出预算范围，许多已建 BOT 项目基本上均是由国际公司联合进行组织与协调。施工联合集团公司可能来自不同国家，一般也有当地或地区性公司作为分包商参与项目，以便与地方协调，并且能在开发阶段提供大量廉价的后勤支持。

在 BOT 模式中，政府与承包商（特许或私营项目公司）之间的特许权合同是核心，它明确了政府和承包商在特许期内的权利和义务，并且反映了双方的风险和回报。特许经营合同的内容涉及项目的产品性能和质量、建设投资和资产寿命、竣工日期和合作期限、产品价格和价格调整、资本结构和资本回报、原材料供应、不可抗力、转让条件、仲裁等事项。尽管承包商完成整个 BOT 项目的实施，但其一般不希望政府过于干预项目。然而，考虑到项目成本的最终承担者是用户，而项目的最终拥有者是政府，为保证质量、降低成本，政府对项目实施监督并适当参与项目部分工作还是有必要的。

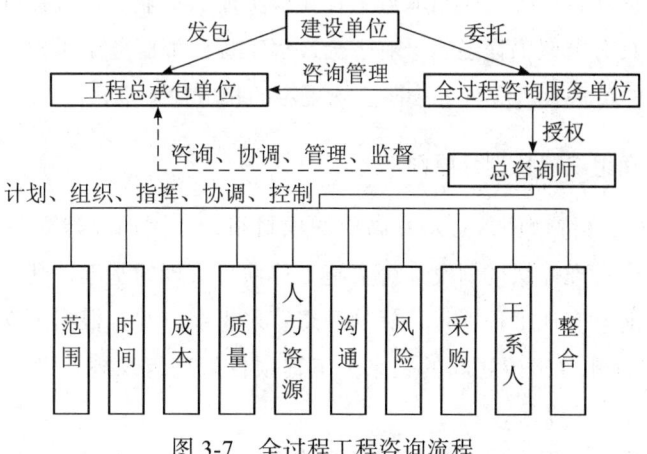

（6）全过程工程咨询模式。全过程工程咨询是指为工程项目建设的早期研究和决策，以及工程项目实施、运营的全生命周期提供包括设计和规划在内的与组织、管理、经济和技术相关的工程咨询服务。全过程工程咨询采用多种组织模式，为项目决策、实施和运营提供局部或整体解决方案。全过程工程咨询流程如图 3-7 所示。

图 3-7 全过程工程咨询流程

《工程咨询行业管理办法》明确，全过程工程咨询是采用多种服务方式组合，为项目决策、实施与运营持续提供局部或整体解决方案和管理服务。其中，"全过程"涉及建设项目全生命周期的投资决策、招标代理、勘察设计、造价咨询、工程监理、项目管理、竣工验收、运营维护等各个阶段的管理服务。"全过程"不同于以往的工程项目管理模式，它是对技术、经济、信息和人才的高度集成和集约化管理，要求围绕项目投资目标，高度整合投资决策、招标代理、勘察、设计、监理、项目管理、成本等业务资源和专业能力。全过程提供一体化的项目决策咨询和过程管理控制服务，如果从字面上理解，就是对一个工程项目从设想到立项、从设计到施工、从试产到运行期满的建设投资全过程的咨询服务过程。在整个服务过程中，咨询部门不参与其间的实体生产，即不接触建筑施工（建造）和产品生产（运营），仅仅提供技术和管理等方面（包含设计）的支持。

1) 全过程工程咨询的特点。

① 全过程。围绕项目全生命周期持续提供工程咨询服务。

② 集成化。整合投资决策、招标代理、勘察、设计、监理、造价、项目管理等业务资源和专业能力，实现项目组织、管理、经济、技术等全方位一体化。

③ 多方案。采用多种组织模式，为项目提供多种局部或整体解决方案。

2) 全过程工程咨询的实施条件。全过程工程咨询服务可以由一家具有综合能力的咨询单位实施，也可以由多家具有招标代理、勘察、设计、监理、造价、项目管理等不同能力的咨询单位联合实施。由多家咨询单位联合实施时，则应提前明确主要负责单位和各单位的权利、义务与责任。

3) 全过程工程咨询的资格条件。全过程工程咨询单位提供勘察、设计、监理或造价咨询服务时，应当具有与工程规模和委托内容相适应的资质条件。全过程工程咨询服务单位应当自行完成自有资质证书许可范围内的业务；对于自有资质证书范围外的咨询服务，需按照合同约定或经建设单位同意，依法依规委托具有相应资质或能力的单位提供。全过程工程咨询服务单位对受托单位的受托业务负全部责任。

全过程工程咨询项目负责人应当取得工程建设类注册执业资格且具有工程类、工程经济类高级职称，并且具有类似工程经验。对于全过程工程咨询服务中承担工程勘察、设计、监理或造价咨询业务的负责人，应具有法律法规规定的相应执业资格。

2. 工程项目管理组织规划设计原则

承包商开展施工项目管理，必须有高效的项目组织，因而要建立一个科学的工程项目管理组织。工程项目管理组织规划设计是实施工程项目管理的基础，其目的在于在一定要求和条件下建立一个能够实现工程项目目标的理想管理组织，并且根据工程项目管理的实际要求确定各部门的职责和各岗位之间的关系。工程项目管理组织规划设计原则包括以下几个方面。

（1）目的性原则。设置施工项目管理组织的根本目的是产生有效的组织功能，实现工程项目管理总目标。从这个根本目标出发，要求以建设项目的管理目标为基础建立任务，以事件为基础建立岗位，以编制为基础建立人员，以职责为基础确定管理制度和授予权限。

（2）高效精干的原则。将实现施工项目所要求的工作任务作为原则，尽量简化施工项目管理组织机构的人员设置，做到高效精干。配备人员时要严格控制二三线人员，力求一专多能、一人多职。

（3）管理跨度和分层统一原则。管理跨度又称为管理幅度，是指一个主管直接管理下属人员的数量。管理跨度越宽，管理人员的接触关系越多，处理人与人之间关系的数量随之增加。跨度 N 与工作接触关系数量 C 的关系公式为

$$C=N(2^{N-1}+N-1)$$

这就是著名的邱格纳斯公式。当 N=10 时，C=5 210，显然管理跨度太宽，领导者和下属接触频率太高。因此，在设计工程项目管理组织时，有必要强调适当的管理跨度。管理跨度的宽窄与层次有关，如果管理层次越多，管理跨度就越窄；如果层次越少，则管理跨度越宽。这需要根据领导者的能力和工程项目的规模与复杂性等因素综合考虑。

（4）业务系统化管理的原则。工程项目管理组织是由众多子系统组成的一个开放系统，各子系统间相互依存。这就要求工程项目管理组织也必须是一个完整的组织结构系统，应合理分层和设置部门，以便形成互相制约、互相联系的有机整体，防止职能分工权限划分和信息沟通等方面相互矛盾或重叠。

（5）灵活性和流动性原则。工程项目的单一性、流动性和周期性是其生产活动的特点，这必然导致生产对象的数量、质量和位置发生变化，同时改变资源配置的种类和数量。因此，需要按照工程项目管理中的灵活性和流动性原则，及时调整管理工作和管理组织，以应对组织生产和要求的变化。

（6）工程项目管理组织和施工企业组织一体化原则。工程项目管理组织是施工企业组织的有机组成部分。从管理角度来看，施工企业是工程项目管理的外部环境，工程项目管理人员来自施工企业，施工任务完成后其人员仍属于施工企业，即施工企业是施工项目的母体。因此，工程项目管理组织要考虑施工企业本身的组织形式。

3. 工程项目管理组织规划设计依据

工程项目管理组织规划设计的依据是指在特定环境下建立的符合工程项目实际的工程项目管理组织要求和条件。

（1）工程项目的内在联系。它是指工程项目的组成要素之间的相互依赖关系，以及由此引起的工程项目管理组织和人员之间的依赖关系。这种联系不仅反映了工程项目的内容和特点，还决定与影响着工程项目组织管理的沟通渠道和内容。具体内容如下。

1）技术联系。它是工程项目内在联系中最基本的一种，是指工程项目各要素之间客观存在的相互依赖关系。例如，在工程项目中，土木工程与安装工程、设计与施工等之间的关系。由于技术联系是客观的，不可通过人类意愿转移，这在一定程度上制约了与其他建设项目的衔接。

2）组织联系。它是指与工程项目技术联系有关的工程项目管理组织内外各部门之间的

联系，又称为报告联系。例如，由于土木工程与安装工作间的关联性，建设部门与安装部门会产生一定的联系。

3）个人间的联系。它是指为完成工程项目任务，工程项目管理组织内部个人与个人之间形成的相互关系。

（2）人员配备要求。它是指根据工程项目管理组织各部门的任务提出的，对完成工程项目任务的人员的专业技能、合作精神、综合素质等方面的要求。

（3）制约和限制。它是指存在于工程项目管理组织内外部环境中，并且影响工程项目管理组织采用某些结构模式和获得某些资源（如人员）的因素。常见的制约和限制有以下几种。

1）组织结构形式的特性。各种组织结构形式都有其不适用的项目，如有些组织结构形式对项目经理、项目上级组织有特别的要求，限制了其在工程项目上的应用。

2）工程项目管理班子的偏好。工程项目管理班子可能会采用某种已经应用成功的项目组织结构形式。

3）工作分工。工程项目管理组织可能打乱原有的、习惯的工作分工，而这种工作分工可能会成为工程项目管理组织的制约。

◈ 课后思考题

1. 目前共有几种项目管理体系？它们的联系和区别是什么？
2. ICB 4.0 主要包括哪些能力要素？
3. 查阅资料，厘清 PMBOK 7.0 与 PMBOK 6.0 的最大区别。这种变化有什么好处？
4. PRINCE 2 的管理过程包括几个阶段？分别是什么？
5. 工程项目管理知识体系包括哪些方面的管理？
6. 工程项目管理的方法有哪些？应用步骤分别是什么？
7. 工程项目管理组织模式有哪几种？分别适用于什么组织？

第 4 章
CHAPTER 4

工程项目组织概述

开篇案例

某市政道路项目组织管理的应用

中国 R 公司在进行市政道路工程施工过程中,面临着工程量大、工期紧、施工现场相互干扰大等难题,直接影响相关企业的生产经营情况和未来发展。随着交通强国、数字中国等战略的提出,交通运输业迎来发展的关键期,经济环境也发生变化,交通行业企业面临着严峻的考验与挑战。面对经营风险大增、竞争环境强烈、行业规则波动等难题,R 公司设计出覆盖市政道路工程施工的全流程项目管理组织新机制,形成了新型项目管理运作模式。由于项目管理组织的构建,市政道路工程施工全过程中不同阶段的重点工作得以明确,项目运营管理部门的职责划分清晰;通过流程再造,道路建设工程更加高质高效,强有力的运行保障措施也推动了企业项目组织管理的高效运行。

由此可见,合适的项目组织管理模式是项目组织管理目标实现的有力保障。一个机敏、健全、有效的项目组织,不仅能有效实现项目管理的目标,灵活应对项目环境所发生的变化,还能满足项目组织成员的不同需求,提升企业的凝聚力、向心力和生产力,提高组织内部协调的效率,减少资源浪费,对我国交通运输业的长远可持续发展具有重要的现实意义。

学习目标

- 了解工程项目前期策划流程。
- 掌握工程项目的几种融资模式。

- 掌握工程项目的几种采购模式。
- 熟悉工程项目组织结构。
- 了解工程项目组织的构成。

4.1 工程项目前期策划

工程项目的前期策划是指从工程项目构思产生到工程项目批准正式立项的过程，如图 4-1 所示。工程项目前期策划的质量和深度对项目的成败有着至关重要的影响。上层组织在该阶段从战略与全局角度出发研究和分析问题，充分、详尽地对项目过程进行策划，避免项目实施过程中出现各种不可预测的问题。下面内容主要介绍工程项目构思、工程项目目标设计、工程项目定义和总方案策划、工程项目可行性研究和评价。

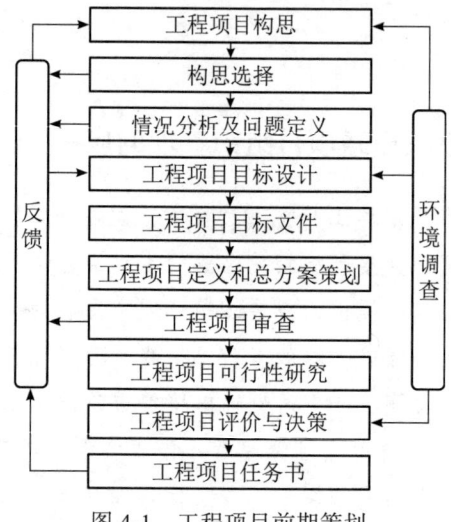

图 4-1 工程项目前期策划

4.1.1 工程项目构思

1. 工程项目构思的定义

工程项目构思是在工程项目前期策划阶段，针对某种需求或问题，对各种技术、经济、市场和环境等因素进行全面、科学的分析与研究，以确定项目的可行性和必要性，从而提出可行的解决方案。该过程是社会、组织和个人实现自身利益的重要手段。在工程项目构思阶段，需要对项目的整体思路和方向进行分析和选择，确定项目的目标和范围，明确项目的需求和解决方案，并且对项目的经济可行性、市场可行性和环境可行性进行初步评估，为后续的项目决策和实施提供依据。

2. 工程项目构思的内容

进行工程项目构思的主要目的是确定实施该项目的可行性和必要性，明确工程项目开发或建设的任务和意义。工程项目构思的基本内容如下。

1）工程项目投资的背景和意义。
2）工程项目投资的功能和价值。
3）工程项目投资的方向和目标。
4）工程项目建设环境和辅助配套条件。
5）工程项目的市场前景及开发潜力。
6）工程项目的成本及其资源约束。
7）工程项目运营后预期的经济效益。
8）工程项目所涉及的技术和工艺。
9）工程项目资金的筹措和调配计划。
10）工程项目投资的风险及其化解方法。
11）工程项目运营后社会、经济、环境的整体效益。
12）工程项目的实施及其管理。

3. 工程项目构思的过程

工程项目构思不是轻而易举完成的事情，而需要在发展中持续递进，是一个具有创造性的探索过程。工程项目构思一般包含以下阶段。

（1）准备阶段。准备阶段是工程项目构思各种准备工作的预备阶段，关乎着工程项目后期实施的效果。准备阶段首先需要明确工程项目的性质和范围；其次通过调查研究，收集项目相关的资料和信息并且进行初步整理，提取有用的信息为后续工作做准备；最后借助分类、组合、演绎、归纳、分析等各种方法对研究资料和信息进行处理，从所获取的资料和信息中挖掘有用的信息或资源。

（2）酝酿阶段。酝酿阶段又可以细分为潜伏、创意出现、构思诞生三个阶段。在潜伏阶段，项目策划者应该结合目前所掌握的全部信息资料和需要进行构思的项目现状，进行全方位、多角度的思考，从系统的角度出发综合比较两者之间的异同。而项目策划者在思考过程中涌现出的与项目有关的独特想法被称为创意，属于项目策划者在下意识思维活动中逻辑思维和非逻辑思维的成果，但往往是一些不完全成熟或不够全面的概念和观点。工程项目构思的酝酿阶段是整个工程项目构思的基础，通过多个创意和反复综合、借鉴、类比、推理，形成对工程项目的初步想法，并且采用书面形式（如文字、语言、图表等）明确表达。它也是工程项目构思进一步深入的切入点。

（3）完善阶段。工程项目构思产生之后，历经发展、评估、定型三个阶段才能达到完善。工程项目构思的发展，就是通过分析和设计进一步加工初步诞生的构思，使其实现外延上的深入和内涵上的扩充，以完善整个工程项目构思。评估阶段便筛选评价形成的各个构思方案，或者直接分析评价已经形成的工程项目构思，通过具有针对性的市场调查分析，明确每个方案的具体情况。如有必要，还可以组织有关专家展开集体讨论，使工程项目构思更加完善和符合客观实际情况。在最后的定型阶段，需要进一步细化已全面科学评估过的工程项目，最终制定具有操作性的工程项目方案。对于过程中发现的不完善或错误的地方，必须及时修正、改进、完善。

4. 工程项目构思的方法

工程项目构思没有固定的构思范式或可以直接套用的方法体系，属于一种创造性的活动，需要根据实际情况具体分析。但是，仍有一些可以为工程项目管理者提供参考借鉴的构思方法，归纳如下。

（1）对比分析法。工程项目策划者可以对某个或多个工程项目进行纵向分析或横向比较，以此来寻找新的进行工程项目投资的契机。选取的工程项目既可以是典型的成功案例，也可以是失败的案例，但是需要工程项目策划者掌握或熟悉工程项目的具体情况，以此保障对比分析的有效性。由于此种方法需要对工程项目从内外两方面进行反复研究和思考，同时对工程项目策划者的思维深度和信息掌握情况也有一定的要求，因此在实施时会遇到一些困难。

（2）混合法。依据工程项目混合形态，工程项目混合法可以分为工程项目组合法和工程项目复合法。顾名思义，工程项目组合法就是将两个及两个以上的工程项目直接相加，形成新工程项目，在组合时需要保留原有工程项目各自的性质。而工程项目复合法是在考虑工程实际需求的基础上，通过复合两个甚至更多的工程项目来形成新的工程项目。它与工程项目组合法最大的区别在于，复合之后的工程项目不一定与原有项目性质相同，可能变成与原有项目性质完全不同的新工程项目。

（3）集体创造法。集体创造法是通过多人的力量集思广益，借助集体合作形成的力量进行共同创造。若想保障工程项目构思的成功，离不开丰富的知识储备、大量的外界信息，以及多方面、多层次、多角度的思维方式。仅仅依赖投资者本人的能力或项目管理人员，很难成功完成工程项目构思。因此，充分借助集体智慧和集体力量进行项目构思是十分重要且必要的，有利于保障工程项目构思的顺利进行。集体创造法又可以细分为如下几种。

1）头脑风暴法。它是一种常用的集思创造法，又称为智力刺激法或脑力刺激法。使用此种方法的核心是要召集较多的人参与，通过自由讨论、思想碰撞，使参与者产生新的构思。开展头脑风暴时，一般以 6～12 人为佳，共同自由讨论畅谈，是一个"不断发现新设想、持续提出新构思"的创造性过程。头脑风暴法具有一定的普遍适用性，不仅能够在工程项目中解决具体问题，达到改进局部方案的效果，还能在整个工程项目方案中使用。

2）逆向头脑风暴法。头脑风暴法是让团队成员自由发散想法，然后将想法收集起来进行分类和筛选，而逆向头脑风暴法是从解决问题的目标出发，先讨论所有阻碍实现目标的因素有哪些，然后再想办法克服这些因素。使用这种方法可以减少探索性试错的时间成本，更加高效，但需要团队成员具有一定的专业知识和对问题的深入理解。

3）集体问卷法。它是一种数据收集方法，通过问卷调查的方式来收集群体或团队成员的意见和看法。在使用该方法时，一般先集中发放问卷，要求每名成员在规定时间内独立填写问卷，最后回收问卷并进行汇集整理。这样不仅可以收集到不同主体之间的差异，也可以得到群体的共同意见和看法。该方法能够节约时间和资源，适用于大规模的团队研究。

4）多学科法。它是指在进行集体创造时，将多个学科或领域的知识、技能和方法相互融合、交叉运用，以便更好地解决问题和探索创新性方案。此种方法往往应用于技术性强、投资内容较多的大中型综合工程项目，从不同的角度考虑项目的技术、经济、环境、社会等方面的性质和特征，帮助工程师和项目团队更全面地考虑问题，从而提高解决问题的质量和效率。

（4）创新法。除以上几种比较传统的方法，在实践过程中，工程项目策划者通过创新思维和方法来解决问题的方法可以归纳为以下几种。

1）聚集式创新。在进行聚集式创新时，需要使头脑中的创新思维围绕某个中心点或思维节点展开。它的基本功能是抽象、概括和判断。

2）信息整合术。它是指将不同来源的信息整合在一起，使其形成一个完整有用的方案。信息整合术可以将分散的信息集中起来，为决策提供更加全面准确的信息基础。

3）逆向式创新。它是从最终结果出发追溯起始的思维方式。从构思的结果出发，与往常正向考虑问题的逻辑不同，因此具有一定的独特性，可能产生别具一格的结果。

4）发散式创新。它是从某一思考和研究的对象出发，从一点到多点进行联想，充分发挥专家的想象力，再通过接近联想、对比联想、相似联想等多种联想方式，在广阔的领域中充分涉猎，最终产生由此及彼的多项创新思维，形成工程项目构思的扇形格式。

4.1.2 工程项目目标设计

工程项目目标设计是指在工程项目前期策划阶段，基于工程项目构思，结合工程项目的假设条件和约束条件，制定项目的主要目标和具体目标。有时也将工程项目的目标描述为工程项目的预期结果。在进行工程项目目标设计时，工程项目利益相关者构思工程项目的整体目标和愿景，明确工程项目的意义和要达成的目的，制定工程项目的主要目标，并且据此制定时间、质量、范围等方面的详细目标，为工程项目实施提供明确的指导。工程项目目标设计的结果具有多种形式，可能会以新成果或意外收获等形式出现。对特殊的工程项目应加强变更管理，做好步骤规划和监测评估工作。通过工程项目目标设计，可以明确工程项目的方向和目标，有效规划工程项目实施和管理，提高工程项目的成功率和效率，实现最终的工程项目成果。

1. 工程项目目标的确定

工程项目目标的确定是指确定工程项目的主要目标和具体目标，以及实现这些目标所需要的资源和步骤，从而为工程项目实施提供明确的指导。通常由工程项目的提议人或发起人来确定工程项目目标，并且记录在工程项目建议书中。在确定工程项目目标时，需要考虑工程项目的可行性和可持续性，同时需要考虑工程项目利益相关方的需求和期望。工程项目目标确定的重要主体之一是项目经理，其能否正确理解工程项目目标在很大程度上决定了工程项目的成败。工程项目目标的确定是按一定的步骤和方法有序进行的，其主要工作内容通常包括情况分析、问题定义、提出目标因素、建立目标系统、研究目标系统各因素之间的关系等。

（1）情况分析。它是工程项目目标设计的基础性、前导性工作。根据前期的工程项目构思，对工程项目的环境情况和上层系统状况进行的调查、分析、评价被称为情况分析。相关工程实践证明，有良好的初步设计条件，并且决策者熟悉工程环境、掌握大量工程相关信息，都有利于工程项目目标的正确决策和设计。具体工作内容包括以下方面。

1）对拟建工程提供服务或产品的市场现状和趋势分析。

2）企业所有者或业主的基本状况、能力、战略及其对项目的要求、政策等。

3）工程项目所属企业的情况，包括上层系统的组织体系、发展战略、运行存在的问题、能力、对项目的要求、基本方针和政策等。

4）为工程项目提供服务的利益相关者（合作者、供应商、合资者、承包商等）的基本情况，如组织能力、技术能力、可用资源。

5）对社会的经济、文化环境的分析，特别是对市场问题的分析。

6）自然环境及其制约因素、周围基础设施、场地交通运输、通信状况。

7）政治环境和法律环境，特别是与投资及工程项目相关的法律和法规。

8）同类工程的资料，如相似工程项目的工期、成本、效率、经验和教训。

9）技术因素，即与工程项目相关的规范、技术标准、技术能力和发展水平，解决工程项目施工和运行中可能出现的技术问题。

（2）问题定义。它是工程项目目标设计的诊断阶段，在此阶段对研究问题的原因、背景和界限进行研究，从中确定项目的目标和任务。由于工程项目构思所提出的主要问题和需求表现为上层系统的症状，需要借助情况分析的方法来梳理、剖析、说明和界定上层系统的问题。因此，只有从上层系统全局的视角出发来进行问题定义，才能抓住问题的核心。问题定义的基本步骤如下。

1）列举上层系统问题，形成结构化问题分析，即梳理出上层系统存在的主问题和子问题分别有哪些，并且整理问题间的结构关系。

2）进行因果分析，剖析问题存在的原因。采用因果分析法对问题展开进一步分析，确定问题的根本原因，预测潜在的问题和风险。

3）分析上层系统问题的影响。问题是不断发展变化的，因此需要分析问题发展的可能性，并且关注其对目标的影响程度。

（3）提出目标因素。目标因素通常由问题定义、部分边界限制和战略目标分解三个方面决定。工程项目的目标因素通常包括与工程项目自身相关的目标、问题解决的程度和其他目标因素。其中，与工程项目自身相关的目标包括工程规模、经济性目标、项目实践目标、工程技术标准、技术水平等；其他目标因素包括法律或项目利益相关者要求产生的目标因素等。目标因素提出的过程能够提高决策质量，最小化项目风险，并且促进各方之间的沟通协作，从而增进对工程项目的理解和支持。目标因素的提出一般经过以下流程。

1）识别目标因素。系统全面地识别影响工程项目目标的各种因素，包括工程项目相关的各种内部因素和外部因素。

2）归纳整理相关目标因素。对所有识别出的目标因素进行归纳和分类，以便进一步分析。

3）确定每个目标因素的重要程度。可以借助问卷调查、专家访谈、实地调研等方式确定每个目标因素的重要程度。

（4）建立目标系统。目标系统的建立是制定、实施和评估工程项目目标的关键步骤。通过对众多目标因素进行组合、排列、选择和拆分，从而建立起一个评估机制，用于监测与评估项目的进展和成果，有助于对目标因素进行定量描述，并且确保工程项目目标是准确的、可实现的和可衡量的。

（5）研究目标系统各因素之间的关系。目标系统各因素之间关系研究的流程包括确定研究范围、确定目标因素和关系因素、建立因素关系模型、数据分析和模型验证、结果解释和应用，以及模型更新和优化。在这个过程中，比较分析、逐步修改、增删修改、不断优化，并且与情况分析紧密联系在一起，形成一个循环往复的过程。通过研究目标系统各因素之间的关系，可以更好地理解工程项目目标系统内部和外部因素之间的关系，为实现目标提供科学依据。

2. 工程项目总目标的描述

工程项目的上层系统决定工程项目的总目标，而总目标对工程项目的有效规划管理具有较大影响。在工程项目实施的开始，需要对工程项目的众多目标进行整理、分类、排序和结构化整理，继而分析、比较、评估，从而将总目标分解为可操作化、可实现的目标，这也是项目经理的主要任务。通常工程项目总目标可分为三个层次，如图4-2所示。

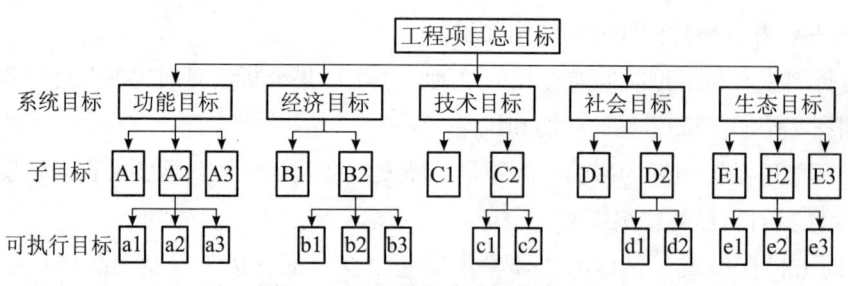

图 4-2　工程项目总目标的层次

（1）系统目标。工程项目目标可分为工程项目的功能目标、经济目标、技术目标、社会目标和生态目标等多个系统目标，总体构成了工程项目的目标体系。其中每个系统目标又可以根据具体的要求划分出相应的子目标。这也体现了目标之间的层次性。

（2）子目标。子目标往往是由系统目标分解而来的，但也有可能是一些独立的目标因素。边界条件对系统目标的约束或补充也可以算作子目标的一种。子目标通常可用于确定子项目的范围，一般仅适用于项目的某一具体方面或一个子系统的要求。

（3）可执行目标。对子目标进一步分解可得到可执行目标。在可行性研究阶段或技术设计阶段，可执行目标通过扩展、分解、定量化，逐渐演变成为设计和施工的相关任务。

为此，总目标应该是具体明确的，并且尽可能进行定量化处理，需要在工程项目目标的描述阶段就确定下来。工程项目总目标的描述通常包括以下内容。

1）成本，即说明完成工程项目的总成本。

2）工作范围，即对可交付成果、交付物的描述，主要针对工程项目实施的结果——产品。

3）进度计划，即说明实施工程项目的周期、开始及完成时间。

3. 工程项目目标设计的成果

工程项目目标设计的成果是多方面的，据此形成最终的工程项目目标文件，文件的内容包括工程项目说明书、工程项目的前提条件和限制条件。工程项目目标文件详细描述了工程项目明确的目标和要求、有效的项目计划、资源管理机制、有效的项目监督可控制机制等，设定了项目成功的标准。工程项目结束之后，可依据工程项目目标文件开展相关验收工作。

4.1.3　工程项目定义和总方案策划

1. 工程项目定义

工程项目定义在工程项目构成和总体方案确定后进行，是为达到特定目标而进行的一系列有计划的活动和过程，具体是将工程项目目标系统以书面的形式呈现出来，并且给定初步的计划方案。工程项目定义是将以直觉为主的工程项目构思和期望引导变成操作性更强的工程项目建议。工程项目定义通常采用报告的形式，其内容一般包括以下方面。

（1）工程项目问题的范围和定义。

1）工程项目名称、工程项目构思产生的过程，以及目标设计的过程和结果说明。

2）对环境与问题的调查和分析，说明工程项目主要的边界约束条件和问题的现实性。

（2）工程项目对上层系统的影响和意义。

1）工程项目与其他工程项目的联系和界限。

2）工程项目与上层系统的关系。

3）工程项目的主要利益相关者及其影响。

4）确定对工程项目有重大影响的环境因素。

（3）工程项目目标系统。

1）工程项目短期目标与长期目标，系统目标与子目标之间的协调性。

2）目标系统和目标因素的价值，目标优先级和目标因素的可实现性、必要性。

3）总目标、系统目标和重要的子目标，以及近期、中期、远期目标。

4）需要进一步研究的各个问题和变量。

5）提出针对工程项目的解决方案和实施过程的总体建议。

6）工程项目实施的边界条件分析、风险分析、运行费用和财务安排等。

7）经济性说明，如预期收益、投资总额等方面的设想。

2. 工程项目总方案策划

工程项目的任务是提供达到该状态所必需的具备生产产品或服务功能的工程系统。因此，提出基于工程项目总目标和总体功能要求下的项目总体方案或总的实施计划，并且以此进行可行性研究是很有必要的。工程项目总方案的内容主要包括以下方面。

1）工程项目规划、建设和运营的国内或国际标准。

2）工程总布局、建筑总面积、总体建设方案，以及实施的总体阶段划分。

3）工程项目总功能定位和主要部分的功能分解、产品（或技术）方案。

4）融资、设计、实施、运行方面总的组织策略等。

5）工程建设和运行中工作保护和环境保护方案。

4.1.4 工程项目可行性研究和评价

1. 工程项目可行性研究的基本概念

工程项目可行性研究是指在实施工程项目之前，通过对项目进行综合分析和评估，确定项目是否值得实施，项目实施的可行性和经济效益，以及为项目实施提供依据的一系列研究工作。一般情况下，任何工程项目都要通过工程项目可行性研究，以证明这个工程项目采用的技术具有先进性，建设的条件具有可靠性，经济上是有较大利润的，即论证工程项目建设的必要性。工程项目可行性研究报告还是工程项目进行资金筹措、银行贷款、签订合同、施工准备等多个方面的重要依据，只有经过可行性研究认为可行的工程项目，才被允许继续进行设计、实施和运行。

2. 工程项目可行性研究的阶段划分

根据工作研究深度和重点的不同，工程项目可行性研究一般可分为机会研究、初步可行性研究和详细可行性研究三个阶段。

（1）机会研究。项目构思形成后一般先进行机会研究，目的是鉴别投资方向，寻求投资机会，为进一步研究奠定基础。机会研究一般占据总投资的 0.2%～1%，误差控制在 ±30%。由于项目之间的复杂性、涉及的工作范围与难易程度和相互竞争程度有很大不同，所以收费百分比也会存在较大差异。

（2）初步可行性研究。初步可行性研究是初步判断工程项目是否有生命力、能否盈利的步骤。它一般占总投资的 0.25%～1.5%，误差控制在 ±20%。

（3）详细可行性研究。这一阶段的工作内容主要为详细的技术经济可行性研究，在对多个方案进行比较的基础上选择出最优方案。它在中小型工程项目中一般占总投资的 1%～3%，在大型工程项目中占总投资的 0.2%～1%，误差控制在 ±10%。

3. 工程项目可行性研究的一般程序

工程项目可行性研究通常是一个持续的过程，包括问题提出、目标确定、方案拟定、评价分析等多个环节。经过以上环节，投资者从多种可行的方案里挑选一个理想的最佳方案进行决策。具体来说，工程项目可行性研究一般有以下七个主要步骤。

（1）确定项目目标和范围。明确项目实施的目标和范围，包括项目的主要内容、目标受众、实施地点等，为后续的研究和分析提供基础。

（2）收集整理相关资料。可以采取实地调查分析、技术分析、经济分析等多种方法收集研究所需要的资料。

（3）初步拟定多个可行的、能够相互替代的实施方案。通过对所掌握的资料进行全面、详细的审查分析，初步拟定多个方案。

（4）对比分析多个方案。对多个可行的备选方案进行经济、技术、社会影响等方面的优劣势分析，进行综合评选与优选，并且依据最终的评价结果选择最优方案。

（5）全面论证选定的最优方案。通过进一步的市场调研分析、工艺流程检验、项目开展细节审查、组织经营方面考察、劳动力培训情况考察、项目资金运转情况和经济财务分析等，论证所选方案的最优性。

（6）编制工程项目可行性研究报告、环境影响报告和采购方式审批报告。工程项目可行性研究报告的结构和内容常常有特定的要求，这些要求和涉及的步骤有助于工程项目可行性报告的编制和实施。

（7）编制资金筹措计划和工程项目实施进度计划。在进行可行性研究时，工程项目中的一些潜在资金问题会逐渐显现，项目期限和相关条件的变化也会对资金产生影响。此时，应该依据项目评价报告的财务分析进行相应调整，同时说明项目是依据协议中的实施进度和预算进行的。

以上步骤只是进行工程项目可行性研究的一般程序，并不是唯一程序，在实际工程项目中，需要根据实际情况选择合适的流程，进行多方位、多层次、全面深入的分析和评估，以此保障项目的顺利实施。

4. 工程项目可行性研究的评价

工程项目可行性研究以市场为前提，以技术为手段，以财务经济为核心，围绕市场需求、工艺技术、财务经济三个方面进行调查分析。其评价内容主要包括以下方面。

1）原材料的选择、供应。
2）市场需求预测。
3）工艺方案和产品结构的确定。
4）生产规模（或生产能力）的确定。
5）设备与技术的选择。
6）经济评价和综合分析。
7）投资、成本估算与资金筹措。
8）坐落地点与厂址选择。

4.2 工程项目融资

4.2.1 工程项目融资概述

1. 工程项目融资的基本概念

工程项目融资通常可划分为广义的工程项目融资和狭义的工程项目融资。其中，广义的工程项目融资是指收购一个已有工程项目、建设一个新项目或对现有工程项目进行债务重组的融资活动。为大型投资项目专门组织的项目融资和传统意义上的公司融资也在其范围之内。本书主要研究狭义的工程项目融资（Project Financing），它是一种以工程项目公司为融资主体，以工程项目形成的资产和工程项目产生的未来获取的收益做担保，由工程项目的参与各方共同承担风险，具有有限追索权或无追索权性质的特殊融资方式。工程项目融资适用于不同类型的项目，如资源开发项目、基础设施项目、大型工业项目等。

2. 工程项目融资的特征

与一般传统的融资方式相比，工程项目融资呈现出以下特征。

（1）有限追索。如果借款人未按期偿还债务，贷款人要求借款人用抵押资产以外的其他资产偿还债务的权利称为追索权。追索是区分一项融资属于工程项目融资还是传统融资的重要标志。在公司进行传统融资时，将对发起人公司实行全额追索，而工程项目融资仅对工程项目发起人实行有限追索。工程项目融资贷款人可以在规定的范围内或在贷款的某个特定阶段对项目借款人实行追索权。否则，无论工程项目出现何种问题，除该工程项目资产、所承担的义务和现金流量之外，贷款人对项目借款人任何形式的财产都没有追索权。

（2）工程项目导向。工程项目融资不是以工程项目投资者的资信和收益水平为基础，而是以工程项目资产和未来收益作为还款基础。工程项目融资的主体是工程项目公司，而传统融资的主体通常是工程项目发起人或承办人。工程项目投资者以股东身份组建工程项目公司，并且向银行进行贷款。在这种类型的融资中，由工程项目公司负责偿还贷款的本金和利息，而不是由项目投资者。贷款人在工程项目融资中主要关注的是在工程项目贷款有效期内可以产生多少现金流量用于偿还贷款。

（3）非公司负债型融资。它也称为资产负债表外的融资，是指工程项目中的债务不记录在工程项目投资者（实际借款人）公司的资产负债表中的一种融资形式。工程项目融资可以帮助投资者（借款人），通过制定其投资结构和融资结构，将投资者的贷款行为作为一种非公司负债型融资。非公司负债型融资对于投资者的价值是，它允许这些公司以有限的财力进行更多的投资，并且可以将公司的投资风险分散到更多其他项目上，有利于公司进行其他融资活动，也不会造成公司的资产负债比例失衡而超出银行所能接受的安全警戒线。

（4）风险共担。传统融资风险由发起人承担，而工程项目融资风险由工程项目参与各方共同承担。工程项目投资者的风险具有风险共担的特征，并且其仅限于投资者在工程项目中的投资额。工程项目投资者需识别、分析和评估项目实施过程中可能出现的各种风险因素，以及工程项目利益相关者的最大风险承担能力和概率，最大限度地挖掘所有可利用的优势，最终制定出最低追索的融资结构。融资结构一旦明确，工程项目参与各方都需要做好承担不可预见风险的准备。

（5）信用结构多样化。工程项目融资中支持贷款的信用结构是灵活多样的，将信用支持分配到工程项目的各个关键点，以最大限度地降低工程项目风险。一般做法包括：对于工程项目建设，可以要求承包公司签署固定价格协议、固定工期合同或"交钥匙"工程项目合同；对于市场，可以为对工程项目产品感兴趣的购买者提供一种长期购买合同作为融资的信用支持。总之，可采取多种方式来减少工程项目的相关风险。

（6）充分利用税务优势。充分利用税务优势是指根据项目所在国的法律，通过精心设计的投资结构和融资模式,最大限度地利用项目所在国政府的相关税务优惠政策,从而降低融资成本,提高项目的偿债能力。

(7)融资成本较高。与传统融资方式相比,由于工程项目融资涉及面广、结构复杂、前期工作量大且具有有限追索的特征,工程项目融资成本相对较高且需要一定的时间。在工程项目实际运作中,除了分析工程项目融资的优势外,还要考虑工程项目融资的规模经济效益等问题。

4.2.2 工程项目融资组织

任何一个工程项目都涉及多个利益相关者,他们在产、供、销等多个环节上影响工程项目。工程项目如果采用筹资的方式进行融资,将会面临涉及面广、资金数额大等风险,因此需要建立完善的担保体系和合同体系分散工程项目风险。由此可见,对于工程项目来说,其利益相关者参与到融资结构中,发挥的重要作用与传统融资方式中各主体所起到的作用相比更多。一般地,工程项目融资组织主要包括工程项目发起人、直接主办人、贷款人、融资顾问,以及与工程项目存在利益关系的第三方。

工程项目融资组织间的合同关系如图 4-3 所示。

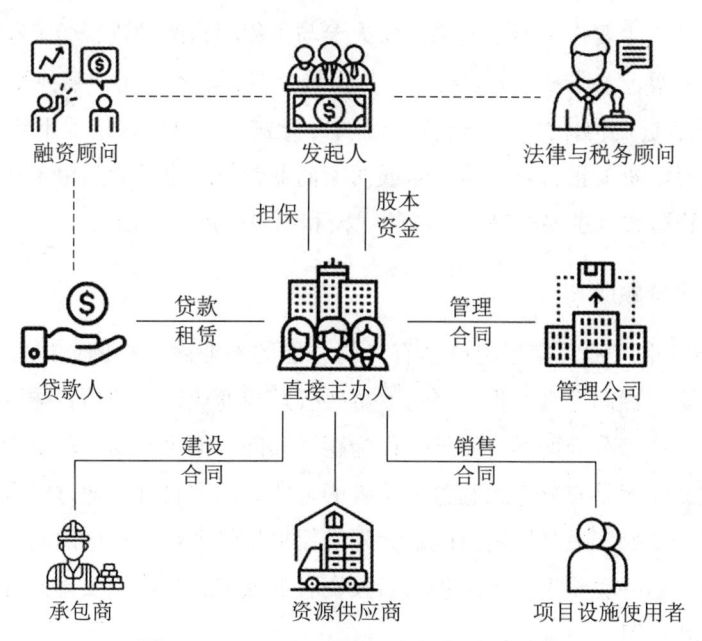

图 4-3 工程项目融资组织间的合同关系

1. 工程项目发起人

工程项目发起人也称工程项目主办方或实际投资者,是工程项目的股东。工程项目发起人对项目进行投资和运营,最终收回投资,并且获得该投资所产生的利润和其他相关的利益，从而实现项目投资目标。工程项目发起人首先要提出对工程的建议，其次要取得法律规定的工程项目经营的相关许可证，将工程项目各利益相关者组织起来。工程项目发起人承担组织者的角色，并且负有督导该工程项目计划落实的责任。它通常是一家单独的公司，也可以是由多家公司组成的投资财团。在具有有限追索特征的工程项目融资中，工程项目发起人提供一部分股份资金，进而拥有工程项目公司的部分股权或全部股权，同时还需要以间接担保或直接担保的形式为工程项目公司提供一定的信用支持。工程项目发起人在工程项目融资方面的责任义务，以及所需担保的金额、期限和担保类型要求，主要取决于工程项目的财务状况和贷款银行的要求，并且由借款人和贷款人双方谈判商定。

2. 工程项目直接主办人

工程项目发起人为项目建设而设立的公司或合营公司就是工程项目的直接主办人，它是直接参与工程项目投资和项目管理的法律实体，直接对工程项目的债务和风险负责。工程项目公司的主要法律形式是有限责任公司和股份有限公司。作为一个独立的法律实体，工程项目公司拥有处置公司资产的权利，负责从工程项目的筹资、策划、设计、建设实施、运营生产到后期的一切有关的债务、债权，在法律上具有起诉和被起诉的可能。

3. 工程项目贷款人

工程项目贷款人主要作为债权人和担保人参与工程项目的融资，为工程项目提供债务融资信贷支持。商业银行、非银行金融机构（如租赁公司、财务公司、某种类型的投资基金等）和别国政府出口信贷机构，都可以充当工程项目贷款人，但通常情况下贷款人是银行或银团。负责工程项目融资的银行可能是一家或两家商业银行，也可能是由十几家银行组成的国际银团。参与的银行数量主要取决于贷款的规模和项目的风险等因素。

4. 工程项目融资顾问

工程项目融资组织常常需要聘请具有专门技能的专业融资顾问，以安排融资的组织类工作。工程项目融资顾问通常在投资银行、金融公司或商业银行的项目融资部门工作。融资顾问根据其工作性质可分为两类：一类是作为融资顾问，但也作为贷款银团的经理人或成员参与贷款。其主要作用是充分考虑利益相关者的融资需求和目标，通过对融资计划的反复规划、分析、对比和谈判，最终制定出能最大限度保护投资者在项目中的利益且能被贷款银行接受的融资计划。另一类是仅作为工程项目投资者的顾问，为他们安排投资结构和贷款，但不参与最终的贷款银团。

5. 与工程项目存在利益关系的第三方

第三方一般包括承包商、保险提供人、资源供应商、政府、项目设施使用者、管理公司、第三方运营商、国际机构、法律与税务顾问等。

4.2.3 工程项目融资外部环境

1. 法律环境

实施工程项目融资是一项复杂的系统工程，呈现出资金量大、工期长、涉及面广、法律关系复杂等特征，因此需要制定有针对性的、系统的法律加以规范。但是，与我国工程项目融资的实践经验相比，工程项目融资相关立法较为滞后，尤其我国加入世界贸易组织（WTO）之后，更加凸显出现有的工程项目融资相关法律法规方面的不足之处。

目前我国工程项目融资法律环境呈现出内容陈旧分散、缺乏完整的法律体系、立法层次不够高、法律关系多、法律权威性较低、具有涉外性等法律特征。同时，我国工程项目融资法律环境仍存在较多的现实性问题，如项目公司的审批机关及其权限不明确、工程项目公司贷款存在法律障碍、融资方式单一且限制较多等。因此，必须不断完善工程项目融资法律环境，为工程项目融资提供明确的法律依据。

（1）外币管理的限制，制约项目融资。可能存在工程项目公司以境外外汇融资的情况，但工程项目建成后得到的收益多以工程项目所在地的货币形式支付，如在我国是以人民币支付。如果外国投资者在我国投资项目，项目完成后需将人民币兑换成外汇并汇出境外，才能收回预期投资、偿还贷款、获得相应利润。然而我国属于外汇管制的国家，人民币不能自由兑换，呈现出外汇不平衡的矛盾，使工程项目公司面临外汇兑换风险。

（2）工程项目公司贷款存在一定的法律障碍。签订协议后，工程项目投资者根据工程项目公司的资格证明，通过向国际银团提供融资贷款，在有可能获得贷款的前提下投入自己的资金，以保证投资安全。工程项目发起人在项目早期阶段提供股本，或者按照贷款人提供的资金比例注入资金。一般大型基础设施投资不可能仅由两个及以下的投资者单独提供资金，而需要大量贷款来弥补融资缺口。如果工程项目公司属于外资企业，其自有资产与长期负债的比率必然要遵守我国相关规定。该规定会对外商运用贷款方式解决投资资金问题形成一定的法律障碍。

（3）融资方式单一且限制较多。我国工程项目融资法律在境外发行外币债券、境外股权融资和其他融资方式上的规定较少，目前规定的融资方式侧重于商业贷款方面。即使部分法律文件中对融资方式进行了规定，但也基本上是从外汇管理角度出发的。

2. 金融环境

工程项目融资资金的庞大数额使其对外部金融环境提出了较高要求。工程项目融资行为必须借助多样化的金融工具、多种金融载体的融通资金，并且高度依赖于市场进行运作。因此，金融市场体系的健全程度、金融运作效率的高低和金融环境的优劣均会影响工程项目融资。金融环境主要是由金融市场体系和金融体制组成的。

（1）金融市场体系。它是由多个子市场组成的市场体系，是实现工程项目融通资金的主要场所。金融市场体系的完善程度对融资的效果产生重要影响，完善的金融市场体系是保证项目融资顺畅进行、取得较好经济效益的重要保障。金融市场体系的完善程度及金融产品的规模与丰富性对工程项目融资的开展有直接影响。

1）金融市场体系的运行模式。它是指金融市场运行采用的制度框架和运作流程，主要分为以下三类。

① 市场调节资金运行机制与宏观调控资金流向机制结合的"兼容型"金融市场。资金的供给和需求由市场机制起主导作用，融资各方有选择地进入金融市场，在市场表现异常时会受到一定宏观政策的影响，以抵消市场机制的负面影响。"兼容型"金融市场既可以适当利用市场机制的灵活性，还可以在关键时刻借助宏观政策影响经济运行的方向和速度，但市场机制的发挥会受到一定影响。

② 与不发达的市场经济体制相适应的"抑制型"金融市场。不发达的市场经济体制往往存在利率上限，经济高度集权，缺乏内部动力，市场机制的作用也很有限。"抑制型"金融市场难以通过市场机制有效配置社会资源，融资行为受到计划管理部门的严格控制，但可以利用政府的经济集权力有效控制市场风险。

③ 建立在发达市场经济体制上的"完善型"金融市场。通过灵活的金融市场运作，资本供求比较容易得到满足，借款人和融资人双方都遵循市场经济规则，自行融资。"完善型"金融市场可以最大限度地、高效率地筹集和使用各种资源，但容易受到市场景气度和整体经济运行状况的影响。

2）健全的金融市场体系目标。什么样的金融市场体系才是规避风险、保持经济稳定增长的理想状态，是融资市场迫切需要回答的问题。健全的金融市场体系目标主要包括以下几点。

① 具有健全的市场机制。价格由市场供求决定；价格利率水平要合理，能反映市场资金供求状况；利率对经济形势的变化具有足够的自我调节能力，并且能对经济变化产生积极影响。

② 高效率的金融机构体系和发达的信用关系。发展不同经济形式的金融机构，填补金融业务模式的空白，提高金融业的效率，从而振兴金融市场。全面发展各种信用工具，扩大和深化信用关系，为金融市场提供丰富灵活的交易工具。

③ 具有完善的市场结构。实现金融市场各组成部分的合理配置和协调发展。不仅要完善国内金融市场，也要发展国际金融市场，加强对外经济技术交流，利用国内和国际两种资源，加快我国的经济建设。

④ 对市场有效的管理。管理部门对金融市场的管理主要以间接控制为主，并非直接控制；只有当市场机制难以发挥作用时，才动用政策手段。

⑤ 具有先进的操作手段和较高管理水平的管理人员。一方面，现代通信技术与信息技术的发展和应用，可以极大提高业务效率；另一方面，管理者的素质和管理方法决定着金融市场的运行效率和发展趋势。

（2）金融体制。它是影响金融系统效率的关键因素之一。它主要与中央银行和其他金融机构有关，重点关注上述各方的权限划分和组织形式。宽松的或严格的金融体制都会对工程项目融资活动产生影响。金融市场对市场准入条件、市场参与者的行为，以及市场参数的选择和应用提供监管行为准则参考，可以为工程项目融资提供良好的来源和渠道，确保工程项目融资的效率和公平。

1）金融体制的组织形式影响工程项目融资。金融市场按照市场机制的要求运行，对市场准入条件、市场参数的选择和应用，以及市场参与者的行为进行监管规范，提供优秀的项目融资来源和形式。这有助于加大金融市场的广度和深度，有效扩大市场规模，建立多层次的金融市场，保证项目融资高效有序进行。

2）金融体制宽松或严格直接影响工程项目融资活动。在高度集中的金融管理体系中，资金的数量和方向安排是有计划的，不能独立决定和调整修改，从而限制了项目资金的运转效率。在宽松的金融体系中，每个小额信贷机构作为真正的经济行为主体，通过市场机制进行管理和调控，独立追求自己的经济利益，不受强制性的行政干预，充分发挥主动性和积极性。在设计工程项目融资体系时，贷款人一般会选择开放程度高、体制宽松的、发达的金融市场，以不同的形式和不同的金融工具提供资金，使工程项目得到灵活和有效的融资。

3. 政治与经济运行环境

（1）政治环境。它主要是指一个国家的政治现状，以及与政治相关的因素，会对工程项目融资活动产生特定的外部影响。在国际工程项目融资中，基本的影响因素有政府信用等级、政治局势的稳定性、政策的连续性、政府的对外关系和政治体制等。采用国际融资方式的工程项目，其建设期、运营期一般都在十几年甚至几十年，因而稳定、良好、有保障的政治环境十分有必要，以确保项目资金的稳定性。因此，对工程项目东道国政治环境的关注，也是工程项目融资的一项重要内容。

1）政府信用等级。政府的信用等级通常可以根据政治稳定性和政策的连续性来确定。如果一个工程项目是通过工程项目融资实施的，那么它就需要东道国的支持和担保，所以贷款人更重视东道国政府的信用评级。

2）政治局势的稳定性。它是工程项目贷款人首先需要考虑的融资环境因素之一，也是工程项目正常运行的先决条件。在政局稳定、追求效益、社会安定、致力于和平建设的国家，贷款的安全性可以得到保证，这是贷款人受益的前提条件。

3）政策的连续性。贷款人长期投资收益的稳定性与东道国政策的连续性有关。一般来说，政权越稳定，政策的连续性就越强；如果政权不够稳定，政策的连续性就很难得到保证，这很可能会增加工程项目融资的成本。

4）政府的对外关系。东道国的对外关系会对本国的经济发展产生一定的影响。例如，发生战争的融资环境就完全不适合贷款人。东道国政府应保持良好的对外关系，为本国工程项目融资创造条件。

5）政治体制。东道国的政治、经济、文化等方面的制度和政策，特别是政府的组织形式和相关制度，是决定工程项目融资政治环境的基本因素。各国政治体制、政治主张、执政谋略不同，因此政府指导经济的方针、对外资的立场和态度也不同。

（2）经济运行环境。受国家的经济政策、经济发展水平和通货膨胀情况等因素的影响，工程项目融资活动表现出明显的周期性波动。因此，工程项目融资与其所在国家的经济状况有着十分紧密的联系。经济政策是影响工程项目融资行为的重要因素；各国的经济发展水平决定了各国在项目资金运用上的差异，也决定了各国融资方式的多样性；通货膨胀将使企业的融资成本上升、真实利润下降，融资风险增大。

1）国家的经济政策。国家的宏观经济政策影响工程项目融资活动。如果政府鼓励境外融资，制定优惠政策，适度放宽相关法规，为贷款人提供更多投资便利，会使工程项目融资活动更容易开展。

2）经济发展水平。各国经济发展水平的差异，决定了各国在工程项目建设中具有各自的特点，也决定了各国在工程项目建设中所采用的融资方式不尽相同。一个国家或地区的经济发展水平高、速度快，意味着这个国家或地区的经济收入高、市场规模大、资金需求量大、盈利机会多，因此可以吸引到较多的投资。

3）通货膨胀情况。通货膨胀在市场经济中是一个普遍存在的现象。根据通货膨胀率的大小，一般将其分为三种类型：轻度膨胀、严重膨胀和恶性膨胀。其中，后两种类型的通货膨胀会对一个国家的币值稳定产生影响，同时会给本国货币对国际通货的汇率产生影响。所以，贷款人非常重视货币价值的稳定性，因为这将直接影响贷款的风险与收益。

4.2.4　工程项目融资模式

在我国经济高速发展的今天，许多工程都需要通过各种形式来筹集资金。其中，工程项目融资的一个重要特征是多元化筹资，即工程项目的融资渠道是多种多样的。工程项目融资模式按各种资金来源可以划分为生产支付和预先购买模式、融资租赁模式、BOT 模式、PPP 模式和 ABS 模式。

（1）生产支付和预先购买模式。工程项目融资的早期模式主要有两种：一种是生产支付模式，另一种是预先购买模式。生产支付模式一般是指贷款人从工程项目中购买特定份额的生产量，生产量的收入可以用作偿债资金。该模式通常适用于已查明资源储量且能精确计算现金流的项目。预先购买模式是指贷款人可以成立专设公司，这个公司能够支付一定数量的资金来购买项目的销售收益。该模式具有生产支付模式的许多特点，是更为灵活的项目融资模式。

（2）融资租赁模式。融资租赁（Financial Lease）模式一般是指在工程项目建设过程中，租赁方通过银行贷款购置设备，然后将设备租赁给工程项目公司，工程项目公司使用设备进行建造，并且根据所得利润来分期付款，而租赁方用其所得的租金来支付向银行借款的利息。这种模式既能解决融资难题，又能避免到期还款的压力。在大部分的融资租赁中，在工程项目运行几年之后，会以不收取任何费用或象征性收费的方式，将所租用的设备转交给工程项目公司。该方法的局限性较小，在有一定生产规模和收入的工程项目中具有较大的推广价值。

（3）BOT模式。BOT（Build-Operate-Transfer）模式主要用于基础设施建设工程项目。BOT模式起源于政府工程项目，但并不仅适用于政府工程项目。BOT模式的基本运作模式一般是由私人和东道国政府签订一个协议，准许该私人通过组建一个工程项目公司的方式从事基础设施项目的建设和经营，协议规定期限届满后，该私人依据协议的规定，将基础设施移交给东道国政府。其实质是国家让渡基础设施的建设经营权而最终获得项目所有权。近年来，BOT模式在城市基础设施建设、教育、医疗卫生等行业被普遍采用，民间也采用BOT模式筹资且运作工程项目。BOT模式在各国一般没有专门的法律约束，只是根据各国规定，适用不同的法律。特许期也视项目情况，由签约双方共同约定，我国规定最长不得超过30年。

（4）PPP模式。PPP（Public-Private-Partnership）模式是民营资本或私人企业与公共部门合作的模式，常用于公共基础设施项目的融资。其典型运作模式为政府部门通过政府采购形式与中标单位组成的特殊目的公司签订特许合同，由特殊目的公司负责筹资、建设和经营工程项目。

（5）ABS模式。ABS（Asset-Backed-Securitization）模式是以工程项目所属的资产为支撑的证券化融资模式。ABS模式是指以目标工程项目所拥有的资产为基础，以该工程项目可能带来的未来收益为保证，通过等级计划在国际资本市场发行高档债券等金融产品来筹集资金的一种工程项目证券融资模式。ABS模式的目的在于通过其特有的提高信用等级的方式，使原本信用等级较低的工程项目照样可以进入高档证券市场，并且利用该市场债券安全性高、信用等级高、流动性高、债券利率低的特点，大幅度降低发行债券和筹集资金的成本。

4.3 工程项目采购

4.3.1 工程项目采购概述

工程项目采购具体是指在工程项目实施过程中，为满足项目实施需要，通过采购相应的物资、设备、服务等方面的资源来支持项目实施的过程。同时，工程项目采购涉及的范围很广，包括材料采购、设备采购、服务采购等多个方面。工程项目采购具体包括以下步骤。

（1）采购计划编制。根据项目需求和采购规划，制订采购计划，明确需要采购的物资或服务，以及采购数量、采购模式和采购时间等。

（2）供应商评审。根据采购计划，寻找潜在供应商，并且对供应商进行评审，包括对供应商的资质、信用、技术实力、价格等方面进行评估。

（3）合同签订。在供应商评审过程中，选定合适的供应商后，与供应商签订采购合同，明确双方权利和义务，确保采购过程的合法性和规范性。

（4）采购执行与管理。在采购过程中，需要进行采购执行和管理，包括货源跟踪、质量监督、支付管理等环节，确保采购过程的顺利进行，以及保证采购结果的质量和效益。

在工程项目采购过程中，需要遵循相关法律法规和采购流程，确保采购过程公开透明，同时需要根据工程项目的实际需求，选择合适的采购方式和供应商，保证工程项目顺利实施。

4.3.2 工程项目采购模式

工程项目采购模式的选择对于工程项目的实施和运作非常重要，不同的采购模式会对工程项目的成本、风险、效率和法律方面都产生一定影响。因此，在选择工程项目采购模式时，业主需要充分考虑工程项目的实际需求和限制条件，依据工程项目的实施策略和特殊性选择具体的采购模式。现阶段工程项目采购模式主要有以下几种。

（1）业主自行采购模式。工程项目业主自行组织采购，包括招标、询价、竞争性谈判、单一来源等采购模式。

（2）建设总承包模式。工程项目业主与总承包商签订总承包合同，由总承包商进行采购、设计和施工等工作。

（3）设备供应商提供整体解决方案模式。设备供应商提供整体解决方案，包括工程设计、设备采购和施工服务等。

（4）委托代理采购模式。工程项目业主委托专业采购代理机构进行采购代理和管理工作。

（5）设计、采购、施工（EPC）一体化模式。工程项目业主委托一家公司负责项目的设计、采购和施工，包括工程设计、物资采购和施工服务。

（6）政府和社会资本合作（PPP）模式。政府和社会资本联合组建工程项目公司，共同投资、建设和运营项目。

4.4 工程项目组织结构

4.4.1 工程项目组织形式

1. 针对企业的工程项目组织形式

企业可以采用多种不同的工程项目组织形式，包括寄生式组织、独立式组织、矩阵式组织和项目群组织等。每种工程项目组织形式都有其适用的范围、条件和特点。因此，不存在一种适用于所有企业或所有情况的最佳工程项目组织形式，选择工程项目组织形式需要具体情况具体分析。

（1）寄生式组织。

1）寄生式组织的基本形式。它适用于小型项目且项目任务对组织战略影响较小的情况，如图4-4所示。

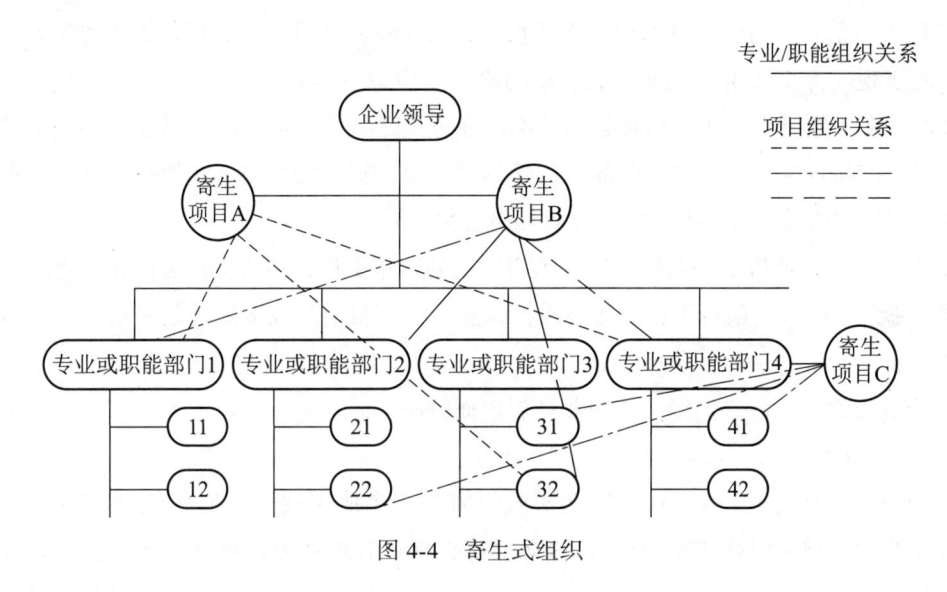

图4-4 寄生式组织

寄生式组织中，项目经理可能是企业的某个副总裁（如寄生项目A和B）。可将项目落实给一个职能部门（如寄生项目C），也可由专业或职能部门的职能经理兼任项目经理。它也被称为专业或职能部门中的项目组织。

寄生式组织是一种弱化的非正式项目组织形式。在这种形式下，项目经理和项目成员都是兼职员工，除了工程项目工作外，他们还有自己的本职工作。项目经理几乎没有正式的指挥和决策权，只负责信息和建议的收集，并且将其处理和传递给联络小组组长。项目决策主要由业务领导者做出，项目经理不对项目目标负责。项目经理依靠谈判技巧，协商各方人事关系，跟进施工进度和成本控制，协调和激励项目参与者。这种项目组织对企业项目组织的运作规则要求不高，如果出现矛盾和冲突，一般通过企业组织协调解决。

2）寄生式组织的应用。

① 寄生式组织适用于偏向技术型且对环境不敏感的工程项目。

② 寄生式组织适用于低成本、低经济风险、规模小，以及时间和费用压力不大的工程项目。

③ 工程项目的前期策划阶段适合采用寄生式组织形式。

④ 高等院校中的科研项目一般采用寄生式组织形式。

3）寄生式组织的优点。

①组织方面：寄生于原有的企业组织，不需要建立新的组织机构，对企业原有的组织结构影响小，同时项目组织设置也更加灵活。

②人员方面：项目人员都是从各职能部门抽调来的，无须配备专门的项目经理和项目成员。

③资源方面：项目资源消耗量较小，项目管理成本较低。

4）寄生式组织的缺点。

①组织方面：项目经理没有组织上的权力，无法对最终目标和成果负责，也很难保证项目目标的实现。寄生式组织与不同职能部门之间的协调难度较大，容易引发组织内部摩擦、责任推诿和多头领导等问题。如果某职能部门经理担任寄生式组织项目经理，则该项目决策可能有利于该项目经理所在的职能部门，而不利于项目整体效益与企业战略目标的实现。此外，寄生式组织的适应性较差，难以应对环境变化。

②人员方面：项目工作被视为项目组织成员的附带工作，项目责任被淡化，组织责任感和凝聚力不强。此外，项目工作缺乏挑战性，企业和项目组织成员缺乏足够的重视，容易导致效率低下。

③资源方面：若需要资源，须企业高层出面解决。

（2）独立式组织。

1）独立式组织的基本形式。独立式组织需要在企业中抽调不同职能部门的人员，成立临时性的专门项目机构（或部门），独立地承担项目管理任务，并且对项目目标负责，如图4-5所示。

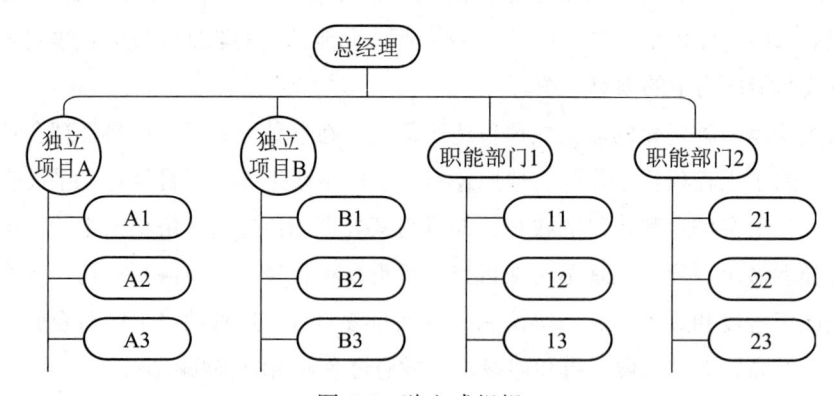

图4-5 独立式组织

在组织中，每个独立式组织如同一个小型企业，所以，这种组织形式又被称为"企业中的企业"。在项目实施过程中，项目经理和项目组成员脱离原职能部门的任务，完全进入项目，专门从事项目工作；项目结束后，项目组织解散，项目成员回归原所在部门。独立式组织拥有专职的项目经理和专职的项目组织成员。专职项目经理专门承担项目管理职能，对项目组织拥有完全决策权，管理项目目标所需的资源，如人力、材料、设备等归项目经理全权指挥调配，项目管理权力集中，与企业中的其他项目和企业职能部门相比，不存在优先权分配的问题。

2）独立式组织的应用。独立式组织适用于对企业战略目标实现有关键价值的，或者对环境特别敏感的、特大型的、持续时间长的、目标要求高（如工期短、费用压力大、经济性要求高）的项目。

3）独立式组织的优点。

① 组织方面。

a. 组织任务、目标、权责透明且易落实，有助于确保组织目标的实现。

b. 企业、项目和职能部门之间界定清晰，项目责任易于落实和考核。

c. 易于协调，内部冲突较少，可避免权力与资源分配矛盾。

d. 项目的运作不需要具备完全规范化的运作制度，项目管理富有弹性。

e. 能及时有效地对项目目标和用户需求做出反应，满足用户需求。

② 人员方面。

a. 项目经理和项目参与人员全职参与项目工作，通过项目提升管理能力，有利于项目管理人才的培养。

b. 将项目参与者的力量完全集中于项目实施，能独立地为项目工作，决策迅速，对外界干扰反应敏捷，管理效率高，项目实施效果有保证。

③ 资源方面。企业直接保证项目有充足的可用资源，无须项目经理和其他专业部门争抢项目资源。

4）独立式组织的缺点。

① 组织方面。

a. 组织成本高。由于企业的各项目自成系统，都需要办公用地、设施和器械等，因此总体成本偏高。

b. 对原有的企业组织冲击大。项目组织建立与结束时都会引起原企业组织的人事流动，容易导致工作任务不连贯，人员适应性降低。

c. 无法发挥职能部门优势。虽然项目成立时会从企业不同的职能部门抽调专业人员，但原职能部门的协调配合被打断，在项目实施过程中，很难获得职能部门的高效支持与协作，基本依靠项目自有人员进行项目工作。

② 人员方面。

a. 影响工作积极性。在项目开始时要从原职能部门调出人员，项目结束后又将这些人员派回原职能部门，这种人事调动不仅会影响原部门的工作，也会影响项目组织成员的组织行为，而且可能引发成员产生失业、晋升等方面的焦虑，从而影响工作积极性。

b. 忙闲不均。项目的人员配备是固定的，而项目实施过程对人员的需求是动态变化的，当人员工作量较多时会出现集中忙碌，而工作量较少时又会出现人员闲置的情况，导致效率低下。

③ 资源方面。

a. 企业资源紧张。企业同时承担多个项目时，需要给每个项目配备资源，会使企业处于资源高度缺乏状态，容易引发资源竞争，增加成本。

b.资源浪费。单个项目过程的不均性，会导致不能充分利用物力、财力，降低资源利用率。因此，可以设立变通的独立式项目组织，在工程项目开始时，成立独立式项目组织，在项目施工结束后，项目人员不回到原有企业的职能部门中，而是成为企业的一个子公司，负责项目后续运行工作。这种变通的独立式项目组织可避免对原有组织的冲击，降低对项目成员积极性的影响，在工程项目中有一定的应用价值。

（3）矩阵式组织。

1）矩阵式组织在企业中的应用。在企业运行过程中，当多个项目需要同时进行时，矩阵式组织常被采用。这些项目的启动时间、规模和复杂性各异，对诸如工程承包企业、IT公司和主要接小订单生产小批量产品的企业，矩阵式组织结构尤为适用。鉴于企业需要并行处理众多项目，职能部门需具备针对不同规模和不同复杂程度项目的灵活应对能力，以及在有限资源下应对多项目竞争的能力，同时让各个项目在企业的组织架构中尽可能地灵活运作。图 4-6 为企业内同时存在多个不同项目时采用的矩阵式组织。

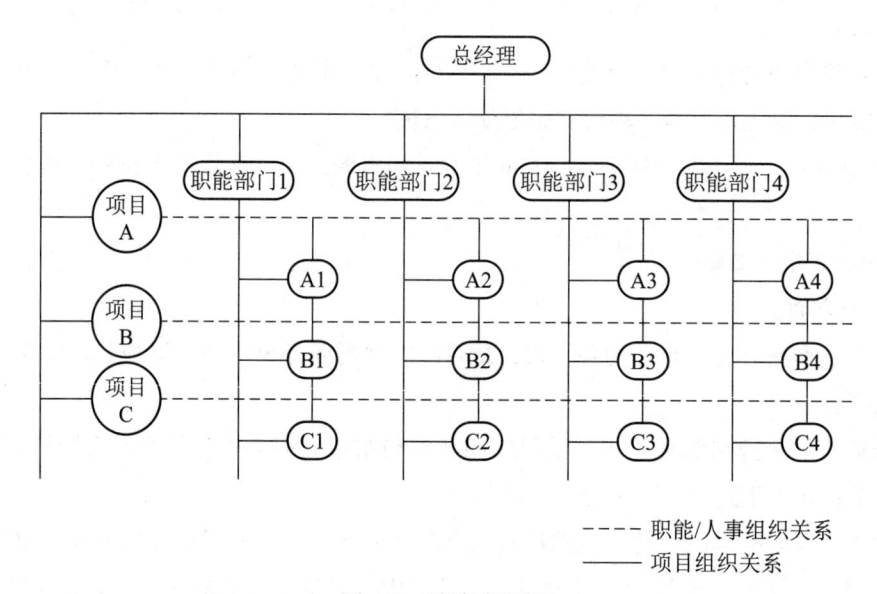

图 4-6　矩阵式组织

2）矩阵式组织的优点。矩阵式组织克服了寄生式组织和独立式组织的缺点，它主要有以下优点。

① 组织方面。

a.矩阵式组织能够确保企业的所有资源，特别是技术实力，被充分运用在各个项目上，进而实现组织的目标。这种组织方式能够对环境的变化做出迅速反应，及时满足客户的需求，以保障项目进程和各项目之间的管理连续性与稳定性，从而确保项目目标的实现。

b.矩阵式组织的灵活性强，具备可定制化的功能，能更好地体现动态管理的理念，因此，它非常适合对时间和成本有着高压力的多项目管理，以及大型项目的管理。

c. 在矩阵式组织中，项目经理具有最高控制权，能确保信息和指令的传递路径更为简短，组织的层级更低，实现组织的扁平化。因此，职能部门与决策层之间的距离缩短，沟通速度加快。

d. 矩阵式组织的运作方式极具灵活性和开放性，这种氛围促使成员之间积极承担责任，相互学习，建立相互信任。这种良好的沟通环境使组织成员更易受到新思想的影响，从而满足追求创新的组织氛围。

② 人员方面。

a. 企业能全方位培养人才。项目组成员仍归属于某个职能部门，这确保了企业组织和项目工作的稳定；同时，这也给予了员工在职能部门中参与各种项目积累丰富经验和阅历的机会，从而形成良性的职业发展。

b. 工作的挑战性和相对较大的决策空间能提高成员的工作热情和效率，增加他们的工作积极性。

c. 领导风格以民主为主，打破了传统的权力中心型管理方式，代之以任务为中心的管理方式。这种领导方式是分散权力的、民主的、合作的。

③ 资源方面。企业通过统一管理资源，达成全局性的统一指挥和协调管理，从而使资源能够得到有效、均衡和灵活地利用，最大化地发挥企业人才的作用，保障项目与部门工作的稳定和高效运作。

3）矩阵式组织的缺点。

① 组织方面。

a. 双重领导、双重职能和双重汇报。这种组织结构包括两个领导层、双重职责和两个汇报链条，双重的信息流、工作流和指令使管理更具挑战性和复杂性，项目经理和部门经理可能产生权力争斗或推卸责任的问题。因此，必须严格区分项目工作与部门工作两种类型的权力、责任和任务，明确各自的工作内容与责任边界。企业的管理必须高度规范化和程序化，需要完善且严格的组织规则和程序、清晰的职权划分，以及有效的企业项目管理系统。

b. 沟通成本大。存在横向和纵向信息流，信息处理量大，从而增加了沟通成本。

c. 节点多，管理流程的设计复杂。纵横交错的信息流，运行过程混乱，因此需要设计良好的管理制度和信息管理制度。

d. 目标不确定性大。需要很强的计划与控制系统，难以准确估计所需的资源数量、质量，易造成混乱和低效率，使项目目标受到影响。

e. 对组织规则的影响深远。例如，它可能对职权和责任模式、生产过程调整、后勤体系、资源分配模式、管理工作流程，以及人员评估等方面产生重大影响。

② 人员方面。必须具备足够数量的、经过培训的、能力较强的项目经理，保证同时进行的项目数量与所拥有的项目经理数量相适应。

③ 资源方面。资源分配的优先次序不易确定，多项目并行可能导致项目之间出现对特定

资源的竞争。在这种情况下,一个职能部门可能需要同时管理多个项目的相关工作,如何确定资源配置方案变得至关重要。企业内部各项目的优先级别可能难以确定,导致在资源调配上遇到困难,而且在争取有限资源的过程中,职能经理与项目经理之间可能产生冲突。项目经理可能需要在各部门间斡旋大量时间以确保获得充足的项目资源,这可能对项目的进度产生不利影响。

(4)项目群组织。项目群(Programme)是由一系列相互联系的项目所构成的一个整体,服从统一的实施计划。项目群管理是对所有项目进行统一的协调管理,这种管理有利于每个项目和项目群总目标的顺利实现。目前,很多企业都存在多个具有相互作用关系的项目,有对项目群管理的需求。对项目群进行管理的项目群组织形式,类似矩阵式组织,同时又比矩阵式组织更为复杂。图 4-7 是企业中的项目群组织。

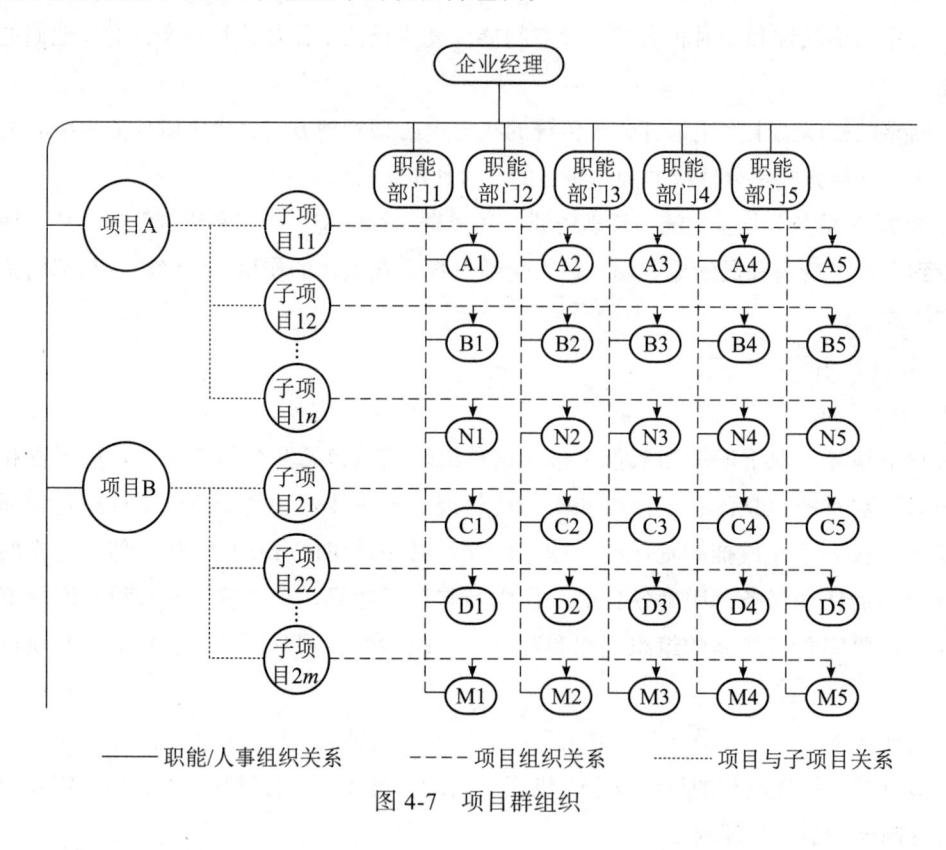

图 4-7 项目群组织

项目群组织的优缺点和矩阵式组织类似,但是由于项目群比单个工程项目规模更大,而且会涉及项目之间的优先级排序与资源协调,因此,项目群组织比矩阵式组织的管理工作更复杂,对项目管理人员的能力有着更高要求。

2. 针对工程项目的组织形式

(1)直线制项目组织。直线制是最简单的项目组织形式之一。在这种组织中,各种职位均按直线垂直排列,项目经理直接进行单线垂直领导。组织中上下级呈直线形的权责关系,各级均有主管，主管在其所辖范围内具有项目指挥权，组织中的每一个人只受直线上级的指示。直线制项目组织适用于工程项目的现场作业管理，例如，某地铁工程项目的直线制项目组织如图 4-8 所示。

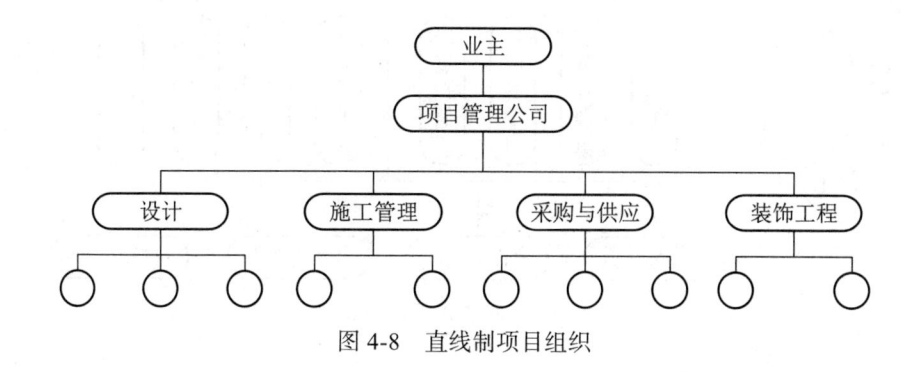

图 4-8 直线制项目组织

1）直线制项目组织的优点。

① 单一领导。每个组织单元只向一个上级负责，上级直接行使管理和监督职权，不能越级下达指令。项目参与者的工作任务分配明确，责任和权力关系清晰明了，指令唯一，纠纷较少，协调方便。

② 目标明确分解。这有利于落实责任，避免遗漏项目工作，减少组织上的障碍，降低协调费用。

③ 信息快速流通，不易失真，有利于快速决策。

④ 项目任务分配明确，责权利关系清晰明了。

2）直线制项目组织的缺点。

① 项目较多时，每个项目对应一个组织，不能合理使用企业资源。

② 项目经理责任过大，所有的决策和信息都需要项目经理负责，因而对项目经理的能力、知识和经验要求较高。

③ 直线制项目组织无法保证企业各部门之间信息流通的速度和质量，而权力争斗会导致项目和企业部门之间的合作变得困难。

④ 由于缺乏信息交流，企业的各工程项目之间缺乏协调，计划和控制也变得更加困难。

（2）职能式项目组织。它是专业分工发展的结果，适用于工程项目规模大且子项目较少的情况。在这种组织形式下，企业会按照职能划分专业团队，这些团队会负责企业内部的所有相关项目，团队成员的专业技能与知识能得到更好的利用和发挥。同时，职能式项目组织也能够降低企业的运营成本，提高项目执行效率。但是，当企业需要同时开展多个子项目时，职能式项目组织可能会导致项目协调和管理上的困难。例如，某工程项目的职能式项目组织如图 4-9 所示。

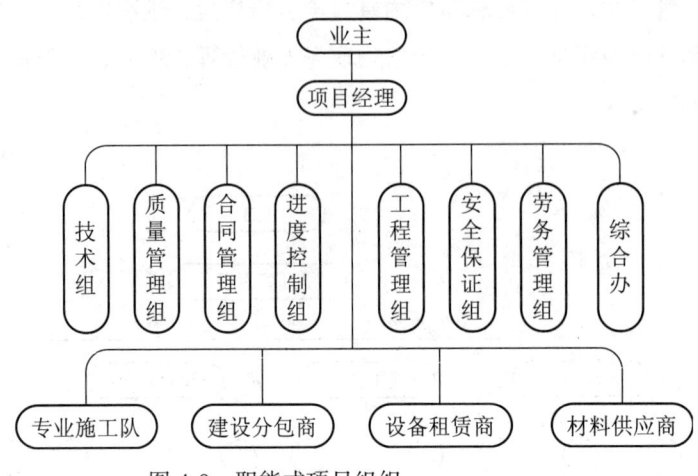

图 4-9 职能式项目组织

1）职能式项目组织的优点。

① 强调职能部门和职能人员的专业性，极大限度地提高了工程项目组织的职能管理专业化水平。

② 由各职能部门负责人或专家现场指导，能够提高工程项目管理水平和效率。

2）职能式项目组织的缺点。职能式项目组织中权力过于分散，项目经理只负责协调，不利于指挥的统一，易形成多头领导，造成工作的重复或遗漏。

（3）矩阵式项目组织。它是一种较新的组织结构形式，适用于单个大型或特大型工程项目。一个大型或特大型项目可以分为许多独立的子项目，这些子项目可以独立实施；每个子项目都可以被视为一个独立的工程项目，相当于实施多个项目。矩阵式项目组织如图 4-10 所示。

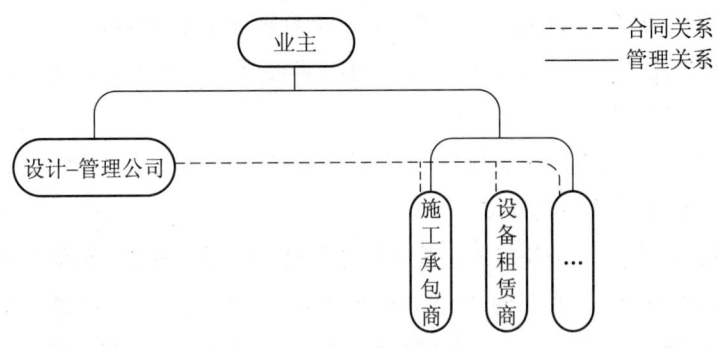

图 4-10 矩阵式项目组织

矩阵式项目组织有纵向和横向两种不同的工作部门。纵向一般是工程项目各专业部门或职能管理部门，横向为大型或特大型工程项目的子项目。

1）在矩阵式项目组织中，专业任务或职能管理被纵向分类，负责专业工作、职能管理或资源分配。这种组织形式主要解决如何完成任务和由谁来完成的问题，并且具有与专业任务相关的决策权和指令权。

2）工程项目子项目在矩阵式项目组织中被横向分类，主要围绕项目对象，对其目标负责。该组织形式负责规划和控制工作，协调工程项目过程中各个工作环节和部门之间的关系，并且具有与子项目相关的指挥权。矩阵式项目组织是对项目和职能部门两个管理系统的有机结合，双方共同完成项目任务，使部门利益与项目目标保持一致，强调项目导向、双向信息流和基于垂直功能管理的双向反馈机制的横向协调作用。在两个系统中有必要具体划分双方的责任和任务，以处理二者之间的关系。矩阵式项目组织的优缺点与矩阵式组织相同，但不同的是，本书中的矩阵式组织是企业的一种组织形式，而矩阵式项目组织是专门针对工程项目的组织形式，以名称进行区分。

4.4.2 工程项目组织形式的变化

1. 企业内项目组织的变化

现实项目组织和企业组织之间存在着复杂的关系，并不能完全体现为某种组织形式，更多情况下是各种组织形式的有机结合。项目的组织应与项目相对应，并且考虑主导企业（如业主和承包商）的组织结构、项目特点和项目生命周期等因素。图4-11显示了业主的企业组织形式。在实施大型项目时，业主的企业组织可采用寄生式、独立式、矩阵式等项目组织形式。

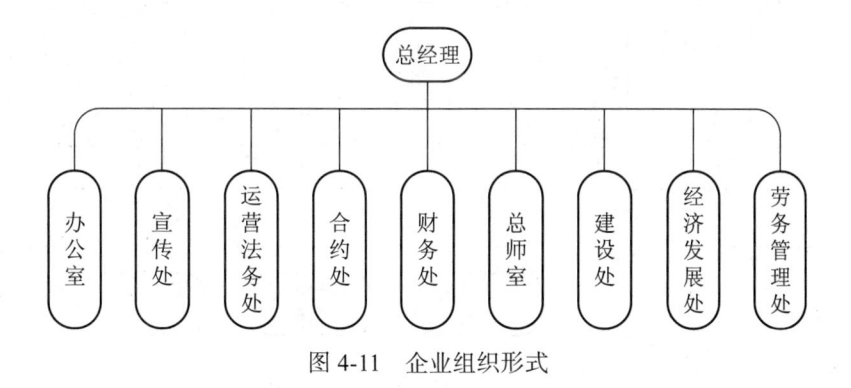

图 4-11 企业组织形式

前期策划和设计阶段采用隶属于专业部门的职能式组织。通常情况下，职能式组织隶属于企业组织，而图4-12显示了隶属于企业专业部门的职能式组织，这是业主单位在前期策划阶段采用的组织形式。在该组织形式中，总工程师办公室（简称总师室）的主要职能是编制项目前期的项目建议书、项目可行性研究报告、工程可行性报告和技术法规咨询。通过招标确定的咨询单位与其职能工作相对应，因此可以认为这是一个职能式组织。

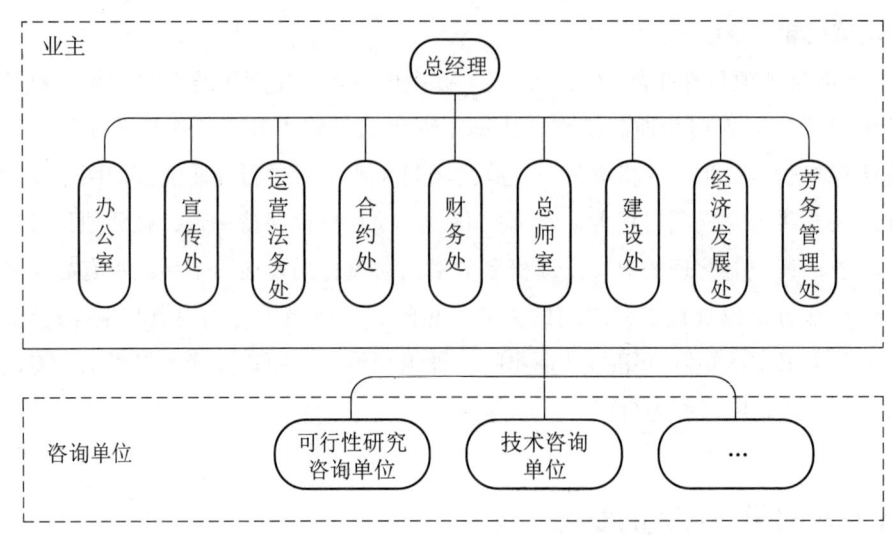

图 4-12　前期策划阶段的职能式组织

设计阶段采用职能式组织，但由于设计和施工都是由建设处负责的，因此也属于职能式组织形式，但组织结构与一般的职能式组织有所不同，如图 4-13 所示。这是一个隶属于建设处的职能式组织，施工承包单位、勘察承包单位、设计总包单位与建设处的相关职能是对应的。

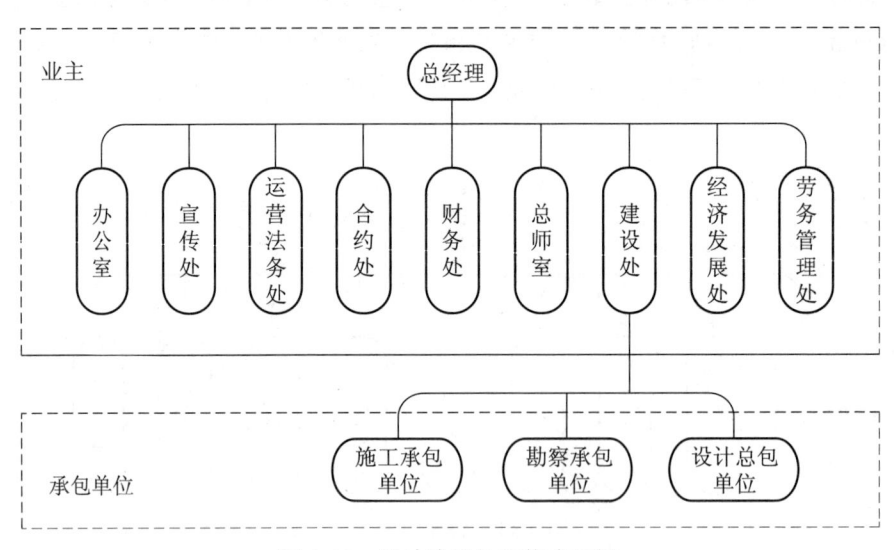

图 4-13　设计阶段的职能式组织

招标阶段采用寄生式组织形式。业主单位在进行 BT（Build-Transfer）项目招标时，由相关的四个职能部门，即合约处、财务处、建设处和经济发展处的相关人员组成 BT 招标小组。其中，合约处成员负责 BT 资格预审文件、招标文件、商务条款、合同条款的编制和投标事务性工作；财务处成员负责 BT 回购款还款年限、还款利息等的确定；建设处成员负责按照工程量清单、技术标准等执行任务；经济发展处成员负责融资政策的掌握，如图 4-14 所示。BT 招标小组组长通常由企业副总经理承担，合约处、财务处、建设处和经济发展处四个部门选择专业人员兼职参与招标工作。企业未设立专门的招标办公室，招标小组主要通过借用会议室进行讨论，然后回到各自的办公室进行项目工作和各自的职能工作。该组织在合同签订后解散。

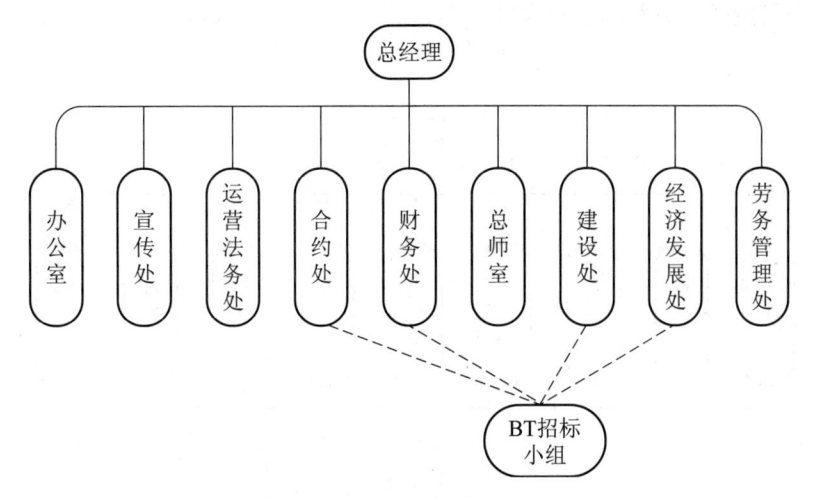

图 4-14　BT 招标的寄生式组织

施工阶段采用矩阵式组织形式。矩阵式组织需要大量的业务组织管理，如果企业所有职能都涉及项目组织，并且企业组织的管理水平不符合要求，那么很容易引发矛盾与混乱。一些企业采用矩阵式组织形式来满足层次结构管理的要求，但企业管理层本身无法满足层次结构要求。工程项目矩阵式组织建立在三个职能方向上，在业主的指导下与项目建设直接相关。其中，总师室负责控制一般技术建议书；合约处负责施工工程的招标和合同签订；建设处负责管理具体施工流程，如图 4-15 所示。

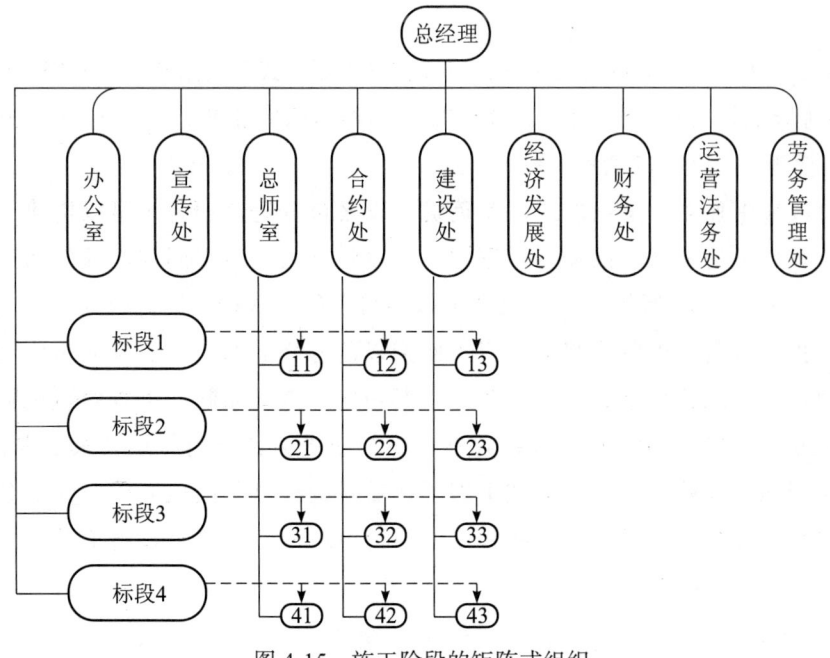

图 4-15　施工阶段的矩阵式组织

此外，有时也可以直接在某个职能部门下建立隶属于它的小矩阵。图 4-16 为某业主单位在施工阶段采用的项目组织形式，该小矩阵式组织设置在建设处这一职能部门下，由建设处下属的五个科室的人员兼职承担项目工作。

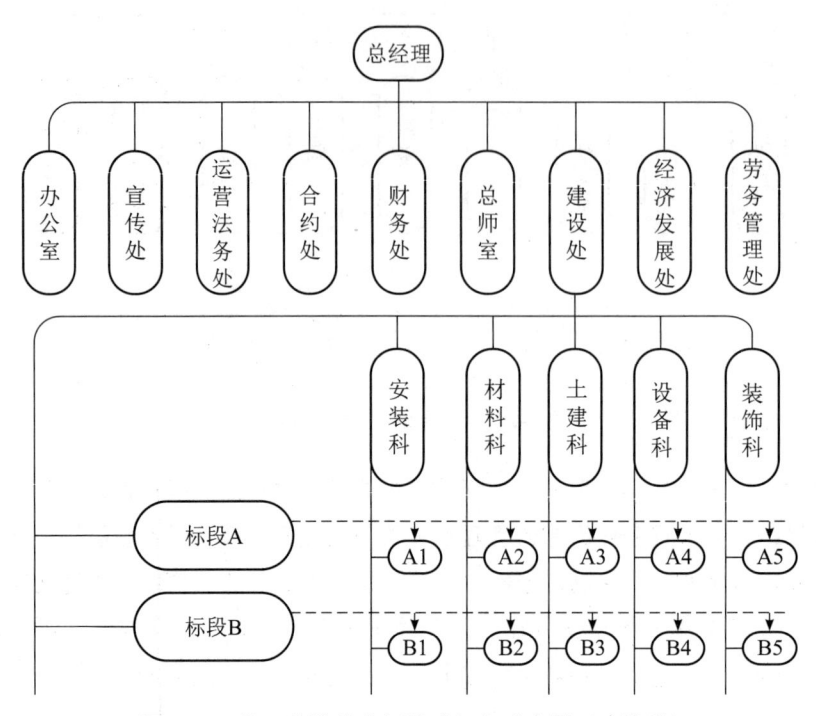

图 4-16 施工阶段的小矩阵式组织（隶属于建设处）

施工阶段采用小矩阵式项目群组织，可以扩展小矩阵式项目组织，合并横向标段，成为以项目群为基础的矩阵式组织。但该小矩阵式项目群组织仍隶属于一个单一的职能部门，主要负责施工管理，如图 4-17 所示。

运行阶段采用独立式组织形式。既负责建设又负责运营的公司可以构建一个灵活的项目组织，在设备的调试和试运行过程中，可以将来自公司不同职能部门的员工组成一个操作团队，如图 4-18 所示。运营团队类似参与设备调试和试运行的独立项目组织。一旦项目正式投入运营，运营小组的员工不回到以前的职能部门，而是成为公司的下属运营部门，而以前的运营小组成员则成为运营部门的经理。如此，可有效避免独立组织解散后对原组织的影响，也能够有效缓解项目组织成员在独立组织运营最后阶段的不适，提高项目组织的整体效率。该独立式组织是在项目的试点阶段成立的，并不会持续很长时间，对组织的影响很小。还有一些独立的项目组织专门为项目在施工前甚至在设计阶段创建。

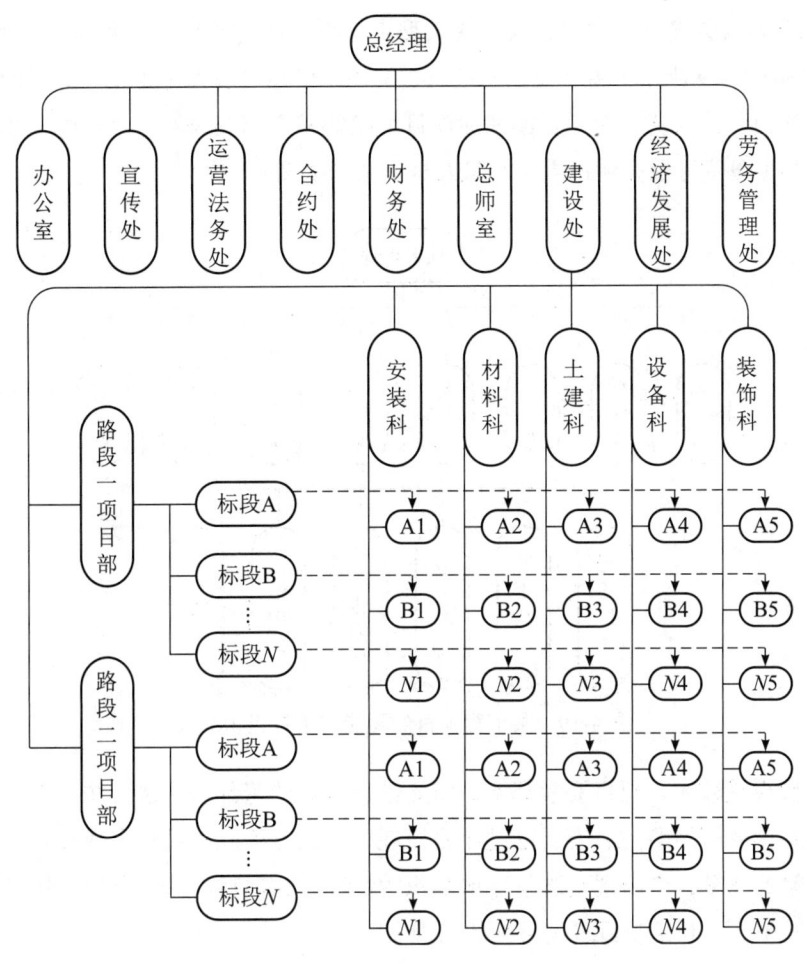

图 4-17 施工阶段的小矩阵式项目群组织

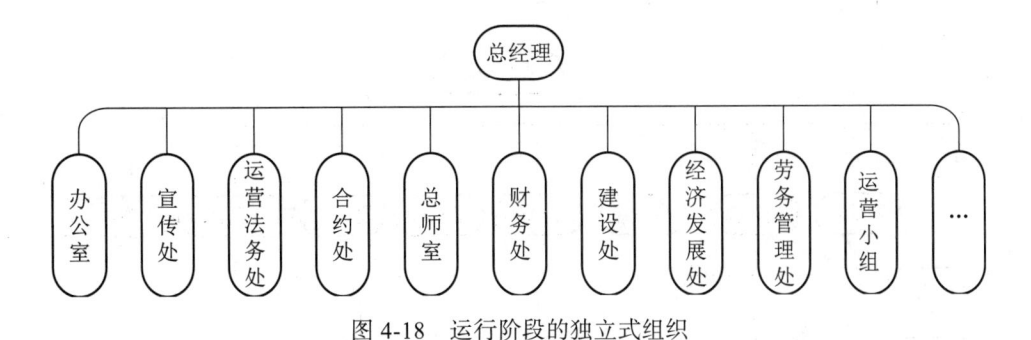

图 4-18 运行阶段的独立式组织

2. 针对工程的项目组织变化

针对同一个工程，采取不同的项目组织形式，其管理方式具有较大的差异。在工程项目组织策划过程中，可根据工程项目已有的组织模式和内外部因素，确定合适的工程项目组织形式。

（1）传统的职能式项目组织形式。在大型工程项目的施工阶段，负责项目的功能组织，其组织形式如图 4-19 所示。由于项目规模大，有两个管理层，即施工单位和职能部门。施工单位与职能部门并排布置，由项目经理和项目组织的相应部门领导。由于施工单位不受职能部门限制，施工单位可根据项目需求组织人员，从而提高生产效率。

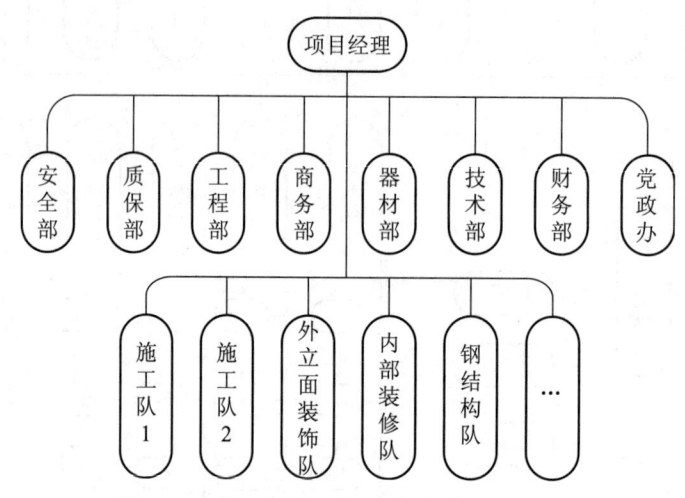

图 4-19　某工程项目的职能式项目组织形式

由于项目规模较大，项目要素繁杂，需要进行大量的跨部门协调工作，职能式项目组织横向沟通困难，部门间的沟通需要通过项目经理。这会使纵向层级链出现超载：项目经理每天要批示大量的决策，会出现待决策事项堆积的情况，而项目经理不能做出快速反应，会影响项目管理效率，不利于项目进度目标的实现。

（2）矩阵式项目组织形式。基于对组织形式扁平化的要求，以及减轻项目经理压力的原则，将项目的组织形式调整为矩阵式项目组织，如图 4-20 所示。

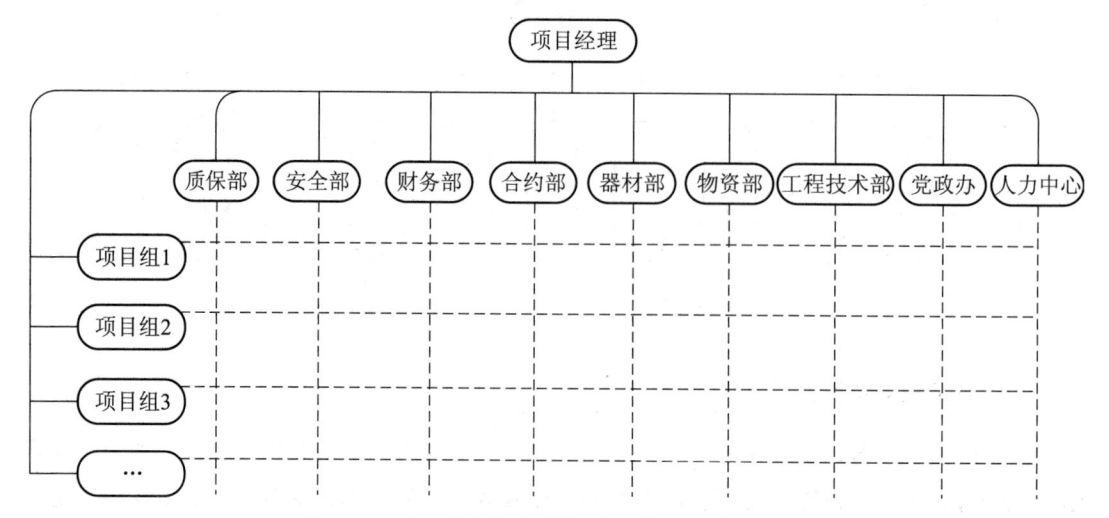

图 4-20　某工程项目的矩阵式项目组织形式（一）

在图 4-20 中,纵向项目组织部门与原始项目组织部门的区别如下。

1)将原工程部和技术部合并为工程技术部。

2)建立人力中心和物资部。人力中心管理施工队伍,根据施工进度的需要向各个项目组派遣施工人员;物资部管理项目资源,如材料、模板,并且提供统一的库存管理。

3)项目组根据现场划定的区域横向定义。例如,该项目大致成立了 9 个项目组,主要职能包括安全保证、质量管理、成本控制和进度控制。项目组的组织形式如图 4-21 所示。

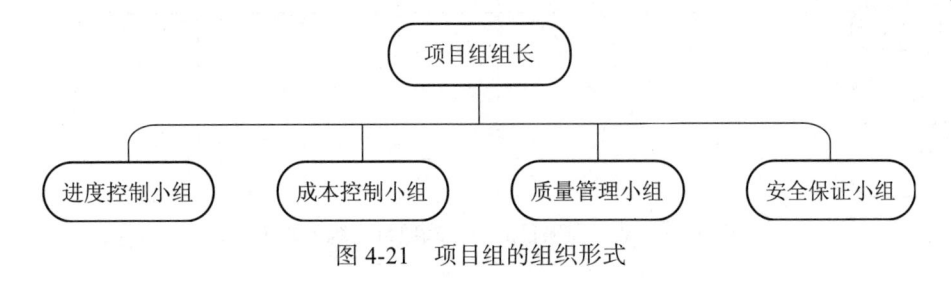

图 4-21 项目组的组织形式

该形式除了具有一般矩阵式项目组织的优点,还具有以下优点。

1)从组织上改变了直线职能式项目组织以权力为中心的模式,建立了以工作任务为核心的模式,有利于任务的高效实施。

2)将项目分成 9 个项目组之后,可根据项目组的工程量大小,确定核心项目组,从而在进行资源配置时优先考虑核心项目组的需求,提高资源利用率,保障核心重点目标的实现。

3)项目资源由物资部统一管理,能保障资源的有效、节约、灵活使用。

4)每个项目组根据自身的施工情况,提出对施工人员的需求计划,人力中心根据各项目组的需求进行施工人员配置,并且根据需求变化调节人员的分配,使施工人员得以在不同项目组间流动,达到利用历史经验与跨项目沟通的目的,进而提高管理绩效。

5)将整个项目拆分为 9 个项目组后,可以对项目组实施责任制。项目组组长负责项目组的安全保证、质量管理、成本控制、进度控制等目标,有助于实现项目组的精细化管理,最大限度地减少管理层的资源占用,降低管理成本。

6)项目组织中的纵向职能部门直接行使其职能,支持项目组的生产活动,极大地缩短了协调、信息和指令传达的时间,提高沟通效率。

7)物资部根据项目进展情况及时安排材料加工等项目资源的准备工作,以确保施工进度。

若要解决人力中心任务重的问题,可设置如图 4-22 所示的组织形式。

图 4-22 中,把项目分成若干个施工队,该施工队的构成比常规的施工队更为复杂,具体如图 4-23 所示。按照施工区域进行划分,可将施工队固定分配到各个工区,设置各个工区的专属施工组。

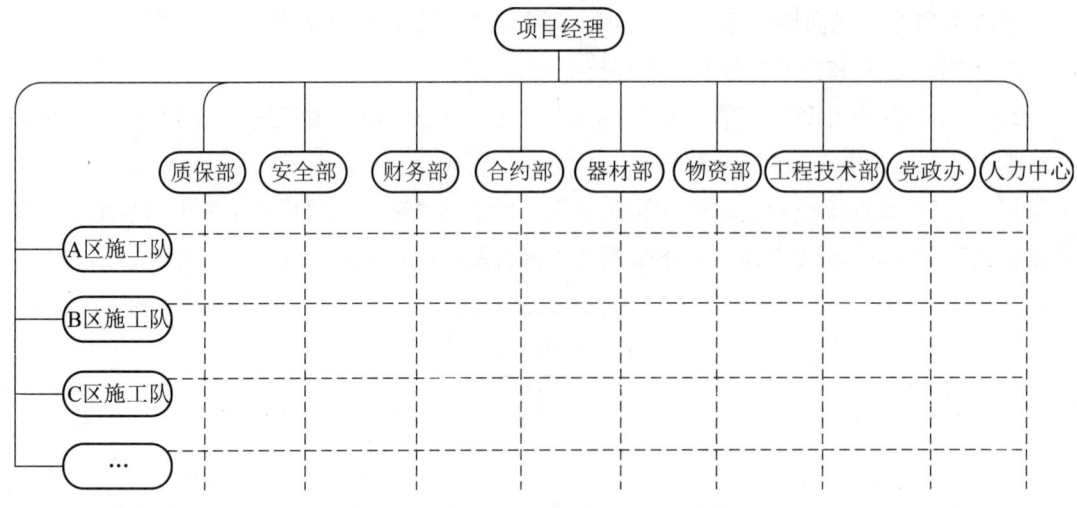

图 4-22　某工程项目的矩阵式项目组织形式（二）

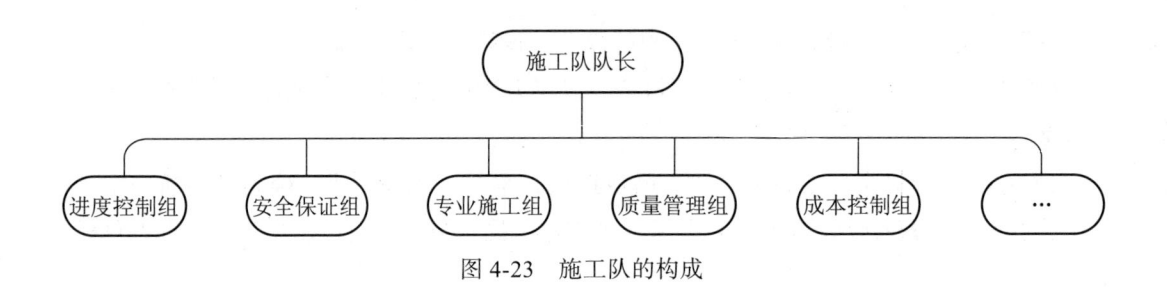

图 4-23　施工队的构成

4.5　工程项目管理组织

4.5.1　工程项目管理组织概述

1. 工程项目管理组织的概念

（1）广义的工程项目管理组织。在工程项目组织中，广义的工程项目管理组织包括从事各种工程项目管理工作并参与整个工程项目组织单位项目部门的人员。它通常是以项目管理部门或工程项目管理团队的形式出现，并且根据工程项目管理职能和管理流程定义相应的部门或职位。项目经理是负责履行相应项目管理职责的人员。

工程项目中，参与工程项目的各单位（如投资者、业主、设计单位、承包商、咨询或监督单位、工程分包商）都将其所有工作任务归类为"项目"，并且执行相应的项目管理。各单位有其相应的项目管理机构，如业主项目管理部、项目管理公司项目管理部、承包商项目管理部和设计单位项目管理部等。在工程项目组织中，这些项目管理部的项目经理可以在同一项目方向上共同工作，也可以分散在同一项目的参与单位之间。这种组织结构与工程项目的合同模型，以及项目的组织结构密切相关，管理职责与任务中的各种联系和分工构成了工程项目管理的整体组织体系。

（2）狭义的工程项目管理组织。它通常是指由业主委托或指定的负责管理工程项目的部门或团队。在广义的工程项目管理组织中，该部门或团队占据中心位置，负责执行与工程项目管理相关的工作，涉及质量、进度、投资、合同、资源、信息和组织管理等方面。

2. 工程项目组织与工程项目管理组织的相关性

工程项目组织与工程项目管理组织的概念既有区别又有联系，二者的对比如表 4-1 所示。

表 4-1　工程项目组织与工程项目管理组织的对比

比较类别	工程项目组织	工程项目管理组织
组织目标	以工程项目总目标为导向	以工程项目管理目标为导向
任务/工作范围	工程项目 WBS 的所有工作	成本、质量、进度等项目管理工作
主体	投资者、业主、承包商、设计单位、供货单位、项目管理单位	从事项目管理工作的人员、参与单位和项目部门，一般包括项目经理和项目管理职能部门（小组）人员
组织关系	主要为合同关系或由合同定义的管理关系，也包括行政关系等	组织协调与管理关系、行政关系
组织实施方式	工程承发包模式	工程项目管理模式
任务/工作分配方式	项目工作任务书、分配表等	项目管理责任矩阵、项目管理规程等
工作流程体系	工程项目组织流程体系	项目管理流程（如计划流程、合同管理流程等）体系
运作规则	工程项目内部正式制度，主要包括工程项目合同体系	工程项目内部正式制度中项目管理方面的制度，包括项目管理手册、项目管理合同等

（1）工程项目组织是由投资者、业主、承包商、设计单位、供应单位和项目管理单位等主体构成的组织。该组织可以使用项目组织结构图来表示，根据项目工作分解结构（WBS）、项目工作流程（组织结构图、网络计划等）开展各自专业部分工作。每个成员都会执行被指定的任务，这些任务可以通过合同、任务说明、工作包等方式进行描述。

（2）工程项目管理是管理工作中不可或缺的一部分，需要由专门人员或单位完成。工程项目管理组织是工程项目组织的一个组织单元，负责承担项目管理工作。该组织包含在工程项目组织中，由专门人员或单位组成。

（3）工程项目管理组织由项目经理、项目管理职能部门（小组）人员构成，通常被称为项目经理部。该部门负责规划和控制管理工作，包括但不限于工期、成本、质量、资源和合同等方面的管理工作。

3. 工程项目管理组织的团队建设

在工程项目管理组织中，团队精神是组织文化的重要组成部分，也是工程项目成功的关键因素之一。为了实现最佳项目管理效果，需要充分利用工程项目管理组织成员的能力和技能，激发他们的积极性，这是确保工程项目管理组织高效工作，从而实现工程项目成功的关键。一个成功的工程项目管理团队通常具有以下特征。

（1）共同目标和共识。所有成员都应清楚地了解工程项目的重要性且追求工程项目的成功。

（2）合理的分工和合作。工程项目管理组织成员应有明确的职能分工，并且接受工程项目管理组织的规则管理。同时，他们应在工作中相互协作，齐心协力共同助力项目目标的实现。工程项目管理组织的领导者应该注重领导艺术，创新激励机制。

（3）合适的工作环境。合适的工作环境可以激励每个成员积极参与项目管理，出色地完成管理任务，并与工程项目管理组织内部和工程项目涉及的其他部门建立良好的工作关系，相互信任、互相尊重。

（4）工程项目管理组织中能公平、公正地处理事务。

（5）成员的团队意识较强，团队中有民主氛围，经常进行沟通交流。

（6）注重组织中每个成员的发展。倡导创新精神，鼓励成员进行自我管理，努力改进项目管理工作，并且使学习和创新成为工程项目管理组织的经常性活动。

4.5.2 项目经理部

项目经理部是由项目经理成立且参与管理的工程项目管理机构，属于项目经理和工程项目管理团队的结合体，是灵活而独特的现场管理组织。其中，业主监理或委托的项目经理发挥核心作用。项目经理部以项目经理为中心，通常根据项目管理职能确定职位（或项目部门），遵循项目管理流程。

1. 项目经理部结构

项目经理部的组成、部门和人员设置与其所承担的工程项目管理任务相关。

（1）对于中小型工程项目，通常设项目管理小组，包括项目经理、专业工程师（土建、安装、设计等专业）、合同管理人员、成本管理人员、信息管理员、秘书等，有时也包括负责采购、库存管理、安全管理和计划等方面的人员。一般项目管理小组职能不做细致区分，否则专门小组众多，管理程序复杂，组织成员能动性小，组间工作缺乏必要衔接，容易造成组织摩擦。

（2）对于大型工程项目，通常设置一个项目经理部作为项目管理组织，负责统筹各专业部门，项目经理下设各个项目管理部门，如财务部、计划部、技术部、材料部、合约部、办公室等。例如，某大型工程项目经理部的结构如图4-24所示。

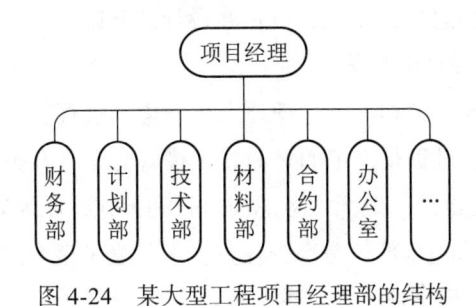

图 4-24　某大型工程项目经理部的结构

在工程项目实施过程中，项目管理的任务是波动的，需要的项目管理人员数量也随之变化，因而项目经理部的组织结构和人数经常会随着项目生命周期而发生变化。此外，有时也会设置项目副经理协助项目经理工作。

（3）工程总承包项目部可在工程项目的各阶段设立项目经理和项目副经理，以及从事职能管理工作的项目经理或工程师，如控制经理、设计经理、采购经理、施工经理、试运行经理、财务经理、进度计划工程师和项目秘书等岗位。

（4）项目经理部的结构会随工程项目的不同而呈现一定的差异。例如，某公路工程项目单个施工标段的项目经理部组织结构如图4-25所示。

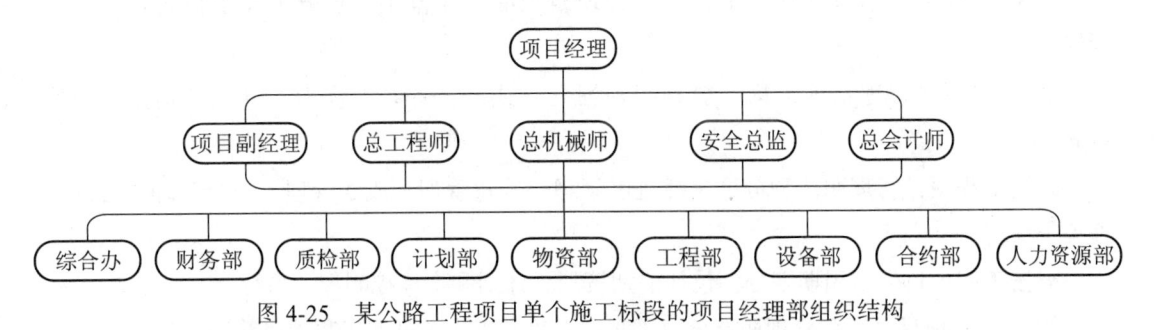

图 4-25　某公路工程项目单个施工标段的项目经理部组织结构

2. 项目经理部运行准备阶段的主要工作

项目经理部在运行前需做好准备工作，以便更好地实现预期目标。

（1）工程项目管理系统设计。

1）工程项目管理系统的作用。为使工程项目管理组织尽快投入管理工作，高效履行职能，需要构建工程项目管理系统。一般来说，项目管理或承包公司都有标准化的工程项目管理系统，但这些系统需要根据业主要求的工程项目管理模式和工程项目的具体情况进行调整。构建标准化的工程项目管理系统的作用如下。

① 作为工程项目管理工作考核的依据。

② 规范工程项目管理过程，提高工程项目管理的运作效率。

③ 为招投标工作提供整套的工程项目管理运作程序文件。

④ 作为企业新成员的工作规范和岗前培训的内容。

⑤ 作为工程项目管理信息系统规划、分析和设计的基础。

2）工程项目管理系统设计的特殊性。

与一般的企业管理不同，工程项目管理是全生命周期过程管理。在工程项目管理系统设计时应注意，工程项目管理过程是固定的，而管理模式是多样和灵活的，企业（如项目管理公司）的工程项目管理系统设计一般无须考虑项目管理模式，原因如下。

① 无论项目管理公司承担全部还是部分任务，都代表了整个工程项目，体现全生命周期管理和综合管理的要求，实现全过程为业主服务。

② 企业需要参与多种类型的项目融资模式，并且能够适应不同的工程项目管理工作模式，以确保工程项目的系统性和工程项目管理工作的灵活性。

③ 不同的工程项目管理模式反映着工程项目管理工作的不同阶段，以及所涉及的企业，但项目管理过程都大致相同。

3）工程项目管理系统设计的工作内容。

工程项目管理系统的设计以整个工程项目实施过程和部属的工程项目管理工作为研究对象。最终的工程项目管理系统设计文件通常涉及工程项目管理组织结构图、人员配置计划、工程项目管理责任矩阵和工程项目管理制度等方面。

① 按工程项目总目标确定工程项目管理组织的工作范围，划分工程项目管理的主要过程。

② 工程项目管理系统结构一般有两种划分方式，二者并无优劣之分，只是构建角度不同。

　　a. 按工程项目管理职能划分，包括进度管理、质量管理、成本管理、安全管理和合同管理等子系统。

　　b. 按工程项目生命周期划分，包括前期策划、计划和实施控制等子系统。

③ 按工程项目过程和管理职能分解工程项目管理工作，列明工程项目管理工作目录。

④ 设计工程项目管理工作流程。可以用流程图从不同的角度描述工程项目管理工作流程，如前期规划流程、计划管理流程、实施控制流程、变更管理流程、合同管理流程、材料输入流程、发票审核流程和竣工控制流程。在流程设计中，明确每个子系统管理之间的逻辑关系。通过流程分析，可以将工程项目管理工作视为一个动态的过程。

⑤ 制定相关工程项目管理工作规范。对工程项目生命周期各个阶段项目管理的具体工作提出管理工作所应达到的要求，如工作的详细程度、准确程度、工作文件范围等。

⑥ 工程项目管理标准文件设计，如报告系统、文档系统、合同文件、招标文件、表格等。

⑦ 工程项目管理工具的应用，如工程项目管理软件、PIP 平台、BIM 软件等。

（2）工程项目管理规划大纲编制。根据《建设工程项目管理规范》，工程项目管理规划大纲由组织的管理层或组织委托的工程项目管理单位编制。

1）编制依据包括可行性研究报告，设计文件，标准、规范与有关规定，招标文件和有关合同文件，相关市场信息与环境信息。

2）工程项目管理规划大纲可包括下列内容，项目组织应根据需要选定：项目概况；项目范围管理规划；项目风险管理规划；项目成本管理规划；项目沟通管理规划；项目管理目标规划；项目采购与资源管理规划；项目职业健康安全与环境管理规划；项目质量管理规划；项目进度管理规划；项目管理组织规划；项目信息管理规划。

3）编制工作程序。

① 明确工程项目目标和项目组织目标。

② 分析工程项目的环境和条件。

③ 收集工程项目的有关资料和信息。

④ 确定工程项目管理组织模式、结构和职责。

⑤ 明确工程项目管理的内容。

⑥ 编制工程项目目标计划和资源计划。

⑦ 汇总整理，报送审批。

（3）工程项目管理组织计划。它是为工程项目管理组织成员准备的一套包括工作分析、招聘与调配、绩效考核、薪酬管理、培训等方面的计划，以满足工程项目管理的需要。工程项目管理组织结构图是对项目管理规划框架中人力资源管理方面的细化和加强，项目管理组织结构图定义了项目管理成员在项目组织中的职责和成员之间的关系，以指派合适的人员来执行工程项目管理任务。工程项目管理组织计划的关键是确定人员需求，一般根据工程项目管理模式、任务、职能、工作内容要求和以往的项目管理经验来确定。

在国际上，项目管理（或咨询）公司可以承担不同类型的工程项目，其项目经理大多是一般的项目管理人员，如合同工程师、财务经理、资源经理、信息经理等，只有小部分专业人员与所承担的项目类型有关，如在承担化学工程项目时，需要增加具有化学学科背景与管理经验的项目管理人员。

3. 项目经理部运行阶段的主要工作

（1）确定项目经理部的组织形式和项目管理任务。项目经理部要求结构健全，包含工程项目管理的所有工作职能，同时力求保持规模最小，以降低管理成本，达到经济性。对以工程项目作为经营管理对象的承包商项目管理（监理）公司，应尽可能设置相对稳定的工程项目管理组织形式。尽管工程项目是一次性的，但项目经理部内部结构与人员关系相对稳定，项目组织成员相互熟悉、彼此适应、协调方便，可减小组织内摩擦，容易营造良好的项目组织文化与合作氛围。若项目经理部成员变动过于频繁，就不利于组织稳定，易造成缺乏凝聚力，组织内摩擦大，效率低下。

（2）确定项目经理部的层次，职能管理部门的设置与管理人员的配备要考虑参与单位的职能部门，特别是人力资源部门能为工程项目管理组织提供协助和支持的程度。有时还要考虑项目实施地点与单位的距离等实际因素。

（3）选择合适的项目管理人员，并且确定其职责和权限。

1）上层领导支持项目，保证有效的、符合要求的项目管理人员投入。

2）通常工程项目管理的许多职能部门负责人是由参与实体的职能部门任命的，只有在参与实体的职能部门的支持下，才能获得在相关领域具有经验和技能的合适的人力资源。对于规模较大的工程项目，项目经理应有权选择项目管理团队中的成员担任关键职位。

3）应尽可能多地维持参与单位现有职能部门中管理人员的原有工作，以保证工作的连贯性与组织内部良好的协调配合。

4）对于常见的项目经理部，各项目管理人员的职责和权限一般如下。

① 项目经理：整个项目的核心人物，需要对施工计划、生产进度、质量保证和经济效益全面负责。

② 项目副经理：负责项目施工中的各项生产工作，对进度、质量、安全进行检查和监督。

③ 项目总工程师：负责项目施工的技术管理、质量保证和安全监督工作。

④ 质量管理组：负责工程质量管理体系的建立和质量的检查、监督，进行分项工程的自检评定，开展全面质量管理和 QC 小组活动。

⑤ 施工组：负责定额核算、计划统计和预决算的编制工作，施工现场平面管理、施工调度和内外协调工作，以及施工测量、施工档案管理工作。

⑥ 财务组：负责编制已完工工程报表，进行项目的成本分析、控制和评估，编制月度用款计划和月进度款支付表。

⑦ 合同管理组：负责项目预算审查，以及项目相关合同的编制和签订工作。

⑧ 安全管理组：负责做好经常性的安全生产宣传工作，贯彻"安全第一，预防为主"的方针，组织日常的安全生产检查、监督工作，帮助组织消除事故隐患，促进安全生产。

⑨ 材料设备组：负责编制材料和设备供应计划，根据施工进度分批组织材料设备供应；负责材料的发放和物资保管，进行原材料的检验、化验、抽检，提供有关材料和设备的技术文件。

⑩ 技术组：负责施工组织设计、专项施工方案和技术交底；负责钢筋翻样、木工放样，构配件加工订货和现场施工技术问题的处理；负责发放施工图、设计变更和有关技术文件；负责做好隐蔽工程的验收记录和各项工程技术资料的收集整理工作。

⑪ 办公室：负责政治宣传、员工教育、生活后勤、安全保卫、环境卫生、文明施工和接待工作。

5）在向工程项目管理单位的不同部门分配工作人员时，应考虑到岗位所需的人才、知识和经验，以及所选人员的兴趣、素质、经验和人际关系，做到人尽其才。

6）管理职能分工表是最常用的工具之一，反映着工程项目管理组织部门与管理工作的对应关系，能保证工程项目管理范围内的各项工作均已分配落实到具体的部门，如表4-2所示。

表 4-2 某项目经理部管理职能分工表（摘要）

管理职能	工作内容	技术组	项目经理	财务组	质量管理组	合同管理组	材料设备组	施工组	安全管理组
前期工作	现场七通一平、现场与周边勘察	C	J	C	C		C	F	J
	获得政府相关部门审批		C						
技术管理	图样会审、设计交底、预算审查	F	J	C	C	F		F	
	总包施工组织设计审查	F	P	C	C	C	C	C	
现场管理	施工平面图	F	P		C		C	F	
	现场管理、周边协调		F		C		C	F	J
	与主管部门协调		F	C	C	C		C	
进度管理	施工进度、网络计划	F	P	C	C	C	C	C	
	进度监督、协调各单位进度	C	F	F	C		C	C	
	向甲方提供进度信息		F	C	C		C	C	
质量管理	建立质量管理体系、质量监督	C	J		F		C	C	
	施工材料半成品质量监督	C	J		F		C	C	
	协助确定甲供材料、设备					C	F		
成本管理	审核预算、审查设备、材料、工程价款		J			C	F		
	编制已完成工程报表		J	F			C	C	
	工程成本分析、控制、评估		J	F		F	C	C	

（续）

管理职能	工作内容	技术组	项目经理	财务组	质量管理组	合同管理组	材料设备组	施工组	安全管理组
采购管理	材料设备计划和采购申请		P	C		C	F	C	
	甲方委托材料设备管理		C				F	C	
	协助签订采购合同		C			F	C	C	
	制定保管制度、材料设备保护		J				F	C	
财务管理	编制月度用款计划、月进度款支付表		P	F		C	C	C	
	协助甲供材料、设备结算	F	J	C	F	C	C	F	
档案管理	档案变更、图样资料保管	F	J	C	F	C	C		
安全管理	安全措施督促、检查		J		C			C	F
	签署安全协议		J		C				F

注：F—负责；J—监督；C—参与；P—批准。

7）根据需求可对工程项目管理人员进行培训。工程项目管理小组的成员应具备工程项目管理工作所需的素质、知识和技能。如果分配到项目的工作人员缺乏必要的管理或技术能力，或者承担了新的专业领域的工程项目，应提供具体的培训，以提高工程项目管理的有效性。

8）应根据"工程项目管理目的和责任声明"，明确界定工程项目管理体系，分配目标。在工程项目实施前，应向所有参与主体和成员介绍工程项目管理体系，使所有参与方都能理解和掌握工程项目的"规则"，以更好地协调，为相关管理岗位提供明确的指示（例如，谁应该做什么，如何做，要达到什么结果，需要什么，谁决定什么）。公司的法定代表人负责工程项目的管理，宣布对组织成员的授权（资源的使用等），确定责任、问责关系和组织界面，确定行使管理权时需要考虑的问题，等等。工程项目管理目标责任书是指根据施工合同的要求和公司法定代表人的管理目标，确定项目经理要实现的成本、质量、进度和安全控制目标的文件，包括以下方面。

① 应达到的工程项目成本目标、质量目标、进度目标和安全目标。
② 企业对项目经理部人员进行奖惩的依据、标准、办法及其应承担的风险。
③ 项目经理部使用作业队伍的方式、项目所需材料供应方式和机械设备供应方式。
④ 项目经理解职和项目经理部解体的条件与方法。

⑤ 企业制度规定以外的、由法定代表人向项目经理委托的事项。

⑥ 参与单位各职能部门与项目经理部之间的关系。

9）组织有关人员制定规章制度和目标责任考核、奖惩制度。

10）建立绩效考核和绩效评价体系，对整个项目经理部和项目经理部内各职能部门（或小组）的工作进行分配、实施、监督、评价、宣传和动员。根据工程项目管理规划框架，建立工程项目管理实施规划。工程项目管理实施计划由项目经理负责组织编制。

① 编制依据：工程项目管理规划大纲、工程项目条件和环境分析资料、工程合同和相关文件、同类工程项目的相关资料。

② 编制程序：了解工程项目参与单位和相关者的要求；分析工程项目条件和环境；熟悉相关法规和文件；组织编制；履行报批手续。

③ 主要内容。工程项目管理实施计划应包括下列内容：工程项目概况、成本计划、总体工作计划、质量计划、工程项目现场平面布置图、资源需求计划、信息管理计划、组织方案、沟通管理计划、职业健康安全与环境管理计划、技术方案、进度计划、风险管理计划、工程项目目标控制措施、技术经济指标。

4. 项目经理部的生命周期

项目经理部的生命周期可以分为如下几个阶段。

（1）项目经理部成员互相适应阶段。随着成员从参与单位的职能部门转到项目经理部，工程项目目标和工作内容逐渐清晰，成员之间相互了解，并且开始执行被分配的任务，工程项目工作缓慢推进。在这个阶段，一方面，成员之间有一个相互适应的过程，由于不是每个人都了解对方，而且工程项目相对较新，所以沟通障碍较多，难免会产生组织上的摩擦；另一方面，工程项目工作中的挑战会增加成员的新鲜感和工作积极性。

（2）规范化阶段。这一阶段主要由项目经理进行管理和组织，应对成员工作中的错误、抱怨和意见，积极管理，通过协调解决冲突，保持对工程项目管理团队的领导和控制。

（3）项目管理取得成效阶段。项目经理将参与每次讨论，与工程项目参与者合作开展工程项目管理工作，并且参与相关的项目决策，工程项目管理工作将逐步规范化。在这个阶段，项目经理应创造一个积极的工程项目管理环境，激励工程项目管理团队为实现预定目标而努力，鼓励每个成员积极地、创新地工作。

工程项目管理团队成员之间相互信任、相互适应、坦诚沟通、关系融洽，管理效能逐步提高，各项工程项目管理工作顺利进行，工程项目整体进度加快。

（4）项目经理部解散阶段。在这个阶段，由于工程项目管理工作职能不全，项目经理部的组织功能逐渐弱化，一些从事工程项目管理的人员可能在忙于参与部门职能工作、管理新项目或寻找新工作的同时，产生焦虑、不稳定的情绪，对管理其他工程项目失去兴趣和热情，导致生产力下降，随后工程项目终止。因此，项目经理一方面要做好后期的组织策划工作，另一方面要为管理人员顺利进入新项目或新岗位提供条件和帮助，以稳定项目成员、提振士气。此外，在这个阶段，项目经理还应该对工程项目管理团队的成员进行评估，并且向有关领导汇报。

4.5.3 项目经理

项目经理负责工程项目管理。从专业角度来看，项目经理是负责管理工程项目质量、安全、进度和成本，以及提高整体工程项目管理水平的关键管理职位。美国著名的《财富》杂志曾预测，项目经理将成为21世纪年轻人的热门职业，说明了项目经理在工程项目管理中的重要性。随着现代工程项目的设计和工程系统变得越来越复杂和难以实施，项目经理对提高工程项目效率的作用也越来越重要。在选择承包商和项目管理公司时，业主会密切注意核查其项目经理的经验和技能，将其作为招标和承包的主要指标之一，并且给予一定的权重。许多项目管理公司与承包商也将项目经理的选拔和培养视为公司的重要发展战略。

1. 项目经理责任制

工程总承包项目管理责任制度以项目经理为责任主体。根据我国《建设工程项目管理规范》的要求，建设工程应实行项目经理责任制。项目经理责任制框架是一个独特的、全面的工程项目流程管理框架，其中项目经理的整体责任是框架的核心，项目责任书的客观规定是设定管理目标的基础，以交付高质量的项目，并且从项目产出中获得最佳经济价值。这也意味着项目经理是工程项目管理系统中的关键责任人。该制度旨在确保项目按时交付，并且明确项目经理、所在部门、公司和员工之间的权力、责任和利益关系。

2. 项目经理的作用

（1）项目经理是工程项目管理的核心人物，负责领导和指导工程项目管理工作。项目经理是整个工程项目的管理者，在工程项目管理和整个工程项目组织中起关键作用，对工程项目的成功有着决定性的影响。工程实践表明，强势的项目经理领导弱势的项目管理部门比弱势的项目经理领导强势的项目管理部门能取得更好的项目成果。项目经理是工程项目的唯一授权代表。

在工程项目实施过程中，项目经理作为工程项目实施单位的法定代表人，被授权为工程项目的代表，负责工程项目的组织、策划和实施工作，管理内部和外部关系，实现项目组织的目标。项目经理是实际的项目负责人，也是直接的项目领导者和组织者。

（2）项目经理在总承包合同双方之间发挥协调和平衡作用。如果双方的利益和立场不一致，可能导致双方行动的不一致甚至冲突。项目经理可以在工程项目中起到缓冲作用，调解纠纷，协调双方关系，保护和平衡合同双方各自的权益。一般来说，项目合同赋予项目经理许多责任和权力。在工程中，业主和承包商通常不会直接互动，项目经理作为双方之间的桥梁和纽带，可以减少冲突，确保双方共同创造良好的协作环境和氛围。

（3）项目经理在促进工程项目管理专业化发展方面发挥着重要作用。其熟悉项目实施过程，具备深厚的工程技术知识、丰富的项目管理经验，以及高度的专业性。项目经理的存在保证了工程项目管理的专业性，同时可以指导工程项目管理人员的发展。

3. 项目经理的设置

在工程项目管理部门中，项目经理的设置非常重要。通过不同维度，可以根据项目结构、项目生命周期、管理职能和项目专业设置项目经理，如图4-26所示。不过，这些设置方式一般适用于大型工程项目，规模较小的中小型工程项目经理的设置无须这么复杂。此外，项目经理的设置要与项目经理部的结构相匹配。

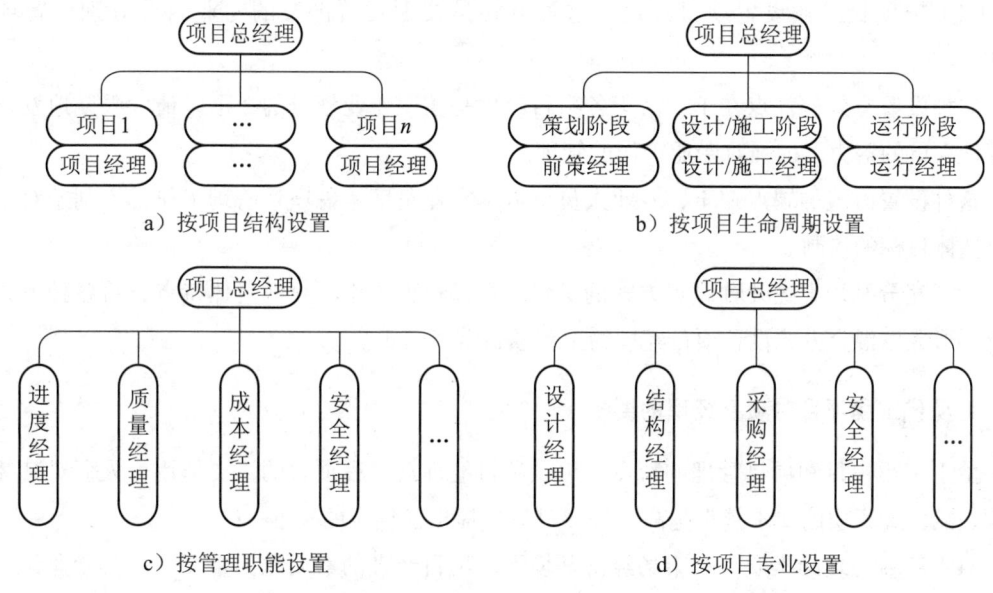

图4-26 项目经理的设置方式

（1）按项目结构设置项目经理。在项目结构中，每个项目经理对其所负责的项目部分进行整体管理。在项目结构中设立项目经理，应尽量减少管理子项目之间接口的复杂性。项目经理的数量应在对子项目的规模和复杂性进行具体分析的基础上确定。

这种设置方式的主要优点在于，每个项目经理负责其所负责的子项目的全过程项目管理任务和责任，从而实现权力的集中和责任的明确。

这种设置方式的主要缺点是对项目经理的素质要求较高。由于各个项目经理的权力和责任集中，项目经理必须熟悉项目设计、施工、技术、经济和合同等各方面的知识，并且具有丰富的经验，能亲自处理各项事务。

（2）按项目生命周期设置项目经理。工程项目任务可以按项目生命周期划分，项目经理的设置与项目生命周期一致，各项目经理在其负责的阶段对整个项目进行管理。它可按生命周期直接设置各阶段的项目经理，也可以把若干相连阶段进行合理组合或分解设置项目经理。

这种设置方式的主要优点在于，通过设置不同阶段负责的项目经理，可以促进该阶段项目管理工作的开展。

这种设置方式的主要缺点是不利于从整体角度进行项目目标控制，各个阶段之间容易出现断层、衔接工作责任认定困难等问题。

（3）按管理职能设置项目经理。这种方式是按工程项目管理职能，如进度管理、风险管理和成本控制等设置项目经理及其对应的工作内容。

这种设置方式的优点是有利于工程目标的实现。

这种设置方式的缺点是仅仅重视目标，而不重视过程，不利于工程项目对象系统的实现。

（4）按项目专业设置项目经理。这种方式是按项目所涉及的专业内容分别设置项目经理。

这种设置方式的优点在于，由于各项目经理是按照专业划分的，可以最大限度地发挥专业管理人员的潜力，加强对专业工作的管理。

这种设置方式的缺点在于，专业人员仅从本专业角度考虑项目管理工作，不利于对工程项目整体目标的控制。

为了充分利用上述几种设置方式的优势，可以根据工程项目的具体特点，将各种方式相结合，形成以混合方式设置项目经理的工程项目管理组织。

4. 现代工程项目对项目经理的要求

由于工程项目和项目管理的特点，以及项目经理对工程项目的重要作用，人们对其知识结构、能力和素质的要求越来越高，许多书籍均提出了相应的标准。

（1）项目经理的素质。在市场经济环境下，项目经理的素质尤为重要，尤其专业化的项目经理，他们不仅需要具备一般领导者的素质，还需要符合工程项目管理的特殊要求。

1）项目经理要具有使命感和高度社会责任感，要有工程项目全生命周期的理念，注重项目对社会的贡献和历史作用，重视社会公德，保障社会利益，保护生态环境，严格遵守法律法规。

2）项目经理需要对业主、企业和其他项目相关方负有职业责任。因此，项目经理应该具备良好的职业道德，把业主的利益放在首位，保持工作热情和责任心。在面对挑战时，项目经理需要勇于接受挑战且承担责任，全力以赴完成任务。即使项目是一次性的、与业主的合作是一次性的，管理工作难以定量评价或项目的最终成果与酬金无关，项目经理也不能因此怠于自己的工作职责，仍应全心全意地管理好项目，确保项目的顺利进行和高质量完成。

3）在工程项目管理中，创新精神是项目经理不可或缺的素质之一。工程项目管理本身就是一个不断创新和充满挑战的过程，为了确保项目的成功，项目经理应该以务实的态度和强有力的领导魄力为支撑。在面对复杂的问题时，项目经理应该大胆做出决策，勇于承担责任和风险；同时，项目经理应该精益求精，不满足于现状，追求更高的目标。通过持续创新和优化，项目经理可以提高项目的质量和效率，最终实现项目的成功。

4）在工作中，项目经理应该始终保持诚实守信、可靠可信的品质，言行举止一致、为人正直、勇于承认错误，避免违规操作。项目经理应该以项目总目标和整体利益为出发点，公正无私地对待各方利益，正确执行合同，不偏不倚地完成工作，这样才能在工作中做到公正、专业、高效，赢得他人的尊重和信任。

5）项目经理需要勇于承担艰苦的工作，尽职尽责，忠于职守。项目经理扮演着重要角色，需要协调处理各方利益关系。由于责权利不平衡，项目经理的工作更为困难。因此，项目经理需要具备沟通、协调、解决问题等能力。

6）在工作中，项目经理需要具备团队精神，能够与他人合作共事。同时，也应该公开、公正、公平地处理事务，不能搞管理上的神秘主义，如不能用"锦囊妙计"分配任务和安排工作，而应通过公开透明的方式建立信任与合作关系，提高项目的成功率。

（2）项目经理的能力。

1）号召力。由于成员来自不同的参与单位，素质、能力和思想境界存在差异，因此成员的工作积极性也不同。在这种情况下，项目经理需要具备号召力，了解每名成员的特点和需求，采取不同的激励措施，激发他们的工作积极性，推动项目向前发展。

2）应变能力。项目经理必须具备工程项目管理经验和专业知识，特别是在同类项目中的成功经验和表现，思维敏捷、灵活应变、观察力强，对专业工作和管理工作具有敏锐的洞察力和成熟客观的判断能力。每个项目具有一定的特殊性，在实施过程中存在诸多变数，因此工程项目管理是动态的管理，这就要求项目经理必须具有动态管理思维，及时发现和处理各种不利情况。

3）激励能力。项目经理是一个典型的低权力领导职位。项目经理不能仅仅依靠权力和命令来管理团队，相反，需要依靠领导艺术、影响力和说服力来推进项目；同时，需要采用激励措施来调动团队成员的积极性。这可以通过提供良好的工作环境、建立有效的沟通机制、给予适当的奖励和认可等方式来实现。因此，项目经理可以利用合同和工程项目管理规程赋予的权力来管理项目，确保项目的顺利进行。但是，从心理学和行为科学的角度出发，采取有效的措施调动团队成员的积极性、提高团队的凝聚力和效率也是非常重要的。作为一名优秀的项目经理，需要掌握沟通艺术，能够在项目中扮演多种角色，包括激励者、教练、活跃气氛者、维和人员和冲突裁决者。

4）组织管理能力与冲突管理能力。项目经理需要具备组织管理能力与冲突管理能力，以便更好地管理组织，具体包括以下内容。

① 善于协调各方关系，具有良好的沟通能力，善于管理和解决冲突。

② 工作具有计划性，能有效地利用项目时间。

③ 能处理好与业主（或顾客）的关系，设身处地地为他人考虑。

④ 与参与单位人员有较好的人际关系，具备与外界和上级组织的良好沟通能力。

⑤ 能胜任领导工作，知人善任，敢于和善于授权。

⑥ 具有追寻目标和跟踪目标的能力。

5）沟通能力。项目经理应具有有效倾听、劝告和理解他人行为的能力。项目经理只有具备足够的沟通技巧，尤其是与下属的沟通技巧，才能与下属和上级进行平等的交流。

6）工程技能。项目经理应有一定的工程技能，但不能是纯粹的技术专家。最重要的是，项目经理应该了解工程系统的力学原理，能够预见问题，预测需求，有针对性地解决问题。项目经理还需要熟悉项目流程，包括行政、技术和管理流程，能够及时发现和提出问题，处理紧急情况，应对突发事件，对风险和复杂现象进行抽象思考，抓住关键问题。

7）综合管理能力。项目经理应具备战略眼光、系统思维和决策能力，对整个项目进行全面观察、统一指挥、统一管理。

（3）项目经理的知识结构。

1）项目经理一般需要具备相关的专业知识，并且接受过大学本科及以上的专业教育，一般来自主要工程专业，如土木工程等专业。实际上，项目经理的专业背景可以非常广泛，涵盖工程、商业、信息技术、科学、医疗等各种领域。更重要的是，项目经理需要具备项目管理知识和技能，包括项目计划、风险管理、质量管理、沟通和领导等方面的能力。因此，虽然具备相关专业知识是一个优势，但是项目经理仍需要不断学习和提高自己的项目管理技能，以便更好地管理项目且取得成功。

2）项目经理需要参加专门的项目管理培训或再培训，掌握项目管理知识。国内外都有成熟的项目经理教育培训途径和方法。例如，美国项目管理协会提出的项目管理知识体系（PMBOK）和我国的建造师培训计划是两种典型的培训体系。此外，还有各种在线课程、短期培训和认证考试等方式，可以帮助项目经理掌握项目管理知识和技能。在培训过程中，项目经理需要注重实践和案例分析，以便更好地将理论知识应用到实践中。项目经理需要掌握以下四个方面的知识。

① 项目经理需要掌握项目管理知识，包括综合管理、范围管理、时间管理、成本管理、人力资源管理、采购管理、质量管理、信息管理和风险管理九大知识体系。这些知识将帮助项目经理更好地规划、执行和控制项目，确保项目顺利完成。其中，综合管理是项目管理的核心，包括项目整体规划、项目组织、项目协调和项目控制等方面；范围管理是指识别、定义和控制项目范围，确保项目目标得以实现；时间管理是指制订项目进度计划，监督和控制项目进度，确保项目按时完成；成本管理是指制定项目预算，监督和控制项目成本，确保项目在预算范围内完成；人力资源管理是指管理项目团队，确保项目团队有效协作；采购管理是指管理项目采购过程，确保项目所需资源得到及时供应；质量管理是指制定项目质量标准，监督和控制项目质量，确保项目达到预期质量水平；信息管理是指管理项目信息的收集、传递、存储和处理，确保项目信息及时、准确、完整；风险管理是指识别、评估和应对项目风险，确保项目风险得到控制。因此，掌握这些项目管理知识对于项目经理来说非常重要，可

以帮助其更好地规划、执行和控制项目，从而提高项目成功的可能性。

② 项目经理需要掌握项目所在领域的相关专业知识，如工业、农业、建筑等领域的知识。不同领域的项目管理有很大的差异，因此项目经理需要具备相关的专业知识来更好地规划、执行和控制项目。在工程领域，项目经理需要掌握工程专业知识。这是其进行项目管理的重要知识基础，能使其更好地理解项目的技术要求和实施细节。例如，对一个建筑项目，项目经理需要了解建筑设计、建筑施工、建筑材料等方面的知识，以便更好地管理项目进度、质量和成本。

③ 项目经理需要掌握一般管理知识，包括管理学、经济学、工程经济学、系统工程、组织行为学、战略管理、相关法律、财务管理与会计等理论和方法。这些知识将帮助项目经理更好地理解项目管理的各个方面，例如，如何制订有效的项目计划，如何评估项目风险和成本，如何管理项目人员和资源，如何制定项目策略和目标，等等。同时，这些知识也可以帮助项目经理更好地与其他部门和利益相关方进行沟通、协调，以便更好地实现项目目标。

④ 项目经理需要具备广泛的知识面，能够理解和应用所管理工程的相关专业知识，并且具备工程系统知识。工程相关专业知识包括机械、电气、土木、化学、环境等方面的知识。项目经理需要了解这些知识，以便更好地管理技术性项目。工程系统知识是指深入了解工程系统的组成和运作原理，从而更好地管理工程项目。因此，具备广泛的知识面和工程系统知识对于项目经理来说非常重要，可以帮助其更好地理解项目需求和技术要求，从而更好地规划、执行和控制项目。

4.5.4 项目管理的社会化和专业化

随着现代管理模式的发展，项目管理越来越趋于社会化，许多业主将工程项目管理任务外包给专业的项目管理公司。在这种模式下，项目经理需要具备更高的专业水平和管理能力，能够更好地协调项目各方面的工作，确保项目顺利完成。不同的项目管理模式有不同的社会化程度，如图4-27所示。在有些项目管理模式下，项目经理需要与业主、设计师、监理单位、承包商、供应商等多方进行协调和沟通；而在另一些项目管理模式下，项目经理主要与业主进行沟通和协调，其他工作则由业主代表或其他专业团队负责。项目经理作为专业的项目管理人员，具有丰富的项目经验和高水平的项目管理技能，可以为项目的成功实施提供重要保障。项目经理涵盖的范畴众多，包括监理工程师、基于FIDIC合同的工程师、建造师、咨询工程师和项目管理师等，这些职业的工作内容和职责略有不同，但都需要具备高水平的项目管理技能和专业知识。在下面的讨论中，本书将业主委托的项目管理公司派到项目中负责项目管理的人员称为项目经理，其最能体现项目管理的社会化和专业化。

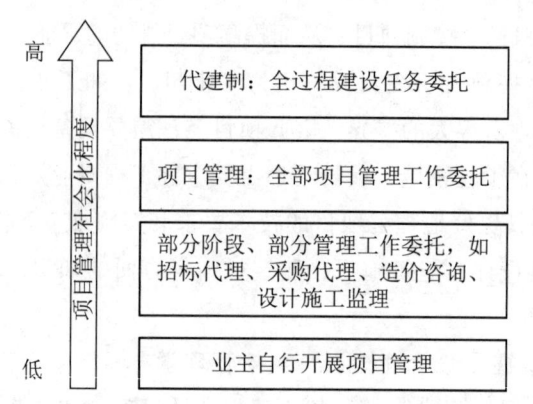

图 4-27 几种常见项目管理模式的社会化程度比较

1. 项目经理的任务定义

在不同的项目管理模式下，项目经理的任务、职责和权力存在差异。这往往与业主对项目经理的信任程度、依赖程度，以及业主自身的工程项目管理能力和水平等因素有关。在一些项目管理模式下，业主将更多的工作交给项目经理来完成，项目经理的职责和权力相对较大，需要对项目全面负责；而在另一些项目管理模式下，业主更多地参与项目的管理和决策，而项目经理的职责和权力相对较小，需要更多地配合业主的工作安排。作为专业的项目经理，需要根据不同的项目管理模式和职责要求，不断提高自己的专业素质和管理能力，以更好地完成项目任务。项目经理的工作任务由如下三个方面决定。

（1）业主与项目管理公司签订的项目管理合同通常会明确规定业主与项目经理之间的权力、责任和利益关系，明确规定业主赋予项目经理管理承包合同和项目的职责，包括但不限于监督和管理项目进度、质量和成本，协调各方面的工作，处理项目中的问题和风险，等等。因此，项目经理需要在合同规定的职责范围内，尽职尽责地完成工作，确保项目的顺利实施，同时需要积极与业主沟通和协调，确保项目的利益最大化。

（2）工程承包合同是协调各相关方关系的重要手段，为业主、项目经理与承包商之间的关系提供了基本的规则和解决方案。虽然项目经理可能不直接参与合同的签署，但他们的角色、权力和责任通常在合同中有明确的规定。

（3）尽管 FIDIC 合同条款规定了项目经理的作用、权利和义务，但业主仍然有权根据企业和项目的具体情况，以书面形式限制项目经理的权力。此外，业主还可以要求项目经理在行使某些权力时获得业主的批准。

2. 项目管理的社会化问题

（1）社会化项目管理的基本矛盾。社会化项目管理本身存在着许多矛盾，其中最重要的一点是项目管理者的责任和权力之间不平衡。这主要表现在如下四个方面。

1）承包合同（如 FIDIC 合同条件）赋予项目经理很大的权力，负责具体的项目管理工作，如制订计划、调整计划、决定新增工程的价格，并且直接给承包商和供应商下达指令，进行组织协调，但其不作为承包合同的签约方。尽管项目管理公司与业主之间有管理合同，项目经理的行为必须受管理合同的制约，但作为业主的代理人和委托人，项目经理对项目管理工作中的失误不承担法律责任，由业主负责对承包商赔偿。通常只有出现以下情况，项目经理在一定范围内承担责任。

① 明显的失职和犯罪行为。

② 违法行为。

③ 侵犯第三方专利权、版权。

④ 明显的错误决策、指示造成损失。

综上所述，项目经理的权力和责任是失衡的，缺少必要的责任条款约束项目经理的行为。

2）项目经理在项目组织中承担重要责任且起领导作用。项目能否顺利实施，能否实现质量、进度和成本（投资）等目标，直接取决于项目经理的能力、经验、积极性、诚信和领导水平。但是，项目经理只是业主的代表，与项目的最终经济效益无关，没有决策权，也不能对合同进行修改，只能按照业主的指示进行管理。

3）项目经理必须公正行事，不偏向任何一方。若其不能公正行事，工程项目管理工作将面临诸多问题。然而，项目经理的公正性是很难衡量、评价和问责的。项目经理的职业道德、文化传统、工作能力、工作的深入程度甚至个人偏见等都可能影响其公正性。

4）项目经理为业主与工程项目提供咨询和管理方面的服务，其工作难以简单量化，并且工作质量很难评价和考核。

鉴于以上问题，在国际上，许多专家学者与管理人员对该管理制度提出批评，甚至建议取消项目经理对冲突处理的决定权。然而，在业主和承包商有两种不同利益的合同组合的情况下，又需要第三方来协调，这对实现项目的整体目标是有利的。

（2）推行社会化项目管理应注意的问题。随着项目管理社会化程度的提高，项目经理在工程项目组织中的地位不断提升，业主对其依赖性增加，项目经理对工程的整体效率和作用影响加大。现代工程项目的特点使得项目经理不仅要对业主负责，而且还要承担更大的社会和历史责任。项目经理在工程项目管理中扮演着重要的角色，但也存在较多问题。无论是社会化项目管理的推广，还是业主选择项目管理公司，或者承包商投标报价和进行工程施工，都需尽早发现和解决该管理制度本身的问题。

推行项目管理制度，必须建立一整套管理和制约机制以发挥项目管理的优越性，扬长避短。

1）必须建立一套严格的项目经理资质考核、审查、批准制度。推广社会化项目管理需要大量合格的项目经理。从事项目管理工作需要具备工程技术、管理能力、沟通能力、团队协作能力等方面的素质，因此需要综合性人才来担任项目经理。一般的工程技术和管理人员可能无法胜任项目经理的职责，因为如果缺乏必要的专业知识和管理技能，将会对工程项目的实施情况和目标实现造成严重影响。要成为一名合格的、能胜任项目管理工作的项目经理，必须不断学习，积极参与工程实践，具体如下。

① 接受工程项目管理方面系统的专业知识和技能培训。

② 积累实际工程项目管理的经验和经历。由于现代工程项目系统非常复杂，项目经理的工作需要综合考虑多个方面，如技术、质量、安全、成本、进度、风险等。因此，项目经理必须深入工程实践，提升处理和解决实际工程问题的能力。

③ 接受职业道德教育，增强社会责任感和历史责任感。

2）项目管理工作应程序化、规范化和标准化，其中最重要的是确定项目的工作流程，详细划分项目各阶段的工作，并且明确项目经理在各阶段的收费责任、权力和相应标准，形成一套惯例、规则和规范。这有如下优点。

① 项目管理工作程序化、规范化和标准化，能提高项目经理的水平。

② 对项目经理的工作有比较明确的具体的定义和考查，出现问题比较容易认定责任。

③ 业主可以根据自身情况和工程需要，明确地、有依据地委托项目经理开展工作，或者限定其权力；承包商和业主也可以对项目经理的工作进行监督。

④ 业主通常有一个具有一定项目管理能力的基础设施部门（尽管可能不完备），所以通常无须将整个项目管理工作委托给项目经理，而是在某些管理阶段委托给项目管理公司提供专项工程和专业服务，以充分利用业主自身的人力资源。

3）建立对项目经理工作监督、评价、复议的社会机制。具体如下。

① 为确保项目管理的质量，可以对项目管理公司的信誉进行评级，并且取缔那些信誉不高、职业道德差的公司。这样可以提高项目管理公司的整体素质和水平，保障业主的利益和项目的顺利实施。

② 建立项目管理工作的评价方法和评价指标体系。

③ 对项目管理工作中产生的争议或合同双方的冲突，除了按合同仲裁和按法律诉讼解决外，社会复议和评审制度也是一种解决方式。社会复议是指对争议或冲突进行公开、公正、公平的复审，由社会各界人士组成专家委员会或仲裁委员会进行调解和裁决。评审制度是指由独立的第三方机构对争议或冲突进行评审，评估争议双方的证据和证明材料，最终给出公正的结论。

④ 应加强项目经理的经济责任。对由于项目经理的疏忽或人为错误造成的项目损失，除让其支付管理费外，还可以考虑让其进行经济补偿，以保护业主和承包商的利益。专业的项目管理协会应承担起这方面的责任。

⑤ 项目管理公司内部应有完善的管理机制，不仅应在管理能力、道德教育方面建立一整套责任体系和工作监督机制，而且应加强职业道德监督，对企业内部员工的行为负责。

4）业主委托项目管理公司，授权项目经理具体完成工程管理任务，应注意如下问题。

① 为确保项目的顺利实施，应选择资信良好、管理水平高，并且在工程项目管理方面经验丰富，尤其是在同类工程项目方面有成功经验的项目经理来领导团队。

②为了明确项目经理的权力和责任，应该订立明确的管理合同。在某些情况下，可以书面限制项目经理的权力，规定哪些权力和工作归属业主，或者规定项目经理在行使哪些权力时必须先获得业主的同意。

③为了监督项目经理的工作且充分发挥其作用和积极性，业主应该加强对工程的必要参与，熟悉工程的实施状况，并且提高自身的决策能力和水平。这样可以确保业主对项目的管理与决策具有更大的主动性和有效性。

④业主应该认识到，项目管理是高智力型工作，具有很强的专业性，对工程项目的成功至关重要，所以应对项目管理工作支付合理的报酬，以调动项目经理的积极性。

课后思考题

1. 什么是工程项目组织？
2. 简述工程项目组织的特殊性。
3. 工程项目组织设计的基本原则是什么？
4. 职能式项目组织有什么优缺点？该种形式适用于什么组织？
5. 矩阵式项目组织有什么优缺点？该种形式适用于什么组织？
6. 工程项目采购有几种模式？简述各模式的优缺点。
7. 简述项目经理的职责。

第 5 章
CHAPTER 5

工程项目管理核心技术

开篇案例

工程项目管理核心技术的重要性

Q 水库工程为 A 省建设的重点水利工程项目，规模为小（一）型，建设地点位于 A 省 M 市 N 县以南。由于该地的耕地海拔较高，其他水利工程很难对其进行完全覆盖，使得农业生产受自然因素制约的情况仍未得到有效改善，季节性缺水问题较为严重，给当地农村居民的生活造成了巨大困难。Q 水库上游有较大流域，水资源质量较好，修建 Q 水库以解决项目区干旱缺水问题已是当务之急。

Q 水库主要由拦河坝工程、输水隧洞工程、导流隧洞工程等组成，水库建成后将有效解决该地区的缺水问题。Q 水库工程自开工以来，工期进度延误问题严重，工程实际进度与计划进度相差较大。该工程的延误不仅导致了人力资源的浪费与管理费用的增加，还阻碍了该地区社会经济的发展。由此可以看出，在工程项目中，工期进度延误会造成巨大的社会和经济损失，对项目实施造成严重危害。

在发生工程进度延误后，项目管理团队对延误问题及其原因进行了深入分析，发现由于该工程项目投资规模较小，管理人员不够重视，管理方法比较落后，进度计划不能很好地指导项目实践，从而造成了工期延误的现象。在确定了问题的根源之后，项目管理团队采用关键链的方法改进项目进度，并且采取相应方法和措施以削弱各种因素对项目进度造成的不利影响，以保证项目进度目标的顺利实现。

事实上，除了进度管理，工程项目管理还涉及成本、质量、合同管理等内容。全面学习、掌握工程项目管理核心技术有助于工程管理效率和效益的提升，推动城市发展，进而实现区域经济、社会、环境效益的均衡发展。因此，注重工程项目管理核心技术的学习具有重要意义。

> **学习目标**
> - 熟悉 WBS 制定的相关内容。
> - 掌握工程项目进度计划编制和控制的方法。
> - 掌握工程项目成本控制、成本核算的方法。
> - 掌握工程项目质量管理的相关内容。
> - 了解工程项目合同管理的相关内容。
> - 熟悉工程项目变更类型和变更程序。
> - 掌握工程项目施工现场管理的要求和方法。

5.1 项目范围管理

5.1.1 项目范围管理概述

1. 项目范围管理的概念

从广义上讲，项目范围管理是定义和管理一个项目所涵盖内容的过程。这一过程是为了保证项目的利益相关者能够对项目成果，以及为达到成果而进行的工作达成共识，并且保证项目覆盖所有将要进行的工作。

从本质上讲，项目范围管理是对项目产品和工作范围进行识别、定义、审批与控制的一种管理过程和活动，在很大程度上就是要保证各项目利益相关者对项目成果的形成和如何形成达成共识。

一般来讲，一个项目的可交付成果不仅包含产品和服务的主要部分，还包含其辅助部分等多个部分，而这些部分又相互关联。因此，在项目范围管理内，要根据项目间的配置关系，将其视为一个整体来管理。项目工作范围不仅包含产生项目可交付成果的业务工作，还包含管理工作和一些辅助性工作。所以，项目范围管理要将所有的工作都囊括在内，保证项目工作范围将实现项目目标所需要的全部工作都包含在内。

2. 项目范围管理的作用

（1）为组织选择和启动项目提供决策支持。通常情况下，组织根据其发展要求，针对要解决的问题，选择一系列项目实现其既定目标。然而，由于有许多可供选择的项目和项目方案，组织需要考察其战略计划，基于资源条件和环境状况做出最终决策。因此，在项目范围管理中，选择正确的项目是第一要务。

（2）为项目实施提供范围上的框架参考。这是为该项目的实施提供一个范围内的参照系。项目范围管理最主要的作用是对项目的产出物与工作范围进行识别和确认，清楚地界定哪些工作是需要做的，哪些工作是不必要的、不需要做的，以确定范围的边界和项目实施的框架，并且在这些边界和框架内对项目团队的活动进行约束。通过明确范围和工作条件，人们可以减少不必要的工作，摒弃不现实的想法。

（3）提高对资金、时间、人力等要素估计的精度。在明确了项目的具体工作内容后，项目管理组织就可以根据各项具体工作来估算所需的资金、时间、人力等资源，并且可以确定项目在何时需要何种资源，从而提高对项目整体和各项工作需求估计的精度。

（4）为工程进度、费用的计量和控制提供参考，以促进对项目实施过程的有效控制。项目范围是项目计划的根本，一旦确定了项目范围，就为确定项目进度基准、成本基准打下了坚实的基础，进而使项目团队在项目实施过程中，能够利用挣值法等方法对项目进行更有效的控制，当出现偏差时，可以及时纠偏。

（5）有助于明确工作分配。在确定了项目范围后，也就决定了项目的具体工作内容，运用责任分配矩阵就可以轻易地将每项任务落实到具体部门或个人。

3. 项目范围管理的意义

（1）项目范围管理是项目管理工作的重要组成部分，是项目管理知识领域之一，可以说是其他领域管理的基础。只有做好了项目范围管理，才能进行项目成本、时间、人力资源、风险等方面的管理。

（2）项目范围管理是项目实施与前期设计流程之间联系的中心环节。项目设计的各项内容都应体现在项目范围管理的过程中，进而体现在项目的其他管理行为中。

（3）项目范围管理是联系项目与外部环境的桥梁。任何项目的外部环境的变化，以及项目自身的变化，都将反映在项目范围管理中。

4. 项目范围管理的基本原则

项目范围管理是项目管理中最基本的一环，项目范围管理的水平直接关系到项目的成功与否。全面理解项目范围管理的基础原理，能让项目团队在应对变更时更快、更有效地完成工作。在实施项目范围管理的过程中，项目团队应掌握以下基本原则。

（1）界定职责。对项目产品进行结构化分解，确定做哪些工作可以得到这些组成部分，并且最终组合成项目可交付成果。这种方法基于系统化的分解技术，通过结构化分解可以将项目分解成一个个可以界定的工作单元，便于管理和控制。

（2）注重成果。项目中采用的最常见的分解结构是产品分解结构（Product Breakdown Structure，PBS），主要工作是将项目中的产品拆分为部件。项目计划围绕着项目最终成果（又称项目产品、项目最终交付成果）展开。换句话说，就是注重项目成果而非其实现方式。这样设计出来的计划既有稳定性又有弹性，因为它能够确保最终成果的实现，而不会对每个组成部分甚至整个项目产品的实现方式做出呆板的限制。

此外，注重成果也有助于对项目的范围进行更好的控制。因为，在确定了项目产品分解结构后，可以把精力集中在与实现最终项目产品有关的工作上。尽管以工作为中心制订计划和定义工作似乎不错，但在实践中却不会产生有效的成果。

（3）把握平衡。项目高层的计划应该保证在整个项目中对每个方面的工作都具有同等的重视程度，要对项目中的技术工作，以及给人员、管理体系、组织带来的挑战进行全面的考量，以保证这些工作可以与项目的目标相匹配。

（4）简单化。项目范围管理任务应该尽量明确、简洁，繁复的工作流程会让项目团队成员感到困惑，进而影响效率。例如，在执行工作分解结构（Work Breakdown Structure，WBS）的时候，并不是必须将 WBS 中所有的分支分解到相同的水平。各分支中的分解原理可能有所不同，应该以项目的规模、类型与工期，估算的目的，以及对有效控制的要求为依据，尽量简单地确定各分支的分解层数。

5.1.2　项目范围分解

项目范围分解实质上是在确定了项目工作范围后，再加以细化和划分的过程。对项目范围进行分解，可以将项目工作分解成更小、更容易管理的任务，下一个层次比上一个层次更加详细、具体。这一工作最主要的内容是对定义出的项目工作范围进行全面分解，最终给出项目 WBS 图和项目 WBS 词典等项目范围分解的文件。

WBS 描述了项目要完成的工作范围，使人们可以清晰地认识项目完成过程中的工作内容，以及项目成果是通过开展哪些工作而生成的。清楚地概括出在整个项目执行期间需要完成的工作和预期取得的结果。因此，项目分解的核心是要给出项目 WBS，特别是项目 WBS 中最底层的项目工作包。

项目范围分解的主要工作如表 5-1 所示。

表 5-1　项目范围分解的主要工作

依据	工具与技术	结果
项目范围说明书	WBS 样板	项目范围说明书（更新）
项目范围管理规划	工作分解技术	项目 WBS 图及其相关文件
组织过程资产		WBS 词典
批准的变更请求		范围基准
		请求的变更

1. 项目范围分解的依据

（1）项目范围说明书。它帮助利益相关者就项目的范围达成共识，并且为实施奠定基础。

（2）项目范围管理计划。

（3）组织过程资产。可能影响范围分解的组织过程资产主要包括：用于创建 WBS 的政策、程序和模板；以往项目的项目档案；历史资料。

（4）批准的变更请求。

2. 项目范围分解的工具与技术

（1）WBS 样板。WBS 是项目管理中的一种基础方法，主要用于对项目中不同层次的工作进行划分和定义。它是根据项目的发展规律，按照一定的原理和要求，对项目进行系统的、相互联系的、相互协调的层次分解。结构层次越往下层，项目组成部分的定义越详细。最终 WBS 形成了一种明确的层次结构，为项目的实施提供工作基础。

WBS 一般是一棵以"成果"为导向的"树"，其最底层是被精炼过的"可交付成果"，该结构组织且界定了一个项目的全部范围。但是，WBS 并不局限于树形结构，而是存在着许多不同的形态。

组织以前执行过的项目的 WBS 通常可以用来作为新项目的 WBS 样板。尽管每一个项目各不相同，但是它们之间具有很多共同点。在很多应用场合均以标准化或半标准化的 WBS 作为样板。

项目 WBS 样板是指在项目的工作分解过程中，能够借鉴项目所属专业技术领域中的标准化或半标准化的项目 WBS 样板。然后按照项目的特定条件和要求，对项目 WBS 进行适当的添加或删减，从而获得项目 WBS。最终对项目 WBS 进行分析且对其进行检验。

在选择 WBS 样板时，可以借用项目所属专业技术领域或行业的标准化、通用化的项目 WBS 样板，也可以使用某个相似历史项目的 WBS，甚至专门设计一个项目 WBS 且用作项目 WBS 的样板。通常这种样板包含的项目工作包比具体项目所需的项目工作包多。

（2）工作分解技术。工作分解技术主要有结构化分解方法和过程化方法。

1）结构化分解方法。它是一种将项目系统分为子系统、功能区和专业要素等多个子系统的工作分解技术。项目的目标体系可分为系统目标、子目标和可执行目标；项目的总成本可按一定原则划分成若干有关的成本因素。另外，对于组织系统、管理信息系统等，都可以对其进行结构化分解，其结果一般是一个树形结构图。

结构化分解结构主要包括基于功能（系统）的分解结构、基于成果（系统）的分解结构和基于工作过程的分解结构。

① 基于功能（系统）的分解结构如图 5-1 所示。

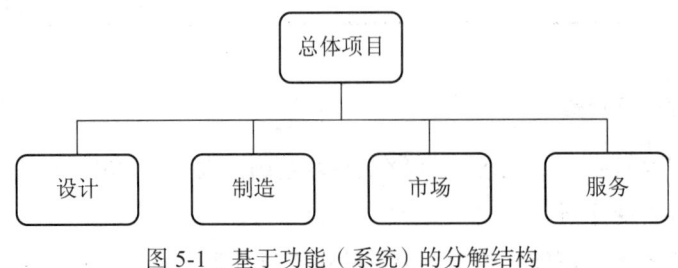

图 5-1 基于功能（系统）的分解结构

② 基于成果（系统）的分解结构如图 5-2 所示。

```
              总体项目
     ┌──────┬─────┴─────┬──────┐
   硬件包   软件包     文档包   维护
```

图 5-2　基于成果（系统）的分解结构

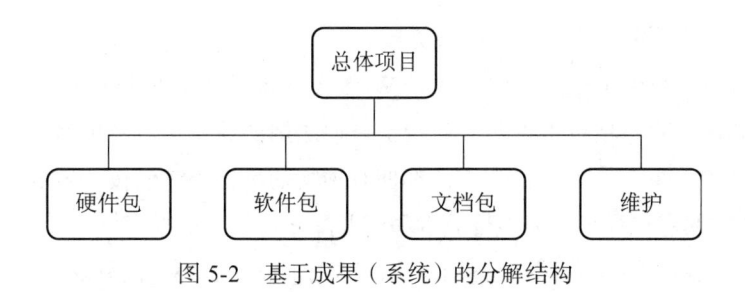

③ 基于工作过程的分解结构如图 5-3 所示。

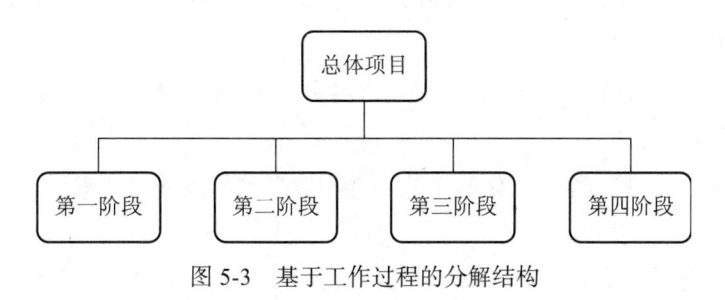

```
              总体项目
     ┌──────┬─────┴─────┬──────┐
  第一阶段 第二阶段  第三阶段 第四阶段
```

图 5-3　基于工作过程的分解结构

2）过程化方法。项目是一系列活动组成的，这些活动有机组合构成了一个过程，该过程又可分为若干相互联系的子过程或阶段。可以从以下几个方面对该过程进行分解。

① 项目实施过程。根据系统生命周期原理，工程项目可以分为前期策划、设计和计划、实施、运行等多个阶段，每个阶段还可以再细分为不同的工作过程。

不同项目的实施过程存在差别。以美国海军为例，其将武器研制项目分为任务需求评估、初步可行性研究、可行性研究、项目决策、计划与研制、生产和使用七大阶段。在相邻的两个阶段之间存在一个决策点和一个正式评审程序。同样，每个阶段又可分成许多工作过程。

② 管理工作过程。例如，整个项目管理过程或某一种职能管理（如成本管理、合同管理、质量管理等）过程都可以分解成预测、决策、计划、实施控制、反馈等许多管理活动，构成一个工作过程。

③ 行政工作过程。例如，在项目实施过程中的各项报批流程、招标流程等。

④ 专业工作的实施过程。这种分解对工作包内工序（或更细的工程活动）的合理分配，以及工作包网络的构建都具有重要意义。

在这些过程中，项目实施过程和项目管理过程是项目管理者最关心的两个环节，也是项目管理者必须非常熟悉的两个环节。项目管理实质上就是对这些过程的管理。

3. 项目范围分解的结果

项目范围分解的结果是形成 WBS 图。WBS 定义了项目的整个范围，不包括 WBS 以外的工作。基于项目范围说明，WBS 可以帮助人们更好地了解项目范围。项目范围分解的主要结果如下。

（1）项目范围说明书（更新）。如果制作 WBS 过程中存在批准的变更请求，则将批准的变更纳入项目范围说明书，并且对其进行更新。

（2）项目WBS图及其相关文件。项目WBS图一般用来对项目进行分解和确定工作范围，其中最重要的内容是项目工作包、项目工作包之间的关系，以及项目工作包与项目产出或可交付物之间的关系。每个项目工作包都拥有独特的标识，它们按一定的层级关系构成了一个项目WBS图的标识系统，为项目成本和资源配置提供了依据。

项目WBS是最基本的项目分解结构，由此可以生成项目的其他分解结构。项目WBS是其他分解结构的主要依据，在一般项目管理中，人们常用的其他分解结构有如下几种。

1）项目组织分解结构。它是一种以层级为基础，把工作细目与组织单位形象而有序地连接在一起的项目组织安排图形。

2）项目合同工作分解结构。它是一种用来界定承包商或发包商为项目业主（或顾客）所提供的产品和服务的文件。

3）材料清单。它是一种形式化的文档，把构成产品的各种实体零件、组件和部件按其构成关系以表的形式表达出来。

4）风险分解结构。它是一种图解，将已确定的项目风险分类，并且以一种系统的方式描述出来。

5）资源分解结构。它是一种将项目所要使用的资源按类别和形式加以分类的层级结构。

（3）WBS词典。制作WBS过程中产生的与之相匹配的文件称为WBS词典。WBS词典的主要内容有编码、工作包描述（内容）、成本预算、进度安排、质量标准或要求、责任人、部门或外部单位（委托项目）、资源配置情况、其他属性等。WBS各个部分的细节，包括工作细目和管理账户，都可以在WBS词典里找到。

对于每个WBS组成部分，WBS词典都相应地列入一个账户编码条码、一份工作说明书、负责的组织和一份进度里程碑清单。WBS组成部分的信息可能有合同信息、质量要求，以及有助于实施工作的技术参考文献。其他有关控制账户的资料可能是一个收费编号。工作细目的其他信息可能是一份有关的计划活动、所需资源与费用估算的清单。必要时，每个WBS组成部分都可以与WBS词典中的其他WBS组成部分相互查阅。

（4）范围基准。经批准的详细项目范围说明书与对应的WBS及其词汇表都是项目的范围基准。

（5）请求的变更。在制作WBS的过程中，可能会对项目范围说明书及其组成部分提出变更请求，并且通过整体变更控制过程进行审核和核准。

5.1.3　WBS制定

1. WBS概述和相关术语

（1）WBS概述。WBS是项目管理的核心方法之一，主要用于项目范围管理。它通过在整个项目范围内逐级分解和定义工作包，实现对项目工作的精细化管理。

WBS 通常采用面向成果的树形结构，其中，底层表现为可交付成果的细分。这种方法是将项目的各项内容按照各自的关联关系一步步分解，最终的目标是将工作分解为单一的工作单元，以便于组织和管理；同时，这种分解还能够直观地表达各个单项工作在项目中的位置和构成，从而更好地对项目的整体实施进行规划、组织和控制。把工作划分清楚是很重要的，对项目的成功具有重要的作用。如果项目任务划分得不够清楚，在执行中不可避免地要做一些改动，这样就会打乱工程进度，导致返工、工期延误、成本增加等问题。WBS 是一种层次化的树形结构，是将项目按一定的方法划分为更容易管理的项目单元，并且通过控制这些单元的成本、进度和质量目标来控制整个项目目标。

表面上，对项目范围内的工作任务进行分解的过程比较简单，就是把一个项目的全部工作分解成更细小和具体的工作。所以在实际工作中，大多数项目的工作分解都是自发性的，很多项目经理没有接受过相关培训，在运用 WBS 进行工作分解的过程中对工作分解的科学性也没有予以足够的重视。目前，WBS 在项目管理的理论和实际工作中都未受到足够的关注。实际上，运用 WBS 进行工作分解的过程是一个涉及科学性和艺术性的过程，不同的分解方法会产生完全不同的项目管理结果，这对项目计划与控制的整体管理和最终的项目结果具有直接影响。

运用 WBS 对项目的工作进行分解非常重要，会对项目管理造成影响。它是项目管理过程中最为重要，也是最为复杂的管理工作之一。项目的所有计划工作包括项目的质量计划、成本计划、人力资源计划、风险计划、进度计划、沟通计划、采购计划和对项目的集成管理，都必须位于一个良好的 WBS 中。WBS 是项目设计和范围规划管理过程中的主要成果之一。项目的 WBS 必须能直接地反映出其所在企业的策略设计，以及其所处环境对其产生的作用，否则就不能起到支持战略的作用；同样，没有 WBS，项目的后续规划和管理也不会在项目实施过程中发挥应有的作用。可以说，WBS 是项目管理系统的核心，没有它就没有项目管理。

（2）工作包。建立有效工作包的原则如下。

1）工作包单独存在且可交付。

2）工作包中的工作责任明确，每个单元和个人都应承担具体的任务。

3）工作包的大多数工作可由相同的人员完成，以提高沟通效率。

4）工作包可以作为某些特定 WBS 单元的扩展，并且与这些单元直接相关。

5）工作包的单位周期应最短。

6）应明确各工作包之间的关系。

7）工作包应该可以明确制定出所需要的预算和资源。

（3）WBS 的编码。在工程项目实施中，对分解结构图的节点进行编码可以促进信息交流。编码不仅可用于任务名称，还可根据编码确定任务在 WBS 图中的位置，有利于制订成本、进度和质量计划，但需确保每个节点代码唯一。

WBS 有多种编码方法，其中最常见的是使用数字编码。下面以四层 WBS 为例介绍编码方法。

第一层编码为 1000。
第二层编码为 1100，1200，1300，…
第三层编码为 1110，1120，1130，…
第四层编码为 1111，1112，1113，…

2. WBS 的创建原则

（1）不同项目的结构不一定对称，因为其分解的层次不同。

（2）一个单位工作任务不能出现在 WBS 中的两个地方。

（3）可以按照项目的实施过程、产品周期或活动性质对项目的各项活动分类。

（4）分解任务时可以不考虑工作进行的顺序。

（5）WBS 中每一项工作的负责人具有唯一性，即使这项工作需要多人来完成，也仅由一个负责人负责。

（6）WBS 中的工作分解要能以可靠的工作量估计。

（7）最低层级的具体工作应分配给员工执行，可指定某个或几个人负责。

（8）每个 WBS 项的工作内容是其下一级工作的总和。

（9）WBS 必须与工作任务的实施过程相符。WBS 首先为项目团队提供服务，如果有可能，再考虑其他用途。

（10）为了便于检查控制，WBS 需要遵循 80h（或 40h）规则，即将工作细分到 1～2 周内可完成。

（11）每个 WBS 项都必须归档，以确保准确理解该项目的工作范围。

（12）当按照标准的范围规范来控制项目工作的内容时，WBS 应该有一定弹性，以满足不可避免的变化需求。

（13）WBS 的制定必须让项目团队成员参与进来，以确保一致性和全员参与。

3. WBS 的运用方法

WBS 应按等级或树形结构构建。在项目范围管理中，有以下几种常用的 WBS 运用方法。

（1）类比法。制定本项目的 WBS 可以类似项目的 WBS 为基础。如果一个 IT 组织对某一款软件有很好的开发经验，当其计划开发一款新软件时，就可以参考之前开发过的类似项目的 WBS，并且根据旧 WBS 的范围和层次开发新的 WBS。例如，该项目是第二次为 A 组织开发软件，那么第一次项目 WBS 中的关于了解用户、了解管理部门、了解企业环境等一些重复性较强的工作包就可以借鉴到新项目 WBS 的工作包设计中。一般来说，类比法可用于迭代次数多、管理经验多的 WBS 项目。

（2）自上而下法。这种构建 WBS 的常用方法是将工作任务逐步分解成多个下一级的子项，这个过程对工作任务进行不断细化。自上而下法要求项目组具备完整的项目经验和系统思维能力，符合人们的日常思维和计划方式。增加级数、细化工作任务是这个过程的关键。

若项目组中有经验丰富的专家或对项目熟悉的人员，一般自上而下法是最佳选择。

（3）自下而上法。它实际上是对项目工作分解的一个先发散后归纳的过程。自下而上法是指让项目组成员在刚开始就尽可能详尽地确定与项目有关的各项具体任务，然后对其进行分析整合，再归纳总结到一个整体活动或 WBS 的上一级内容中。以 IT 软件开发为例，如果这个项目是首次为 A 公司开发的，则项目组在设计一个确认客户需求的工作包时，可以采用自下而上法。项目组中的营销人员主要负责设计如何拜访客户的工作包，软件工程师主要负责设计如何确定客户对系统要求的工作包，项目经理将这两个工作包结合起来，就能得到更高一级的工作包，也就是确认客户需求。

自下而上法需要更多时间，项目组成员可以采用类似头脑风暴的方法，最初确定尽可能多的具体任务，然后分析和整合每个具体任务以推进项目，形成零散的思路，最后由微观到宏观进行归纳。对于独特性和创新性较强的项目 WBS 构建来说，自下而上法是一种很好的方法。

需要强调的是，在项目组构建 WBS 的过程中，这三种方法可以交替使用：首先，使用类比法借鉴相关项目的经验；其次，使用自上而下法对项目工作进行系统分解；最后，使用自下而上法补充 WBS 中可能遗漏的工作。WBS 中的自上而下法和自下而上法在具体的工程项目范围计划中应相互配合。项目的这两种工作分解方法，也体现了项目组对项目工作进行分析的两种思维模式。只有将自上而下的演绎思维与自下而上的归纳思维结合起来，才能使思维具有系统性和整体性，做到对项目工作计划进行全面的思考。这也正是项目范围管理的核心所在。

4. 运用 WBS 对项目工作分解的方法

运用 WBS 对项目工作进行分解有很多方法，包括按照项目的专业分工，按照项目的可交付成果、子系统、子工程，以及生命周期的不同阶段等进行分解，以上每种方法都有其优缺点。一般情况下，在确定项目的 WBS 时，管理者采用上述几种方法的组合对项目进行分解，根据 WBS 的不同层次，可以采用不同的制定方法。小型项目只需要简单的 WBS，结构划分明显。随着项目规模的扩大，WBS 越复杂。对于大型项目而言，确定项目的 WBS 是一个循序渐进的过程，在 WBS 最终被所有利益相关者接受之前，需要经过多次沟通、反馈和修正。

现在的项目管理实践中，对 WBS 第一层次的分解主要有以下几种普遍的分解方法。

（1）按项目的专业分工分解项目。这是一种简单的分解方法，项目组在确定了项目的专业工作分工后就可以进行工作分解。然而，这种方法的主要缺点是很难在项目的工作包中涵盖项目协调工作和沟通任务。举例来说，在开发一个项目的客户需求调查的工作包时，这项工作要求市场部的工作人员与技术部的工作人员紧密合作，若对该项目进行了专业分工，则将其工作包的内容就可以很容易地分成不同的范畴或层次。而在某些大型项目中，工作包所涉及的协作工作非常多，这种分割方法会给两个项目组带来很大的难度。按照这种方式分解工作，项目组成员在分解到一定层级的时候，尤其涉及很多协调工作的时候，往往不知道该如何进一步划分，或者说不知道某个工作包到底该属于谁。例如，某一能源施工项目按项目的专业分工进行分解，可分解为土建施工项目、能源施工项目、电力施工项目和高压施工项目，如图 5-4 所示。

（2）按项目生命周期的不同阶段分解项目。项目的生命周期一般分为四个阶段：定义、决策阶段，设计、计划阶段，实施、控制阶段和完工、交付阶段。按项目生命周期的不同阶段分解项目是目前许多项目团队在使用 WBS 时最常用的方法之一。它的主要优点是更容易划分项目工作，因为任务只需要按照项目生命周期的不同阶段来划分。然而，对于时间紧迫的项目（由于时间紧迫，这类项目往往需要采用大量的并行工程）或高度不确定的项目（项目的后期工作具有高度不确定性），按项目生命周期的不同阶段分解项目是不太科学的，会导致许多协调问题。举例来说，在发生意外事件的情况下，很难预测项目计划和实施何时开始。在一些边计划边实施的项目中，按项目生命周期的不同阶段分解项目的工作会造成项目工作包之间逻辑上的混乱。如某一建设工程项目可以根据其生命周期划分为决策阶段、实施阶段和使用阶段，如图 5-5 所示。

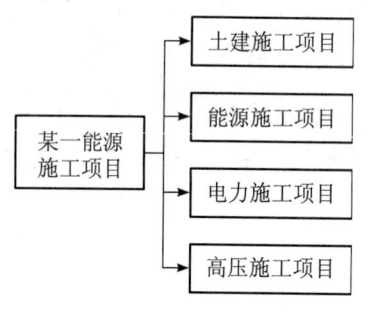

图 5-4 按项目的专业分工分解项目　　　　图 5-5 按项目生命周期的不同阶段分解项目

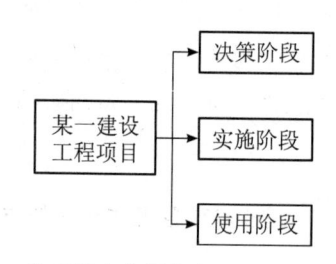

（3）按项目管理过程分解项目。项目管理过程包括启动过程、规划过程、执行过程、监控过程和收尾过程。可以根据项目管理过程来分解项目，即项目第一层次的 WBS 分别是启动过程、计划过程、执行过程、控制过程和收尾过程五个部分，然后以此为基础继续细分WBS。按项目管理过程分解项目的好处是，每个项目都有一个启动过程和一个完成过程，两个过程的工作基本相同，规划过程也非常相似。上述特性使得以往的工程工作计划能够对新的工程计划提供有益的借鉴，从而缩短工程计划所需的时间。如在某一建设工程项目的实施过程中，根据项目管理过程，可将其分为设计准备、设计、施工、动用前准备和保修等过程，如图 5-6 所示。

（4）按项目的子系统、子工程分解项目。按照项目的子系统、子工程分解工作，容易界定项目的范围。这种分解结构是项目产品的分解，WBS 层次的分解取决于子系统和子工程的复杂性。对于子系统和子工程之间联系比较简单的项目，这种分解方法比较简单。但是，在系统界面或接口比较复杂的项目中，可能会遇到横向管理关系工作难以明确的问题，对于一些项目中集成工作包的安排也不容易界定，如建筑工程的总体设计工作包、弱电系统设计工作包等。在实践中，按照项目的子系统、子工程进行分解的项目往往很容易忽略一些技术管理以外的工作，如客户关系管理等。这可能造成项目的可交付物在 WBS 中不能得到充分的支持，从而造成最终交付物不能得到项目客户或项目利益相关方的认可。如要某一高层办公大楼工程，其子工程包括地下工程、裙房结构工程、高层主体结构工程、幕墙工程、建筑设备工程、弱电工程和室外总体工程，如图 5-7 所示。

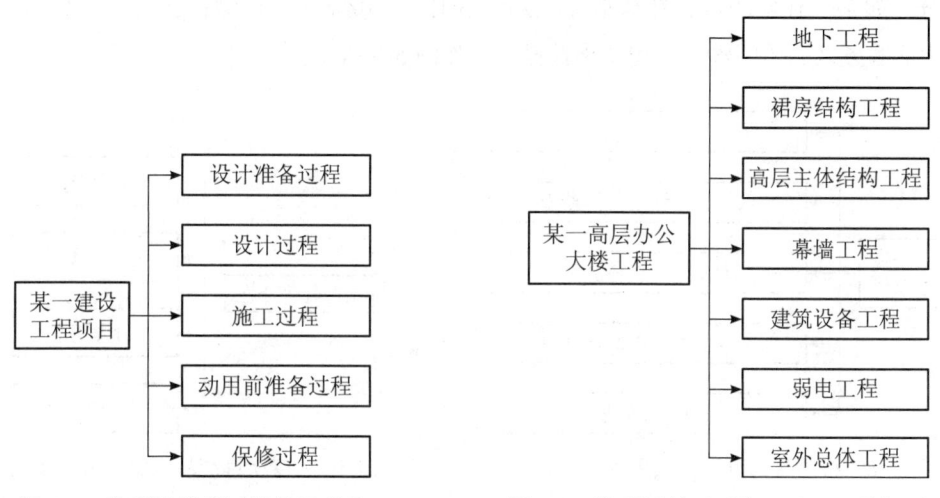

图 5-6　按项目管理过程分解项目　　　　图 5-7　按项目的子系统、子工程分解项目

（5）按项目的可交付成果分解项目。项目组把在项目范围说明书中定义的项目可交付成果作为分解结构的第一层次，然后围绕项目的可交付成果进行分解。本书认为，在大多数情况下，项目组应该运用这种方法对项目工作进行分解，主要理由包括以下几个方面。

1）项目可交付成果代表了项目利益相关者的期望，是项目组和项目客户之间达成协议的结果。以项目的可交付成果为中心的 WBS 可以保证项目的所有工作是围绕客户需求开展的。

2）将项目工作按项目可交付成果进行分解，可以确保项目组在工作过程中始终专注于项目的可交付成果。项目组有明确的工作目标，责任也很容易分配，有效地避免了 WBS 中包含对项目可交付成果无用的工作。

3）把项目的可交付成果列为 WBS 的第一层次，可以保证项目的成功完成。项目组在项目范围说明书中注明项目的主要可交付产品，并且详细说明所需交付产品。如果列入项目可交付成果列表中的事项能被圆满完成，并且交付给项目的客户向其提供服务，则代表工程的一个阶段或整个工程的顺利结束。所以，把可交付成果列为 WBS 的第一层次然后进行工作分解，只要完成第二层次以下的所有工作，就可以认为项目一个阶段或整个项目已完成。

4）由于项目各利益相关者更加关心项目可交付成果是否完成，以可交付成果为中心的WBS，可以加强项目中各利益相关者的沟通和管理。

5）由于项目可交付成果是在组织的战略指导下完成的，以可交付成果为中心的WBS可以确保项目和项目工作的开展在组织战略指导下进行，从而有效地支持组织战略目标的实现。如要完成某一广告策划项目，必须完成的可交付成果有广告策划书、项目执行计划与排期表、人力安排与任务分配书、效果评估或跟踪回访计划书和项目预算计划书，如图5-8所示。

（6）按项目产品或服务分解项目。在这种方法中，WBS设计的结构基础是项目产品或服务的内容，项目WBS的第一层次是项目产品或服务的每个构成部分，然后以此为基础继续细分。如某一住宅小区，在建造完工后，为住宅小区提供的产品或服务可以分解为住宅区、生活服务区、休闲娱乐区和文化教育区，如图5-9所示。

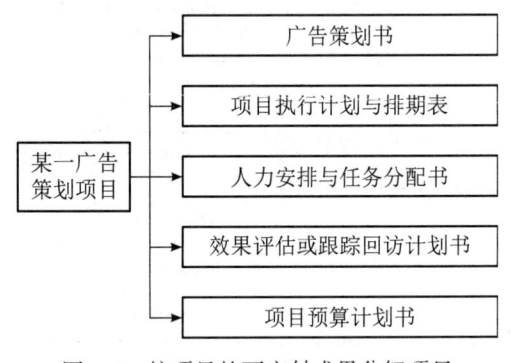

图 5-8　按项目的可交付成果分解项目 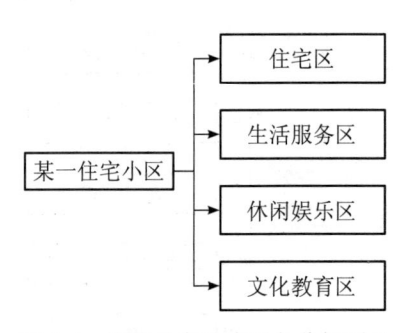　　　　图 5-9　按项目产品或服务分解项目

5. 运用 WBS 进行工作分解的步骤

（1）了解项目环境，明确项目的目标。在制定项目的WBS之前，项目团队需要进行环境评估、确定项目目标（包括子目标）、了解技术与功能特征和其他特殊要求。在制定WBS前，必须先选定与项目有关的重要人员、项目分包商，以及其他与项目相关的重要人员，并且参与到WBS的制定中。这样就确保了在WBS中工作定义的准确性和充分性，同时能得到他们对项目工作在时间和资源上的承诺。

（2）明确项目的主要可交付成果。项目组应该根据项目范围说明书中的信息进一步明确项目的主要可交付成果，这些关键可交付成果的全部交付标志着项目的成功完成。明确后的主要可交付成果被列为WBS的第一层次，构成了项目的全部范围。正如前面提到的，本书建议运用主要的可交付成果作为WBS的第一层次。首先，这是因为运用主要可交付成果进行WBS在项目的工作关系上逻辑要清晰一些。其次，利用可交付结果对工程项目进行分解，能够确保工程的工作都是以可交付成果为目标进行的。在项目设计中，可交付成果是根据项目的战略设计和客户的需求生成的，这样就可以使用一种结构化的方法来定义项目的工作，并且确保它在战略的指导下，围绕客户需求发展。最后，按照可交付成果来定义工作可以确保项目工作具有较强的针对性，即只执行与可交付成果相对应的工作或任务会使项目的计划和执行工作也变得更加稳定和高效。定义的项目活动必须始终专注于在不断变化的项目环境中实现项目的可交付成果。

（3）根据项目的可交付成果选择构建 WBS 的方法。在 WBS 的建立阶段，需将项目可交付成果逐步分解成较小的工作单元，并且按等级划分构成分解结构：最上层为可交付成果，包含完成该项目所需的全部工作，即项目范围；之后每一层次都进一步细分，其中结构上的第二层次较前一层次更窄，而每一层次的划分则更加详细，完成前一层次任务所需的所有工作都包含在下一层次中，依此类推。WBS 的最底层是管理项目所需的最低级别的工作，通常称为工作包。一个工作包是一个具体的、可识别的、可交付的独立工作单元，目的是为完成一项具体的项目工作，为管理项目提供充分和适当的管理信息，也代表着项目团队和各项目利益相关者对管理项目所需的最低控制水平。

并非所有 WBS 分支都需要分解到相同水平，因为每个分支的分解原则可能不同。一般来说，WBS 中的工作应该在操作上分解到一个可衡量的水平，应该确定每个工作包是否分解到可以进行合理的成本编制和时间计算的水平。有项目经理提出工作包应该分解到 80h 以内能够完成的水平，也有人认为应该分解到 40h 以内能够完成的水平。但是在实践中，这两种对工作包进行分类划分的量化方法都不准确。在实践中，项目团队需要在项目的背景下分析工作包。那些简单的、重复的或对项目管理来说优先级不高的工作包不一定要被归类为在 80h 以内完成的水平。非常关键或高风险的工作包应尽可能深入分解。工作包的分解其实就是项目团队对项目工作管理行为的一个选择过程。在此过程中，项目团队应当将项目组织的实际情况、客户需求、项目范围说明书中的信息等因素都纳入考量。

在分解工作包的时候还要考虑管理跨度的问题。如果将工作包分解到相当小和详细的程度，对于一些大型项目来说，可能就会形成上万个工作包。如果使用这种工作包来管理一个工程，那么工程的规划和实施就会被拖入无数的细节中，从而大大增加工程管理费用。总之，工作分解的一般原则是 WBS 能够满足项目经理管理项目的需要，工作包接口清晰，项目团队能够有效准确地控制分解后的工作包。

在工作分解的过程中，项目组可能会发现分解工作进行到一定程度后就不知道如何继续分解。在这种情况下，项目组应该积极寻找外部专家来帮助进行分解。对于确定性很小、实在无法分解的工作，可以等对项目工作进一步深入了解之后再进行分解。

在 WBS 的层次分解过程中，WBS 的上面三层反映了项目整合的努力程度，主要体现的是项目管理层面，应引起项目管理者和利益相关者的关注；三层以下一般都是技术层面的工作，由其他的项目组成员进行管理和控制。

（4）核实工作分解的充分性。项目范围计划实际上是关于完成项目所需的工作，只定义符合项目范围的工作，不包含在 WBS 中的工作就不属于项目工作范围。因此，一个项目中的所有工作都必须分解到 WBS 中。在 WBS 的工作分解中，也同样运用范围管理这个原理。

创建初步的 WBS 后，需使用完全支持原则检查其完整性。首先，检查第一层次 WBS 应涵盖所有项目可交付成果，以及第二层次工作必须是为实现项目可交付成果而存在的；其次，需要遵循 WBS 分解的 100% 原则，必须检查下一层次所有工作的完成能否保证上一层次的工作完成，以及完成上一层次工作的所有工作是否包含在下一层次的工作中。

需要强调的是，国外项目组在制定 WBS 时特别注重项目管理过程活动的分解，而这一点往往被国内项目团队所忽视。项目管理过程活动的分解实质上是要求项目团队管理和持续改进项目管理过程。例如，项目管理过程可以被列为项目可交付成果之一，并且作为 WBS 的第一层次。这样就可以把项目管理过程分解为项目可行性研究、项目计划、项目状态报告、项目流程控制和项目收尾。这种对项目管理过程活动的分解，通过支持项目管理的作用，使许多不适合项目工作包的任务，如项目会议的组织、对项目报表的要求等一些重要管理行为也能被放到这个工作包里，从而大大提高管理和整合项目团队的能力。

（5）核实工作分解的正确性。这一步骤主要是确保 WBS 符合以下要求。

1）各子项间具有清晰的工作界面。

2）能有效地跟踪和控制进度。

3）可以准确地确定项目里程碑。

4）可以有效地跟踪和控制质量。

5）可以方便地进行成本预算，并且有效跟踪和控制成本。

6）可以清晰地定义各个工作包。

7）可以有效地管理控制各项工作。

8）可以有效地识别项目风险源，并且能够有效地跟踪和控制风险源。

9）可以有效地明确项目团队人员的工作职责。

10）可以有效地支持项目的分包任务。

11）可以有力地支撑项目的采购任务。

（6）制定 WBS 词典，进行工作单元编码。WBS 的每个工作单元由 WBS 中每个任务的数字标识。WBS 编码是整个 WBS 开发过程中的一个重要步骤，编码可以从 WBS 开发之初就开始。在进行编码工作后就可以开始制定 WBS 词典，也就是定义 WBS 中的每项工作，需要具体描述该工作任务包含的所有工作内容。WBS 词典的主要内容包括识别编码、工作包的工作内容描述和相关计划信息，如质量标准、进度安排、成本预算、人员规划、技术要求和合同信息等。WBS 词典可供随时查阅。

编码系统可用于项目规划，以及后续阶段的任务识别、调度、预算、资源分配、质量控制和任务变更。不完整或不准确的编码会在将来产生更大的管理问题。在大型项目中，编码要合理、科学。例如，一个大型项目 WBS 中的一个工作包编码为 CC12-TTSS003-R20，其中 C 是指为完成某项可交付成果的工作包，T 是指分配给某部门的工作包。如果这个工作包的完成不令人满意，项目经理只要看到这个工作包编码，就可以一目了然地知道出了什么问题，以及应该由谁负责。一个标准的 WBS 词典如表 5-2 所示。

表 5-2 标准的 WBS 词典

识别编码	工作内容	进度安排	成本预算	人员规划	质量标准
CC12-TTSS003-R20	完成子系统试验和验证	8月12日—9月7日	60万元	×××为该工作包负责人	符合行业相关标准

（7）让项目利益相关者审阅和评估 WBS。如果项目利益相关者明确承认和认可 WBS 的分解结果，他们就能更好地理解和跟踪项目工作。这将确保在理解项目成果和要做的工作方面没有不一致之处，并且可以从项目利益相关者那里获得对项目工作的进一步支持。

（8）根据 WBS 开始项目的各项计划工作。WBS 不是固定不变的，需记住这一点。在项目开展过程中，范围变更、风险发生或对成果的认识等因素可能导致工作增加或减少，从而需要不断修改 WBS。例如，很多项目不可能等到 WBS 的各个要素都计划完成后才开始项目的各项计划工作，特别是对于某些工期要求较紧或具有较大不确定性的工程，采用了"波浪形"的规划方法，也就是边规划边建设，这就造成了工程任务无法一次性明确。因此，项目的 WBS 也不可能一次性分解到位。另外，对于一些大型项目，由于规模大、程序繁多，不可能一次性分解。在这种情况下，也可以先将已经明确纳入实施计划的工作进行分解，然后再逐步分解其他工作。但是，在任何情况下都应该保证 WBS 的 100% 原则，即上一层次的工作任务被下一层次的工作完全支持。有的 WBS 可能到项目的后期才能够做全。在这个对 WBS 不断完善的过程中，应该运用 PDCA（计划—实施—检查—处理）循环，以实现 WBS 质量的不断提高。

一些项目组可能对项目后期审查 WBS 不太感兴趣，因为他们可能认为没有必要在这个阶段审查 WBS。然而，对于项目经理和项目组织来说，在项目结束时提出一个完整的 WBS 是很重要的。这有助于未来的项目组在从事类似项目时借鉴系统的经验，并且有助于组织内项目管理成熟度的提高。

对 WBS 的管理应该注意其保密性。一些 WBS 可能包含组织的商业秘密和技术秘密，每个项目的工作分解是体现组织管理模式与工作方法的经验和成熟度的良好指标。一个具有丰富的管理经验、技术经验的组织和一个经验、技术上还不成熟的组织对相同项目做出来的 WBS 是不一样的。组织往往依靠对一些项目的成功管理而获得竞争优势。

6. WBS 的作用

WBS 是一种管理思路，协助项目经理和团队成员以系统化的结构界定项目工作。它代表着项目管理结构化框架的建立，将项目从开放管理转变为封闭管理。

WBS 将项目分解为多个活动，并且确定了具体的工作范围，从而使项目的利益相关者能够对项目的整体情况有清晰的认识，以及在项目要达到的目的上取得一致意见，从而保证没有遗漏任何重要的事情。WBS 几乎在各个知识领域中都发挥着重要作用。概括地说，项目的 WBS 主要有以下作用。

（1）可以使项目相关人员清楚地了解项目情况。WBS能够通过项目分解将其划分为具体活动，并且定义具体工作范围，让相关人员了解项目目标，确保不遗漏任何重要事情。

（2）WBS将项目分解成具体活动，对活动进行界定，并且以一定的逻辑顺序来安排项目活动的实施，有助于制订完整的项目计划。

（3）WBS对项目进行分解，可以较为清楚地界定每个活动所需要的技术、人力、成本等资源，有利于制定完成项目所需要的技术、人力、进度和成本等质量和数量方面的目标。

（4）在将项目划分为具体的活动之后，WBS对活动进行了详细的定义，使项目组成员能够明确自己的职责和权利，划分责任范围，清晰地认识自己应该承担和不应该承担的责任。

（5）保证项目结构的系统性和完整性。WBS将项目分解为具体的活动，它包括项目应包含的所有工作，没有遗漏，并且分解结果表示项目范围和组成部分，方便检查控制，以保证项目设计、计划、控制的完整性。这是WBS最基本的要求。

（6）WBS通过结构分解，使工程结构形象透明化、概况和构成清晰明了。这让相关人员能够掌握整个项目，方便观察、了解和控制整个项目过程，同时分析可能存在的项目目标不明确性。

（7）WBS通过项目分解和活动界定，能够预估每个活动的工期和费用，从而预估项目的工期计划和成本，制定资源配置方案。

（8）WBS是建立项目目标保证体系的基础，承担项目任务，建立项目组织，履行组织职责。它将项目实施过程、结果和组织结构有机结合，满足各层次参与者需求，有助于项目经理给项目部门和成员分配职责。

（9）将项目质量、工期、成本（投资）目标分解到各项目单元，从而能够对项目单元展开具体的设计，确定实施方案，进行各种计划和风险分析，实施控制，并且对完成情况进行评估。项目WBS是制定项目进度计划的重要基础，需要联系各活动间的逻辑关系形成网络，以及通过分析工期和开工时间来明确项目整体进度。

（10）WBS作为协调各部门、各专业的工具，是项目报告系统的对象。它与编码一起构成项目中信息交流的通用语言。信息（进度报告、变更报告、质量报告、会议纪要、资源使用记录、成本账单等）以项目单元为单位进行收集、分类和沟通。

7. 建立WBS应注意的问题

在实际工程项目中，特别是对大型项目的工作分解时，需注意以下几点。

（1）一些项目较为简单，可以直接以工程分解结构（Engineering Breakdown Structure，EBS）代替WBS。但是，由于承发包方式和采购模式的不同，不同的分包合同内容可以确定不同的合同结构体系（CBS）。因此，在考虑承发包方式时，不能直接以EBS代替WBS。

（2）WBS应当综合考虑组织分解结构（OBS）、CBS、项目管理模式（PMM）、EBS、投资分解结构（IBS）、账目分解结构（ABS）等进行联合策划。其中，OBS描述的是负责每个项目活动的具体组织单元，它是项目组织结构图的形式之一；IBS 与 ABS 都是按照与 WBS、OBS 相适应的规则将投资进行分解而形成的相应的、便于管理的分解结构，ABS 可以作为项目投资测定、衡量和控制的基准，是组织单元承担分项工作而对其投资进行管理的一种工具。

（3）项目 WBS 的确定过程是将项目的产品或服务、组织和过程三种不同结构综合起来的过程。项目经理和项目工作人员应该将不同的划分方式有机结合起来，例如，将项目按照产品或服务的结构进行划分、按照项目组织的责任进行划分等。也就是说，应该将项目的 WBS、IBS 和 OBS 加以综合运用。

（4）项目最底层的工作可具体划分且分配给不同人员和组织，以明确工作块界面，从而促进负责人对其任务、目标和责任的明确。同时，分工使项目经理更容易监测项目的进展情况和评估其效率。实际上，将项目及其交付成果分层的过程，就是为项目组织中的工作人员分配各自的角色和任务。

（5）对于最底层的工作包，通常重要的是文字描述要完整、详细和清晰。由于项目，尤其是大型项目，可能有许多工作包，所以，通常需要将工作包文字说明整合到一个综合项目分解文件中，其中包括工作包描述和计划编制信息（如成本预算、人员安排和进度计划），以便查阅。

（6）并非所有 WBS 分支都需要分解到同一层次，每个分支的组织原则可能不同。任何分支最底层的细目称为工作包。一个工作包是一个具体的、可识别的、可行的、离散的工作单位，需要完成一个特定的活动，需要为项目提供适当和充分的管理信息。一个项目没有唯一正确的 WBS，如同一个项目按照产品的组成部分或根据生产过程分解就能做出两种不同的 WBS。

（7）分包商及供应商的主要工作也应该包含在上层的 WBS 内，有助于规划与控制分包商和供应商的实施过程。

5.1.4 工作责任分配矩阵

1. 工作责任分配矩阵概述

工作责任分配矩阵建立了 WBS 和项目组织结构之间的关联。它以分配工作任务给适当的项目部门和个人为目的，同时清晰地显示了他们在工作组织中的位置、责任和关系。工作责任分配矩阵是基于 WBS 的一种矩阵图，以表格形式表示完成 WBS 中每项活动或工作所需的人员。通常工作要素用行表示，组织单元用列表示；矩阵中的符号表示每个工作单元所涉及的项目人员的角色和责任。确定项目 WBS 和项目组织后，应建立工作责任分配矩阵，这是项目工作的实施环节，也是项目策划、监测、分析和评价的基础。工作责任分配矩阵明确了谁负责哪些任务，以及每个人在项目中的位置，并且系统阐明了个人之间的关系，可以协助个人之间合作，并且使其对自己的职责能有完整和全面的了解。

在项目实施过程中，如果某项活动出现错误，利用工作责任分配矩阵可以很容易地确定该活动的负责人和具体执行人，并且还可以针对某个子项目或某个活动分别制定不同规模的工作责任分配矩阵，如表 5-3 所示。

表 5-3 制造机器人项目的工作责任分配矩阵

任务编号	任务名称	吴迪	杨帆	胡蓝	张峰	王岚	刘涛	许静	赵雪	唐强	许阳	马丽	刘浩
1000	机器人	Pr											
1100	整体设计		Pr		Se								
1110	系统工程			Se		Pr							
1120	专业测试			Pr				Se					
1200	电子技术						Pr			Se			
1210	设备控制						Pr	Se					
1220	软件安装			Se			Pr						
1300	机器人制造									Pr			
1310	制造工艺									Pr	Se		
1311	工艺设计										Pr		
1312	构件加工			Se								Pr	
1313	构件组装				Se								Pr
1320	生产控制						Pr						

注：Pr（President）表示主要负责人；Se（Service）表示次要负责人。

2. 工作责任分配矩阵的编制

工作责任分配矩阵是一种矩阵图，其编制步骤如下。

1）首先确定所有 WBS 中最低层次的工作包，并且将其填入工作责任分配矩阵的列中。

2）识别所有项目参与者，并且将其填入工作责任矩阵的标题行中。

3）为每个具体的工作包指定负责人，或者指派组织对其负全责。

4）为每个具体的工作包指派其他的职责承担者。

5）检查责任矩阵，确保所有参与者都已确定自身职责，同时所有的工作包都有明确、合适的责任人。

在项目管理中，表示工作任务参与类型的方式多种多样，如数字、字母或符号等。使用字母代表工作参与角色或责任的实例如下。

D——单独或决定性决策。

d——部分或参与决策。

C——必须咨询。

T——需要培训工作。

I——必须通报。

X——执行工作。

P——控制进度。

A——可以建议。

如果用符号表示，实例如下。

●——审批；▽——承包；◇——通知；▼——负责；◆——辅助。

3. 工作责任分配矩阵示例

表 5-4 是以符号表示的工作责任分配矩阵示例；表 5-5 是以字母表示的工作责任分配矩阵示例。

表 5-4　以符号表示的工作责任分配矩阵

WBS		组织责任者		
		项目经理	项目工程师	程序员
确定要求		●	▼	
设计		●	▼	
开发	修改外购软件包	◇	●	▼
	修改内部程序	◇	●	▼
	修改手工操作流程	◇	●	▼
测试	测试外购软件包	◇	●	▼
	测试内部程序	◇	●	▼
	测试手工操作流程	◇	●	▼
安装完成	完成安装新软件包	◆	▼	
	培训人员	◆	▼	

注：▼——负责；◆——辅助；●——审批；◇——通知。

表 5-5　以字母表示的工作责任分配矩阵

任务名称	个人与部门									
	职能部门领导	管理者	团队领导	项目经理	项目支持部	地产管理者	网络管理者	信息技术部	作业者	全体人员
召开项目定义会议	D	D	D、X	P、X	A	A	A	A	A	A
确定收益	D、X		X	P、X	X					
草拟项目定义报告	D	D、X		P、X	X	I	I	I	I	I
召开项目启动会议	X	X		P、X	X	X	X	X		
完成里程碑计划	D	D	D	P、X	X	C	C	C	A	T、C

（续）

任务名称	个人与部门									
	职能部门领导	管理者	团队领导	项目经理	项目支持部	地产管理者	网络管理者	信息技术部	作业者	全体人员
完成责任图	D	D	D	P、X	X	C	C	C	A	A
准备时间估算			A	P	X	A	A	A		A
准备费用估算			A	P	X	A	A	A		A
准备收益估算	A	A	A	P						
评价项目活力	D	D	D	P、X		d				
评价项目风险	D	D	D、X	P、X	X	C	C	C	C	C
完成项目定义报告	D	D	D、X	P、X	X	C	C	C	C	C
项目队伍动员	D	D	D、X	P、X	X	X	X	X		I

注：X——执行工作；D——单独或决定性决策；d——部分或参与决策；P——控制进度；T——需要培训工作；C——必须咨询；I——必须通报；A——可以建议。

5.2 工程项目进度管理

工程项目进度管理的主要目标是在规定的时间内制订合理、经济的项目进度计划（包括多级子计划），并且在实施计划的过程中经常检查实际进度是否符合计划要求。如果出现偏差，应及时查明原因，采取必要的补救措施或对原计划进行调整和修改，直至工程项目完成。

5.2.1 工程项目进度计划过程

工程项目进度计划的制订是在明确工程项目工作、安排工程项目工作顺序、估算工作时间和所需资源的基础上进行的。其目的是控制工程项目时间，从而保证工程项目能够在满足其时间限制的前提下实现其总体目标。工程项目进度计划是工程项目进度控制的基准，是工程项目在规定的合同期限内完成的重要保证。

1. 工程项目进度计划制订的基本要求

（1）采用现代科学管理方法编制工程项目进度计划，以提高其科学性和质量。

（2）工程项目进度计划应保证工程项目实现工期目标。

（3）充分考虑工程项目进度计划的编制条件，避免过多地基于假定情况，否则会导致计划失去指导作用。

（4）对于大型、复杂、长工期的工程项目，应该采用分阶段的方式来编制工程项目进度计划，针对不同阶段、不同时期提出相应的工程项目进度计划，以保持其对工程项目实施的先导作用。

（5）进度计划应与成本、质量等目标相协调，既有利于工期目标的实现，又有利于成本、质量、安全等目标的实现。

（6）保证工程项目进展的均衡性和连续性。

通常情况下，工程项目进度计划是在项目经理的领导下，由各职能部门、技术人员、项目管理专家和其他相关人员共同参与制订的。

2. 工程项目进度计划制订的步骤

虽然不同类型的工程项目进度计划在编制步骤上有所不同，但无论哪种类型的工程项目进度计划，在制订过程中都包含以下几项必不可少的工作。

（1）工程项目描述。这一步骤可以采用表格形式，内容包括工程项目名称、工程项目目标、可交付成果、成果完成标准、工作描述、工作规范、估计所需资源、重大里程碑等，如表 5-6 所示。

表 5-6　工程项目描述

工程项目名称	
工程项目目标	
可交付成果	
成果完成标准	
工作描述	
工作规范	
估计所需资源	
重大里程碑	
项目经理审核意见：	

（2）活动定义。它是指明确实现工程项目目标所需的各项活动。这个过程是在工程项目的 WBS 的最低层次上确定工作任务或工作要素。活动定义通常会引导项目组制定更为详细的工作分解结构和辅助解释。这个过程的目的是确保项目组充分了解项目中需要执行的所有工作。随着项目组成员对完成工作所需的各种活动的定义，WBS 常常会得到进一步的细化。

1）活动定义的依据。

① WBS。它是对工程项目中所要开展工作的层次性结构的描述，是最重要、最基本的依据。

② 组织过程资产。例如，与活动规划有关的正式与非正式方针、程序和原则、历史资料等，需要在活动定义中给予考虑。

③ 事业环境因素。需要考虑是否存在可被利用的工程项目管理信息系统和进度安排工具。

2) 活动定义的工具和技术。

① 样板。以前工程项目活动列表的标准或部分内容通常可以作为新项目的样板。样板中的活动属性信息可能包括资源技能、所需时间、风险识别、预期的交付成果和其他文本信息的列表。样板还可以用来识别典型的进度里程碑。

② 分解。把工程项目工作包进一步分解为更小、更易于管理的计划活动。

③ 滚动式规划。WBS 和 WBS 词典共同体现了当工程项目范围缩小时，工作组合级别越发详细的过程。滚动式规划是一种逐步改进的规划形式，近期要完成的工作在 WBS 的最低层次上进行详细规划，而长期要完成的工作是 WBS 更高层次的一个组成部分。

④ 专家判断。擅长制定详细工程项目范围说明书、WBS 和工程项目进度表的项目组成员或专家可以提供活动定义方面的专业知识。

3) 活动定义阶段的输出结果。

① 更新后的工程项目 WBS。它是对原有工程项目 WBS 的完善。

② 活动属性。它是对工程项目活动清单中各项活动属性的扩展，涵盖了每个计划活动所具有的多个属性。

③ 工程项目活动清单。它列出了一个工程项目所需开展和完成的全部活动。

④ 里程碑清单。它列出了所有工程项目中的重要时点或事件。

⑤ 工作责任分配表。它明确了各部门或个人在项目中的责任。

（3）活动排序。在定义了工程项目活动后，下一步是进行活动排序。活动排序是指识别和记录计划活动之间的逻辑关系。一个工程项目涉及许多作业和活动，这些活动的进行有先后顺序，即逻辑关系。逻辑关系可分为两类：一类是客观存在的、不变的逻辑关系，即强制性逻辑关系，例如，建造厂房需要先进行基础施工，才能进行主体施工；另一类是可变的逻辑关系，也称为组织关系，在工程项目实施过程中，这些逻辑关系会随着条件的改变而发生变化。在按照逻辑关系安排计划活动顺序时，可考虑适当的紧前关系，在未来制定一个切实可行的工程项目进度表。

1) 工程项目活动排序依据。

① 活动属性。

② 工程项目活动清单。

③ 工程项目说明书。

④ 工程项目活动之间的人为依存关系。

⑤ 工程项目活动的外部依存关系。

⑥ 工程项目活动之间的必然依存关系。

⑦ 工程项目活动的约束条件。它是工程项目活动所面临的各种资源和环境条件的限制因素。

⑧工程项目活动的前提假设。它是对工程项目活动所涉及的一些不确定性条件进行的人为假设认定，这些条件是开展计划安排工作必须考虑的。

2）工具与技术。工程项目网络图作为一种能够反映活动顺序的常用方法，以图形的方式显示工程项目活动之间的逻辑关系或顺序。编制工程项目网络图的方法主要包括三种：网络模板法、单代号网络图（AON）和双代号网络图（AOA）。

①网络模板法。如果以前完成过相似的工程项目，那么新工程项目的活动和它们的先后顺序可能已经在以前工程项目的活动网络图中出现过。因此，可以利用以前的网络图作为模板，然后根据新工程项目的具体要求添加或删除一些工程项目活动，编制获得新的活动网络图。网络模板法在某些情况下非常有效，可以快速形成新的工程项目活动网络图，从而对整个工程项目或工程项目某个阶段的活动进行排序。

②单代号网络图（先后关系图法）。这个方法使用节点和箭头表示工作和工作关系，并且被广泛应用于工程项目管理软件包中。它主要包括四种关系：结束到开始、结束到结束、开始到开始、开始到结束。其中，开始到结束的关系是最常见的逻辑关系。典型的单代号网络图如图 5-10 所示。

③双代号网络图（箭线图法）。该方法以箭线与节点表示工作和工作之间的逻辑关系，一般仅表示开始到结束的关系。为正确表达工作之间的逻辑关系，双代号网络图中往往需要引入工作。典型的双代号网络图如图 5-11 所示。

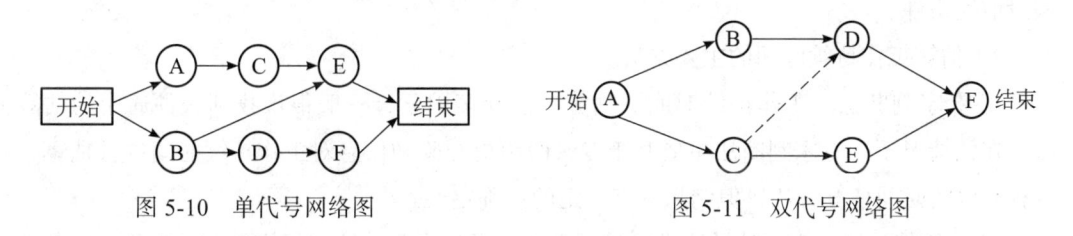

图 5-10　单代号网络图　　　　图 5-11　双代号网络图

3）活动排序的输出结果。

①工程项目进度网络图。它是用来安排工程项目中各项活动及其逻辑关系的示意图，是工程项目活动排序工作最主要的结果。

②更新后的工程项目文件。它包括活动清单、活动属性和风险登记册等。

（4）活动资源估算。它是指明确工程项目活动实施时所需的资源种类、资源量、使用时间。活动资源估算过程与费用估算过程密切相关。通过活动资源估算主要获得以下内容。

1）活动资源需求。识别且说明工作线上每项计划活动所需的资源类型与资源数量。

2）资源分解结构。它是按照资源种类和形式划分而成的资源层级结构。

3）活动属性更新。它反映各项计划活动使用的资源类型与资源数量。

4）资源日历。它记录确定使用某种具体资源的工作日或不使用某种具体资源的非工作日。

（5）工作持续时间估算。它是指直接完成一项工作所需时间和必要停顿时间之和，是计算其他网络参数和工程项目工期的基础。工作持续时间通常以日、周、旬或月为单位。在编制工程项目进度计划时，估算工作持续时间是非常重要的基础性工作，需要确保估算过程客观、准确。如果工作持续时间被低估，将会在项目实施过程中造成被动、紧张的局面；相反，如果工作持续时间被高估，则会导致工期延长。因此，在估算工作持续时间时，应避免工作重要性和项目完成期限的限制，并且要充分考虑各种资源供应、技术、工艺、现场条件、工作量、工作效率、劳动定额等因素。只有将工作置于独立的正常状态下进行估算，才能得到准确的结果。

1）估算工作持续时间的依据。

① 资源需求。工作持续时间受分配给该工作的资源情况，以及该工作实际所需资源情况两方面的制约。

② 资源日历。估算活动资源阶段编制的资源日历，具体包括人力资源的种类、可用性与能力，以及对进度活动持续时间有显著影响的设备与材料资源的类型、数量、可用性和能力。

③ 活动清单。

④ 活动属性。

⑤ 历史信息。类似工程项目的历史信息有助于确定工程项目的工作持续时间。相关历史信息包括项目文件、工作时间估算数据库、项目工作组的知识等。

⑥ 工程项目约束和限制条件。工程项目活动在工期估算方面所应依据的各种约束条件和假设前提条件。

2）估算工作持续时间的主要方法。

① 专家判断法。工作持续时间的估算涉及众多因素，一般很难找到一种通用的估算方法。在此情况下，专家判断法主要基于专家的历史经验和信息对工作持续时间进行估算，是一种有效的时间估算方法，但结果具有一定的不确定性。

② 类比估计法。类比估计法是以过去类似项目的实际持续时间为依据，来估算当前项目的工作持续时间。当工程项目的详细信息有限且与类比工程项目相似度较高时，类比估计法是一种最常用且有效的方法，也可以被视为专家判断法中的一种形式。

③ 参数估算法。它是指利用历史数据与其他变量之间的统计关系来估算活动参数（如持续时间、费用、资源）的方法。参数估算法的准确性取决于参数模型的成熟度和基础数据的可靠性。

④ 储备分析。在进行工作持续时间估算时，应充分考虑应急储备（又称时间储备或缓冲时间），并且将其纳入工程项目进度计划中，以应对进度方面的不确定性。

⑤ 三时估计法。估算工作执行时间有三个概念：乐观时间 a，即在工作执行比较顺利情况下的预期时间；悲观时间 b，即在工作执行比较困难情况下的预期时间；最可能时间 m，即在正常执行情况下的预期时间。该方法对应于计划评审技术（PERT）网络计划。

3）工作持续时间估算的结果。

① 估算出的工程项目活动周期。定量计算完成一项具体工程项目活动和总工程项目活动

的持续时间。

②工程项目持续时间估算的支持细节。具体包括工程项目持续时间估算中所使用的各种约束条件、工程项目活动清单、工程项目资源需求和相关工程项目历史信息等。

③更新后的工程项目活动清单和工程项目WBS。当发现工程项目存在问题和遗漏时需要对工程项目活动清单和工程项目WBS进行必要的修改和更新。

（6）绘制网络图。它是以图形的形式表达工程项目的工作关系。

（7）进度安排。在完成了工程项目分解、确定了工作和活动的先后顺序、计算工程或工作量且估算出各项工作持续时间的基础上，制定工程项目的时间进度安排。

1）工程项目进度安排的主要依据。

①工作持续时间估计。

②工程项目网络图。

③日历。要明确工程项目日历和资源日历。工程项目日历会直接影响所有资源；而资源日历则会影响特定的某个资源或资源类别。

④工程项目的资源供应状况。

⑤工程项目的限制和约束。

⑥假设。

2）工程项目进度安排的主要方法。

①数学分析法。它是在不考虑工程项目资源安排的情况下计算所有工作最早与最迟开工和结束时间的方法。由于实际执行周期会受到资源可用性和其他约束的限制，因此其结果不能称为进度。目前应用最广泛的数学分析技术包括关键路径法和计划评审技术。

②进度压缩法。它是指缩短工程项目的工期时间且不影响工程项目目标实现。进度压缩法主要包括赶工和快速跟进。赶工是一种通过权衡成本和进度，寻求压缩进度所需追加的最小成本，或者在最优成本限制下保证最大压缩工期的方法，以此来实现工期和成本的最佳结合点。快速跟进则是将按顺序执行的活动或阶段并行执行。

③模拟方法。最常用的模拟方法是蒙特卡洛分析。

④资源平衡和资源分配技术。运用资源平衡和资源分配技术，对各种资源进行合理安排，以应对工程项目执行过程中的各种资源需求。

⑤关键链法。它是根据有限资源对工程项目进度计划进行调整的进度网络分析技术。

⑥工程项目管理软件。

3. 工程项目进度计划制订的主要结果

工程项目进度计划制订的主要结果包括工程项目进度、细节说明、进度管理计划、资源需求更新等内容。

（1）工程项目进度。要完整地规划工程项目进度，至少应该包括每项工作的计划开始日期和预期完成日期。工程项目进度可用总结（称为主进度）的形式表示，也可用详细描述的形式表示，最为常见的是以直观易懂的图形方式进行描述。主要的工程项目进度表现形式有以下几种。

1）条形图（又称甘特图）。这是表示工作进度的最早的方法之一。它可以显示工作的开始和结束日期，但无法反映工作之间的相互限制关系，具有直观易读性的特点。

2）里程碑事件图。它与条形图类似，但其主要标识了项目中的重大事件与关键节点的开始和完成情况。

3）带有日历的工程项目网络图。这是一种常用的图表形式，除了显示各项工作的开始和完成日期外，还能够充分反映工程项目工作的逻辑关系和整个项目的关键工作。

4）时间坐标网络图。它结合了工程项目网络图和条形图的形式，反映了工程项目的工作逻辑关系、工作进行的持续时间和其他进度信息，如图 5-12 所示。

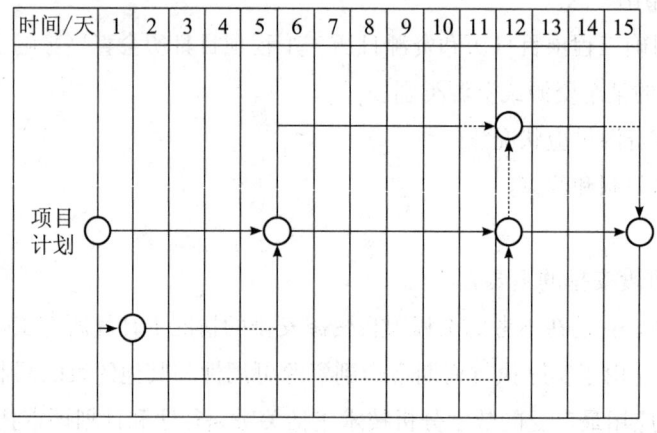

图 5-12　时间坐标网络图

5）表格形式。以表格的形式表达工程项目进度计划，如表 5-7 所示。

表 5-7　项目进度计划表

序号	活动名称	持续时间	最早时间		最迟时间		时差		完成情况
			开始	结束	开始	结束	总时差	自由时差	

（2）细节说明。说明工程项目的支持细节，至少应对假设和约束条件进行解释。除此之外，还应详细说明各种应用程序。

（3）进度管理计划。它主要描述进度的执行、检查、调整、控制等问题。根据工程项目的不同特点，进度管理计划可以采用正式或非正式的形式，可以是详细说明或基本框架。进度管理计划是对工程项目进度计划的补充描述。

（4）资源需求更新。它是针对工程项目进度计划所做出的更新，涉及资源需求计划和活动列表的更新。

5.2.2 工程项目进度计划编制方法

1. 横道图

（1）横道图的形式。横道图又称甘特（Gantt）图，是一种最直观的工程项目进度计划编制方法。其基本形式如图 5-13 所示。其中，工程活动纵向排列于左侧，横坐标表示时间，横道位置表示活动的开始与结束时间，横道长短表示活动的持续时间。

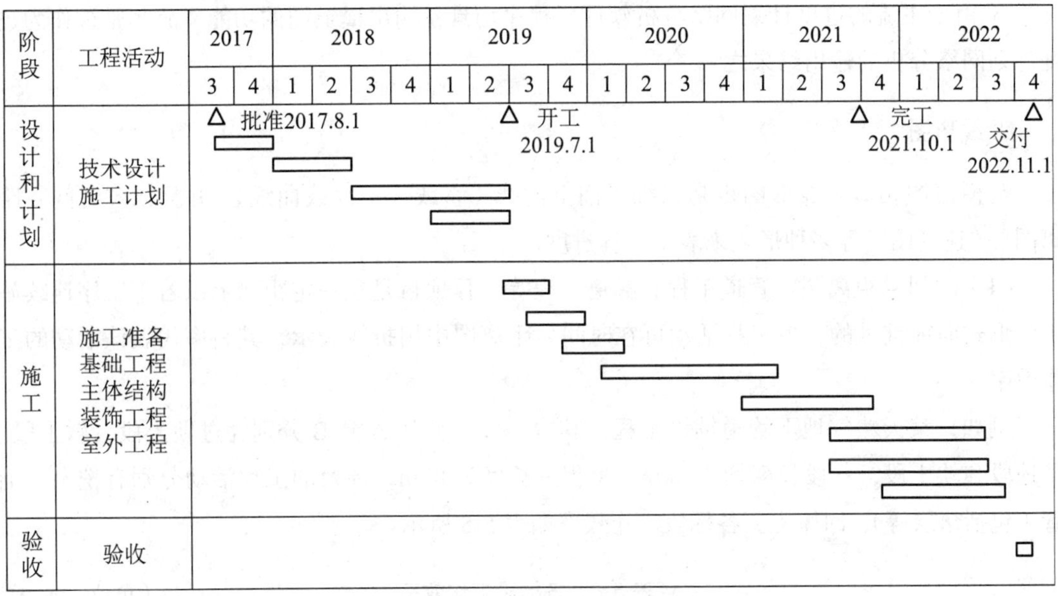

图 5-13 某工程项目工期计划

注：△里程碑事件

（2）横道图的特点。

1）横道图的优点。

①使用方便，制作简单。

②直观地表示活动的开始、结束和持续时间，清晰易懂，不同层级的人员（上至战略决策者，下至基层操作人员）都能够快速掌握和应用。

③在对工期进行安排的同时，能够结合劳动力计划、材料计划、资金计划，实现更全面的工程决策分析。

2）横道图的缺点。

①所包含信息量较少，表达信息能力较为欠缺。

②较难体现工程活动之间的逻辑关系,并且难以分析一个活动提前、推迟或延长对后续实施活动的影响。

③难以借助计算机进行处理、分析,即难以借此实现对复杂工程项目的工期估算,更无法开展施工进度方案的优化工作。

④不能表示活动的重要性和机动时间,即无法确定进度计划中哪些活动是关键活动、哪些活动可以推迟。

3)横道图的应用范围。

①可直接应用于一些活动较少、较简单的小型项目,并且借助其进行工期计划的编制工作。

②由于项目初期尚未开展详细的项目工作结构分解,以及活动之间复杂的逻辑关系分析,因此一般用于编制项目总体计划。

③由于主流的进度计划网络分析软件、程序均具备输出横道图的功能,故其常被作为进度计划网络分析的输出结果之一。

2. 线形图

与横道图相似,线形图也是二维平面上的线(直线、折线或曲线),并且以"时间-距离图""速度图"等多种形式来表示工程进度。

(1)时间-距离图。管道工程、隧道工程等工程项目是在一定距离上以若干工序连续施工的形式向前推进的,各工程活动可在时间-距离图中用折线表示,其斜率代表该活动的工作效率。

例如,某天然气地下管道铺设工程,其中一段工程从 A 到 B 分别经过硬土段、软土段、平地段和软土段,各段长度均为 2km,工程总长度为 8km,涉及的工程活动分别有挖土、铺管(包括垫层等)、回填土。各标段工作效率如表 5-8 所示。

表 5-8 各标段工作效率 (单位:m/天)

工序	硬土	软土	平地
挖土	200	250	—
铺管	160	160	300
回填土	240	300	—

施工要求:

平地段无须进行挖土和回填土,挖土工作场地和设备转移所需时间为 1 天。

铺管工作面距挖土距离应大于 200m,防止各活动间互相干扰。

任一标段铺管后至少满 1 天才允许回填土。

作图步骤:

1)作挖土进度线。以不同土质标段的工作效率为斜率,并且在平地段将 1 天的挖土工作场地和设备转移时间考虑在内。

2）作铺管进度线。由于铺管工作面距挖土工作场地的距离应大于200m，故在挖土线左侧200m距离处作挖土线的平行线，则铺管线只能在上方安排。由于挖硬土200m/天，所以开工后第二天即可开始铺管工作。

3）作回填土进度线。由于任一标段铺管后至少1天后才允许回填土，故在铺管线上方1天处作铺管线的平行线，按回填土的速度作斜线。为保证回填土连续施工要求，应在第25天开始回填。

最后，计划工期约为47天，如图5-14所示。

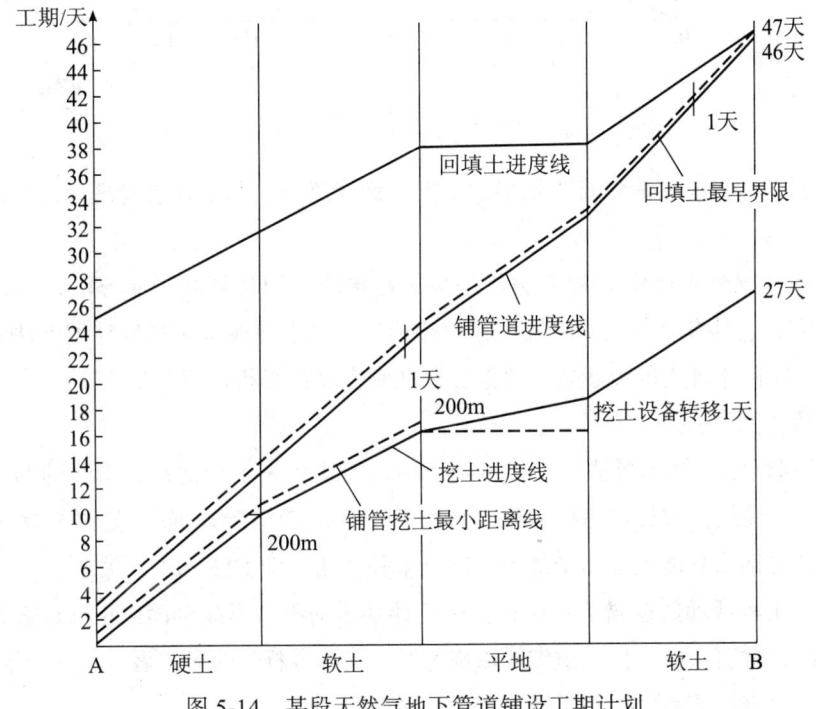

图5-14 某段天然气地下管道铺设工期计划

（2）速度图。它有多种形式。举例说明：在一段工程量为500m³的城市道路混凝土铺路工程中，计划第一段以13m³/天的速度按2天投入一个班组开展工作，第二段以16m³/天的速度按2天投入两个班组开展工作，第三段以16m³/天的速度投入一个班组开展工作，如图5-15所示。速度图便于对比分析计划值与实际值的偏差。

3. 网络计划方法

网络计划方法具有以下特点。

首先，网络计划不仅能够表示工程项目进度，而且能够表示项目组织工作流程。通过应用网络计划，工程项目管理者能够以更加系统全面的视角对项目实施过程进行考虑。

其次，通过对网络计划进行分析，能够确定最早开始、最早完成、最迟开始、最迟完成时间和各种时差信息等，同时可借此开展工期和资源的优化。

图 5-15 工程速度图

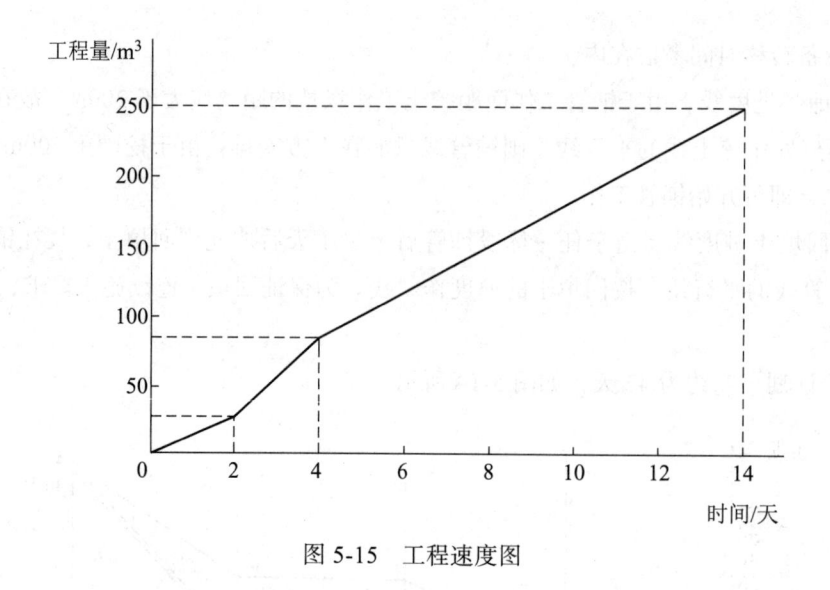

最后，网络计划能够清晰直观地展示活动关键线路，有利于各层管理者对计划进行调整并实施控制。

除极少数情况外，网络计划方法几乎是最理想的工期计划和控制方法，特别是在复杂的大型项目中，它具有显著的优越性。在现代项目管理中普遍采用进度计划方法，但由于绘制、分析和使用网络计划的流程较为复杂，因此常借助计算机进行分析。

（1）双代号网络。

1）双代号网络的基本形式。双代号网络中以箭线代表工程活动，箭线的两端用编有数字的圆圈标示，箭线上方标示工作名称，箭线下方标示工作持续时间，如图 5-16 所示。

通常双代号网络只能表示两个活动之间结束和开始（即 FTS=0）的关系。

当网络中工程活动的逻辑关系比较复杂且计划活动箭头不能全面或正确地表达活动之间的逻辑关系时，常引入虚工作。虚工作以虚箭线（又称零杆）的形式表示，其持续时间为零，不耗用资源，仅表达活动之间的逻辑关系，如图 5-17 所示。

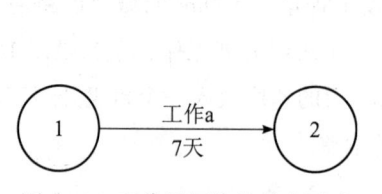

图 5-16 双代号网络的基本形式

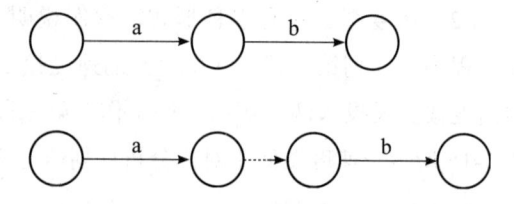

图 5-17 活动 b 的紧前活动为活动 a（引入虚工作的双代号网络形式）

常见的多个活动之间的逻辑关系表达形式如下。

① 活动 b 的紧前活动为活动 a，即活动 a 结束，活动 b 开始，如图 5-17 所示。

② 活动 b、c 的紧前活动均为活动 a，即活动 a 结束，活动 b、c 开始，如图 5-18 所示。

③ 活动 c 的紧前活动为活动 a，活动 d 的紧前活动为活动 a、b，如图 5-19 所示。

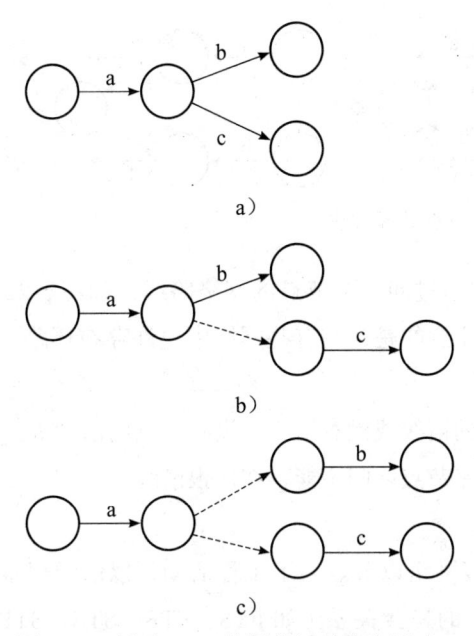

图 5-18　活动 b、c 的紧前活动均为活动 a

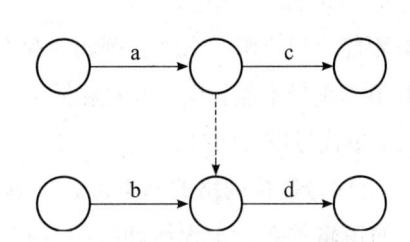

图 5-19　活动 c 的紧前活动为活动 a，活动 d 的紧前活动为活动 a、b

上述基本活动关系拼接组合形成双代号网络。

2）双代号网络的绘制方法。如果运用计算机进行网络分析，仅须将工程活动的逻辑关系输入计算机，计算机便可自动绘制网络图且进行网络分析，但有一部分小项目或子网络仍须进行人工绘制和分析。

在双代号网络的绘制过程中，灵活应用虚工作的概念十分重要，这能够有效减少双代号网络绘制过程中的逻辑关系错误。通常情况下，应先按照某个活动的紧前活动关系引入虚箭线，待所有活动绘制完成后进行图形整理，同时去除不必要的虚箭线。当一个工程活动（实箭线）的前后仅有一根虚箭线时，则可删除该虚箭线。在下述情况中，实箭线前（或后）的虚箭线不能删除，如图 5-20 所示。

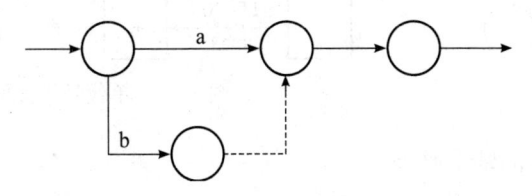

图 5-20　不能删除虚箭线的情况

3）双代号网络的绘制要求。

① 只允许有一个首节点和一个尾节点。首节点是指只有箭线指出，没有箭头指入的节点；尾节点是指只有箭头指入，没有箭线指出的节点。当出现多个首节点或尾节点时，应采

用合并节点或增加虚箭线的方法加以解决，如图 5-21 所示。

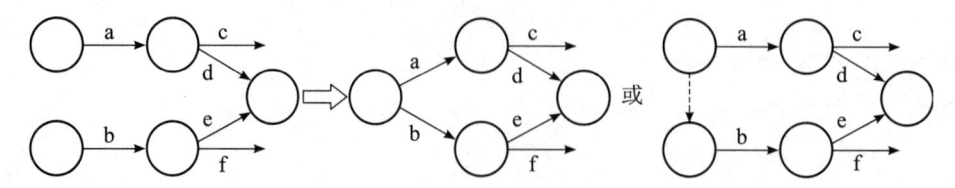

图 5-21　多个首、尾节点处理方法

② 不允许出现网络环路。网络环路是指两次通过同一个节点的网络路线，如图 5-22 所示。出现网络环路表示逻辑上存在矛盾，但需要注意的是，在有些网络中允许存在环路，并且以此表示循环的工作过程。

③ 不能出现错画、漏画。例如，存在双箭头的箭线或没有箭头、没有节点的活动等。

④ 节点编号不能相同，并且相同的首节点和尾节点之间不能存在两根箭线。

（2）单代号搭接网络。

1）单代号搭接网络的基本形式。单代号搭接网络以节点表示工程活动，以箭线表示活动之间的逻辑关系。工程活动之间存在多种形式的搭接关系（如 FTS、FTF、STS、STF）。在我国，单代号搭接网络的表示方法具有专门标准，本书以方框形式表示，如图 5-23 所示。

图 5-22　网络环路

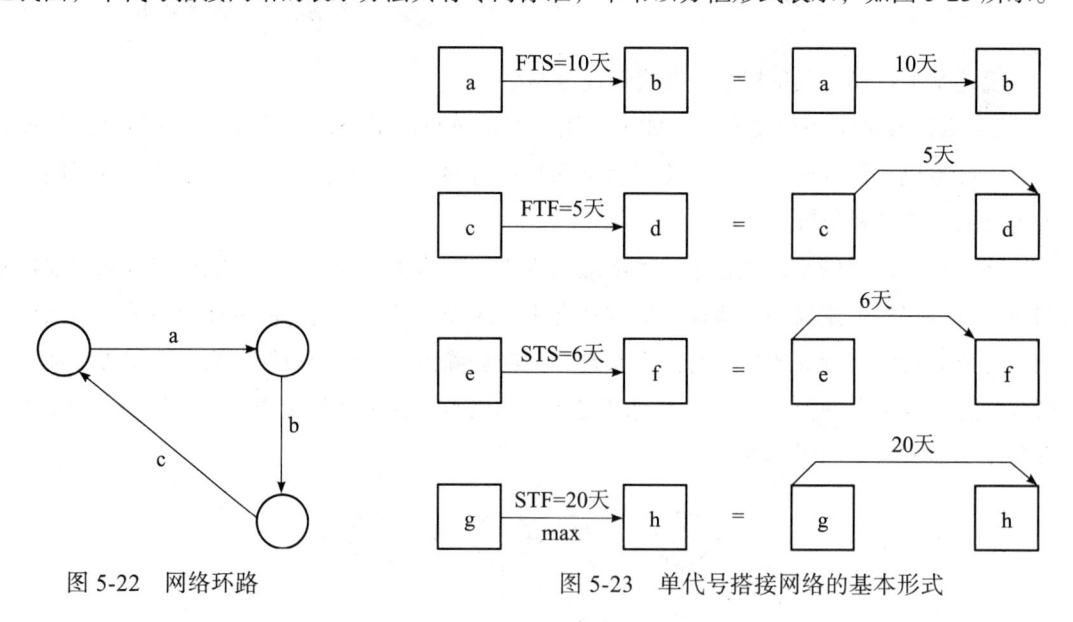

图 5-23　单代号搭接网络的基本形式

2）单代号搭接网络的基本要求。

① 节点编号不能相同。具有相同编号的节点出现在网络中会导致定义上的混乱，尤其是运用计算机进行网络分析时，将会产生错误。

② 表示不能违反逻辑。如果网络不符合客观现状、违反自然规律，就会导致矛盾的结果。例如环路，即出现活动之间在顺序上的循环，如图 5-24a 所示；当搭接时距使用最大值定义时，虽不存在环路，但仍会造成逻辑上的错误，如图 5-24b 所示。无论活动 b 持续多长

时间，根据 a—b—c 的关系，说明活动 c 必须在活动 a 结束后 5 天以上才能开始；而根据 a—c 的关系，说明活动 c 必须在活动 a 结束后的 0～4 天内开始，二者矛盾。

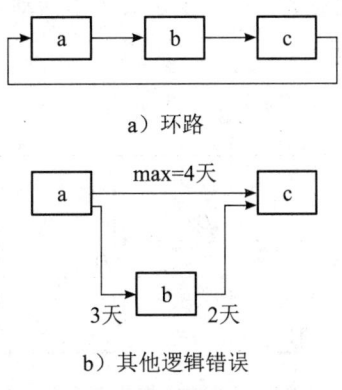

a）环路

b）其他逻辑错误

图 5-24　违反逻辑关系的表示

③ 不允许有多个首节点和多个尾节点。

3）单代号搭接网络的优点。除了与双代号网络具有的共同优点外，单代号搭接网络还具有以下优点。

① 表达方式与人们的思维方式一致，易被接受。人们通常运用这种方式来表达一系列活动的过程，如工作流程图、计算机处理过程图等。

② 逻辑表达能力较强。它能够清楚且方便地表达实际工程活动之间的各种逻辑关系，如搭接时距可以为最小值、最大值定义，也可为负值，并且两个活动之间还可以有多重逻辑关系。

③ 理解单代号搭接网络后，就能够很自然地理解双代号网络。双代号网络时间参数的算法是单代号搭接网络的特例，即它仅表示 FTS 关系且搭接时距为零的情况。

④ 绘制方法比较简单。将工程活动按活动间逻辑关系用箭线连接即可，无须引入虚箭线，不易出错。

因此，目前国外部分项目管理软件包以单代号搭接网络分析为主。本书后面的网络分析部分主要针对单代号搭接网络。

（3）工程活动时间参数的定义。网络分析的目的首先是确定每一个活动的时间参数，如图 5-25 所示。

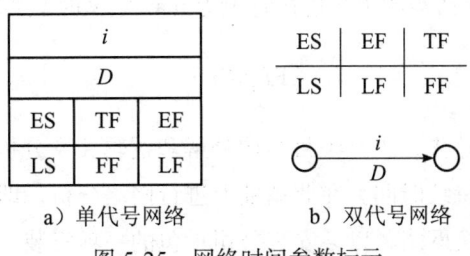

a）单代号网络　　b）双代号网络

图 5-25　网络时间参数标示

在图 5-25 中，i 为活动代码；D 为活动持续时间；ES 为最早开始时间；EF 为最早结束时间；LS 为最迟开始时间；LF 为最迟结束时间；TF 为总时差；FF 为自由时差。

如果确定了活动的各个时间参数，则完全定义了本活动的工期计划。各个时间参数的物理意义和它们的关系如图 5-26 所示。

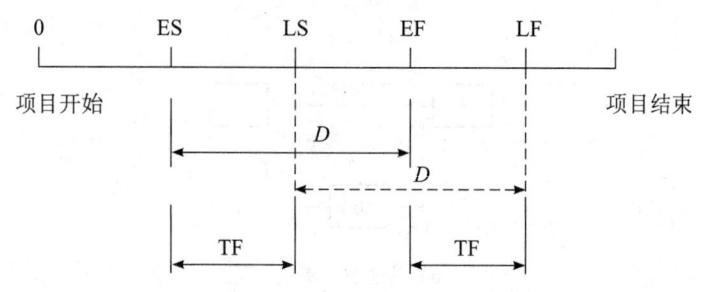

图 5-26　各个时间参数的物理意义和它们的关系

1）最早开始时间计算。ES 为项目所允许活动 i 的最早开始时间，不可提前。如果工程活动的 ES 需要提前，则该项目的开始期必须提前。因此，工程活动的 ES 由项目的开始期定义。

2）最迟结束时间计算。LF 为活动 i 的最迟结束时间，活动 i 必须在该时间点及其前结束，不可推后，否则将导致总工期延长。因此，工程活动的 LF 由规定的项目结束时间，即总工期定义。

3）总时差计算。总时差（TF_i）为活动 i 的 ES 在不影响总工期条件下的机动时间或可以推迟的总时间量，活动 i 在这个时间段内推迟或延长对总工期不产生影响。由于活动 i 可以在 ES 和 LS 之间的任何时间开始，但不得超过这个期限（提前或推迟），因此总时差可以由 ES 和 LS 两者之差确定。

时间参数之间的关系为

$$EF_i = ES_i + D_i$$
$$LS_i = LF_i - D_i$$
$$TF_i = LF_i - EF_i = LS_i - ES_i$$

上述三式在任何情况下总是成立的。

自由时差（FF_i）为活动 i 在不影响（不推迟）其紧后活动 ES 的情况下的机动余地，这跟活动 i 及其紧后活动或紧前活动的（当搭接时距为 max 定义时）逻辑关系有关，存在关系

$$FF_i \leqslant TF_i$$

（4）网络分析方法。首先，进行项目结构分解和逻辑关系分析，并且据此确定网络；然后，计算各个工程活动的持续时间，在此基础上进行网络分析，即计算各个工程活动的时间参数。本书使用单代号搭接网络，以某安装公司承包的一项安装工程为例，建立一个单代号搭接网络，据此介绍网络分析过程和计算公式应用，如表 5-9 所示。

表 5-9 某安装工程的活动组成　　　　　　　　　　　　（单位：天）

工程活动	A	B	C	D	E	F	G	H	I	J	K
持续时间	3	12	6	11	4	4	6	4	6	4	3
紧前活动			A		A	B、C	F	D	E	G	H	I、J
搭接关系		FTS	FTS	FTS	STS	FTF	FTS	FTF	FTS	FTS	FTS
搭接时距		0	0	0	2	3	0	10	0	max=2	0

分析步骤如下。

1）作网络图（见图 5-27）。

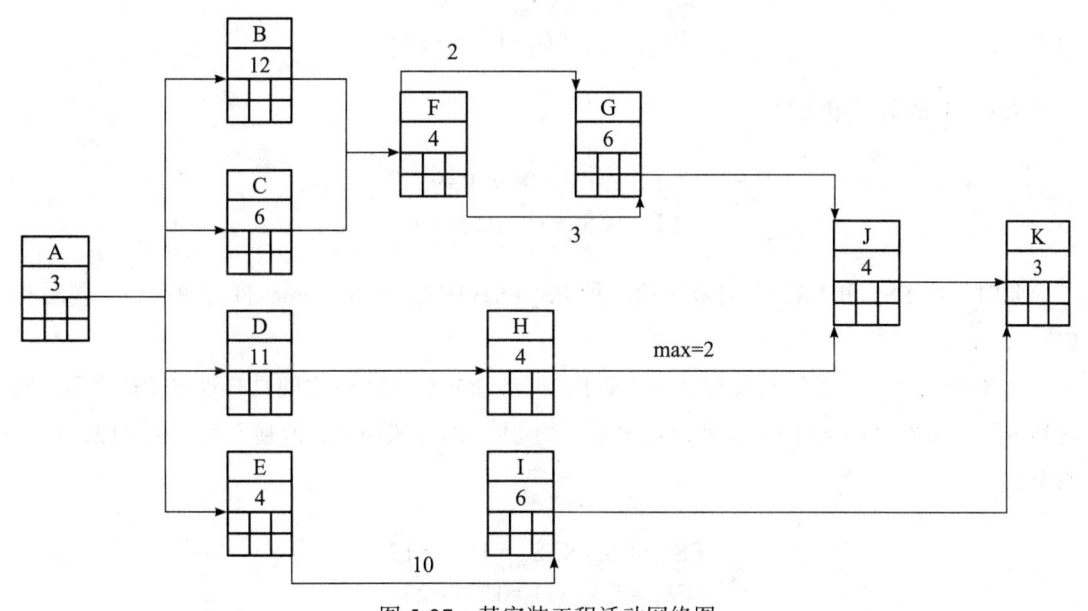

图 5-27　某安装工程活动网络图

2）最早时间计算。由于工程活动的最早时间（ES 和 EF）由项目的开始时间决定，因此最早时间计算应从首节点开始，顺着箭头方向向尾节点逐步推算。

令首节点 $ES_A=0$，如果用工程日历表示，则定义 ES_A 为项目开始时间。其计算公式为

$$EF_A = ES_A + D_A = 0 + 3 = 3$$

按活动之间的搭接关系用公式计算活动 A 紧后活动的 ES 和 EF。

① 对于活动 B：活动 A 和活动 B 为 FTS 关系，则

$$ES_B=EF_A+FTS_{AB}=3+0=3$$
$$EF_B=ES_B+D_B=3+12=15$$

同理

$$C: ES_C=3, EF_C=3+6=9$$
$$D: ES_D=3, EF_D=3+11=14$$
$$E: ES_E=3, EF_E=3+4=7$$

由于活动之间存在复杂的逻辑关系，可能导致某些活动出现 ES<0 的情况，因此可令 ES=0。

② 对于活动 F：活动 F 有两个紧前活动，则对应有两个 ES_F 计算结果。计算规则为当一个活动有多个紧前活动时，取计算结果中的最大值作为该活动最早时间。

由 B—F 的关系定义得

$$ES_{F1}=EF_B+FTS_{BF}=15+0=15$$
$$EF_{F1}=ES_{F1}+D_F=15+4=19$$

由 C—F 的关系定义得

$$ES_{F2}=EF_C+0=9+0=9$$
$$EF_{F2}=ES_{F2}+D_F=9+4=13$$

此时，取 ES_{F1} 和 ES_{F2} 中的最大值，即 $ES_F=\max\{ES_{F1}, ES_{F2}\}=\max\{15, 9\}=15$，同时得 $EF_F=15+4=19$。

③ 对于活动 G：虽然其仅有紧前活动 F，但活动 F 和活动 G 之间具有双重逻辑关系，则必须分别计算在 STS 和 FTF 两种逻辑关系下的 ES，再按照规则，取最大值。由 STS_{FG} 的关系定义得

$$ES_{G1}=ES_F+STS_{FG}=15+2=17$$
$$EF_{G1}=ES_{G1}+D_G=17+6=23$$

由 FTF_{FG} 的关系定义得

$$EF_{G2}=EF_F+FTF_{FG}=19+3=22$$
$$ES_{G2}=EF_{G2}-D_G=22-6=16$$

此时，在两者间取最大值，即 $ES_G=\max\{ES_{G1}, ES_{G2}\}=\max\{17, 16\}=17$，同时得 $EF_G=23$，如图 5-28 所示。

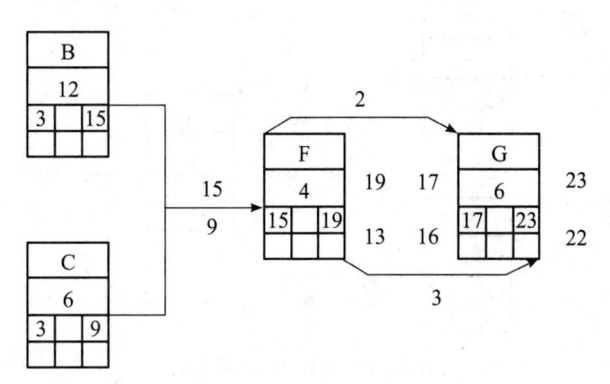

图 5-28 活动 F 和活动 G 的网络图

④ 对于活动 H：其紧前活动为活动 D，则

$$ES_H=EF_D+FTS_{DH}=14+0=14$$
$$EF_H=ES_H+D_H=14+4=18$$

需要注意的是，活动 H 与其紧后活动 J 之间是 max=2 的关系，由于活动 J 有多个紧前活动，计算 ES_J（或 EF_J）时取最大值可能会导致活动 H 和活动 J 之间不满足 max 定义，因此必须对活动 H 的计算结果进行修改。

⑤ 对于活动 I：活动 E 和活动 I 之间是 FTF 关系，则

$$EF_I=EF_E+FTF_{EI}=7+10=17$$
$$ES_I=EF_I-D_I=17-6=11$$

⑥ 对于活动 J：活动 J 有两个紧前活动 G 和 H，活动 J 与活动 H 是 max=2 的关系。因此在计算时，先将它作为 FTS=0 计算。

$$ES_J=\max\{EF_G+0，EF_H+0\}=\max\{23，18\}=23$$
$$EF_J=23+4=27$$

此时，必须反过来检验活动 J 和活动 H 之间的关系，判断其是否符合 max=2 定义。

由于 $ES_J-EF_H=23-18=5>\max=2$，不符合搭接关系，因此必须修改活动 H 的时间参数。具体如下：

$$EF_H=ES_J-\max=23-2=21$$
$$ES_H=EF_H-D_H=21-4=17$$

其本质是将活动 H 的 ES 向后推迟，以保证满足 max 关系，这种推迟并不影响项目的开始时间，如图 5-29 所示。

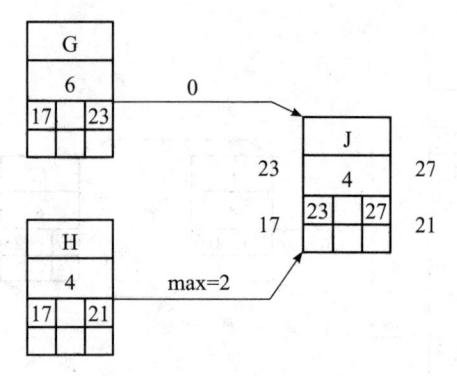

图 5-29 活动 H 的网络图

⑦ 对于活动 K：活动 K 有两个紧前活动 J 和 I，均为 FTS=0 关系。

$$ES_K=\max\{EF_J+0,\ EF_I+0\}=\max\{27,17\}=27$$
$$EF_K=27+3=30$$

至此，所有活动的最早时间参数计算完毕。

3）总工期（TD）的确定。项目总工期为活动（有时可能非结束节点）的最早结束时间的最大值，即

$$TD=\max\{EF_i\}=30$$

4）最迟时间（LS、LF）的计算。最迟时间计算由结束节点开始，逆箭头方向向首节点逐个推算。

令结束节点 $LF_K=TD=30$，即定义项目的最迟结束时间为总工期，由公式得

$$LS_K=LF_K-D_K=30-3=27$$

按活动之间的搭接关系计算紧前活动的 LS 和 LF。计算规则为当一个活动有不止一个紧后活动时，则取多个计算结果中的最小值。

在一些具有特殊搭接关系的网络中，可能会出现 LF>TD 的情况，此时可令 LF=TD。

① 对于活动 J：仅有一个紧后活动 K，则

$$LF_J=LS_K-FTS_{JK}=27-0=27$$
$$LS_J=LF_J-D_J=27-4=23$$

② 对于活动 I：仅有一个紧后活动 K，则

$$LF_I=LS_K-FTS_{IK}=27-0=27$$
$$LS_I=27-6=21$$

③ 对于活动 G：仅有一个紧后活动 J，则

$$LF_G=LS_J-FTS_{GJ}=23-0=23$$
$$LS_G=23-6=17$$

④ 对于活动 H：仅有一个紧后活动 J，但活动 H 和活动 J 之间是 max=2 的关系，因此首先对 FTS=0 的情况进行计算，则有

$$LF_H=LS_J-FTS_{HJ}=23-0=23$$
$$LS_H=LF_H-D_H=23-4=19$$

再检验 H—J 的搭接时距是否符合 max 定义。由于 $LS_J-LF_H=23-23=0<\max=2$，满足限定，则不需要调整。

如果活动 H 还有其他紧后活动，由于活动 H 的最迟时间计算取最小值，则可能导致活动 H 和活动 J 之间的关系不符合 max 限定，即出现 $LS_J-LF_H>\max$ 的情况，此时必须修改活动 J 的最迟时间，令

$$LS_J=LF_H+\max$$
$$LF_J=LS_J+D_J$$

其实质是将活动 J 的最迟时间向前移，使之满足 max 关系。

⑤ 对于活动 F：仅有一个紧后活动 G，但活动 F 和活动 G 之间是双重逻辑关系，则必须计算两次。

对于 FTF_{FG} 关系：

$$LF_{F1}=LF_G-FTF_{FG}=23-3=20$$
$$LS_{F1}=LF_{F1}-D_F=20-4=16$$

对于 STS_{FG} 关系：

$$LS_{F2}=LS_G-STS_{FG}=17-2=15$$
$$LF_{F2}=LS_{F2}+D_F=15+4=19$$

取两者最小值，则 $LS_F=15$，$LF_F=19$，如图 5-30 所示。

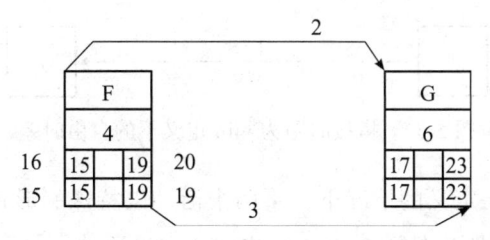

图 5-30 活动 F 和活动 G 之间是双重逻辑关系

⑥ 对于活动 E：仅有一个紧后活动 I，它们之间是 FTF 关系，则

$$LF_E=LF_I-FTF_{EI}=27-10=17$$
$$LS_E=LF_E-D_E=17-4=13$$

⑦ 对于活动 D、C、B：它们均只有一个紧后活动，为 FTS 关系，则

$$LF_D=LS_H-FTS_{DH}=19-0=19，LS_D=LF_D-D_D=19-11=8$$
$$LF_C=LS_F-FTS_{CF}=15-0=15，LS_C=LF_C-D_C=15-6=9$$
$$LF_B=LS_F-FTS_{BF}=15-0=15，LS_B=LF_B-D_B=15-12=3$$

⑧ 对于活动 A：活动 A 有四个紧后活动，均为 FTS 关系，取四个计算值中的最小值，则

$$LF_A=\min\{LS_B+0，LS_C+0，LS_D+0，LS_E+0\}=\min\{3，9，8，13\}=3$$
$$LS_A=3-3=0$$

5）总时差（TF）的计算。一个活动的总时差是项目所允许的最大机动余地，在总时差范围内的推迟不影响总工期。活动总时差为

$$TF_i=LS_i-ES_i=LF_i-EF_i$$

则有 $TF_A=0-0=3-3=0$，$TF_B=3-3=15-15=0$，$TF_C=9-3=15-9=6$，$TF_D=8-3=19-14=5$，…

6）自由时差（FF）的计算。

① 自由时差的定义与计算规则。一个活动的自由时差是指这个活动不影响其他活动的机动余地，因此必须按该活动与其他活动的搭接关系来确定自由时差。一般有如下几种情况。

a. 在搭接时距为 min 定义的情况下，只考虑该活动与紧后活动的关系。例如，对 FTS 关系，如图 5-31 所示。活动 i 的自由时差是指活动 i 可以推迟多少对活动 j 没有影响，则

$$FF_i=ES_j-EF_i-FTS_{ij}$$

而活动 j 的推迟对活动 i 是没有影响的。

当活动 i 有不止一个紧后活动时，则取多个自由时差 FF_i 中的最小值。

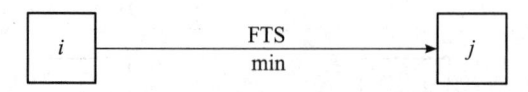

图 5-31 搭接时距为 min 定义下的自由时差

b. 在搭接时距为 max 定义的情况下，将两个活动以特殊的形式连接在一起，如图 5-32 所示。它们之间的搭接时距应处于 0 与 max 之间，如果活动 j 推迟，则可能会引起活动 i 推迟。因此，计算活动 j 的自由时差，不仅要考虑其紧后活动，而且要考虑到与它具有 max 搭接关系的紧前活动 i。对于活动 i：

$$FF_i = ES_j - EF_i$$

即令搭接时距 $FTS_{ij}=0$，这里 max 是活动 i 可以利用的时差。

对于活动 j：

$$FF_j = EF_i + \max - ES_j$$

当活动 j 有不止一个紧前（max 定义的）或紧后关系时，FF_j 取最小值。

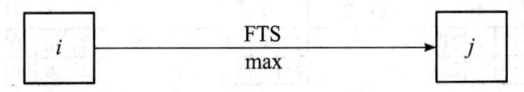

图 5-32 搭接时距为 max 定义下的自由时差

c. 结束节点的自由时差计算。对于结束节点，由于总工期的限制，则

$$FF_j = TD - EF_j$$

② 自由时差的计算。

$$FF_A = \min\{ES_B,\ ES_C,\ ES_D,\ ES_E\} - FTS - EF_A = \min\{3,\ 3,\ 3,\ 3\} - 0 - 3 = 0$$
$$FF_B = ES_F - FTS - EF_B = 15 - 0 - 15 = 0$$
$$FF_C = ES_F - FTS - EF_C = 15 - 0 - 9 = 6$$
$$FF_D = ES_H - FTS - EF_D = 17 - 0 - 14 = 3$$
$$FF_E = EF_I - FTF - EF_E = 17 - 10 - 7 = 0$$

活动 F 的紧后活动为活动 G，但由于二者具有双重逻辑关系，则

$$FF_{F1} = ES_G - STS_{FG} - ES_F = 17 - 2 - 15 = 0$$
$$FF_{F2} = EF_G - FTF_{FG} - EF_F = 23 - 3 - 19 = 1$$
$$FF_F = \min\{FF_{F1},\ FF_{F2}\} = \min\{0,\ 1\} = 0$$

活动 G 的紧后活动为活动 J，则

$$FF_G = ES_J - FTS - EF_G = 23 - 0 - 23 = 0$$

活动 H 的紧后活动为活动 J，搭接关系是 FTS，搭接时距是 max=2，则按照 FTS=0 计算：

$$FF_H = ES_J - FTS - EF_H = 23 - 0 - 21 = 2$$

活动 I 的紧后活动是活动 K，则

$$FF_I = ES_K - STS_{IK} - EF_I = 27 - 0 - 17 = 10$$

活动 J 有一个紧后活动 K，另外与紧前活动 H 由 max=2 连接，如图 5-33 所示，则有

$$FF_J=\min\{ES_K-FTS-EF_J,\ ES_H+STS-ES_J\}=\min\{27-0-27,\ 17+6-23\}=0$$
$$FF_K=TD-EF_K=30-30=0$$

上述计算和分析结果如图 5-34 和图 5-35 所示。

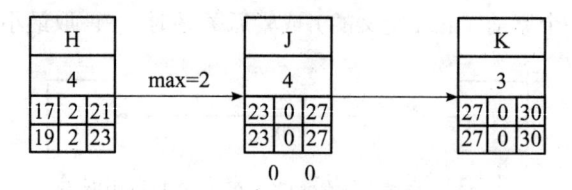

图 5-33　活动 J 与活动 H、K 的关系

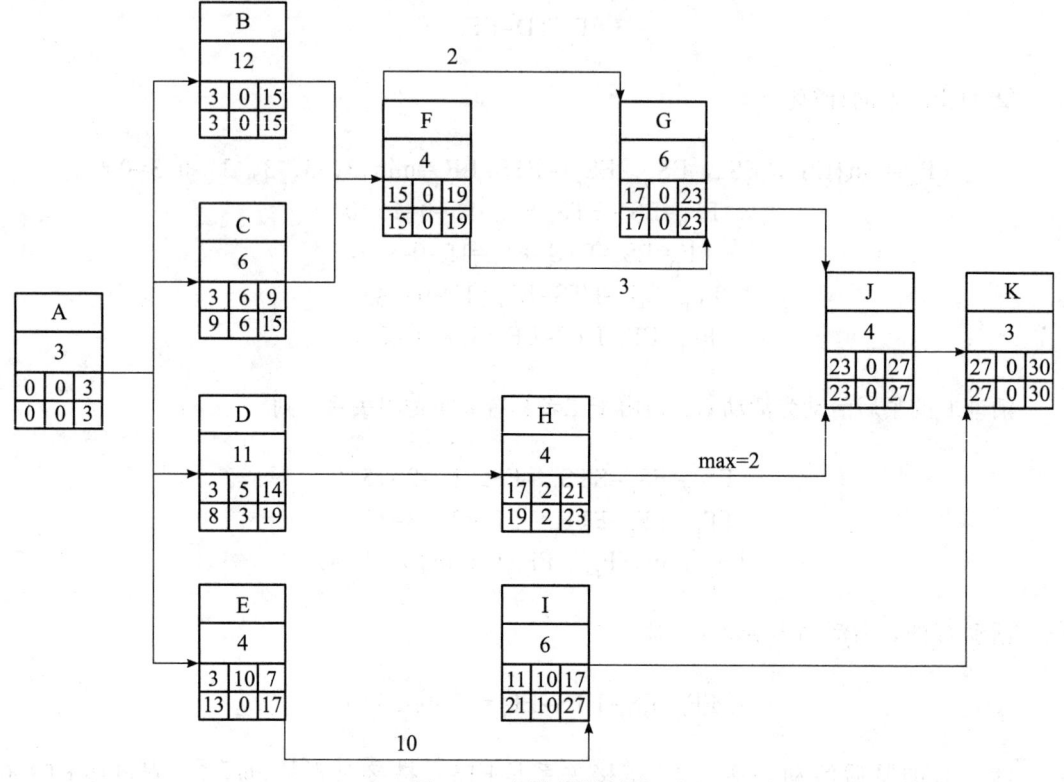

图 5-34　网络计算结果

（5）双代号网络的算法。在我国，双代号网络同样应用较为广泛。实际上，双代号网络中的计算可以看作为单代号搭接网络中搭接关系仅为 FTS=0 的特例，因此其计算较为简单且易于理解。依然以前述某安装公司承包的一项安装工程的单代号搭接网络计算为例，计算搭接关系仅为 FTS=0 时得到的结果和横道图、时标网络，如图 5-36 所示。

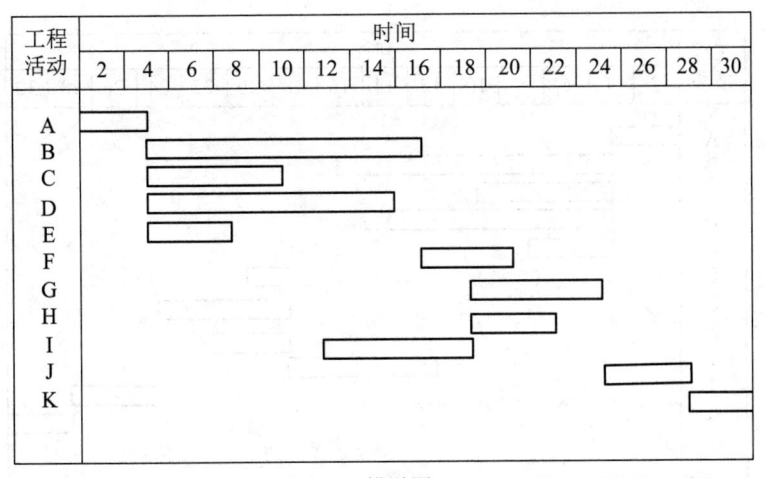

a）横道图

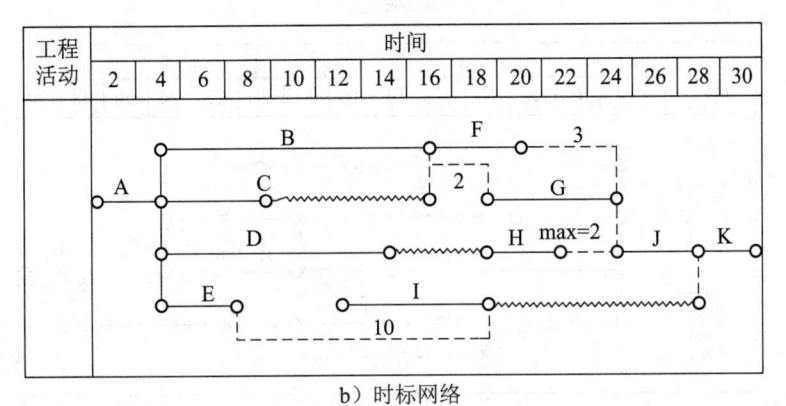

b）时标网络

图 5-35　网络分析结果输出

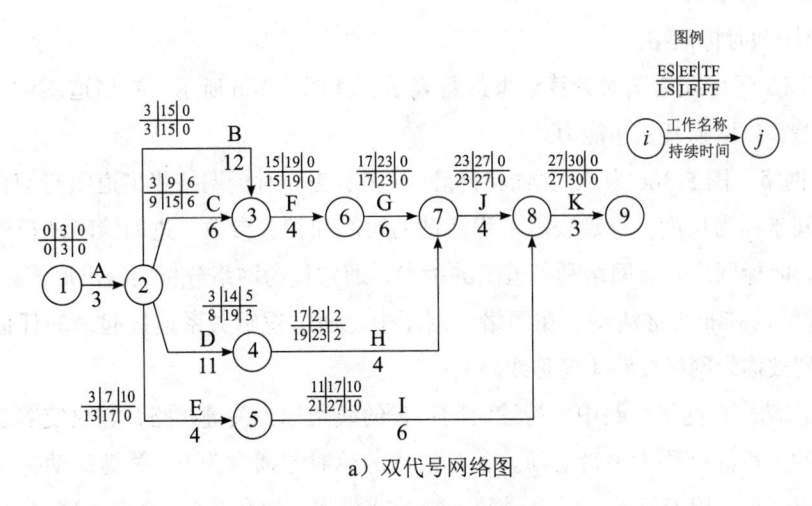

a）双代号网络图

图 5-36　双代号网络分析结果

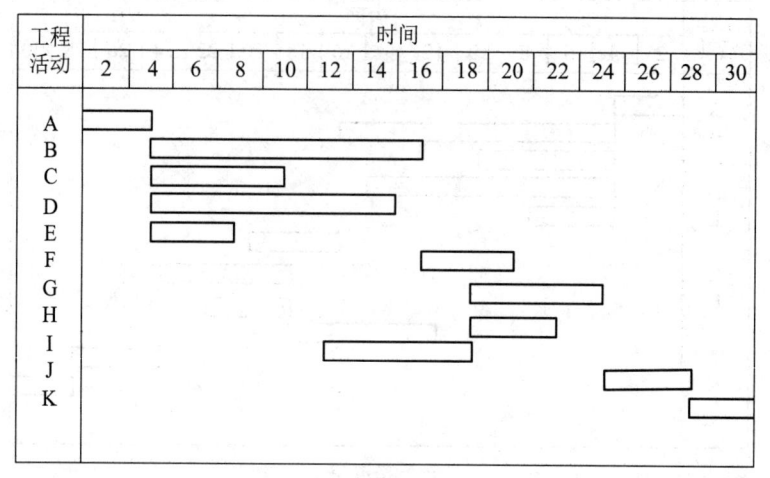

b）横道图

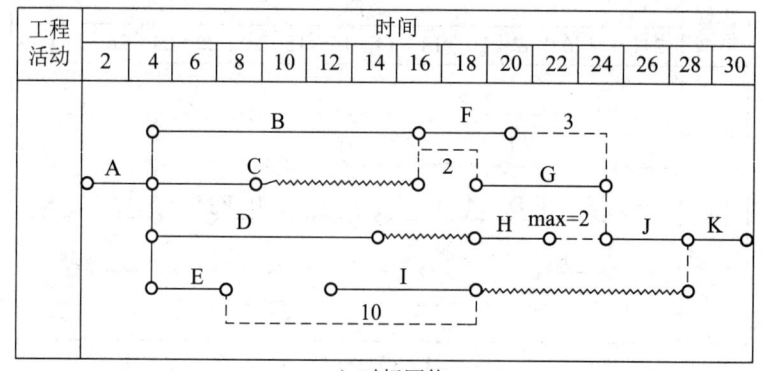

c）时标网络

图 5-36 双代号网络分析结果（续）

（6）网络分析结果。

1）横道图和时标网络。

① 横道图。运用横道图对计算结果进行表示，如图 5-36b 所示。在横道图中可以加入逻辑关系和时差，以增强其表达能力。

② 时标网络。图 5-36c 为该网络的时标网络表示法。时标网络将横道图与双代号网络相结合，以时间坐标为尺度，直观表示工程活动的时间和相关参数，进而清晰地反映活动之间的逻辑关系。时标网络具有网络和横道图的优点，通常作为网络分析的输出形式。

2）关键活动和非关键活动。在网络计划图中，通过逻辑关系连接起来的任何连续的工程活动的序列被称为网络线路（简称线路）。

① 关键活动。在网络线路中，持续时间最长的线路称为关键线路，它决定着总工期。在关键线路上的工程活动称为关键活动。关键活动的总时差通常为 0，关键活动持续时间的变化（如延长或缩短，以及开始、结束时间的提前或推迟）均会对总工期造成影响。在图 5-34 中，项目的关键线路由活动 A、B、F、G、J、K 组成；在图 5-36 中，项目的关键线路由活动 A、

C、G、J、K 组成。

关键线路是项目最重要的活动集合线，因此在工期控制中必须对关键线路上的活动进行重点关注，在时间和资源方面给予特别保证。因此，关键线路需要在工期计划中特别标明。

② 非关键活动。非关键活动之间存在一定的时间差，即开始和结束之间有回旋余地。因此，这些活动的持续时间可以在一定范围（时差值）内延长，开始时间也可以推迟，而不影响总工期（或其他活动）。

时差是项目赋予计划者的灵活性，合理利用时差有助于对人力、物力等资源的使用高峰进行优化调整，使施工过程更加均衡。在工期计划的结果（如横道图、S 形曲线、工期计划表等）中，非关键活动的工期根据最早时间定义来绘制，以便为后续工作留出回旋余地。例如，部分后期活动时间安排过于紧张；项目实施过程中不可预见的困难导致超工期。资源配置方面，当项目实施过程中出现进度拖延时，可将非关键活动的资源向关键活动转移，通过提高关键活动的资源投入量，以缩短关键线路的持续时间；对于处于资源投入高强度区的工程活动，需根据具体情况进行适当调整。

5.2.3 工程项目进度计划控制

工程项目进度计划控制是指对工程项目进度计划的实施与变更进行管理工作，其编制目的是指导工程项目的实施，以保证工程项目工期目标的实现。在工程项目进度计划实施过程中，计划常须随主客观条件的变化发生改变，因此需进行进度计划控制。它的主要内容包括：在工程项目进行过程中，持续监控工程项目进程，以确保各项工作均可以按进度计划进行；实时掌握计划的实施状况，并且将实际情况与计划进行对比分析，必要时应采取有效的对策，保证工程项目按预定进度目标进行，避免工期拖延。

1. 工程项目进度计划控制的主要依据

（1）工程项目进度计划。

（2）工程项目进度基准。它是衡量项目实施绩效与项目进度计划执行情况的基准和依据。

（3）被批准的工程项目进度变更请求。工程项目进度变更请求是指根据整体变更控制过程对工程项目进度计划提出的变更要求，可以由任何项目利益相关方提出。只有已经经过整体变更控制过程计划处理过的变更请求，即被批准的工程项目进度变更请求，才能用来更新工程项目进度基准或工程项目管理计划的其他组成部分。

（4）工程项目进度管理的计划安排。它提供了应对工程项目进度计划变更的措施和管理方法。它包括对项目资源（人员、设备、资金等）的合理安排，以及应急措施的制定等。

（5）工程项目进度计划实施情况报告。它提供了关于工程项目进度计划实施的实际情况和相关信息。

2. 工程项目进度计划控制的方法

（1）工程项目进度的比较分析方法。这一方法可通过对工程项目进度实施情况与计划进行比较和分析，以全面了解工程项目的实施情况。其中，常用的比较分析方法包括进度比较横道图、实际进度前锋线比较法、S形曲线法、"香蕉图"等。

（2）工程项目进度计划实施情况的测度方法。这一方法用于评估工程项目进度计划的完成程度与实际完成情况之间的差距。常用的测度方法包括日常观测、定期观测和项目进展报告等。

（3）工程项目管理软件。利用电子计算机和各种工程项目管理软件辅助进行进度管理，包括进度数据的采集、整理和分析，以此追踪与比较计划日期与实际日期，并预测实际或潜在的工程项目进度变化所造成的后果。

（4）绩效衡量。绩效衡量技术以进度偏差（SV）和进度效果指数（SPI）作为最终结果。进度偏差和进度效果指数用于评估实际进度偏差的大小。进度控制的一个重要任务是判断是否需要采取纠正措施来处理已经发生的进度偏差。例如，对于非关键线路上出现的较长延误，可能对整个项目总体进度影响较小，可以进行适当调整；而对于关键线路上或接近关键线路上出现的较短延误，可能需要立即采取行动，以避免对项目进度造成严重影响。

（5）进度变更控制系统。它规定了工程项目进度变更所需遵循的各项程序，包括书面申请、追踪系统和批准变更的审批级别等。进度变更控制系统既是进度控制的起点，也是进度控制的终点，以确保对工程项目进度的变更进行有效管理和控制。

（6）资源平衡和资源分配技术。

（7）进度压缩。

3. 工程项目进度计划控制阶段的工作结果

（1）更新后的进度计划。工程项目进度计划的更新是指对工程项目进度计划资料进行修改，必要时应通知利益相关者，以反映获批的剩余持续时间和对工作计划所做的修改。

（2）更新后的进度基准。它一般是在经过批准的范围或费用估算变更请求后，对进度基准计划的开始和完成日期进行修改。

（3）推荐的纠正措施。针对工程项目进度计划与原计划要求之间的偏差，建议采取纠正措施，以确保按时完成工程项目。

（4）请求的变更。通过比较分析实施的工程项目进度计划与计划之间的偏差，可以提出对进度基准的变更请求。这些请求旨在调整工程项目的进度计划，以适应实际情况且确保工程项目顺利实施。

（5）经验总结和知识管理。对工程项目进度计划控制过程中获得的经验与教训进行总结和积累，并且将其保存到数据库中，以便将来的工程项目能够借鉴与利用这些经验和知识。

（6）资源调整。当资源供应出现异常情况时，需要进行资源调整以解决问题。资源供应异常可能包括资源供应量不足、资源强度下降或资源中断等情况，进而对项目计划的实施工期产生影响。

5.3 工程项目成本管理

5.3.1 工程项目成本计划

1. 成本计划的类型

在工程项目中，成本计划的编制是一个逐步深入的过程，在不同阶段形成不同深度和功能的成本计划。根据功能、成本组成、项目结构和工程实施阶段，可以编制不同类型的成本计划，包括竞争性成本计划、指导性成本计划和实施性成本计划。成本计划的编制基于成本预测，旨在确定目标成本。通过结合施工组织设计的编制过程，优化施工技术方案和合理配置生产要素，对人工、材料和机器的消耗进行分析。在此基础上，制定一系列节约成本的措施，最终确定成本计划。总成本计划通常应控制在目标成本范围内，并且基于实际情况制订。在确定总施工成本目标之后，还需要通过编制详细的实施性成本计划将目标成本逐级分解，落实到施工过程的各个环节，以有效进行成本控制。

（1）竞争性成本计划。它是在工程项目投标和合同签订阶段进行的估算成本计划。该计划以招标文件中的合同条件、投标者须知、技术规范、设计图和工程量清单为依据，根据施工企业自身的工料消耗标准、水平、价格资料和费用指标等，结合调研、现场调查、答疑等情况，对完成招标工作所需的全部费用进行估算。在招标报价过程中，虽然重点考虑降低成本的途径和措施，但总体上比较粗略。

（2）指导性成本计划。它作为项目经理的责任成本目标，是选派项目经理阶段的预算成本计划。它是在合同价格的基础上，根据企业的预算定额标准设计预算成本计划，通常用于确定责任总成本目标。

（3）实施性成本计划。它以工程项目实施方案为基础，旨在落实项目经理责任目标，是施工准备阶段的施工预算成本计划。通过编制施工预算，确定企业的施工定额，从而形成实施性成本计划。

这三种成本计划相互关联、逐步深化，形成了整个工程项目的成本计划过程。其中，竞争性成本计划作为施工项目招标阶段商务标书的基础，具有战略性质，因为竞争力强的商务标书以先进合理的技术标书为支撑，因此，竞争性成本计划对工程项目成本的基本水平起着决定性的作用；指导性成本计划和实施性成本计划是对竞争性成本计划的进一步发展和深化，它们是为了对竞争性成本计划进行战术性安排而制订的。

2. 成本计划的编制步骤和依据

成本计划的编制包括以下步骤：首先，广泛收集和整理相关资料，将其作为成本计划的依据；其次，综合考虑项目设计文件、施工组织设计等相关资料，预测因素变化和采取的措施，对工程项目的生产费用进行估算，并且确定项目成本计划控制指标，进而确定总目标成本；其次，将总目标成本分解和分配到各级部门，以实现有效控制；最后，通过综合平衡，完成成本计划的编制。

成本计划的编制依据应包括以下内容。

1）价格信息。

2）相关定额。

3）合同文件。

4）相关设计文件。

5）项目管理实施规划。

6）类似项目的成本资料。

3. 成本计划的编制程序

项目管理机构应基于系统的成本策划，按成本组成、项目结构和工程实施阶段分别编制项目成本计划。

（1）成本计划编制的规定。

1）由项目管理机构负责组织编制。

2）项目成本指标和降低成本指标明确。

3）项目成本计划对项目成本控制具有指导性。

（2）成本计划的编制程序。

1）确定项目总体成本目标。

2）编制项目总体成本计划。

3）项目管理机构与组织的职能部门根据其责任成本范围，分别确定各自的成本目标且编制相应的成本计划。

4）项目管理机构与组织的职能部门负责人分别审批相应的成本计划。

5）预测项目成本。

6）针对成本计划制定相应控制措施。

4. 成本计划的编制方法

（1）按成本构成编制成本计划。以某大型体育场馆安装工程为例，该工程项目的安装工程费按照成本构成要素划分为以下七部分：人工费、材料费（包含工程设备费）、施工机具使用费、企业管理费、利润、规费和增值税，如图5-37所示。同样地，以某房产建筑工程为例，该工程项目的施工成本按照成本构成划分为以下三部分：人工费、材料费和企业管理费，如图5-38所示。在此基础上，按成本构成编制成本计划。

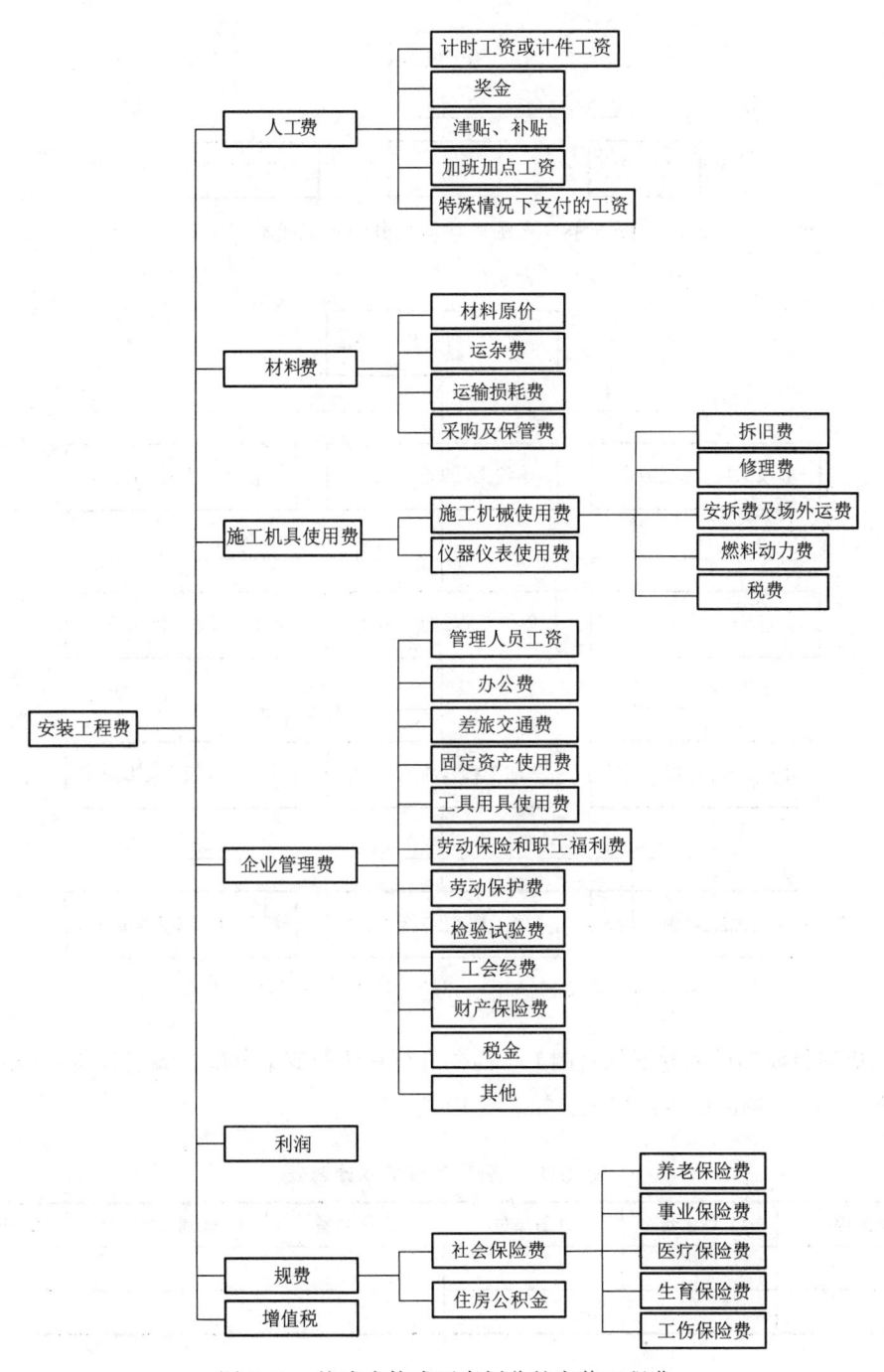

图 5-37 按成本构成要素划分的安装工程费

（2）按项目结构编制成本计划。大中型工程项目通常由多个单项工程组成，而每个单项工程又由若干个单位工程构成，单位工程进一步包括分部工程和分项工程。因此，在编制成本计划时，首先需要将项目总成本进行分解，确定各个单项工程的成本，然后进一步将成本分解至单位工程层面，在单位工程层面再将成本进一步分解至分部工程和分项工程，如图 5-39 所示。

图 5-38 按成本构成划分的施工成本

图 5-39 按项目结构划分的大中型项目总施工成本

在完成项目成本目标分解的基础上,需要进行具体的成本分配,编制分项工程成本支出计划,进而形成详细的成本计划表,如表 5-10 所示。

表 5-10 分项工程成本计划表

分项工程	工程名称	计量单位	工程数量	计划成本	本分项总计

在编制成本支出计划时,应立足于项目总体层面,考虑总储备成本,并且在主要的分项工程中安排适当的不可预见费,避免出现个别单位工程或工程量表中某项内容的工程量计算与原始成本预算差异较大的情况。

(3)按工程实施阶段或实施进度编制成本计划。按工程实施阶段编制成本计划,如基础、主体、安装、装修等,或者按月、季、年等实施进度进行编制。按实施进度编制成本计划,通常可以在控制项目进度的基础上进一步展开网络图,即在建立网络图时,一方面确定完成各项工作所需的时间，另一方面确定完成该工作合适的成本支出计划。在实践中，将工程项目分解为可直观、方便地表示进度和成本计划的任务是较为困难的，通常如果项目分解程度对进度控制合适，则对成本支出计划可能分解过细，以至于难以确定每项工作的成本支出计划，反之亦然。因此，在编制网络计划时，既要充分考虑项目划分上的进度控制要求，又要考虑项目划分上确定成本支出计划的要求，做到二者之间的权衡与兼顾。

在网络计划的基础上，通过对成本目标按时间进行分解，可获得项目进度计划的横道图，并且在此基础上编制成本计划。成本计划的表示方式有两种：一种是在时标网络图上按月编制的成本计划直方图，如图 5-40 所示；另一种是用时间－成本累积曲线（S 形曲线）表示，如图 5-41 所示。

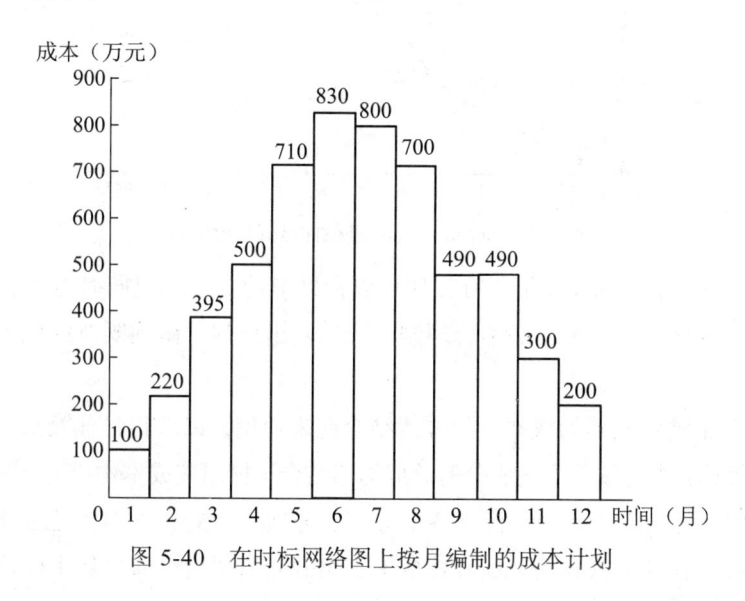

图 5-40 在时标网络图上按月编制的成本计划

具体绘制步骤如下。

1）确定工程项目进度计划，编制进度计划的横道图。

2）根据每单位时间内完成的实物工程量或投入的人力、物力和财力，计算单位时间（月或旬）的成本，在时标网络图上按时间编制成本支出计划，如图 5-40 所示。

3）计算规定时间 t 计划累计支出的成本额。其计算方法为将各单位时间计划完成的成本额累加求和。

4）根据各规定时间的计划累计支出的成本额，绘制 S 形曲线，如图 5-41 所示。

每一条 S 形曲线都对应一个具体的工程进度计划。由于在进度计划的非关键线路中存在许多有时差的工序或工作，因而 S 形曲线必然包络在由曲线所组成的"香蕉图"内。"香蕉图"由全部工作都按 ES 开始以及全部工作都按 LS 开始的曲线组成。项目经理可根据编制的成本支出计划对资金进行合理安排，同时也可以根据筹措的资金情况来调整 S 形曲线，即对非关键线路上工序项目的 ES 或 LS 进行调整，以将实际成本支出控制在计划的范围内，达到成本控制的目的。

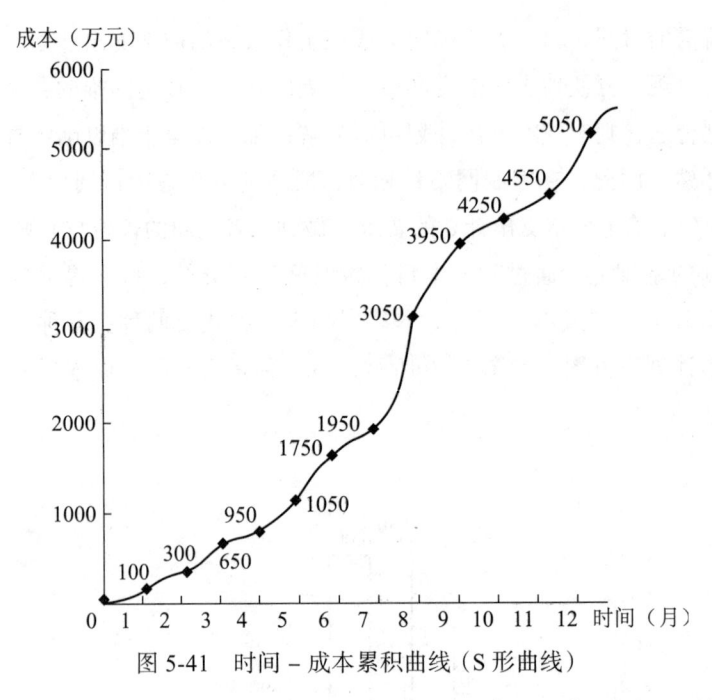

图 5-41 时间-成本累积曲线（S形曲线）

在项目管理中，按照 LS 开始所有工作可以帮助节约资金，但同时也可能降低项目按期竣工的保证率。因此，项目经理必须合理制订成本支出计划，做到既节约成本支出，又确保项目如期竣工。

在实践中，常常将不同的成本计划方式结合起来使用，以取得最佳效果。例如，可以将按项目结构分解总成本与按成本构成分解总成本相结合，横向按成本构成进行分解，纵向按项目结构进行分解。这种方式有助于检查各个分部、分项工程的成本构成是否完整，是否存在重复计算或遗漏，并且可以确保各项具体成本支出的对象明确，通过数字校核分解结果是否正确。此外，还可以将按项目结构分解的项目总成本计划与按实施阶段或实施进度分解的项目总成本计划结合使用，纵向按项目结构进行分解，横向按实施阶段或实施进度进行分解。

【例5-1】 已知某地产复式洋房建设施工项目的数据资料（见表5-11），绘制该项目的时间-成本累积曲线。

表 5-11 某地产复式洋房建设施工项目数据资料

编码	项目名称	ES（月份）	工期（月）	成本强度（万元/月）
1	场地平整	1	1	15
2	基础施工	2	3	20
3	主体工程施工	5	3	30
4	砌筑工程施工	8	2	30
5	屋面工程施工	10	2	30

(续)

编码	项目名称	ES（月份）	工期（月）	成本强度（万元/月）
6	楼地面施工	11	2	20
7	室内设施安装	12	1	30
8	室内装饰	12	1	20
9	室外装饰	12	1	15
10	其他工程		1	10

解：

1）制订施工项目进度计划，编制进度计划的横道图，如图 5-42 所示。

2）在横道图基础上按时间编制成本计划，如图 5-43 所示。

3）计算规定时间 t 计划累计支出的成本额。

编码	项目名称	工期（月）	成本强度（万元/月）	工程进度（月份）
1	场地平整	1	15	1
2	基础施工	3	20	2-4
3	主体工程施工	3	30	5-7
4	砌筑工程施工	2	30	8-9
5	屋面工程施工	2	30	10-11
6	楼地面施工	2	20	11-12
7	室内设施安装	1	30	12
8	室内装饰	1	20	12
9	室外装饰	1	15	12
10	其他工程	1	10	12

图 5-42 进度计划横道图

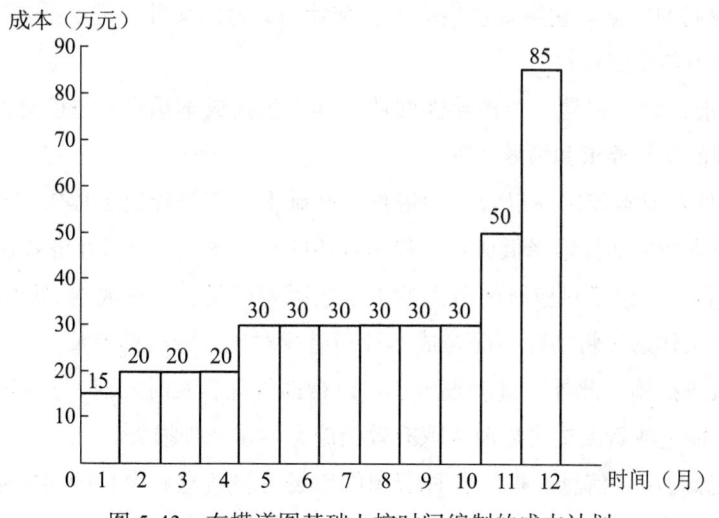

图 5-43 在横道图基础上按时间编制的成本计划

4）绘制 S 形曲线，如图 5-44 所示。

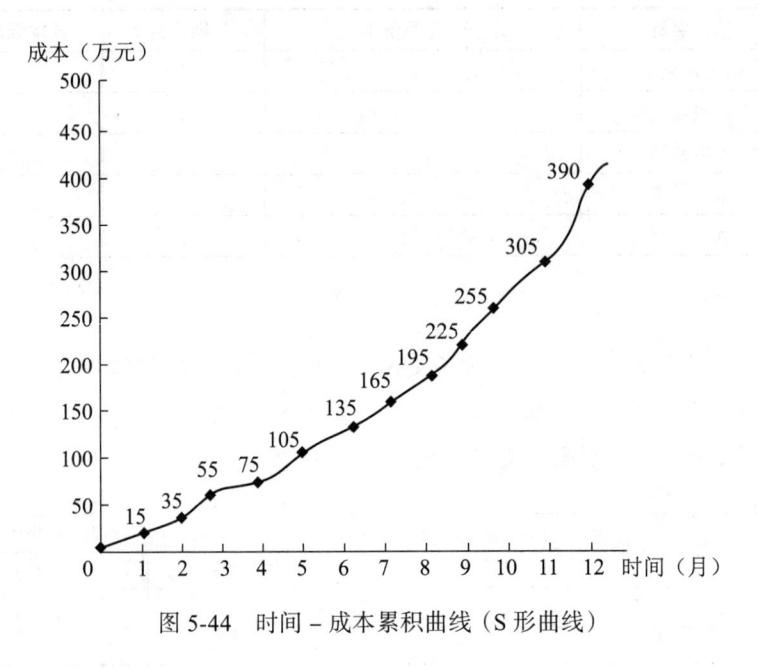

图 5-44 时间 - 成本累积曲线（S 形曲线）

5.3.2 工程项目成本控制

工程项目成本控制是指在项目的各个阶段，在保证工程质量和工程周期的前提下，通过实际成本与预算成本的对比、调整和管理，将各项生产成本控制在计划成本范围之内，以确保成本目标的实现。

1. 成本控制的依据和程序

（1）成本控制的依据。它主要包括成本基准计划、合同文件、进度报告、各种资源的市场信息、工程变更与索赔资料。

1）成本基准计划。它是一个指导性文件，其中包括成本预算、进度计划，以及依据项目绩效进行调整的质量要求和绩效条件。

2）合同文件。成本控制在以合同为依据的基础上，围绕降低工程成本这一目标，从预算收入和实际成本两方面探索降低成本、提高效益的有效途径，以求经济效益的最大化。

3）进度报告。它包括对应时间节点的工程实际完成量、工程成本实际支出情况等重要信息。成本控制工作通过将实际情况与成本计划进行对比，分析偏差及其产生原因，进而采取有针对性的改进措施。此外，进度报告还可以帮助管理者及时发现工程实施过程中存在的隐患，并且在可能造成重大损失之前采取有效措施，尽量减少损失。

4）各种资源的市场信息。根据各种资源的市场价格信息和项目的实施情况，计算项目的成本偏差，预测成本的发展趋势。

5）工程变更与索赔资料。在实际工程项目中，工程变更和索赔往往是不可避免的。工程变更是指在工程项目实施过程中，由于客户或其他因素的要求，或者由于设计、施工的不足，需要对原有的工程实施方案或施工过程进行调整和更改的情况。工程索赔则是指在工程项目实施过程中，由于业主变更、设计变更、人力不足、材料问题、自然灾害等原因，造成承包商权益受到损害而向业主提出的一种补偿性索赔。工程变更与索赔资料的处理涉及诸多方面，如技术方案的调整、材料的更换、施工进度的调整等。为了能够成功处理工程变更与索赔资料，需要严格执行相关的规定和程序，同时也需要协调各方的利益关系，避免造成冲突和损失。

（2）成本控制的程序。

1）制订成本基准计划。在项目实施前，需要制订成本基准计划。该计划规定了项目的成本预算和时间安排等要素，并且被用作监测项目执行过程中成本的基准。

2）跟踪和记录实际成本。在项目实施过程中，需要及时跟踪和记录实际成本，这些成本数据包括项目阶段、工作包、资源和成本类别。对记录的数据应该进行分类汇总，以判断实际成本是否符合成本基准计划。

3）分析偏差原因。当实际成本与成本基准计划出现差异时，需要对这些偏差进行分析，以便找到问题和解决方案。偏差分析的主要目的是确定偏差原因，避免再次发生。

4）实施变更管理。当项目的成本基准计划需要进行变更时，需要从变更控制过程中执行。该过程需要正确地评估可能的影响，向整个项目团队传达变更信息，并且确保项目各方能够理解和同意变更。

5）实施风险管理。项目实施中有许多可能影响成本的风险，包括技术、进度、资源和政策等方面的风险，并且需要预测可能出现的风险，确定潜在影响且评估可以采取的对策。

2. 成本控制的方法

（1）成本过程控制方法。作为成本发生的主要阶段，施工阶段的成本控制主要是通过确定成本目标和按计划组织施工，合理配置资源，以对施工现场产生的各项成本进行有效控制。具体内容如下。

1）人工费的影响因素。

①社会平均工资水平。工人的人工单价必须与社会平均工资水平趋同，而社会平均工资水平取决于经济发展水平。改革开放以来我国经济迅猛增长，社会平均工资水平大幅提高，进而导致人工单价也大幅提高。

②生产消费指数。生产消费指数的提高会降低生活水平，为减少生活水平的下降，维持原生活水平，将提高人工单价。该指数的变动取决于物价的变动，尤其生活消费品物价的变动。

③劳动力市场供需变化。如果劳动力市场供不应求，则人工单价提高；如果劳动力市场供过于求，则人工单价下降。

④ 经会审的施工图、施工定额、施工组织设计等决定了人工的消耗量。

⑤ 政府推行的社会保障和福利政策也会影响人工单价。

2）控制人工费的方法。控制人工费支出的主要手段包括加强劳动定额管理、提高劳动生产率、降低工程耗用人工工日。

① 制定合理、合法的用人标准和招聘程序。这样可以确保招聘的人员符合工作需要且能够完成任务，同时也可以避免因违法招聘而引发的麻烦和额外成本。

② 建立合理的工作制度，通过奖惩措施激励工人的工作积极性，从而提高工作效率。

③ 培训技能水平。由于工人的手艺和工作技能水平不同，因此对工人进行技能培训，提高其技能水平，将有助于提高工作效率和工作能力，并且降低人工成本。

④ 实行弹性需求的劳务管理制度。施工生产各环节上的业务骨干和基本的施工力量要保持相对稳定；对于施工力量的短期需要，要做好预测和计划管理，通过企业内部的劳务市场和外部协作队伍对其进行调整；严格做到项目部的定员配合工程进度要求及时进行调整，进行弹性管理；打破行业、工种界限，提倡一专多能，提高劳动力的利用效率。

3）材料费的控制。材料费用通常是工程项目中的重要成本组成部分之一，对于该部分的控制可以从以下几方面考虑。

① 透明的材料采购程序可以确保其可持续性，同时也可以避免过高的材料采购成本。

② 与供应商合作，采取询价和议价等方式减少材料成本。

③ 优化材料使用，避免材料浪费。

④ 建立材料库存管理制度，杜绝废品产生，减少仓租费用。

⑤ 及时更新材料品种，以适应市场变化和新技术的出现。

（2）赢得值（挣值）法。赢得值法（Earned Value Management，EVM）于1967年由美国国防部首次提出。目前，国际上先进的工程公司已普遍采用赢得值法评估和预测工程项目成本与进度绩效。

1）赢得值法的三个基本参数。

① 已完成工作预算费用。已完成工作预算费用简称BCWP（Budgeted Cost for Work Performed），是指在项目的某一特定日期前计划完成的工作的预算费用。

$$已完成工作预算费用（BCWP）= 已完成的工作量 \times 预算工作量单位成本$$

② 计划工作预算费用。计划工作预算费用简称BCWS（Budgeted Cost for Work Scheduled），是指在项目的某一特定日期前计划完成的工作的总预算费用。一般来说，除非合同有变更，BCWS在工程实施过程中保持不变。

$$计划工作预算费用（BCWS）= 计划要完成的工作量 \times 预算工作量单位成本$$

③ 已完成工作实际费用。已完成工作实际费用简称ACWP（Actual Cost for Work Performed），是指在项目的某一特定日期前，已完成的工作（或部分工作）所实际支出的

费用。

$$已完成工作实际费用（ACWP）=已完成的工作量 \times 实际工作量单位成本$$

2）赢得值法的四个评价指标。通过上述三个基本参数，可以确定赢得值法的四个评价指标，它们均可以表示为时间的函数。

① 费用偏差（Cost Variance，CV）。它表示已经花费的成本与计划花费的成本之间的差异，是衡量实际成本与预算成本的差距是否在可接受的范围内的关键指标。

$$费用偏差（CV）=已完成工作预算费用（BCWP）-已完成工作实际费用（ACWP）$$

当CV<0时，表示项目运行超支，即实际费用高于预算费用；当CV>0时，表示项目运行节支，即实际费用低于预算费用。

② 进度偏差（Schedule Variance，SV）。它表示已完成的工作量与计划要完成的工作量之间的差异，是衡量实际进度与预算进度之间的差距是否在可接受的范围内的关键指标。

$$进度偏差（SV）=已完成工作预算费用（BCWP）-计划工作预算费用（BCWS）$$

当SV<0时，表示进度延误，即实际进度落后于计划进度；当SV>0时，表示进度提前，即实际进度快于计划进度。

③ 费用绩效指数（CPI）。它通常用于补充EVM中的其他指标，以提供更全面的项目成本绩效评估。

$$费用绩效指数（CPI）=\frac{已完成工作预算费用（BCWP）}{已完成工作实际费用（ACWP）}$$

当CPI<1时，表示超支，即实际费用高于预算费用；当CPI>1时，表示节支，即实际费用低于预算费用。

④ 进度绩效指数（SPI）。它可以帮助管理者了解项目的进度是否落后或超前于计划，并且评估项目的整体进度状况。

$$进度绩效指数（SPI）=\frac{已完成工作预算费用（BCWP）}{计划工作预算费用（BCWS）}$$

当SPI<1时，表示进度延误，即实际进度比计划进度慢；当SPI>1时，表示进度提前，即实际进度比计划进度快。

在项目的费用、进度综合控制中采用赢得值法，可以提供全面的项目进度和成本绩效状况，使管理者可以较为准确地了解各项工作的状态，及时识别和解决项目中出现的问题。这有助于提高决策效率，采取正确的决策方案，及时应对项目变化，提高项目管理效率，降低风险，保障项目成功实施。

（3）偏差分析的表达方法。偏差分析可以采用不同的表达方法，常用的有横道图法、表格法和曲线法。

1）横道图法。横道图是一种以时间为轴的图表，描述了项目的进度和时间计划。在进行偏差分析时，可以通过将实际进展与计划进行比较来评估项目的绩效状况。

横道图法易于理解和使用，可以直观地描述项目的时间计划和进展情况，帮助管理者及时识别问题且采取措施调整项目。但这种方法反映的信息量少，一般由项目高层管理者应用。

2）表格法。它是通过将实际数据与计划数据进行比较，计算各项指标的偏差，从而评估项目绩效状况。它将项目编号、名称、不同费用参数和费用偏差数综合纳入一张表格中，在表格中进行比较。

表格法对于小型、简单的项目来说较为实用，易于掌握，便于进行数据比较分析，适于初学者使用。但对于大型、复杂的项目来说，需要大量人力和时间来维护表格，成本较高，并且在处理大量数据时，容易出现错误。

3）曲线法。它是以时间为轴，将实际进展数据与计划数据绘制在同一张图上，形成曲线，比较实际与计划的差异。

曲线法可以直观地反映项目的情况，更容易理解与判断项目进展和问题。但对于初学者来说可能不太容易理解和应用，需要更多的时间与技术支持来维护和分析。

【例5-2】 某市区一主街道工程项目有2 000m^{2}缸砖面层地面施工任务，交由某市政工程分包商承担，计划于7个月内完成。该工程进行了4个月以后，发现某些工作项目实际已完成的工作量和实际单价与原计划有偏差，其数值如表5-12所示。

表5-12 某市区一主街道工程项目工作量表

工作项目名称	平整场地	室内夯填土	垫层	缸砖面砂浆结合	踢脚
单位	100m^2	90m^2	10m^2	80m^2	100m^2
计划工作量（4个月）	120	20	70	100	13.55
计划单价（元/单位）	16	46	450	1 520	1 700
已完成工作量（4个月）	155	20	48	70	9.5
实际单价（元/单位）	16	46	455	1 700	1 650

问题：

（1）试计算出并用表格法列出至第4个月月末时各工作的计划工作预算费用（BCWS）、

已完成工作预算费用（BCWP）、已完成工作实际费用（ACWP），并且分析费用局部偏差、费用绩效指数（CPI）、进度局部偏差、进度绩效指数（SPI），以及费用累计偏差和进度累计偏差。

（2）用横道图法表明各项工作的进展和偏差情况。

（3）用曲线法表明该项施工任务总的计划和实际进展情况，标明其费用和进度偏差情况（说明：各工作项目在4个月内均是匀速、等值进行的）。

解：

（1）用表格法分析费用偏差，如表5-13所示。

表5-13 缸砖面层地面施工费用分析

1）项目编码		1	2	3	4	5	
2）项目名称	计算方法	平整场地	室内夯填土	垫层	缸砖面砂浆结合	踢脚	总计
3）单位		100m^2	90m^2	10m^2	80m^2	100m^2	
4）计划工作量（4个月）	4）	120	20	70	100	13.55	
5）计划单价（元/单位）	5）	16	46	450	1 520	1 700	
6）计划工作预算费用（BCWS）	6）=4）×5）	1 920	920	31 500	152 000	23 035	209 375
7）已完成工作量（4个月）	7）	155	20	48	70	9.5	
8）已完成工作预算费用（BCWP）	8）=7）×5）	2 480	920	21 600	106 400	16 150	147 550
9）实际单价（元/单位）	9）	16	46	455	1 700	1 650	
10）已完成工作实际费用（ACWP）	10）=7）×9）	2 480	920	21 840	119 000	15 675	159 915
11）费用局部偏差	11）=8）−10）	0	0	−240	−12 600	475	
12）费用绩效指数（CPI）	12）=8）/10）	1	1	0.989	0.894	1.03	
13）费用累计偏差	13）=∑11）	−12 365					
14）进度局部偏差	14）=8）−6）	560	0	−9 900	−45 600	−6 885	
15）进度绩效指数（SPI）	15）=8）/6）	1.292	1	0.686	0.7	0.701	
16）进度累计偏差	16）=∑14）	−61 825					

（2）横道图费用偏差分析如表5-14所示。其中各横道形式表示为计划工作预算费用（BCWS）、已完成工作预算费用（BCWP）和已完成工作实际费用（ACWP）。

表 5-14　费用偏差分析

项目编号	项目名称	费用数额（千元）	费用偏差（千元）	进度偏差（千元）
1	平整场地	BCWS=1.92 BCWP=2.48 ACWP=2.48	0	0.56
2	室内夯填土	BCWS=0.92 BCWP=0.92 ACWP=0.92	0	0
3	垫层	BCWS=31.5 BCWP=21.6 ACWP=21.84	−0.24	−9.9
4	缸砖面砂浆结合	BCWS=152 BCWP=106.4 ACWP=119	−12.6	−45.6
5	踢脚	BCWS=23.035 BCWP=16.15 ACWP=15.675	0.475	−6.885
合计		BCWS=209.38 BCWP=147.55 ACWP=159.915	−12.37	−61.83

（3）用曲线法表明该项施工任务在第 4 个月月末时，其费用和进度的偏差情况如图 5-45 所示。

A——计划工作预算费用　　CV——费用累计偏差
B——已完成工作预算费用　SV——进度累计偏差
C——已完成工作实际费用

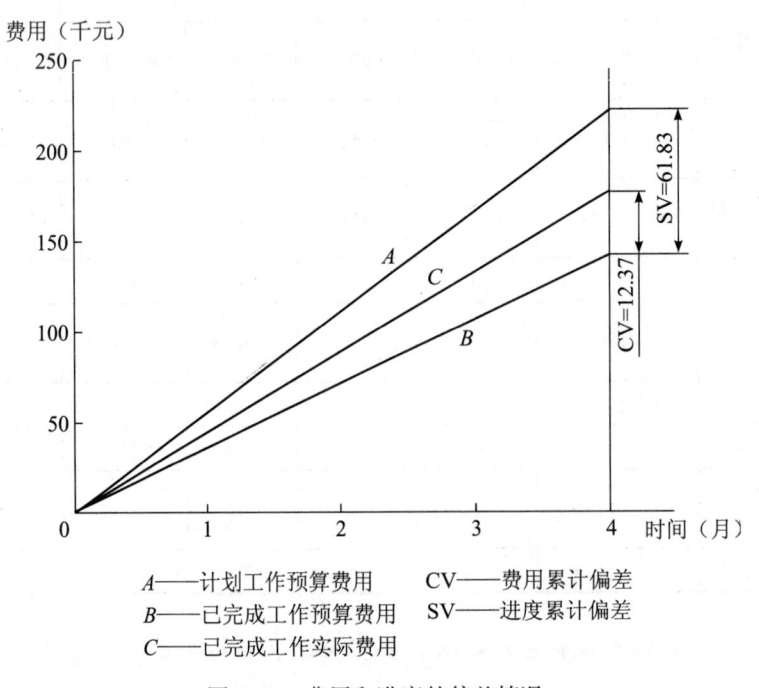

图 5-45　费用和进度的偏差情况

(4)偏差原因分析与纠偏措施。

1)偏差原因分析。它是通过识别成本偏差的原因和根本问题,帮助管理团队了解项目成本绩效情况,为采取相应的纠偏措施提供基础和依据。常见的偏差原因分析包括以下几个方面。

① 规划阶段的问题:项目规划不足、估算不精确、风险评估不全面等问题可能导致成本偏差。

② 实施阶段的问题:缺乏有效沟通、人员不足、材料价格波动等问题可能导致成本偏差。

③ 风险因素:项目在风险管理方面存在漏洞、没有及时采取纠正措施可能导致成本偏差。

④ 管理方面的问题:管理团队缺乏经验、管理决策不当、监管不到位等问题可能导致成本偏差。

2)纠偏措施。采取纠偏措施是提高工程项目成本控制绩效的关键。纠偏措施示例如下。
① 改变实施过程。
② 变更工程范围。
③ 重新规划预算,制订新的成本计划和控制措施,校正原有的预算。
④ 化资源配置,提高工作效率,增加工作时间等,以降低成本和加快进度。
⑤ 取合理的采购策略,优化供应链,寻找优质材料及其供应商,降低采购成本。
⑥ 加强风险管理,及时应对和处理风险,防止造成成本偏差,降低风险影响。
⑦ 加强沟通和协作,确保各方能够清晰理解项目的成本目标、数量和期望绩效,协调各方的矛盾和不同需求,以保证项目实施顺利。

5.3.3 工程项目成本核算

1. 成本核算的原则

(1)合理性原则:成本核算必须建立在合理的框架下,以确保成本指标的准确性和可比性。

(2)完整性原则:成本核算必须考虑到所有相关成本,并且在时间和空间上进行充分覆盖。

(3)透明度原则:成本核算信息必须是透明的、可靠的,并且方便利益相关方理解和分析。

(4)约束性原则:成本核算必须遵守相应的法规和标准,并且按照项目管理计划、成本计划、工时表和决策制定成本预算。

2. 成本核算的依据

(1)各种财产物资的收发、转移、领退、清查、报废、盘点资料。做好这些工作,是成本核算的前提条件。

（2）工时、材料、费用等各项内部消耗定额，以及结构件、作业、劳务的内部结算指导价。

（3）与成本核算有关的各项工程量统计资料和原始记录。

3. 成本核算的范围

工程成本包括从合同签订开始至合同完成止所发生的、与执行合同有关的直接费用和间接费用。

直接费用是指为完成合同所发生的、可以直接计入合同成本核算对象的各项费用支出，包括直接人工、直接材料、机械使用费、其他直接费用等。

间接费用是指企业下属的施工单位或生产单位为组织和管理施工生产活动所发生的费用。

《财政部关于印发〈企业产品成本核算制度（试行）〉的通知》（财会〔2013〕17号）则将建筑企业的成本项目分为以下类别。

直接人工，是指按照国家规定支付给施工过程中直接从事建筑安装工程施工的工人以及在施工现场直接为工程制作构件和运料、配料等工人的职工薪酬。

直接材料，是指在施工过程中所耗用的、构成工程实体的材料、结构件、机械配件和有助于工程形成的其他材料以及周转材料的租赁费和摊销等。

机械使用费，是指施工过程中使用自有施工机械所发生的机械使用费，使用外单位施工机械的租赁费，以及按照规定支付的施工机械进出场费等。

其他直接费用，是指施工过程中发生的材料搬运费、材料装卸保管费、燃料动力费、临时设施摊销、生产工具用具使用费、检验试验费、工程定位复测费、工程点交费、场地清理费，以及能够单独区分和可靠计量的为订立建造承包合同而发生的差旅费、投标费等费用。

间接费用，是指企业各施工单位为组织和管理工程施工所发生的费用。

分包成本，是指按照国家规定开展分包，支付给分包单位的工程价款。

施工企业在核算产品成本时，就是按照成本项目来归集企业在施工生产经营过程中所发生的应计入成本核算对象的各项费用。其中，直接人工、直接材料、机械使用费和其他直接费用等直接费用，直接计入有关工程成本；间接费用可先通过费用明细科目进行归集，期末再按确定的方法分配计入有关工程成本核算对象。

4. 成本核算的程序

成本核算是施工企业会计核算的重要组成部分，核算程序通常分为以下几个步骤。

（1）成本数据的收集。这是成本核算的第一步，需要收集项目所需的各项成本数据，如劳务费用、原材料费用、设备费用等。

（2）成本数据的分类。将收集到的成本数据按照不同的类别进行分类，例如，根据成本类型（劳务费用、材料费用、设备费用、管理费用、其他费用）分类，根据成本项目（预算成本、核算成本、实际成本）分类，等等。

（3）成本指标的计算。在收集和分类完成后，计算与成本相关的指标，如费用偏差、费用绩效指数、进度偏差、进度绩效指数等。

（4）成本数据分析。对计算出来的成本指标进行分析，以便识别出成本问题和潜在风险。

（5）编制成本报告。根据成本数据分析的结果，编制成本报告，以便给项目管理层提供决策支持信息。

5. 成本核算的方法

工程项目成本核算的方法主要有表格核算法和会计核算法。

（1）表格核算法。它是基于表格的成本核算方法，适用于简单的项目成本核算。通常由核算单位和各部门定期采集信息，按照有关规定填制一系列表格，完成数据比较、考核和简单的核算，最终汇总生成工程项目成本的核算体系。表格核算法的优点是简单易行，容易操作和管理，适用于小型、少量的项目成本核算；缺点是精度低，覆盖面较小，难以实现较为科学严密的审核制度。

（2）会计核算法。它是基于会计理论和实践的成本核算方法。该方法基于会计体系和会计准则对项目成本进行核算，适用于大型、复杂项目的成本核算。会计核算法强调对成本数据的准确性、真实性和完整性的要求。通过对会计核算法的运用，项目经理能够更好地掌握项目成本，进行准确的成本控制和管理。但是，会计核算法烦琐、复杂，需要一定的会计专业知识支持。

（3）两种核算方法综合使用。在选择成本核算方法时，需要根据具体项目的大小、复杂度、成本结构等因素进行综合考虑和取舍。由于表格核算法具有易于操作和表格格式自由等特点，因而适用于工程项目内各岗位成本的责任核算。施工单位除对整个企业的生产经营进行会计核算外，还应在工程项目上设成本会计，进行工程项目成本核算，便于与表格核算的数据接口。因此，工程项目施工各岗位成本的责任核算和控制一般采用表格核算法，而工程项目成本核算一般采用会计核算法，二者互补，相得益彰，从而确保工程项目成本核算工作的顺利开展。

5.3.4 工程项目成本分析

1. 成本分析的依据

项目成本分析的依据主要来自会计核算、业务核算和统计核算等工作，包括项目成本核算资料、项目成本计划，以及项目会计核算、业务核算和统计核算的资料，等等。

（1）会计核算。它是指按照会计准则和规定，对项目的收支进行记录、分类、汇总和报告的核算方式，记录企业的所有生产经营活动，具有连续性、系统性、综合性等特点。会计核算是项目成本分析的重要组成部分，可以帮助企业管理者掌握项目资金使用情况，制定会计预算和财务决策。

（2）业务核算。它是指从项目业务的角度出发，对项目成本进行核算，主要包括单元工程核算、分部工程核算和总承包工程核算等。业务核算的目的是评估项目的工程价值和成本效益。相比会计核算、统计核算，业务核算的范围更广。会计核算和统计核算的对象一般是已经发生的经济活动，而业务核算则是针对特定的经济业务进行单项核算，检查已经完成的项目是否达到预期目标，并且确定尚未发生或正在发生的经济活动是否需要执行。

（3）统计核算。它是指按照统计学原理和方法，对项目的产值、收入、费用、利润等进行统计分析的核算方式。与会计核算相比，其计量尺度更宽，可以通过货币、实物或劳动量进行计量。通过全面调查和抽样调查等特有的方法，统计核算不仅能提供绝对数指标以计算当前的实际水平，还能提供相对数和平均数指标，确定变动速度以预测成本发展的趋势。统计核算主要是为了分析项目的经济效果，为企业和政府提供决策支持。

2. 成本分析的内容

1）工作任务分解单元成本分析。
2）时间节点成本分析。
3）单项指标成本分析。
4）组织单元成本分析。
5）综合项目成本分析。

3. 成本分析的步骤

1）收集成本信息。
2）处理成本数据。
3）选择成本分析方法。
4）确定成本结果。
5）分析成本形成原因。

4. 成本分析的方法

由于项目成本管理需要对多个因素进行考量，因此需要根据具体情况选择适用的成本分析方法。除了基本的成本分析方法外，还有综合成本分析方法、成本项目分析方法和专项成本分析方法等。

（1）成本分析的基本方法。成本分析的基本方法包括比较法、因素分析法、差额计算法、比率法等。

1）比较法。它是指对比项目的技术经济指标，分析产生差异的原因，以寻找降低成本的方法。该方法通俗易懂、简单易行且便于掌握，应用较为广泛，但在使用时必须注意各技术经济指标的可比性。比较法的应用通常有以下形式。

① 实际指标与目标指标对比。检查目标完成情况，对比分析影响目标完成的因素，结合分析结果及时采取应对措施，确保成本目标的实现。

② 本期实际指标与上期实际指标对比。通过这一对比，可以看出各项技术经济指标的变动情况，反映施工管理水平的提高程度。

③ 与本行业平均水平、先进水平对比。通过对比可以反映本项目的技术和经济管理水平与行业的平均和先进水平的差距，进而分析差距产生的原因，采取措施提高本项目的管理水平。

结合案例对以上三种方法进行应用。例如，某施工路段建设项目本年计划节约材料费 130 000 元，实际节约 150 000 元，上年节约 100 000 元，企业先进水平节约 160 000 元。根据上述资料编制分析表，如表 5-15 所示。

表 5-15　实际指标与上年指标、先进水平的对比　　　　　　　　　　（单位：元）

指标	本年计划数	上年实际数	企业先进水平	本年实际数	差异数 与计划比	差异数 与上年比	差异数 与先进比
材料费节约额	130 000	100 000	160 000	150 000	20 000	50 000	−10 000

2）因素分析法。它是指将成本因素分解为若干项，通过分析各项因素的相互关系、作用程度和根源，确定成本的主要因素及其优化方向。在分析时，需假设其他因素保持不变，仅使某一个因素发生变化，以确定各因素的变化对成本的影响程度。具体的计算步骤如下。

① 确定分析对象，计算实际数与目标数之间的差额。

② 明确指标的影响因素，并且按其相互关系进行排序。

③ 以目标数为基础，将各因素的目标数相乘，作为分析替代的基数。

④ 将各因素的实际数按照已确定的排列顺序进行替换计算，并且保留替换后的实际数。

⑤ 将每次替换后计算所得的结果与前一次的计算结果进行比较，二者的差额即为该因素对成本的影响程度。

⑥ 各因素的影响程度之和，应与分析对象的总差额相等。

【例5-3】 商品混凝土目标成本为364 000元，实际成本为420 750元，比目标成本增加56 750元，具体资料如表5-16所示，分析成本增加的原因。

表5-16 商品混凝土目标成本与实际成本的对比

项目	单位	目标数	实际数	差额
产量	m³	500	550	+50
单价	元	700	750	+50
损耗率	—	4%	2%	−2%
成本	元	364 000	420 750	+56 750

解：

（1）分析对象是商品混凝土的成本，实际成本与目标成本的差额为56 750元，该指标受产量、单价、损耗率三个因素的影响。

（2）以目标数364 000元（500×700×1.04）为分析替代的基础。

第一次替代产量因素，以550替代500：

$$550 \times 700 \times 1.04 = 400\,400（元）$$

第二次替代单价因素，以750替代700，并保留上次替代后的值：

$$550 \times 750 \times 1.04 = 429\,000（元）$$

第三次替代损耗率因素，以2%替代4%，并且保留上两次替代后的值：

$$550 \times 750 \times 1.02 = 420\,750（元）$$

（3）计算差额。

第一次替代与目标数的差额 = 400 400 − 364 000 = 36 400（元）
第二次替代与第一次替代的差额 = 429 000 − 400 400 = 28 600（元）
第三次替代与第二次替代的差额 = 420 750 − 429 000 = −8 250（元）

（4）产量增加使成本增加了36 400元，单价提高使成本增加了28 600元，而损耗率下降使成本减少了8 250元。

（5）各因素的影响程度之和为56 750元（36 400+28 600−8 250），与实际成本和目标成本的总差额相等。

为了使用方便，企业也可以通过运用因素分析表来求出各因素变动对实际成本的影响程度。其具体形式如表5-17所示。

表 5-17 商品混凝土成本变动因素分析表

顺序	连环替代计算	差异（元）	因素分析
目标数	500×700×1.04	—	—
第一次替代	550×700×1.04	36 400	由于产量增加 50m³，成本增加 36 400 元
第二次替代	550×750×1.04	28 600	由于单价提高 50 元，成本增加 28 600 元
第三次替代	550×750×1.02	−8 250	由于损耗率下降 2%，成本减少 8 250 元
合计	—	56 750	—

3）差额计算法。它是指通过对实际成本和预算成本之间的差额进行分析，以确定成本的异常变化原因的方法。

【例5-4】 某施工项目某月的实际成本降低额比计划提高了7万元，如表5-18所示。

表 5-18 成本降低额计划与实际对比

项目	单位	计划	实际	差额
预算成本	万元	200	300	+100
成本降低率	—	4%	5%	+1%
成本降低额	万元	8	15	+7

根据表 5-18，可用差额计算法分析预算成本和成本降低率对成本降低额的影响程度。

解：

（1）预算成本增加对成本降低额的影响程度：

（300−200）×4%=4（万元）

（2）成本降低率提高对成本降低额的影响程度：

（5%−4%）×300=3（万元）

以上两项合计：

4+3=7（万元）

4）比率法。它是指分析成本项目在总成本中所占的比例，以便了解成本结构是否合理，进而优化成本结构的方法。常用的比率法有以下几种。

① 构成比率法。它是一种常用的成本分析方法，主要是通过分析各成本项目在总成本中所占的比例来评估成本结构的合理性，帮助企业识别、优化成本项目的重点和方向。成本构成比例分析表如表 5-19 所示。

表 5-19　成本构成比例分析表　　　　　　　　　　　　（单位：万元）

成本项目	预算成本 金额	预算成本 比重（%）	实际成本 金额	实际成本 比重（%）	降低成本 金额	降低成本 占本项（%）	降低成本 占总量（%）
直接成本	1 463.79	96.56	1 200.31	92.38	263.48	18	17.38
人工费	113.36	7.48	119.28	9.18	-5.92	5.22	-0.39
材料费	1 106.56	72.99	939.67	72.32	166.89	15.08	11.01
机械使用费	187.6	12.37	89.65	6.9	97.95	52.21	6.46
措施费	56.27	3.71	51.71	3.98	4.56	8.1	0.3
间接成本	52.21	3.44	99.01	7.62	-46.8	89.64	-3.09
总成本	1 516	100	1 299.32	100	216.68	14.29	14.29
比例（%）	100	—	85.71	—	14.29	—	—

② 相关比率法。由于项目经济活动的不同方面是相互联系、相互依赖的，因而可以将两个性质不同但相互关联的指标加以对比，求出比率，以此来考察项目经营成果的好坏。

③ 动态比率法。它是将不同时期的同类指标进行对比，求出比率，以分析该项指标的发展方向和变化速度。一般可以通过基期指数和环比指数两种方法计算动态比率，见表 5-20。

表 5-20　指标动态比较

指标	第一季度	第二季度	第三季度	第四季度
降低成本（万元）	48.8	50.7	55.4	63.9
基期指数（%）(第一季度=100)	—	103.89	113.52	130.94
环比指数（%）(上一季度=100)	—	103.89	109.27	115.34

（2）综合成本分析方法。综合成本是指涉及多种生产要素，并且受多种因素影响的成本费用，如分部分项工程成本、月（季）度成本等。由于这些成本都是随着项目施工的进展而逐步形成的，与生产经营有着密切联系，因此，做好综合成本的分析工作，对于加强项目的生产经营管理、提高项目经济效益具有重要作用。

1）分部分项工程成本分析。它是施工项目成本分析的基础，通过对已完成的主要分部分项工程进行预算成本、目标成本和实际成本的"三算"对比，可以分析实际偏差和目标偏差，并且分析引起偏差的原因，为今后探索节约成本的途径提供参考。

2）月（季）度成本分析。它是以当月（季）的成本报表为依据，对施工项目定期开展的中间成本分析，以监控项目成本目标的实现。具体而言，月（季）度成本分析需要对实际成本与目标成本进行对比，分析目标成本的落实情况和管理中的问题或不足；对当月（季）的成本降低水平和累计的成本降低水平进行分析，预测项目成本目标的实现前景；分析产量、工期、质量、节约、机械利用率等指标的实际与目标对比，了解因素对成本的影响；通过对各成本项目的成本分析，了解成本总量的构成比例，应对成本管理中的薄弱环节；分析其他有利条件和不利条件对成本的影响，并且根据分析结果采取措施，加强成本管理。

（3）成本项目分析方法。

1）人工费分析。它是一种通过对施工项目中工人工资、保险费、福利费等成本项目进行分类统计、对比，从而了解人力资源利用情况和成本情况的成本项目分析方法。除了按合同规定支付劳务费以外，还可能发生一些其他人工费支出，主要包括以下方面内容。

① 定额人工以外的计日工工资（如果已按定额人工的一定比例由作业队包干，并且已列入承包合同的不再另行支付）。

② 对在进度、质量、节约、文明施工等方面做出贡献的班组和个人进行奖励的费用。

③ 因实物工程量增减而导致的人工和人工费变动。

2）材料费分析。它是一种通过对施工项目中各种材料的采购、保管、领用、消耗等费用进行分析，了解材料成本情况的成本项目分析方法。材料费分析包括对主要材料、结构件和周转材料费用的分析，以及对材料采购保管费和储备费的分析。

① 主要材料和结构件费用的分析。主要材料和结构件费用主要受消耗数量和价格的影响。材料消耗数量的影响因素包括返工损失、操作损耗、管理损耗等；材料价格的影响因素包括采购价格、途中损耗、运输费用、供应不足等。因此，管理人员可结合项目实施情况，在发生较大价格变动或数量超用异常时进行深入分析。为了分析消耗数量和价格的变化对主要材料和结构件费用的影响程度，可按下列公式计算：

$$因消耗数量变动对材料费的影响 = （计划用量 - 实际用量）\times 实际价格$$
$$因材料价格变动对材料费的影响 = （计划单价 - 实际单价）\times 实际数量$$

② 周转材料费用分析。当实行周转材料内部租赁制时，项目周转材料费的节约或超支取决于材料周转率和损耗率。若材料周转速率降低，则周转的时间增加，租赁费支出增加，而超过规定的损耗时需要照价赔偿。

③ 材料采购保管费分析。材料采购保管费属于材料的采购成本，主要包括材料采购保管人员的工资、办公费、差旅费，以及材料采购保管过程中发生的固定资产使用费、检验试验费、材料整理和零星运费等。材料采购保管费一般与材料采购数量同步增加，即材料采购数量增多，采购保管费也会相应增加。因此，应根据每月实际采购的材料数量（金额）和实际发生的材料采购保管费，分析保管费率的变化。

④ 材料储备费分析。材料储备费是根据材料的日平均用量、单价和储备天数（即从采购到进场所需要的时间）计算的，任何一个因素变动，都会影响储备费的占用量。材料储备费分析可以采用因素分析法。

【例5-5】 某项目水泥的储备费变动情况如表5-21所示。

表5-21 某项目水泥的储备费计划与实际对比

项目	单位	计划	实际	差异
日平均用量	t	75	78	3
单价	元	380	360	−20
储备天数	天	7	9	2
储备金额	万元	19.95	25.272	5.322

根据表5-21，分析水泥的日平均用量、单价和储备天数三个因素的变动对水泥储备费的影响程度，如表5-22所示。

表5-22 储备费因素分析表

顺序	连环替代计算	差异	因素分析
计划数	75×380×7=19.95（万元）	—	
第一次替代	78×380×7=20.748（万元）	+0.798万元	由于日平均用量增加3t，储备费增加0.798万元
第二次替代	78×360×7=19.656（万元）	−1.092万元	由于水泥单价降低20元，储备费减少1.092万元
第三次替代	78×360×9=25.272（万元）	+5.616万元	由于储备天数增加2天，储备费增加5.616万元
合计	—	+5.322万元	—

从以上分析可以发现，储备天数是影响储备费的关键因素。

3）机械使用费分析。它是一种通过对施工项目中各种机械的租赁、折旧、维修、保养等费用进行分析，了解机械利用情况和成本情况的成本项目分析方法。机械使用费分析一般分为两种情况：①按使用时间（台班）计算机械费用，如搅拌机、砂浆机、塔吊等，若机械完好率低或在使用中调度不当，必然会影响机械的利用率，从而延长使用时间，增加使用费用；②按产量进行承包，并且按完成产量计算费用，如土方工程，此时不必考虑挖土机械的完好程度和利用程度，只需按实际挖掘的土方工程量结算挖土费用。

4）管理费分析。它是一种通过对工程项目中各种管理费用的支出进行统计、分类分析，了解管理费用构成和管理效益的成本项目分析方法。

（4）专项成本分析方法。专项成本分析是指针对与成本有关的特定事项的分析，包括成本盈亏异常分析、工期成本分析和资金成本分析等内容。

1）成本盈亏异常分析。施工项目出现成本盈亏异常情况必然会引起高度重视，需彻底查明异常原因且及时纠正。检查成本盈亏异常应从经济核算的"三同步"入手，即分析完成多少产值、消耗多少资源、发生多少成本之间存在的同步关系。如果违反了"三同步"原则，就会出现异常的成本损益情况。

"三同步"检查适用于异常的成本盈亏分析和月度成本的检查，是提高项目经济核算水平的有效手段。可通过以下五个方面的对比分析实现"三同步"检查，以探明成本盈亏的原因。

① 预算成本与产值统计是否同步。

② 实际成本与资源消耗是否同步。

③ 资源消耗与施工任务单的实耗人工、限额领料单的实耗材料、当期租用的周转材料和施工机械是否同步。

④ 产值与施工任务单的实际工程量和形象进度是否同步。

⑤ 其他费用（如材料价、超高费和台班费等）的产值统计与实际支付是否同步。

2）工期成本分析。它是在项目管理阶段，根据项目计划和实际进度，对项目所需资源（材料、人工、机械等）及其使用情况进行分析，从而确定项目成本的一种方法。它可以帮助项目管理者更好地了解项目的进度和成本，从而在项目实施过程中更好地控制成本，保证项目按计划有序进行。

3）资金成本分析。它是企业进行项目投资决策时的重要考虑因素之一，是指企业对获得资金的成本进行分析，以便评估需要支付的资金成本和项目投资的效益之间的平衡与比较。资金成本包括两个方面：资本成本和负债成本。其中，资本成本是需要支付给投资者的资本收益成本，通常包括股票股利和债券利息；负债成本是需要支付给债权人的利息成本。在资金成本分析中，通常使用加权平均成本来计算企业的资本成本和负债成本。

5. 成本考核的依据

成本考核是对成本指标完成情况的总结和评价，以衡量成本降低的实际成果。企业应根据项目成本管理制度，确定项目成本考核的对象、方式、依据、指标、目的、时间、范围、组织领导和评价与奖惩原则等。

成本考核的依据包括成本计划、成本控制、成本核算和成本分析的资料，主要是成本计划确定的各类指标。

成本计划一般包括以下三类指标。

（1）成本计划的数量指标。

1）按分部汇总的各单位工程（或子项目）计划成本指标。

2）按人工、材料、机械等各主要生产要素划分的计划成本指标。

3）按子项目汇总的工程项目计划总成本指标。

（2）成本计划的质量指标，如项目总成本降低率。

$$\text{责任目标成本计划降低率} = \frac{\text{责任目标总成本计划降低额}}{\text{责任目标总成本}}$$

$$设计预算成本计划降低率 = \frac{设计预算总成本计划降低额}{设计预算总成本}$$

（3）成本计划的效益指标，如项目成本降低额。

$$责任目标总成本计划降低额 = 责任目标总成本 - 计划总成本$$
$$设计预算总成本计划降低额 = 设计预算总成本 - 计划总成本$$

6. 成本考核的方法

企业应以项目成本降低额、项目成本降低率作为成本考核的主要指标，并且分别从公司层面和项目管理组织层面进行成本评估。同时，注意加强对企业层面项目管理组织的引导，充分依靠管理人员、技术人员和操作人员的管理经验与智慧，防止企业项目管理异化为靠少数人承担风险的合同管理模式。

此外，企业应在项目管理机构内部执行考核与奖惩制度，根据成本考核结果落实成本管理责任制，防止虚盈实亏，避免实际成本计提误差的影响，使成本考核真正做到公平、公正、公开，以提升项目管理绩效。

5.4 工程项目质量管理

质量是工程项目管理的主要控制目标之一。工程项目质量管理需要系统运用质量管理和控制的基本原理与方法，构建且运行工程项目质量管理体系，落实工程项目各参与主体的质量责任，通过工程项目实施过程中各环节的质量管理活动，有效预防和正确处理工程质量事故，在政府的监督下实现工程项目的质量目标。依据工程项目生命周期，工程项目质量管理可划分为前期策划、设计、施工、竣工验收四个阶段。

5.4.1 工程项目前期策划质量管理

1. 工程项目质量控制的依据与原则

（1）工程项目质量控制的依据。工程项目质量控制的依据包括技术标准和管理标准。技术标准包括工程设计图与说明书、《建筑安装工程质量检验评定统一标准》《建筑工程施工质量评价标准》、《建筑安装工程施工及验收规范》、施工合同中规定采用的有关技术标准、本地区与企业自身的技术标准和规程等；管理标准包括GB/T 19000—ISO 9000系列标准（一般施工企业选用的标准为GB/T 19002—2018《质量管理体系GB/T 19001—2016应用指南》）、企业自身的质量管理制度与有关质量工作的规定、企业主管部门有关质量工作的规定、项目经理部与企业签订的合同和企业与业主签订的合同等。

（2）工程项目质量控制的原则。它是指在工程项目进行过程中，为保证工程质量的可行性和稳定性，制定出且遵循的一系列质量控制原则。

1）安全性原则：确保工程项目建设符合相关的安全标准和规定，保证施工现场的安全和施工工作人员的生命安全。

2）可靠性原则：建立可靠的工程设计和施工方案，确保工程项目建设后长期稳定运行，达到预期效果且不会对环境和其他因素造成不利影响。

3）经济性原则：在保证工程质量的前提下，尽可能地降低工程建设成本，提高投资回报率。

4）周期性原则：按照工程项目计划的工期要求，合理安排进度和分配资源，确保工程项目及时完工。

5）可维护性原则：设计和施工工艺符合维护的实际需要，采用可维修、可更换、可调节的构件和设备，通过维护工艺，保持整个工程项目的长期运行效力。

6）可管理性原则：为工程项目建设制定透明的管理条例，健全岗位职责，确保工程项目建设中各个阶段的有效管理，从而保证工程项目质量的安全性和可靠性。

7）满意度原则：根据建设工程项目业主和用户的期望，尽可能满足其要求，实现最佳性能和质量目标，在保证质量的同时，提高工程项目的使用效果和用户体验。

2. 工程项目质量控制过程

工程项目质量控制过程是一项复杂的系统工程，应按照工程项目的实际发展过程进行分解。

（1）施工准备质量控制（事前控制）。它是正式施工前进行的质量控制，一般应包括以下内容。

1）落实施工准备质量责任制度。

2）复核审查工程地质勘探资料，同有关部门完成图纸会审和技术交底工作。

3）做好施工组织设计工作，对施工组织设计要求进行两方面控制：首先是确定施工方案后制定施工进度时，必须考虑施工顺序与流向、主要分部分项工程的施工方法、特殊项目施工方法和技术措施能否保证工程质量；其次是制定施工方案时，必须进行技术经济比较，使建筑工程满足质量控制原则。

4）检查"三通一平"，检查临时设施是否符合质量和施工使用要求。

5）检查现场施工机械设备能否正常运转。

6）核实原材料、构配件产品合格证书，进行材料进场质量检验。

7）检查操作人员是否具备相应的操作技术资格，能否进入正常工作状态；劳动力的调配和工种间的搭接能否为后续工程创造合理、足够的工作面。

（2）施工过程质量控制（事中控制）。它是施工项目质量控制的重点，其控制策略为全面控制施工过程，重点控制工序质量。具体要求是：检查工序交接情况，制定质量预控方案与施工项目方案，保存图纸会审记录，试验配制材料，验收隐蔽工程，复核计量器具校正，保证设计变更有手续、钢筋代换有制度、技术措施有交底、质量文件有档案。

（3）竣工验收质量控制（事后控制）。它是完成施工过程形成产品后的质量控制。具体工作内容包括以下几方面。

1）组织联动试车。

2）准备竣工验收相关资料，组织自检和初步验收。

3）按规定的质量评定标准，对完成的分项工程、分部工程和单位工程进行质量评定。

4）组织竣工验收。

施工准备质量控制、过程质量控制和竣工验收质量控制是一个有机的系统过程，它们相互作用且推进施工质量控制系统的运行。其控制的总体过程和在控制中的地位、作用如图 5-46 所示。

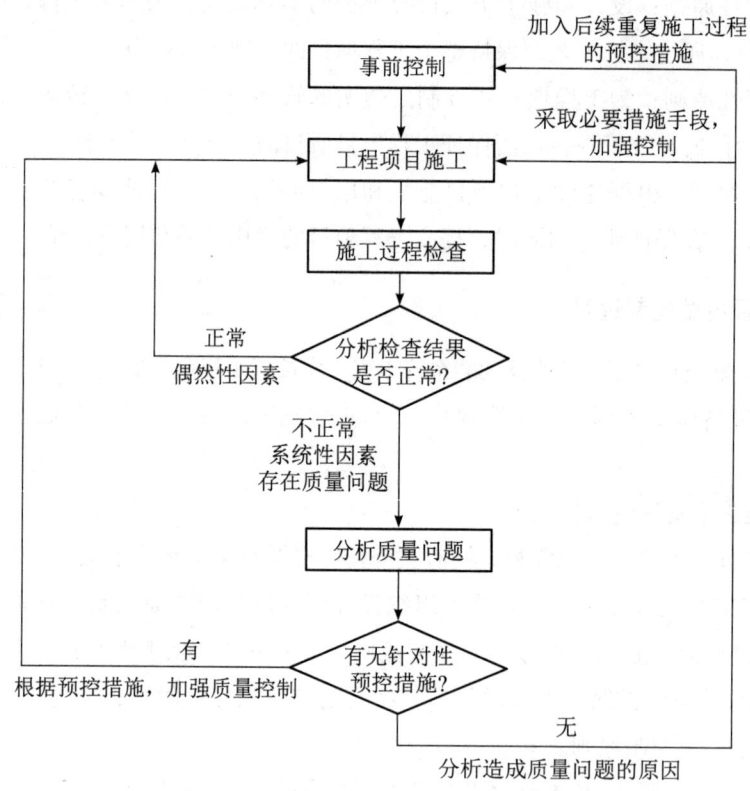

图 5-46 工程项目质量控制过程

5.4.2 工程项目设计质量管理

1. 材料质量控制

（1）材料质量控制的要点。材料（含构配件）是工程项目施工的必要物质条件，若材料质量不符合要求，工程质量就会受到很大影响。因此，加强材料质量控制不仅是工程项目正常施工的前提,更是提高工程质量的重要保证。材料质量控制的要点如下。

1)材料质量规定和选用:制定材料质量规定,包括材料的性能参数、质量检测标准等,通过专业评估和实验,选用符合质量标准和现行技术标准的材料。

2)材料采购:建立完善的材料采购流程,合理制定采购方案,选择品质合格的供应商,严格按照质量要求和规定采购材料,并且保留相关证明文件,以备审核使用。

3)材料检测:对采购的材料进行抽样检测,确保其符合设计质量要求。检测内容应包括材料的外观、尺寸、重量、密度、抗拉强度等指标,以及可能存在的有害物质含量等。

4)材料储存和保管:对入库材料进行分类管理,按照材料特性设置储存条件,保证储存环境温湿适宜,防止出现受潮、受热、受挤压等情况影响材料品质。

5)材料运输:根据不同材料的特性,合理选择运输方式,并且对其进行监控和管理,确保运输过程中不被损坏,材料质量得到保证。

6)材料质量监测:应对材料的采购入库、储存、运输和使用实行流程控制,并且建立监测机制,对储存时间较长的材料进行质量监测,确保其质量符合要求。

7)资料管理:对于材料进场、检验、储存、使用的各种资料,需建档管理,记录严谨,保存一定的时限,以便于日后建筑质量变异等情况发生时能够快速处理。

(2)材料质量控制的内容。

材料质量标准是验收、检验材料质量的依据。不同材料所对应的检验项目和检验标准一般不同。

材料质量的检(试)验是通过一系列检测手段,将所取得的材料数据与材料的质量标准进行比较,检验材料质量的可靠性,判断其能否在工程中使用。

材料质量的检验方法有书面检验、外观检验、理化检验和无损检验,这些方法可以有效地评估材料质量的各种因素,从而更好地保障工程项目的安全和质量。书面检验主要是对材料的各项规范、标准、检测结果等书面资料进行检验,以确认材料是否符合规定要求。通过查阅供应商提供的技术说明书、材料证件、检测合同和出厂检测合格证等,确定材料是否符合标准。外观检验主要是通过对材料的外观进行检查,判断材料是否存在表面缺陷、变形、变色等情况,以确保外观美观、符合质量标准。理化检验主要是根据材料的物理和化学属性,采用分析测试等方法进行检验,包括材料组成、结构、力学性能、化学性质等方面。例如,对于混凝土材料,可以通过试块的试验来测试其强度,并且检测其抗冻性能、含水率等方面的数据。无损检验主要是利用材料自身的不同物理特性,通过专业仪器测量分析方法,检测材料质量,以找出深层次的缺陷。典型的无损检验方法包括 X 射线检验、超声波检验、涡流检验等。

材料质量的检验程度包括免检、抽检和全检。免检是指材料不必进行专门的检验,可以直接使用。免检一般适用于材料质量稳定、性能可靠、来源确定的情况,为节省成本和时间,并不需要对其进行单独的检验。抽检是指从材料批次中抽取一部分进行检验,以确定其质量是否符合要求。全检是指对所有材料进行检验,以确保批次中的所有材料都符合质量要求。全检方式适用于材料质量风险极高、要求极为严格或对质量要求极高的情况，需要进行全面的质量评估。

在实际的质量管理过程中，根据工程项目材料的具体情况和要求，可以采用不同的材料质量检验程度。同时，应严格按照相关标准和要求，制定和执行合适的质量控制方案，保证质量控制全过程和各方面的有效性。

没有正确选择材料或使用材料不当均会严重影响工程质量，甚至造成质量事故。因此，必须针对工程特点，根据材料的性能、质量标准、适用范围和对施工的要求等方面综合考虑，慎重选择和使用材料。

2. 施工方案和机械设备的质量控制

（1）施工方案的质量控制。施工方案的合理性与正确性直接影响工程项目的质量、进度和成本。施工方案考虑不周，往往会产生拖延工期、影响质量、增加投资等负面影响。因此，在制定施工方案时，需结合工程实际，从技术、组织、管理、经济等方面进行综合分析与考虑，确保施工方案的技术可行性和经济合理性，有利于提高工程质量、降低工程成本。

（2）机械设备的质量控制。在选用施工机械设备时，必须综合考虑施工现场条件、施工工艺方法、施工组织与管理、建筑结构型式、机械设备性能等各种因素，并且进行多方案比选，使之能够合理装备、有机联系、配套使用，从而充分发挥机械设备的效能，提升综合经济效益。

1）机械设备的选择应遵循因地制宜、因工程制宜原则，按照技术先进、经济合理、生产适用、性能可靠、使用安全等要求，突出施工与机械相结合的特色，使其具有工程的适用性，保证工程质量的可靠性、使用操作的方便性和安全性。

2）机械设备的主要性能参数是选择机械设备的重要依据，是满足施工需要和保证质量的前提条件。

3）使用且操作机械设备应贯彻"人机固定"原则，实行"三定"制度，即定机、定人、定岗位责任。

4）避免机械设备在使用中发生故障，尤其预防非正常损坏的事故损坏，即人为损坏，严格按照完成任务好、技术状况好、使用好、保养好、安全好的"五好"标准进行检查和控制。

3. 项目活动的工序过程控制

工程项目施工过程由一系列相互关联且相互制约的施工工序组成，不同施工工序的质量是项目整体施工质量的基础。施工质量控制须落实到每项具体施工工序的质量控制上。项目工序质量控制包括对工序活动条件和工序活动效果的控制。项目工序质量控制的内容如图 5-47 所示。

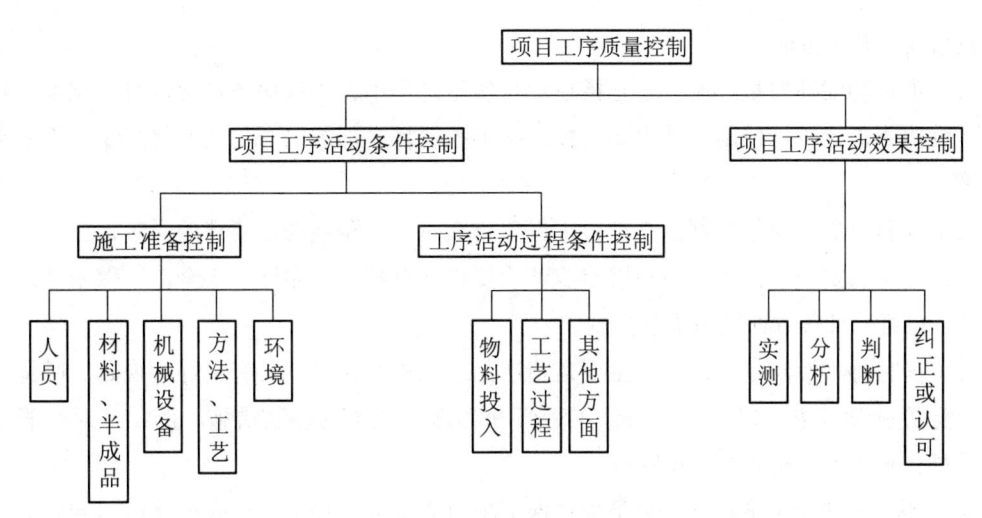

图 5-47 项目工序质量控制的内容

（1）项目工序活动条件控制。它是指对影响施工工序生产质量的各种因素进行控制，使施工工序活动在良好条件下进行，以确保施工工序产品的质量。这主要包括以下两个方面。

1）施工准备控制。在工序施工前，应注意控制影响施工工序质量的因素或条件，使其符合施工规定要求，包括人员因素、材料与半成品因素、机械设备条件、拟采用的方法和工艺是否合理、环境条件是否良好等。

2）工序活动过程条件控制。在施工过程中，应时刻注意施工工序质量影响因素或条件的变化，如果发现某种因素或条件朝着不利于工序质量方向变化，要及时予以控制且纠正。

（2）项目工序活动效果控制。这一控制可以表示为对工序产品质量性能的特征指标的控制，即采取一定检测手段对施工项目工序活动的产品进行检验，根据检验指标结果分析、判断该工序活动的质量或效果。其步骤包括以下几个方面。

1）实测，即通过必要的检测手段对抽取样品进行检验，测定其质量特征指标。

2）分析，即对实测数据进行整理与分析，找出规律。

3）判断，即根据数据分析结果，判断该工序产品是否达到规定的质量标准，如未达到，需要找出原因。

4）纠正或认可。对于质量不符合规定标准的工序活动，需要调整施工资源投入，采取纠正措施；若质量符合要求，则予以确认。

工程实体质量在施工过程中形成的，而施工过程由一系列相互联系与制约的工序构成的，并且工程质量会受到人员、材料与半成品、机械设备、方法与工艺和环境等因素的影响，所以对施工过程的质量监控，必须以工序质量控制为基础，落实各项工序的质量控制。

4. 项目设计质量控制

项目设计质量控制是保证工程项目施工的重要环节。它需要以使用功能和安全可靠性为核心，满足项目建设需求，包括国家相关法律法规、强制性标准、合同规定和潜在需求。它主要包括以下几个方面。

（1）项目功能性质量控制。它是指在项目实施过程中，为确保项目交付符合预期的功能要求，对功能进行质量控制。其主要内容包括工程项目内部的生产工艺流程组织、平面空间组织等。

（2）项目可靠性质量控制。它是指确保项目交付符合预期功能要求的同时，保证项目运行稳定、可靠、安全、持久的控制措施。其主要包括对技术可靠性、安全性、保密性、环境适应性、可维护性等方面的考虑和控制。

（3）项目感观性质量控制。它主要是指产品或工程交付后，具有良好的视觉、听觉、触觉、嗅觉等感觉效果，以及符合人体工程学和心理学要求的控制措施。例如，对色彩、形状、材料、光线等方面的考虑和控制。

（4）项目经济性质量控制。它是指在保证项目质量的前提下，结合项目成本和效益，实现最优经济效益的控制措施。其主要包括对质量成本和质量效益的考虑和控制。

（5）项目施工可行性质量控制。它主要是指在工程建设过程中，保证施工环境、施工条件、施工工艺等方面的有序进行，以保证项目按照预期的时间、成本和质量要求完成。具体措施包括对施工技术能力、现场管理、施工设备、材料和人员等方面的控制。

5.4.3 工程项目施工质量管理

1. 施工作业质量的自控

（1）施工作业质量自控的含义。在经营层面，施工作业质量自控是指企业作为施工的制造商和运营商的建筑施工公司，要充分承担企业的质量职责；在生产层面，它是指施工作业者的岗位质量责任，即向后一道工序提供合格的作业成果或中间产品。由此可以看出，施工方是施工阶段质量自控的主体。

（2）施工作业质量自控的程序。由施工作业组织成员实施施工作业质量自控，程序包括施工作业技术交底、施工作业活动实施和施工作业质量检验，并且需要一名专职管理人员负责监督。

1）施工作业技术交底。技术交底作为施工组织设计和施工方案的具体化，是最基础的技术和管理交底活动。对施工组织设计、方案和各个环节的工艺流程进行全方位、细致的技术交底，可以有效地帮助施工总承包商、工程监理单位和其他相关单位更好地掌握管理层的计划、决定、执行情况。施工作业技术交底的内容必须具有可行性和可操作性，应该涵盖作业程序、施工依据、质量目标、技术标准和要领，以及其他与目标管理有关的要求和注意事项。

2）施工作业活动实施。完整的施工流程包括多个环节，必须对每个环节都予以监督。这样可以有效地管理整个流程，并且能够严格按作业计划的程序、步骤和质量要求开展工序作业活动。

3）施工作业质量检验。它贯穿整个施工过程，包括现场监理机构的旁站检查、平行检验，以及施工单位内部的工序作业质量自检、互检、专检和交接检查等。检验批和分部分项工程的施工质量，必须在施工单位完成质量自检且确定合格后，才能报请现场监理机构进行检查验收，并且在前道工序作业质量经验收合格后，才可进入下道工序施工，未经验收合格的工序，不得进行下道工序施工。

（3）施工作业质量自控的要求。工序作业质量自控是构成工程质量的基础，为确保工序作业的高效性、高精度、高效率，并且严格执行质量目标，应注意以下要求。

1）预防为主。根据施工作业的内容、范围和特点制订施工作业计划，认真进行施工作业技术交底，按照施工质量计划要求部署各分部分项施工作业，明确施工作业质量目标和技术要领，落实各项作业技术组织措施。

2）重点控制。在施工作业质量自控中，不仅要严格执行质量控制点的规定，而且还应该根据实际情况增加对工序作业的控制，并且加强对工序作业关键环节的监督。

3）坚持标准。为了保证建筑物的安全性和可靠性，应严格遵守 GB 50300—2013《建筑工程施工质量验收统一标准》和配套使用的专业质量验收规范。在条件允许的情况下，施工企业或项目经理部应结合内部条件编制高于国家标准的企业标准或项目的内部控制标准，并且将其列入质量计划。

工序作业人员应基于上述标准对工序作业过程开展质量自检活动，以促使作业水平的提升，同时应与其他作业人员进行作业质量互检与技术经验交流。对于已完工序作业产品（检验批或分部分项工程），应严格坚持质量标准；对于质量不合格的施工作业量，必须按照规定程序进行处理，不得进行验收签证。

4）记录完整。施工图、作业指导书、质量计划、材料质保书、检验试验与检测报告、质量验收记录等，不仅是对建筑竣工检验工作必不可少的工程质量管理资料，而且是形成可追溯性质量保证的重要基础。为此，应当根据国家施工管理标准的要求，对施工作业质量做好客观记载，以做到全面、正确、及时、合理、可追溯。

（4）施工作业质量自控的制度。具体包括质量自检制度、质量会诊制度、质量例会制度、质量挂牌制度、质量样板制度等。

2. 施工作业质量的监控

（1）施工作业质量监控的主体。根据相关法律法规和施工承包合同，建设、设计、监理和政府的工程质量监管机构应在施工过程中，严格监督施工单位的质量行为和项目实体质量，确保项目的质量达到相关标准。

在获得施工许可证或开工报告之前，建设单位必须严格遵守国家相关法律法规办理工程质量监督手续。

设计单位应当对审查合格的施工图设计文件向施工单位做出详细说明，参与建设工程质量事故分析,并且对因设计造成的质量事故提出技术处理方案。

为了确保项目顺利进行,监理机构应按照相关的监理规划与实施细则,通过现场旁站、巡视、平行检验等方式对施工质量进行严格监督。如果发现项目的建造材料、结构、安装、操作等不符合工程设计要求、施工技术标准或合同约定,有权要求施工单位改正。如果监理机构在检查过程中因工作疏忽而给建设单位造成损失,应承担相应的赔偿责任。

(2)现场质量检查。它是施工作业质量监控的主要手段。

1)现场质量检查的内容。

① 开工前的检查。在开工之前应当进行全面检查,以确保项目符合开工条件,并且保证施工过程的连续性和质量,以确保项目的顺利完成。

② 工序交接的检查。对于重要的工序或对工程质量有重大影响的工序,应严格执行自检、五检、专检的"三检"制度,未经建设单位本项目技术负责人或监理工程师检查认可,不得进行下一道工序施工。

③ 分项、分部工程完工后的检查。在分项、分部工程完成之后,必须经过严格审核且由检查单位签署验收记录后,方可开展下一步的施工。

④ 成品保护的检查。检查成品是否拥有保护措施,以及保护措施是否有效。

⑤ 隐藏工程的检查。在进行隐藏工程检查时,必须经过严格的检查认证,才可进行隐蔽掩盖。

⑥ 停工后复工的检查。在处理质量事故或其他客观原因导致停工复工的情况时,必须经过严格的检查和审核,才能恢复正常施工。

2)现场质量检查的方法。

① 目测法。经由"看、摸、敲、照"的检查手段,可以凭借感官来评估产品的质量,这一过程也被称为观感质量检验。

看——按照质量标准要求对外观进行检查。

摸——通过触摸手感检查鉴别。

敲——运用敲击工具音感检查。

照——通过使用人造光源或反射光照射,检查那些难以直接观察或光线不足的区域。

② 实测法。通过将经由"靠、量、吊、套"的检查手段获得的实测结果与施工规范、质量标准进行比较,来确定该项目的质量水平。

靠——利用直尺、塞尺检查墙面、地面等的平整度是否符合要求。

量——利用测量工具和计量仪表等检查断面尺寸、轴线、标高等的偏差。

吊——通过托线板和线坠吊线检查垂直度。

套——通过方尺套方,辅以塞尺检查。

③ 试验法。采用适当的实验方法对质量进行检验评估。其具体包括以下内容。

a. 理化试验。工程项目中常用的理化试验包括物理力学性能的检验和化学成分与化学性质的测定。物理力学性能的检验包括抗压强度、抗拉强度、抗弯强度、抗折强度等各种力学指标的测定,以及含水量、凝结时间、密度等各种物理性能的测定;化学成分与化学性质的测定可能包括钢筋中的磷、硫含量,混凝土中粗骨料中的活性氧化硅成分等。必要情况下还需进行现场试验。

b. 无损检测。使用先进的仪器和技术,可以对物体、设备和材料的表面进行无损检测,以确定它们的内部结构和损伤程度。常用的检测方法包括超声波、X 射线和 γ 射线等。

(3)技术核定与见证取样检送。

1)技术核定。在工程项目施工过程中,因施工方不明确施工图的要求、图纸内部存在矛盾或工程材料发生调整,需改变建筑节点构造、管线走向或位置等,要通过设计单位明确或确认的,施工方必须向监理工程师递交技术核定单,并且报送设计单位予以核准确认。

2)见证取样送检。为保证建设工程质量,我国规定对工程使用的主要材料、半成品、构配件,以及施工过程留置的试块、试件等,实行现场见证取样送检。见证取样送检必须满足规定的程序。其中,见证人员由建设单位和工程监理机构中具备相关专业知识的人员担任;送检的试验室需要具备经国家或地方工程检验检测主管部门核准的资质,并且建立档案管理制度。

所有形成的检验协议、委托书、原始文件和检验报告都必须按年份进行统一编码,并且必须保持连贯性,禁止任何更换或涂改。

5.4.4 工程项目竣工验收质量管理

1. 施工过程的质量验收

(1)施工过程的质量验收的内容。

1)检验批质量验收。检验批是一种由特定的样本组成的检测体,它们按照特定的生产条件和标准汇总,为分项工程和整个工程的质量验收提供了重要的依据,是工程验收的基础和最小单位。

检验批应由专业监理工程师组织施工单位项目专业质量检查员、专业工长等进行验收。

在进行检验批质量验收时,必须遵守以下规则。

① 主控项目的质量经抽样检验均应合格。

② 一般项目的质量经抽样检验合格。

③ 完备的施工程序和质量检查记录是必不可少的。

在建设过程中,主控项目的重要性不可忽视,它们对工程项目的安全性、可持续性、有效性,以及满足最终的使用需求起决定性作用。因此,在进行主控项目验收时,应当采取严格的标准,以确保所有的检验结果都达到规范和要求。

2)分项工程质量验收。这一工作在检验批验收的基础上进行,分项工程可由一个或若干检验批组成。二者的性质相似,但是数量有所差异。

分项工程应由专业监理工程师组织施工单位项目专业技术负责人进行验收。

在进行分项工程质量验收时，必须遵守以下规则。

① 所含检验批的质量验收均应合格。

② 所含检验批的质量验收记录应完整。

3）分部工程质量验收。这一工作在其包含的各分项工程质量验收的基础上进行。

由总监理工程师组织施工单位项目负责人和项目技术负责人等对分部工程进行验收；地基与基础分部工程验收由勘察、设计单位项目负责人和施工单位技术、质量部门负责人组织进行；主体结构、节能分部工程验收由设计单位项目负责人和施工单位技术、质量部门负责人组织进行。

在进行分部工程质量验收时，必须遵守以下规则。

① 所含分项工程的质量验收均应合格。

② 质量控制资料应完整。

③ 观感质量应符合要求。

④ 经过严格的安全、节能、绿色和主要使用功能的测试，所得数据均符合相关规定。

由于分部工程与所含各分项工程之间存在性质差异，前者并非后者的简单叠加，即所含分项验收合格且质量控制资料完整只是分部工程质量验收合格的基本条件，在此基础上还必须对涉及安全、节能、绿色和主要使用功能的地基基础、主体结构与设备安装分部工程进行见证取样试验或抽样检测，此外还需要对其观感质量进行验收，并且综合给出质量评价，对评价为"差"的检查点应进行补救，如整改返修等。

（2）施工过程质量验收不合格的处理。

1）检验批的施工质量是施工过程质量验收的基本验收单元，通过检验批质量可以确定施工作业的质量、使用材料的质量和质量控制资料的完整性。如果发现检验批的质量不符合要求，可以采取以下措施来解决问题。

① 在进行检验和验收时，如果发现普通的缺陷，可以通过返修或更换器具、设备来解决问题，再进行重新验收；如果出现严重的缺陷，则需要返工重做。

② 如果在个别检验批验收中发现某些指标不符合要求，无法判断能否进行验收时，应邀请有资质的检测机构进行检测评估。如果检测结果符合要求，则进行验收；如果不符合要求，但经原设计单位核算认可能够满足结构安全和使用功能的检验批，则进行验收。

2）严重质量缺陷或超过检验批范围的缺陷，经有资质的检测机构检测鉴定，若认为不能满足最低限度的使用功能和安全储备，则必须进行加固处理；经返修或加固处理的分项、分部工程，在满足安全和使用功能要求时，可按技术处理方案和协商文件的要求予以验收。责任方应承担经济责任。

3）禁止对在进行返修与加固处理之后仍无法达到安全和使用要求的分部工程、单位工程进行验收。

2. 竣工质量验收

项目竣工质量验收是对施工过程质量控制的全面考核，是确保工程质量的关键步骤。验收不合格或未能通过竣工验收的项目，不得交付使用。

（1）竣工质量验收的依据。工程项目竣工质量验收的依据有以下方面。

1）国家相关法律法规与建设主管部门颁布的管理条例和办法。

2）建筑工程施工质量验收统一标准。

3）经批准的设计文件、施工图和说明书。

4）工程施工承包合同。

5）专业工程施工质量验收规范。

6）其他相关文件。

（2）竣工质量验收的条件。只有当工程满足以下条件时，才能通过竣工验收。

1）完成工程设计和合同规定的所有内容。

2）当工程结束时，施工单位会对工程质量进行检查评估，以保证其满足相关的法律、法规、建筑强制性标准、设计图与合约要求，并且提出工程竣工报告。工程竣工报告应由项目经理和施工单位有关负责人审核签字。

3）监理机构在监督工程施工过程中，需要全面、准确地收集工程信息，编制详尽的工程质量评估报告，由总监理工程师和相关部门负责人共同审核签字。

4）有完整的技术档案和施工管理资料。

5）勘察、设计单位应当严格按照规定的要求，仔细审阅与核实设计单位签署的设计变更通知书，以确保其符合要求，同时出具有效的质量检查报告。

6）有工程使用的主要建筑材料、建筑构配件和设备进场试验报告，并且提供完整的工程质量检测和功能性试验资料。

7）建设单位已按合同约定支付工程款。

8）有施工单位签署的工程质量保修书。

9）对于住宅工程，进行分户验收且验收合格，建设单位按户出具住宅工程质量分户验收表。

10）建设主管部门和工程质量监督机构责令整改的问题已全部整改。

11）法律、法规规定的其他条件。

（3）竣工质量验收的标准 单位工程是工程项目竣工质量验收的基本对象。单位工程质量验收合格应满足以下标准。

1）质量控制资料完整。

2）所含分部工程有关安全、节能、环境保护和主要使用功能的检验资料完整。

3）所含分部工程的质量均验收合格。

4）主要使用功能的抽查结果符合有关专业质量验收标准。

5）观感质量符合要求。

（4）竣工质量验收的程序和组织。在分包工程完成后，分包单位应当进行全面自查，以确保其承担的工程任务符合要求，并且按照规定的程序进行验收。此外，总包单位也应当派出相关人员参与验收过程。

单位工程完工后，施工单位应组织相关人员进行自检。总监理工程师应组织各专业监理工程师对工程质量进行竣工预验收。若存在施工质量问题，施工单位应及时采取措施进行整改。

建设单位负责组织实施工程竣工质量验收，分包单位需派相关人员参与验收。

竣工质量验收应当按以下程序进行。

1）工程完工且整改存在的质量问题后，施工单位向建设单位提交工程竣工报告，申请工程竣工验收。实行监理的工程，工程竣工报告须经总监理工程师签署意见。

2）建设单位收到工程竣工报告后，对符合竣工验收要求的工程，组织勘察、设计、施工、监理等单位组成验收组，制定验收方案。对重大工程和技术复杂的工程，可根据需要邀请专家参加验收组。

3）建设单位应在工程竣工验收7个工作日之前，以书面形式通知负责监督该项目的工程质量监督机构，通知中应明确验收时间、地点和验收组成员等内容。

4）建设单位组织工程竣工验收。

① 建设、勘察、设计、施工、监理单位分别汇报工程合同履约情况，以及在工程建设各环节执行法律、法规和工程建设强制性标准的情况。

② 审阅建设、勘察、设计、施工、监理单位的工程档案资料。

③ 实地查验工程质量。

④ 全面评价工程勘察、设计、施工、设备安装质量和各管理环节等方面，形成经验收组人员签署的工程竣工验收意见。若参与工程竣工验收的建设、勘察、设计、施工、监理各方未能达成一致意见，应协商且提出解决方法，待意见统一后，重新组织工程竣工验收。

（5）竣工验收报告。在项目验收通过之后，建设单位应该适时地出具完成工程竣工验收报告。工程竣工验收报告包含工程概况，建设单位执行基本建设程序的情况，工程竣工验收的时间、程序、内容和组织形式，对工程勘察、设计、施工、监理等方面的评价，以及工程竣工验收意见等内容。

（6）竣工验收备案。建设单位应当自建设工程竣工验收合格之日起15日内，向工程所在地县级以上地方人民政府建设主管部门备案。

建设单位办理工程竣工验收备案，应当提交下列文件。

1）工程竣工验收备案表。

2）工程竣工验收报告。

3）施工单位签署的工程质量保证书。

4）法律规定应由公安机关消防机构开具的对大型人群密集场地和其他特殊建筑项目验

收合格的证明材料。

5）法律、行政法规规定应当由规划、环保等部门出具的认可文件或准许适用的文件。

6）法律、规章规定必须提供的其他文件。

5.5　工程项目合同管理

合同管理工作属于项目管理中的重要环节，既包括对各项合同在签订、履行、变动与解除流程中的管理和控制，也包括针对所有合同规划方面的流程。针对具备清晰建设目标和任务量、投资情况与进度目标，并且项目各个组成部位具备明确的组织联系与一次性的工程，均应做好合同管理工作，从而使各主体责任减少异议，确保达成工程项目的预定目标。

5.5.1　建设工程合同

《中华人民共和国民法典》第三编第十八章对"建设工程合同"规定如下：

第七百八十八条　建设工程合同是承包人进行工程建设，发包人支付价款的合同。

建设工程合同包括工程勘察、设计、施工合同。

第七百八十九条　建设工程合同应当采用书面形式。

第七百九十条　建设工程的招标投标活动，应当依照有关法律的规定公开、公平、公正进行。

第七百九十一条　发包人可以与总承包人订立建设工程合同，也可以分别与勘察人、设计人、施工人订立勘察、设计、施工承包合同。发包人不得将应当由一个承包人完成的建设工程支解成若干部分发包给数个承包人。

总承包人或者勘察、设计、施工承包人经发包人同意，可以将自己承包的部分工作交由第三人完成。第三人就其完成的工作成果与总承包人或者勘察、设计、施工承包人向发包人承担连带责任。承包人不得将其承包的全部建设工程转包给第三人或者将其承包的全部建设工程支解以后以分包的名义分别转包给第三人。

禁止承包人将工程分包给不具备相应资质条件的单位。禁止分包单位将其承包的工程再分包。建设工程主体结构的施工必须由承包人自行完成。

第七百九十二条　国家重大建设工程合同，应当按照国家规定的程序和国家批准的投资计划、可行性研究报告等文件订立。

第七百九十三条　建设工程施工合同无效，但是建设工程经验收合格的，可以参照合同关于工程价款的约定折价补偿承包人。

建设工程施工合同无效，且建设工程经验收不合格的，按照以下情形处理：

（一）修复后的建设工程经验收合格的，发包人可以请求承包人承担修复费用；

（二）修复后的建设工程经验收不合格的，承包人无权请求参照合同关于工程价款的约定折价补偿。

发包人对因建设工程不合格造成的损失有过错的，应当承担相应的责任。

第七百九十四条　勘察、设计合同的内容一般包括提交有关基础资料和概预算等文件的期限、质量要求、费用以及其他协作条件等条款。

第七百九十五条　施工合同的内容一般包括工程范围、建设工期、中间交工工程的开工和竣工时间、工程质量、工程造价、技术资料交付时间、材料和设备供应责任、拨款和结算、竣工验收、质量保修范围和质量保证期、相互协作等条款。

第七百九十六条　建设工程实行监理的，发包人应当与监理人采用书面形式订立委托监理合同。发包人与监理人的权利和义务以及法律责任，应当依照本编委托合同以及其他有关法律、行政法规的规定。

第七百九十七条　发包人在不妨碍承包人正常作业的情况下，可以随时对作业进度、质量进行检查。

第七百九十八条　隐蔽工程在隐蔽以前，承包人应当通知发包人检查。发包人没有及时检查的，承包人可以顺延工程日期，并有权请求赔偿停工、窝工等损失。

第七百九十九条　建设工程竣工后，发包人应当根据施工图纸及说明书、国家颁发的施工验收规范和质量检验标准及时进行验收。验收合格的，发包人应当按照约定支付价款，并接收该建设工程。

建设工程竣工经验收合格后，方可交付使用；未经验收或者验收不合格的，不得交付使用。

第八百条　勘察、设计的质量不符合要求或者未按照期限提交勘察、设计文件拖延工期，造成发包人损失的，勘察人、设计人应当继续完善勘察、设计，减收或者免收勘察、设计费并赔偿损失。

第八百零一条　因施工人的原因致使建设工程质量不符合约定的，发包人有权请求施工人在合理期限内无偿修理或者返工、改建。经过修理或者返工、改建后，造成逾期交付的，施工人应当承担违约责任。

第八百零二条　因承包人的原因致使建设工程在合理使用期限内造成人身损害和财产损失的，承包人应当承担赔偿责任。

第八百零三条　发包人未按照约定的时间和要求提供原材料、设备、场地、资金、技术资料的，承包人可以顺延工程日期，并有权请求赔偿停工、窝工等损失。

第八百零四条　因发包人的原因致使工程中途停建、缓建的，发包人应当采取措施弥补或者减少损失，赔偿承包人因此造成的停工、窝工、倒运、机械设备调迁、材料和构件积压等损失和实际费用。

第八百零五条　因发包人变更计划，提供的资料不准确，或者未按照期限提供必需的勘察、设计工作条件而造成勘察、设计的返工、停工或者修改设计，发包人应当按照勘察人、设计人实际消耗的工作量增付费用。

第八百零六条　承包人将建设工程转包、违法分包的，发包人可以解除合同。

发包人提供的主要建筑材料、建筑构配件和设备不符合强制性标准或者不履行协助义务，致使承包人无法施工，经催告后在合理期限内仍未履行相应义务的，承包人可以解除合同。

合同解除后，已经完成的建设工程质量合格的，发包人应当按照约定支付相应的工程价款；已经完成的建设工程质量不合格的，参照本法第七百九十三条的规定处理。

第八百零七条　发包人未按照约定支付价款的，承包人可以催告发包人在合理期限内支付价款。发包人逾期不支付的，除根据建设工程的性质不宜折价、拍卖外，承包人可以与发包人协议将该工程折价，也可以请求人民法院将该工程依法拍卖。建设工程的价款就该工程折价或者拍卖的价款优先受偿。

第八百零八条　本章没有规定的，适用承揽合同的有关规定。

5.5.2　工程项目合同策划

合同策划是对项目分解、委托方式、合同种类、承发包模式、风险分配和合同关系协调等影响整个项目合同的重要问题进行研究与选择确定的过程，用来反映建筑工程项目的战略与企业战略、企业的经营指导方针和根本利益。为了确保项目总目标的实现，在工程项目的初始阶段必须进行相关合同策划。

1. 合同策划的意义

合同在实施项目中起着关键作用。合同策划编制不仅确定了整个项目的组织结构和管理体制，而且确定了合同各方责任、权力和工作的划分。经过对各方重大关系的明确，不论对业主还是承包商，合理、完善的合同规划都能够克服关系不协调等，减少冲突和纠纷，确保合同策划圆满履行，从而成功实现工程项目目标。

2. 合同策划的依据

（1）业主方面。业主的资信、管理水平、资金供应能力和管理力量，业主的目标和目标的确定性，业主的管理风格，业主对工程师和承包商的信任度，以及对工程的质量和工期要求等。

（2）承包商方面。承包商的资信、实力、企业规模、管理方式与水平、当前运营状况、对项目的期望与动机、承受和抵御风险能力等。

（3）工程方面。工程的规模、种类、特征、技术复杂性、技术设计精确性，工程质量需求与工程面积的确定性、规划性，工程是否盈利，招标时间与工期限制，工程风险流程，工程资源的供应与约束情况。

（4）环境方面。工程的地质、自然和现场条件，工程所处法律环境，建筑市场的竞争状况，物价的稳定性，资源供应的可靠性，以及获取额外资源的可能性。

3. 合同策划的程序

1）通过对企业和项目的战略分析，确定其对合同的期望。

2）明确合同的总体目标和执行原则。

3）通过分层次、分对象的研究，深入探讨合同中存在的关键性问题，并且结合相关策略，综合考量各种可能的优劣，以期达成最佳的结果。

4）通过运用多种预测、决策、风险分析、技术经济分析等手段，对合同中的关键环节进行全面评估，并且制定有效的合同履行措施，以确保合同的有效执行。在招标和签约之前，应当对合同策划进行全面评价。

4. 业主的合同策划

（1）分散平行承包和全包。

1）分散平行承包，即业主把设计、设备供应、土建、机械安装、电器安装、装饰装修等工程施工分别交由多个承包商来完成。各承包商均需要与业主签署协议，但是各承包商之间并没有合同关系。采用分散平行承包的要求和劣势如下。

① 业主需要进行大量的管理工作，制订精细的计划控制与多次招标，延长项目前期的准备时间。

② 业主负责协调各承包商之间的关系，并且对可能出现的问题承担责任。然而，由于不确定性因素的存在和协调难度大，这种承包模式的合同容易产生潜在纠纷，导致工期延误和索赔增加。

③ 业主应具备较强的项目管理能力，管理控制细致。

④ 在进行大型工程建设时，业主需要与众多承包商进行合作，容易出现管理不稳定、管理费用上升、协调紊乱等情况，从而导致整体投入增加和进度延缓。

⑤ 业主采用分阶段招标方式，通过对项目的协调和管理以强化对工程的干预力度，同时承包商之间存在着一定的相互约束。

⑥ 对计划设计的要求更高，必须确保其完善、精确、细致，以便让各承包商能够清楚地了解工程范围和责任分配。

2）全包，又称统包、一揽子承包、设计—建造与交钥匙工程，是指一个承包公司负责整个建筑工程的所有工作，包括设计、供应、各专业工程的施工，以及项目前期策划、方案选择、可行性研究和项目建成后的相关运营管理工作，并且向业主承担全部工程责任。这种承包方式的显著优势如下。

① 有利于减少业主的事务性管理工作，尽量避免对承包商的干预，通过对项目提出要求、全面规划、实施有效监督、及时检查来确保项目的顺利完成。

② 采取灵活的协调控制机制，可以显著减少烦琐的管理流程及其相关步骤，使信息传递更加简单、精准、迅速，从而极大地降低成本与缩短项目工期。

③ 业主通过建立完善的责任制度，能够有效地防止外部干扰，从而为业主和承包商带来双赢的局面，进而提升工程的整体效益。

④ 业主应当选择拥有良好的财务实力、较强的可靠性和全面性的承包商。其不仅拥有丰富的专业技术知识，还具备出色的设计、管理、供应能力，以及完善的项目策划和融资能力。

此外，还可以采用上述分散平行承包和全包的中间形式，即将工程委托给若干个承包商，如设计、施工、供应等承包商。

（2）合同种类的选择。合同具有多种计价方式，不同合同类型所对应的定金、履行义务、责任分担、付款方式各不相同。在签订合同时，应根据实际情况选择合同种类。目前，合同的种类主要有以下四种。

1）单价合同。这是一种最为普遍的合同类型，适用范围非常广泛。目前，单价合同是我国大多数建筑项目选择使用的合同种类。在此类合同中，承包商仅按合同条款承担报价的风险，即对报价（主要是单价）的正确性承担责任，而工程量变化的风险由业主方承担。其特点在于风险分配较合理，能够适用于大多数工程，同时可调动承包商和业主双方的管理积极性。单价合同又可分为固定单价合同和可调单价合同等形式。

单价优先也是单价合同的一大特点。例如 FIDIC 合同，业主给出的工程量表中的工程量仅为参考数字，而实际合同价款按照实际完成的工程量和承包商所报单价计算。虽然在投标报价、评标、签订合同中，人们一般更注重合同总价格，但在工程款结算中遵循单价优先，因此单价的准确性十分重要。对于投标书中明显的数字计算错误，业主有权先做修改再评标。

2）固定总价合同。这一合同的价格并非随着外界条件或项目规模的变化而发生变化。这种情况下，承包方在完成项目的过程中承担相应的成本和费用风险。除非项目的设计发生了重大变动，通常情况下无法对合同价格进行调整。由于具有结算方法相对容易便捷、索赔机会较少等优点，现代建筑项目的业主通常倾向于选择使用这种合同模式，有利于避免由于承包商追加合同价款、追加投资带来的需上级审批的麻烦。

因为承包商承担了所有的风险，其必须考虑物价变动和工程量变化对其影响，并且必须明确不可预见风险费用。在这种合同的执行过程中，业主由于不承担风险，因此对工程的干预权限很小，只负责管理项目的总体目标和建设要求。

固定总价合同的应用范围很小，并且要求较多，主要包括以下方面。

① 工程范围必须明确，报价工程量应为准确数字而非估计数字，承包商必须认真复核。

② 工程设计详细，图纸完整、明晰、清楚。

③ 工程结构、技术简单，风险小，报价估算方便。

④ 由于项目规模较小，施工周期较短，而且受到外部环境（特别是物价）的影响较小，

施工条件更加稳定和经济。

⑤ 工程投标期相对宽裕，承包商可做详细的现场调查、工作量复核、招标文件分析、拟定计划等工作。

⑥ 合同条件完备，双方的权利和义务明确。

固定总价合同的计价方式主要有两种：其一，业主可提供一份工程量表，但对工程量表中的数量不承担相关责任，承包商则应对工程量表进行全面复核。分项工程的固定总价相加即可得到总工程价格。其二，如果招标文件中未给出工程量清单而由承包商制定，则工程量表不属于合同规定的工程资料，仅作为付款文件，合同价款总额由各分项工程的固定总价构成。承包商必须根据实际工程信息计算工程量，若工程量存在漏项或计算不正确，则被认为已包括在整个合同总价中。

固定总价合同中遵循总价优先，承包商报总价，双方商定合同总价，最终按总价结算。除非出现设计变更或符合合同规定的调价情况等特殊原因，否则不得对合同价格进行任何调整。

3）成本加酬金合同。这种合同与固定总价合同截然不同，因为它的最终价款是根据承包商的实际成本与一定比率的酬金（间接费）来计算的。因为此种合同在签订时没有明确的合同价格，只能确定酬金比率，合同价格按承包商的实际成本计算，业主承担全部工作量与风险，因此承包商对成本控制的积极性较低，往往会试图利用增加成本来获取更多的收益，从而影响项目的总体效益。所以，需严格限制这类合同的使用，通常应用于如下情况。

① 投标阶段依据不明确，无法确定工程范围和估算价格，也没有对该项目的详细说明。

② 由于时间有限，必须尽快开始工作。例如抢救、抢险工程，无法详细制订计划并进行商讨。

③ 工程的复杂性超乎想象，其技术和结构方案无法提前确定，而需要根据实际出现的情况予以明确。

为了避免此类合同的缺陷，提高承包商成本控制的积极性，可对上述合同进行改进。具体措施包括：事先设置目标成本，若实际成本在目标成本范围内，则按比例支付酬金，超过目标成本的部分不再增加酬金；若实际成本低于目标成本，除支付合同规定的酬金外，另付给承包商一定比例的奖励。

4）目标合同。这是一种将固定总价与成本加酬金相结合的方式，在发达国家的工业、军事和研究领域得到了较多应用。

根据目标合同，承包商需承担工程项目的整体责任，包含进度、质量、成本等方面的责任。若进度出现问题，承包商将承担相应的工程延误赔偿；若工程建成后未能满足预期生产力，承包商将按比例承受损失；若最终成本超过预定成本，超出部分需要承包商按比例承担额外赔偿。

（3）重要合同条款的确定。业主处于合同主导地位，应正确对待合同，要求合理，不应苛求。由业主起草招标文件，并且确定重要的合同条款，主要包括以下方面。

1）适用于合同关系的法律与仲裁的地点和流程，以解决纠纷。

2）付款方式。它由业主的资金来源保证情况等因素决定，可以采用进度付款、分期付款、预付款或由承包商垫资承包。若承包商在工程上垫资过多，会直接影响其风险程度、财务状况、报价和履约积极性。如果业主在承包商没有出具保函的情况下，超过实际进度预付工程款，则会给业主带来风险。

3）合同价格调整的前提、范围、方法，包括但不限于汇率变化、海关税率调整、物价上涨等对合同价格调整的规定。

4）在签订合同时，应当充分考虑风险分担的问题，并且将其合理地划分给业主与承包商。这样有助于促进各参与者的控制风险积极性，并且有助于实现最优的财务收益。

5）对承包商的激励措施。

6）业主通过合同实现工程施工中对工程的控制。合同中必须设计完备的控制措施，主要包括对计划的审批和监督权、对工程付款的控制权、对工程质量的检查权、施工进度拖延时的加速权、当承包商不履行合同责任时业主的处理权等，以确保业主对工程的控制。

5. 承包商的合同策划

在制定合同时，应该遵循承包商的核心目标和企业的经营战略。

（1）合同风险的评价。当工程存在以下问题时，工程风险较大。

1）项目的规模较大且施工周期较长，而业主要求采用固定总价合同。

2）工程环境复杂，业主要求采用固定总价合同。

3）业主仅提供了初步的设计文件，仍然存在图纸缺失、工程量不准确、范围模糊，以及合同中的工程变更赔偿条款可能会给承包商带来不利影响的情况，但业主要求采用固定总价合同。

4）由于业主缩短了投标期限，承包商无法花费足够的时间仔细研究招标文件，而且这些文件是外文的，或者使用了承包商不熟悉的合同条款。

（2）承包方式的选择。单个承包商无法单独实现整个工程项目的目标，因为既受到资源的制约，又缺乏经济性。因此，在进行项目总承包投标之前，承包商应该综合评估多个分包商的技术、管理、资金等实际情况，共担风险。

1）分包。分包的原因主要有以下几点。

① 在某些情况下，由于技术限制，总承包商并不一定拥有完成整个项目的全部专业知识。但是，如果采用分包的模式，就可以克服这些限制，拓展业务领域，并且完成一些它们本身难以独立完成的任务。

② 为了达到经济目的，在某些分项工程中，如果总承包商自行承担，可能会导致亏损。因此，将这些工作分包给报价较低、技术能力较强的分包商，不仅可以减少损失，还能获得更多的经济收益。

③ 采取分包方式，可以有效地将总承包合同中的风险转移给分包商，实现共同承担风

险，从而提升工程经济效益。

④根据业主的指示，总承包商必须严格遵守其规定，在未经工程师代表的授权情况下，禁止擅自分包某些特定的施工项目。因为承包商向业主承担全部工程责任，包括分包商出现的问题，因此，总承包商必须谨慎选择分包商。通常在总承包合同报价前就要确定分包商报价，商谈分包合同的主要条件甚至签订分包意向书。

2）联营承包。它是一种由多家企业（包括设备供应商、设计师、施工承包商）联合参与、共同完成项目的联合投标。它具有许多优势。

①与其他企业的合作能够帮助承包商更好地完成需要高度专业知识和技能的、规模较大的、无法单独完成的项目。

②通过充分利用各方的技术和经济优势，使投标报价更具竞争力；采用全包的方式承揽工程，让每一个联营成员都有义务承担连带责任，从而大大提升中标的概率。

③通过合同的执行，双方可以充分利用彼此的优势，共同发挥技术和经济上的潜力，从而降低工程风险，提升承包商的应变能力，最终获得更大的工程经济效益。

④在国际工程中，通过与本地的承包商合作，国际工程公司可以获得更多的优惠，从而提升报价的竞争力。

⑤联营通常仅在某一工程中进行，工程结束后，联营体解散。如果有意愿，各方还可以继续寻求新的合作机会。所以，此方式比合营、合资更具灵活性。

（3）合同执行战略。承包商根据企业和工程的实际情况制定出的有效合同执行策略，是执行合同的具体方针。

1）为了获得最佳效果，承包商应该认真审视每个建设项目，并且根据其重要性来决策，尤其是那些会给公司带来巨大声望的建设项目，例如具有极高声望的、具有里程碑意义的，或者正处于蓬勃发展阶段的建设项目，应该尽可能多地投入资源，在人力、物力、财力上优先考虑。

2）承包商必须以积极合作的态度履行合同。在工程中，尤其在遇到重大问题时，承包商应与业主合作，赢得业主的信赖。例如，在某些地区，有些合同在签订后，在执行中遇到不可抗力（如战争、动乱），按规定可停止履约。但有些承包商选择暂停施工，同时采取一定措施保护现场，待事件结束后继续履行合同，既降低了业主的损失，也取得了利润，赢得了信誉。

3）如果项目有严重的经济损失，特别是企业难以承担的损失，或者业主的信用状况不佳，那么承包商可以立即终结该项目的合同，以减少经济损失。

4）在工程施工中，由于非承包商责任造成的承包商费用增加和工期延迟，承包商提出合理索赔要求，但业主不予以解决，则承包商在合同执行中可以通过控制进度，直接或间接地表达履约积极性，向业主施加压力，以求得到合理的解决。

5.5.3 工程项目招标、投标

建设工程发包人通常采用招标或其他竞争方式选择建设工程实施单位，包括设计、咨询和供货商等。发包人也可以通过询价采购和直接委托等方式选择建设工程任务实施单位。

1. 工程项目招标

（1）工程项目招标的条件。

1）招标人已依法成立。

2）有招标需要的设计图和技术资料。

3）初步设计和概算应履行审批手续的已经批准。

4）招标范围、投标方式和招标组织形式等应当履行核准手续的已核准。

5）相应资金或资金来源已经落实。

以上条件和要求从法律上保证了项目和项目法人的合法化，同时从技术和经济上为项目的顺利实施提供了支持与保障。

（2）工程项目招标的实施顺序。

1）确定招标项目。在市场经济条件下，业主能够完全决定建设工程项目是否采用招标的方式确定承包人，也能够完全决定采用何种方式进行招标。但为了保证公共利益，各国法律都规定了有政府资金投资的公共项目（包括部分投资和全部投资项目）、涉及公共利益的其他资金投资项目，投资额在一定额度以上时，需采用招标方式进行采购。对此我国有详细规定。

根据《中华人民共和国招标投标法》，以下项目宜采用招标的方式确定承包人。

① 大型基础设施、公用事业等关系社会公共利益、公众安全的项目。

② 全部或者部分使用国有资金投资或者国家融资的项目。

③ 使用国际组织或者外国政府贷款、援助资金的项目。

2）确定招标方式。招标可分为公开招标、邀请招标、自行招标与委托招标。

① 公开招标。它属于无限竞争性招标，是指招标人在公共媒体上发布招标公告，提出招标项目和相关要求，符合条件的一切法人或组织都可参加投标竞争，享有相同竞争机会。按规定应招标的建设工程项目，一般应采取公开招标方式。

公开招标的优点是招标人的选择范围较大，可在众多投标人中选择报价合理、工期较短、技术方案和资信良好的中标人。但公开招标的资格审查和评标的工作量较大，存在耗时长、费用高，并且资格预审不严格可能导致鱼目混珠。

② 邀请招标。它属于有限竞争性招标，是指招标人事先通过考察筛选，将投标邀请书发给特定法人或组织，邀请其参加投标。为了保护公共利益，避免滥用邀请招标，我国对邀请招标的适用项目进行了详细规定。根据《中华人民共和国招标投标法实施条例》第八条，国有资金占控股或主导地位的依法必须进行招标的项目，应当公开招标；但有以下情形之一的，

可以邀请招标：技术复杂、有特殊要求或受自然环境限制，只有少量潜在投标人；采用公开招标方式的费用占项目合同金额的比例过大。

需要注意的是，招标人采用邀请招标方式，应当向三个以上具备承担招标项目的能力、资信良好的特定法人或其他组织发出投标邀请书。

世界银行贷款项目中工程和货物的采购，可以采用国际竞争性招标、有限国际招标、国内竞争性招标、直接签订合同、询价采购、自营工程等采购方式。其中，国际竞争性招标和国内竞争性招标均属于公开招标，有限国际招标则相当于邀请招标。

③ 自行招标与委托招标。招标人可自行办理招标事宜，也可委托招标代理机构代办招标事宜。招标人自行办理招标事宜，应当具有编制招标文件和组织评标的能力，即具有与招标项目规模和复杂程度相适应的技术、经济方面的专业人员。招标人不具备自行招标能力的，必须委托具备相应能力的招标代理机构代办相关招标事宜。工程招标代理机构可以跨省份承担工程招标代理业务。

3）招标信息的发布与修正。

① 招标信息的发布。工程招标是公开的经济活动，因此需要发包人公开发布信息。

根据国家发展和改革委员会2017年11月23日颁布的《招标公告和公示信息发布管理办法》（2018年1月1日起施行），依法必须招标项目的招标公告和公式信息应在"中国招标投标公共服务平台"或项目所在地省级电子招标投标公共服务平台（统称"发布媒介"）发布。

依法必须招标项目的资格预审和招标文件，应当载明以下内容：

a. 招标项目名称、内容、范围、规模、资金来源。

b. 投标资格能力要求，以及是否接受联合体投标。

c. 获取资格预审文件或招标文件的时间、方式。

d. 递交资格预审文件或招标文件的截止时间、方式。

e. 招标人及其招标代理机构的名称、地址、联系人及联系方式。

f. 采用电子招标投标方式的，潜在投标人访问电子招标投标交易平台的网址和方法。

g. 其他依法应当载明的内容。

招标人或其委托的招标代理机构应当保证招标公告内容的真实、准确和完整。依法必须招标项目的招标公告和公示信息，应当根据招标投标法律法规和国家发展改革委员会同有关部门制定的标准文件编制。

拟发布的招标公告和公示信息文本应当由招标人或其招标代理机构盖章有主要负责人或其授权的项目负责人签名。采用数据电子文件的，应当按规定进行电子签名。招标人或其招标代理机构发布招标公告和公示信息应当遵守招标投标法律法规的时限规定。

依法必须招标项目的招标公告和公示信息除发布在发布媒介外，招标人或其招标代理机构也可以在其他媒介同步公开，并且确保其内容一致。其他媒介可以依法全文转载，但不得改变内容，同时必须注明信息来源。

招标人应当按招标公告或投标邀请书规定的时间、地点出售招标文件或资格预审文件。自招标文件或资格预审文件出售之日起至停止出售之日止，最短不得少于5日。

投标人必须自费购买相关招标文件或资格预审文件。招标人发售招标文件、资格预审文件收取的费用应当限于邮寄的成本支出、补偿印刷，不得以营利为目的。对所附设计文件，招标人可向投标人收押金；对于开标后投标人退还设计文件的，招标人应当退还押金。招标文件或资格预审文件一旦售出，不予退还。投标人在发布招标公告、发出投标邀请书后，或者售出招标文件、资格预审文件后，不得擅自终止招标。

② 招标信息的修正。如果招标人在招标文件发布后发现问题，需要及时澄清或修改，必须依据如下原则。

a. 形式：所有澄清文件必须以书面形式进行。

b. 时限：招标人对已发出的招标文件进行必要澄清或修改，应在招标文件要求提交投标文件截止时间至少15日前发出。

c. 全面：所有澄清文件必须直接通知所有招标文件收受人。

修正与澄清文件是对原招标文件的进一步补充说明，因此，澄清或修改的内容应同样作为招标文件的有效组成部分。

4）资格预审。招标人可以根据招标项目特点，要求投标申请人提供有关资质和能力等的相关证明，并且对投标申请人进行资格审查。资格审查分为资格预审和资格后审。

资格预审是招标人在招标开始前或开始初期，由招标人对申请参加投标的潜在投标人进行资质、业绩、信誉、技术、资金等方面的资格审查。经认定合格的潜在投标人才能够参加投标。

资格预审能够使招标人了解潜在投标人的资信情况，进而选择优秀的潜在投标人参与投标活动，降低将合同授予不合格投标人的风险。资格预审能够有效控制投标人数量，减少多余投标，减少评审费用，降低评审阶段的工作时间，为不合格的潜在投标人节省无效的投标成本。通过资格预审，招标人能够明确潜在投标人对项目投标的兴趣，如果潜在投标人的兴趣招标人的预期非常不匹配，则招标人可以修改招标条款，以吸引更多投标人参与竞争。

资格预审程序如下。

① 由业主自行或委托咨询公司编制资格预审文件，主要内容包括工程项目简介、对潜在投标人的要求、各种附表等。

可成立由业主、咨询公司专业人员和有关专家所组成的资格预审文件起草工作小组。编写的资格预审文件内容应齐全，适用规定语言；根据需要明确规定应提交的资格预审文件份数，并且注明"正文"和"副本"。

② 在相关媒介发布资格预审广告，邀请有意参加工程投标的单位申请资格审查。在投标意向者明确参与资格预审意向后，给出具体的资格预审通知。具体包括以下内容：业主和工程师的名称；工程概况、所在位置和合同包含的工作范围；资金来源；预期计划（授予合同的日期、竣工日期和其他关键日期）；资格预审文件的发售日期、时间、地点和价格；申请资

格预审须知；招标文件发出和提交投标文件的计划日期；提交资格预审文件的地点和截止日期、时间；最低资格要求和投标意向者可能关心的其他具体情况。

③ 在指定的时间、地点出售资格预审文件，同时公布对资格预审文件的答疑时间。

④ 由于各种原因，在资格预审文件发售后，购买文件的投标意向者可能对资格预审文件提出各种疑问，投标意向者应以书面形式将其提交业主，业主以书面形式回答。为保证公平竞争，应使所有投标意向者获得相同信息量，对任何问题的答复均要同时通知所有购买资格预审文件的投标意向者。

⑤ 投标意向者在规定的截止日期前完成内容的填报，报送资格预审文件，报送的文件在规定的截止日期后不能进行修改。业主可就报送资格预审文件中的疑点要求投标意向者澄清，投标意向者根据实际情况回答，但不允许投标意向者修改资格预审文件中的实质性内容。

⑥ 由业主组织资格预审评审委员会，对资格预审文件进行评审，并且将评审结果以书面形式通知所有参加资格预审的投标意向者。对通过预审的投标人，应告知出售招标文件的时间、地点。通过资格预审的申请人少于三个的，应重新进行资格预审。

根据《中华人民共和国招标投标法实施条例》第三十二条，招标人不得以不合理的条件限制、排斥潜在投标人或投标人。招标人有以下行为之一的，属于以不合理的条件限制、排斥潜在投标人或投标人。

a. 就同一招标项目向潜在投标人或者投标人提供有差别的项目信息。

b. 设定的资格、技术、商务条件与招标项目的具体特点和实际需要不相适应或者与合同履行无关。

c. 依法必须进行招标的项目以特定行政区域或者特定行业的业绩、奖项作为加分条件或者中标条件。

d. 对潜在投标人或者投标人采取不同的资格审查或者评标标准。

e. 限定或者指定特定的专利、商标、品牌、原产地或者供应商。

f. 依法必须进行招标的项目非法限定潜在投标人或者投标人的所有制形式或者组织形式。

g. 以其他不合理条件限制、排斥潜在投标人或者投标人。

5）标前会议。标前会议即投标预备会或招标文件交底会，是招标人按投标须知规定的时间和地点召开的会议。标前会议上，招标人除了介绍工程概况，还可修改或补充招标文件中的某些内容，以及解答投标人书面提出的问题和会议上提出的问题，会议结束后，招标人应将会议纪要以书面通知形式发给每个投标人。

会议纪要和对个别投标人问题的解答不需要说明问题来源，都应以书面形式发给每个获得投标文件的投标人，从而保证招标的公平性。会议纪要和答复函件作为招标文件的补充文件，是招标文件的有效组成部分，与招标文件具有同等法律效力。当补充文件与招标文件内容不一致时，应以补充文件为准。

为了使投标单位在编写投标文件时有充足时间考虑招标人对招标文件的补充或修改内容，招标人可以根据实际情况在招标会议上确定延长投标截止时间。

6）评标。评标的过程分为评标的准备、初步评审、详细评审、编写评标报告等步骤。

初步评审的主要目的是进行符合性审查，重点审查投标书是否响应了招标文件的要求。评审内容包括：投标资格、投标担保的有效性、投标文件的完整性，以及与招标文件是否有显著差异。如果投标文件实质上不响应招标文件的要求，将做无效标处理，不进行下一阶段的评审。另外，需要审查报价计算的正确性。如果有计算错误，通常采用以下处理方法：大小写不一致的以大写为准；单价与数量的乘积之和与总价不一致的以单价为准；标书正本和副本不一致的以正本为准。修改需要由投标人代表签字确认。

详细评审是评标的核心，是对标书进行实质性审查，具体包括技术评审和商务评审。技术评审是对投标书的技术方案、措施、手段、装备、人员配备、进度计划等的合理性、安全性、经济性等进行分析评价。商务评审是对投标书的报价构成、计价方式、支付条件、计算方法、取费标准、价格调整、税费、保险和优惠条件等进行评审。

评标方法可以采用评议法、综合评分法或评标价法，具体根据不同的招标内容选择相应的评标方法。

评标结束应推荐中标候选人。评标委员会推荐的中标候选人应当限定为 1～3 人，并且标明排列顺序。

招标人根据评标委员会提出的书面评标报告和推荐的中标候选人确定中标人。招标人也可以授权评标委员会直接确定中标人，或者在招标文件中规定排名第一的中标候选人为中标人，同时需要明确排名第一的中标候选人不能作为中标人的情形和相关处理规则。

2. 工程项目投标

（1）研究招标文件。投标单位取得投标资格，获得招标文件后需要认真仔细研究，充分了解文件内容和要求，有针对性地安排投标工作。研究招标文件的重点在于明确投标人须知、合同条款、设计图、工程范围和工程量表，以及技术规范要求、是否有特殊要求等。具体描述如下。

1）投标人须知。它是招标人向投标人传递基础信息的文件，包括工程概况、招标内容、招标文件的组成、投标文件的组成、招标投标时间安排等。

投标人需要注意招标工程的详细内容和范围，避免遗漏或多报；还需注意投标文件的组成，避免因提供的资料不完善被作为废标；同时，要注意招标答疑时间、投标截止时间等，避免因遗忘或迟到等原因失去竞争机会。

2）投标书附录与合同条件。作为招标文件的重要组成部分，投标书附录与合同条件标明了招标人的特殊要求和投标人在中标后应享受的权利、需要承担的义务责任等，投标人在报价时应考虑以上因素。

3）技术说明。投标单位应熟悉采用的技术规范，明晰技术说明中是否存在特殊施工技术和特殊材料设备要求，以及选择代用材料、设备的相关规定，以便根据相应定额确定价格，计算有特殊要求的项目报价。

4）永久性工程之外的报价补充文件。为保证工程的顺利进行，不同业主会对承包商提出额外要求，可能包括拆除旧建筑物和设施、工程师的现场办公室、各项开支、模型、广告、工程照片和会议费用，等等。如存在上述费用，则将其列入工程总价，并且明确所有纳入工程总报价的费用方式，以免遗漏。

（2）进行各项调查研究。在研究招标文件的同时，投标人还应对影响工程成本的相关因素展开各项调查研究，包括影响招标工程的自然、经济和社会条件。

1）市场宏观经济环境调查。调查工程所在地的经济形势和状况，包括与投标工程实施有关的法律法规、设备市场的租赁状况、劳动力与材料的供应状况、施工公司的经营状况与价格水平等。

2）工程现场考察和工程所在地区的环境考察。认真考察施工现场，调查具体工程所在地区的环境，包括一般自然条件、施工环境条件，如气候、地质地貌、交通、水电供应和其他资源情况等。

3）工程业主和竞争对手调查。调查业主、咨询工程师的情况，特别是业主的项目租金落实情况、与其他承包商或分包商的关系、参加竞争的其他公司与工程所在地公司的情况。参加现场踏勘和标前会议能够获得更充分的信息。

（3）复核工程量。投标者还必须复核招标文件中提供的工程量清单，工程量的复核结果直接影响投标报价和中标机会。

对于单价合同，尽管以实测工程量结算工程款，但投标人仍应根据图纸核算工程量，当发现相差较大时，投标人应向招标人要求澄清。对于总价合同，如果业主在投标前不更正有争议的工程量，投标者应在投标时需要附加申明，并且施工结算应按实际完成量计算。此外，承包商在核算工程量时，应结合招标文件中的技术规范明确每一细目的具体内容，避免在工程量、计算单位或价格方面出现错误。

（4）选择施工方案。施工方案是报价的前提，也是评标时招标人考虑的要素之一。制定施工方案时，需要明确分项工程的内容、工程量、工程进度计划的各项要求、所包含的相关工作、机械设备状态等关键环节。

施工方案应由投标人的技术负责人主持制定，考虑主要施工机具的配置、施工方法、施工进度与分批竣工的安排、各工种劳动力的安排和现场施工人员的平衡、安全措施等。选择施工方案时，需要注意以下几点。

1）根据工程数量和工程进度计划中该类工程的合同技术规范要求、施工周期、施工条件与其他情况选择和确定每项工程的施工方法，根据实际情况和自身施工能力确定各类工程施工方法。对不同施工方法，应当从保证完成计划目标、节约设备费用、保证工程质量、降低劳务成本等方面综合比较，选定最适用且经济的施工方案。

2）根据上述各类工程的施工方法选择相应的机具，并且计算使用周期和所需数量，确定采购新设备、租赁当地设备或调动企业现有设备。

3）研究确定工程分包计划。根据概略指标估算劳动数量，考虑其来源和进场时间安排；留意当地是否限制外籍劳动；从所需劳务的数量估算所需管理人员与生活性临时设施标准和数量。

4）用概略指标估算主要和大宗建筑材料需用量，考虑其来源和分批进场的时间安排，进而估算现场用于存储、加工的临时设施。

5）根据高峰人数、现场设备和生产生活方面的需要，估算现场用水用电量，确定临时供排水和供电设施；考虑内外部材料供应的运输方式，估计运输和交通车辆的需要与来源；考虑其他临时工程的需要和建设方案；提出特殊条件下保证正常施工的措施；冬期、雨期的施工措施和其他临时设施安排。

（5）投标计算。它是投保人对招标工程施工发生的各项费用的计算。在进行投标计算时，首先根据招标文件复核或计算工程量。投标计算应预先确定施工方案和施工进度。此外，投标计算还必须与采用的合同计价形式协调。

（6）确定投标策略。正确的投标策略对提高中标率和保证项目利润具有重要作用。常用的投标策略有以低价取胜、以缩短工期取胜、以信誉取胜、以改进设计取胜等。不同的投标策略需在不同投标阶段体现和贯彻。

（7）正式投标。投标人按照招标人要求完成标书的准备与填报后，可以向招标人正式提交投标文件。投标时需要注意以下几方面。

1）投标的截止日期。招标人规定的投标截止日期是提交标书最后的期限。投标人在投标截止日期之前提交的投标是有效的，超过该日期则被视为无效投标。在招标文件要求提交投标文件的截止时间后送达的投标文件，招标人可拒收。

2）投标文件的完备性。投标人应当按照招标文件的要求编制投标文件。投标文件应当对招标文件提出的实质性要求和条件做出响应。投标不完备或投标未能达到招标人的要求，以及在招标范围以外提出新的要求，均被视为否定招标文件，不被招标人接受。投标人必须为投出的标负责，一旦中标，必须按照投标文件中的方案完成工程。

3）标书的标准。标书一般要求签章和密封。如果不密封或密封不满足要求，则投标无效。投标书需要盖有投标企业公章和企业法人的名章或签字。如果项目所在地与企业距离较远，由当地项目经理部组织投标，需要提交企业法人对投标项目经理的授权委托书。

4）投标的担保。通常投标需要递交投标担保。

5.5.4 工程项目合同实施控制

在工程实施过程中，必须密切关注合同的执行情况，并且加强工程变更管理。

1. 施工合同跟踪

合同签订后，合同中各项任务的执行要落实到具体项目经理部或项目参与人员。承包单位作为履行合同义务的主体，必须对合同执行者（项目经理部或项目参与人员）的履行情况进行跟踪、监督和控制，确保合同义务完全履行。

施工合同跟踪涵盖了两个层次：一是承包单位的合同管理职能部门对合同执行者履行情况进行追溯、监控且审核合同的实际执行；二是合同执行者本身对合同计划的执行情况进行追溯、监控且审核。实施合同时，必须对两个因素都充分考虑。

对合同执行者而言，应该掌握合同跟踪的如下方面。

（1）合同跟踪的依据。合同跟踪的重要依据是合同和依据合同编制的各种计划文件。此外，还要依据各种实际工程文件，如原始记录、报表、验收报告等；以及管理人员对现场的直观了解，如现场巡视、会议、质量检查等。

（2）合同跟踪的对象。

1）承包的任务。

① 在进行工程建造时，应确保所使用的原材料、产成物、设备都达到规定的标准，并且在实际施工过程中能够满足合同规定。

② 工程进度，是否按照计划完成，是否有延误，以及延误的原因。

③ 在合同规定的范围内，确保工程数量达到要求，并且完成所有施工任务，不存在超出合同规定的情况。

④ 成本的增加和减少。

2）工程团队或分包商负责完成的各种任务和项目。为了确保项目的顺利实现，承包商应该把项目的实际执行情况细化到多个子项目，并且要求每个子项目都有一名经验丰富的项目经理。他们需要密切关注每个子项目的实际情况，并且要定期进行审核、评估、指导，以确保项目的整体质量与进度。

在进行专业分包时，总承包商需要做好与分包商的沟通管理，以确保其能够顺利完成职责范围内的工作，同时也要考虑到可能会产生的风险，以避免出现不可挽回的后果。

3）业主及其委托的工程师的工作。

① 业主是否尽快、准确地为建设项目提供必要的设备、材料和信息。

② 业主和工程师是否能够迅速响应且回应和确认指令。

③ 业主是否按时支付所有的工程款。

2. 合同实施的偏差分析

通过对合同的跟踪，可以有效地纠正实施过程中的偏差。如果发现工程实施与预期目标不符，应该立即分析原因且采取措施，以避免造成损失。

对合同执行的偏差进行如下分析。

1）产生偏差的原因分析。经过仔细审查和评估，可以清楚地了解合同的执行是否符合预期，并且找出导致这种偏离的根源。为了更好地了解这些问题，可以使用多种工具，如绘制因果关联图（表）和测算成本。

2）合同实施偏差的责任分析。通过对合同偏差的分析，可以确定其产生的原因，并且确保双方按照合同规定承担相应的责任。

3）合同实施趋势分析。为了解决合同执行中出现的偏差，应该采取多种措施，并且分析这些措施对合同执行的影响和趋势。

① 最终的工程情况可能会导致总体成本的增加、施工进度的延迟、质量水平的下降和无法满足预期的生产能力。

② 承包商可能会面临严厉的惩罚，如罚款、破产甚至被控告，这些都会对其信用和企业形象造成重大损害。

③ 最终的工程经济效益（利润）水平。

3. 合同实施的偏差处理

根据合同实施偏差分析的结果，承包商应采取相应调整措施。调整措施可分为以下方面。

1）采取有效的组织措施，包括增加人力资源投入、优化人员配置、完善工作流程和制订工作计划等。

2）提高投资水平和实施激励措施，促进经济发展。

3）采取先进的技术手段，如改进技术方案、提高施工效率等。

4）改动合约条款，如增设补充条款或达成额外的条款，以及寻求法律保护。

4. 工程变更管理

工程变更是指在建设项目进行中，根据协议规定，对工作流程、内容、数量、质量标准和其他相关条款进行调整或修订的行为。

（1）工程变更的原因。

1）出现了建筑新要求，或者业主提出了变更指令，如扩大项目规模、调整预算等，这些都将对建筑产生重大影响。

2）由于对业主需求缺乏充分了解和存在设计缺陷，导致图纸的大幅变动，从而影响项目的进度和质量。

3）随着新技术和知识的出现，原有的设计、实施方案或计划可能会发生变化，以及由于业主指示和责任造成承包商的施工方案发生变化。

4）由于工程环境的变化，预定工程条件不准确，要求实施方案或实施计划变更。

5）政府部门对工程提出了新的要求，包括国家规划的调整、城市发展的需求和环境保护的要求。

6）因为合同执行存在问题，需重新审视合同目标或更新合同条款。

（2）工程变更的范围。根据FIDIC合同条件，工程变更的内容包括以下几个方面。

1）改变合同中包括的任何工作的数量。

2）改变任何工作的质量和性质。

3）删减任何工作，但要交给他人实施的工作除外。

4）重新设计工程的某些部分的标高、基准点、位置和大小。

5）所有永久性建设项目所需的额外的工作、设备、材料和服务。

6）重新安排工程的进度和施工时间。

根据我国 GF—2017—0201《建设工程施工合同（示范文本）》第 10.1 条，除专用合同条款另有约定外，合同履行过程中发生以下情形的，应按照本条约定进行变更。

1）增加或减少合同中任何工作，或追加额外的工作。

2）取消合同中任何工作，但转由他人实施的工作除外。

3）改变合同中任何工作的质量标准或其他特性。

4）改变工程的基线、标高、位置和尺寸。

5）改变工程的时间安排或实施顺序。

（3）工程变更的程序。工程变更是引起索赔的主要原因。工程变更会对施工进度产生较大影响，致使工期延误和费用增加，进而导致双方矛盾，因此必须重视工程变更管理。

在建筑项目的工程施工承包合同中，一般均有关于工程变更的详细条款。通常，工程变更应该遵循以下程序。

1）工程变更的提出。承包商、业主方、设计方都可以根据工程实施的实际情况与自身需要提出相应的工程变更。

2）工程变更的批准。承包商提出的工程变更应交予工程师审查且批准；由设计方提出的工程变更应与业主协商或经业主审查与批准；由业主方提出的工程变更（一般通过工程师发出），涉及设计修改的应与设计单位协商；工程师发出工程变更的权力一般会在施工合同中明确规定，在发出变更通知前应征得业主批准。

3）工程变更指令的发出与执行。工程师和承包商应在确定变更价格与工期补偿之前发布变更指示，以及时完成工程变更工作，避免延误工程进度。

在进行工程变更的过程中，通常采用书面形式指示变更。但若存在时间紧急的特殊情况，由于需要进行特殊的处理，承包商应该根据合同规定要求工程师口头认可，并且事后及时补办书面指示。

根据工程惯例，承包商应无条件执行工程师在合同权限内的工程变更指示。即使工程变更价款没有确定，或者承包商对工程师给予的付款金额不满意，承包商也必须在进行变更工作的同时根据合同寻求解决方案。

4）对于工程变动，应进行责任划分且提出赔付请求。根据工程变更的具体情况，可以分析确定工程变更的责任和费用补偿。

① 由于环境变化、不可抗力因素、业主或政府部门要求、原设计错误等导致的设计修改，应由业主承担责任。由此造成的施工方案的变更、费用的增加和工期的延长应向业主索赔。

② 由于承包商施工过程、施工方案出现失误而导致设计的修改，应由承包商承担责任。

③ 施工方案变更结果不论好坏，必须经由工程师批准。

业主向承包商授标或签订合同前，可以要求承包商对施工方案进行补充、修正或解释以满足自身要求。在签订合同后，如果业主因为加快进度、提高质量等要求而导致施工方案发生变化，从而使得费用增加，则可以直接向业主索赔。

5.5.5 国际工程承包合同

国际工程是指沿用国际公认的项目管理思想与方法，经由多个跨国公司共同实施建设的工程。

国际工程承包合同是指参建国际工程的多个国家的企业法人间签订的明晰彼此权利与义务的法律性协议。它的目的是实现与满足工程项目中的材料供应、施工、设备安装调试和劳务分配等要求。

国际工程承包的内容既包括工程总承包与施工总承包，也包括专业工程分包与劳务分包等。在实践中，根据业主要求的差异性，施工图设计和部分永久工程设计等也属于国际工程承包的范畴。

国际工程承包合同常采取国际通用的合同示范文本，并且使用总价或单价合同，根据实际情况，有时也采用成本加酬金合同。其中，FIDIC（国际咨询工程师联合会）合同条件、JCT（英国合同审定联合会）合同条件、AIA（美国建筑师学会）合同条件等为几项具有代表性的合同文本。

1. FIDIC 合同条件

FIDIC 作为最具权威的国际咨询工程师组织之一，其专业委员会编制了众多规范文件，其中最重要的文件是一系列工程合同条件。1999 年以前，FIDIC 编制出版的合同条件包括《土木工程施工合同条件》（FIDIC "红皮书"）、《电气与机械工程合同条件》（FIDIC "黄皮书"）、《设计—建造与交钥匙工程合同条件》（FIDIC "橘皮书"）和《土木工程施工分包合同条件》等。为了适应国际工程市场的需要，FIDIC 于 1999 年出版了一套新合同版本，包括《施工合同条件》《设计采购施工（EPC）/交钥匙合同条件》《简明合同格式》《生产设备和设计—施工合同条件》。

（1）《施工合同条件》（*Conditions of Contract for Construction*，简称"新红皮书"）。它是对原"红皮书"的调整与改进。与原"红皮书"相比，"新红皮书"具有更广泛的适用范围。该合同条件适用于经发包单位（或其委托的工程师）设计的房屋建筑或土木建筑工程项目，而承包商一般只负责工程项目的施工。除了个别子项采取包干价格的形式外，基本采用单价合同的计价方式。工程款根据实际已完工作量与单价确定。在实践中，随着物价的波动，单价可进行相应调整。业主委派工程师管理合同，监督工程实际进度与质量，签发支付证书、接收和履约证书，并且经管合同管理过程中的相关事项。

（2）《设计采购施工（EPC）/交钥匙合同条件》(*Conditions of Contract for EPC/Turnkey Projects*，简称"银皮书"）。该合同条件主要适用于以交钥匙为前提而建设的工程项目。其中，承包商承担所有的设计、采购和施工作业，在交钥匙时，要能提供具有完备设施并可投产运行的项目。除了在特定条件下能调整价格之外，采用固定总价的计价方式。在交钥匙合同条件下，通过业主或其代表直接管理合同与工程的建设，没有专门任命业主委托工程师，因此，承包商面临相对较大的风险。

（3）《生产设备和设计—施工合同条件》(*Conditions of Contract for Plant and Design-Build*，简称"新黄皮书"）。该合同条件适用于大部分工程设计工作由承包商完成的工程项目。根据业主的要求，承包商进行相应的工程设计工作，提供设施设备且完成工程的施工建设。采用总价合同的计价方式，但当物价波动或法规变动时，可对合同价格进行相应调整。

（4）《简明合同格式》(*Short Form of Contract*）。该合同条件适用于以下情况：投资总额相对较低、通常不需再进行分包的建筑工程项目；投资总额虽然相对较高，但具有简单、重复工作内容的建筑工程项目；建设全生命周期短的建筑工程项目。该合同的计价方式多样，包括单价合同形式、总价合同形式和其他形式的计价方式。

FIDIC 合同条件具有权威性、国际性、通用性和公正性等优势，并且因程序严谨、逻辑性强、易于操作等而被广泛使用。基于建设工程项目一次性、独特性的特点，FIDIC 合同条件分为通用条件和专用条件两类。通用条件的适用范围主要是一般性工程项目，而专用条件是基于项目所在国法律法规、项目特点和发包人要求，对通用条件进行的修改和完善，因此，其主要适用于特定工程项目。

2. JCT 合同条件

JCT 是一个合同审议性组织，其基于 ICE 合同，编制了建筑工程合同条件（JCT 98）。JCT 98 专门为发包商与总承包商之间的施工总承包合同而设置，主要应用于传统的施工总承包工程项目合同中，采取总价合同的计价形式。除此之外，JCT 还编制了适用于施工总承包管理模式、设计施工模式的合同条件。

JCT 98 作为标准合同，在其基础上逐渐发展为 JCT 合同条件系列。JCT 98 有 6 个版本，在传统采购模式和 CM 采购模式中都有使用。JCT 98 一般适用于以下情形。

1）传统房屋建筑工程发包前的准备和完善工作。

2）工程设计和项目管理紧密配合，业主在项目管理全过程中承担主导作用，对业主方项目管理人员的能力要求高。

3）各种等级复杂程度的工程项目，对项目复杂或有较为复杂的专业工作的项目更为适用。

4）大型项目，合同总额高，工期较长，在 1 年以上。

5)对变更的控制能力强,成本确定性较高。

6)从设计到施工的执行速度较慢。

7)违约风险和质量缺陷风险主要由业主方或施工承包单位承担,进度延误风险则由双方共同承担。

8)具有明确的索赔条件。

3. AIA 合同条件

(1) AIA 合同条件概述。AIA 成立于 1857 年,是建筑领域最具影响力的建筑师专业组织之一。自成立以来,该组织专注于建筑师专业能力的培养与提升,其编制的系列合同文件在美国乃至国际建筑业的权威性较高。多年的发展使 AIA 建立了一套包含 80 多个独立文件的复杂合同体系,这套体系中的文件具有不同的适用范围,涉及不同的合同类型、工程建设管理模式和工程项目的各个方面。AIA 合同条件最常用于私营类房屋建筑工程,应用较为广泛。按不同文件的性质,AIA 合同文件可以分为 A(业主–承包商合同文件)、B(业主–建筑师合同文件)、C(建筑师–提供专业服务的咨询机构合同文件)、D(建筑行业所用的合同文件)、F(财务管理报表)、G(合同与办公管理中适用的文件和表格)、INT(属于 B 系列,为国际工程项目合同文件)7 个系列。

其中,7 个系列又有各自的标准合同文件。例如,A 系列标准合同文件包含 A101(承包商–业主协议书格式,总价)、A105(承包商–业主协议书标准格式,用于小型项目)、A205(施工合同一般条件,用于小型项目,与 A105 配合使用)、A271(施工合同通用条件,用于装饰工程)、A401(分包商–承包商协议书标准格式)、A491(设计–建造承包商与承包协议书)。

(2)施工合同通用条件。AIA 合同条件中的施工合同通用条件是 AIA 系列合同中的核心文件,与 FIDIC 合同条件中的"红皮书"类似。

1)建筑师。AIA 合同中的建筑师与 FIDIC "红皮书"中的工程师类似,其作为业主与承包商之间的桥梁,能代表工程施工阶段的业主,具有在合同范围内代表业主行事的权利。其主要权利如下。

① 支付确认权。对承包商提出的付款请求进行审查和评价,检查核对支付金额且向承包商签发支付证书。

② 检查权。对工程建设的质量和进度进行检查,并且有权拒绝不满足合同要求的工程。

③ 工程变更指令编制权。有权编制工程施工变更指令和次要变更令,并且明确工程的具体竣工日期。

④ 文件审批权。对施工图、文件资料和样品的审查批准权。

AIA 合同条件规定,AIA 合同中的建筑师在决策时要平衡业主与承包商双方权益。然而,由于建筑师固有的"业主代表"特征,其在实际中更注重对业主权益的维护,一定程度上弱化了承包商的权益。这区别于"红皮书"中工程师"第三方"与"独立性"的特征。

2)业主延迟支付造成停工的相关规定。在承包商的付款申请方面,AIA 合同条件注重承包商权益的维护。若承包商不存在过错，而建筑师在接到承包商付款申请后 7 日内不签发支付证书，或者业主在接收支付证书后未能在合同规定付款日到期的 7 日内结清款项，承包商在下一个 7 日内，有权通过书面形式要求业主付款且暂停相应工程的施工，对停工导致的工期和费用损失可向业主索赔。AIA 合同条件相较 FIDIC 合同条件有更短的自承包商催款至停工的间隔时间，并且有更强的可操作性。21 天的短时限和停工的严重影响会敦促三个相关方，特别是业主尽快处理支付问题。这体现了美国建筑工程行业的办事效率，也是其极少出现工程款严重拖欠现象的一个主要原因。

3）保险。AIA 合同条件中的保险由三个部分组成，分别为业主责任保险、承包商责任保险和财产保险。与 FIDIC "红皮书"相比，AIA 合同条件中，业主明显承担了更多办理保险、支付保费的义务。AIA 合同条件规定，业主应按照合同总价和由他人提供材料或安装设备的费用投保且持有财产保险，该保险中包括了业主、承包商、分包商的权益，AIA 合同条件还规定，如果业主不准备按照合同条款购买财产保险，应在开工前通知承包商，这样承包商可以自己投保，以保护承包商和分包商的利益，承包商将以工程变更令的形式向业主收取该保险费用。承包商责任保险的种类较少，主要是人身伤亡方面的保险。

4）业主业务。AIA 合同条件对业主支付的规定如下：在承包商提出书面支付要求后，工程正式开工前，业主有义务提供合理的证明文件以表明己方已按合同开始履约，并且完成该项目资金调配相关安排。在通知承包商前，业主资金调配不能做出改变。以上规定是开工或复工的前提条件，能有效推动和监督业主的资金准备工作，也表明了 AIA 合同条件在业主和承包商的权利、义务分配方面的公正合理。

4. 国际工程承包合同解决争议的方式

（1）协商。协商作为争议解决的最有效形式，是争议解决的第一选择。基于合同规定，双方应以友好协商和谈判的形式解决合同争议。协商是一种双赢的选择，根据合同规定的原则形成共识，为继续履约和未来合作提供了基础。

（2）调解。若通过协商未能达成共识，则由第三方调解。以双方合同为基础，第三方在充分了解相关情况后，做出判断且协调双方，通过和平解决的方式处理争议。调解具有如下优势。

1）明确双方对协商结果的不赞同和解决争议的态度。

2）第三方的加入有助于增强公正性，双方考虑到自身声誉，容易对第三方提出的建议达成一致。

3）节约时间、精力和费用。

4）灵活性强，程序简单，调解不成不影响采取其他解决途径。

5）有利于双方感情的维护。

（3）仲裁。

1）仲裁的概念界定。对于国际工程承包合同争议，特别是大规模项目，若协商和调解失败，常采用诉讼解决合同争议。它是以争议双方自愿为原则，经双方选择中立第三方进行裁判，裁判结果对双方都具有法律约束力的一种争议解决方式。

2）仲裁地点。国际工程承包合同的仲裁地点通常如下。

① 工程所在国。

② 被诉方所在国。

③ 合同中约定的第三国。

3）仲裁效力。仲裁效力（仲裁是否具有终局性）在双方合同中约定，即对合同双方未能对裁决结果达成共识，能否提起诉讼、强制执行等做出规定。我国实行一裁终局的度制，即仲裁结果具有终局性。

4）仲裁的特征。通过仲裁解决合同争议的特征如下。

① 高效性。合同争议解决程序较简单、效率高，实行周期短。

② 高保密性。仲裁一般对外保密，因此，在仲裁全过程中，双方当事人、仲裁员和仲裁机构都有保密责任。

③ 高专业性。合同争议双方自愿选择具有相关专业知识和能力的中立第三方担任仲裁员，能公正合理地解决合同争议。

（4）争端裁决委员会（DAB）。在实践中，国际工程承包合同的争议双方往往更愿意通过 DAB 方式解决争议，其在 FIDIC 合同条件中常用。该方式不同于协调、调解和仲裁。

1）DAB 的概念界定。双方于合同签署前确定一个独立公正的 DAB，争议发生时，由该 DAB 判定合同争议。若双方在收到判定后的 28 日内均未提出任何异议，则为最终判定，并且对双方均具有约束力。

2）DAB 的任命形式。DAB 根据争议双方所在项目的复杂程度和规模大小，可由 1 人、3 人或 5 人组成。其任命形式通常有如下两种。

① 常任 DAB。它是在工程施工前任命的一种形式，其在工程施工过程中对现场定期视察，并且发挥协调双方、防止争议的作用。

② 特聘 DAB。它是在争端发生时任命的一种形式，其由 1 名或 3 名人员构成。特聘 DAB 的任期期满节点为争议做出最终决定时。

DAB 的组成成员通常是建筑工程领域技术或管理方面的专家，并且不能与争议双方存在业务联系与利益往来。此外，DAB 的各成员必须遵循公平、公正原则，按照合同做出决定。

3）DAB 的报酬规定。DAB 总报酬、DAB 成员报酬和报酬支付条件应由争议双方联合 DAB 成员商议决定。争议双方必须根据支付条件各支付总报酬的一半。

4）DAB 的优势。

① DAB 随项目的实施而介入，及时、全面地了解项目情况和存在的问题。

② DAB 中立、公正的特征使其对争议做出的决定一般不具主观色彩。DAB 由具有较高专业素养和丰富施工经验的人员组成，因此，其所做决定的专业性较高。

③ DAB 由争议双方自愿选择，双方易接受其决定。

④ 争议解决有效、及时，并且周期短。
⑤ DAB 方式解决争议的费用较低。
⑥ DAB 的裁决具有非强制性和非终局性的特征，若双方未就裁决结果达成一致，仍有权提出仲裁或诉讼。

5.6 工程项目变更管理

工程项目实施过程中，改变目标和调整实施过程都可能导致工程项目发生变更。变更管理是工程项目的综合性管理工作，它不仅涵盖了项目实施控制的一部分，还包括新的决策、计划和控制。

5.6.1 工程项目变更类型

从工程项目系统的角度来看，项目的变更类型多种多样，主要包括如下几种。
1）工程项目环境系统和上层组织战略的变动。
2）工程项目目标的变更。环境和上层组织要求的变化，可能会导致原目标的变动或新目标的确定，即目标调整。例如，调整工程产品范围或定位、重定工期目标、提升投资额度等，以及可能出现中断项目和放弃原目标的变更。
3）工程技术系统的变更。例如，修改功能、提高质量标准、扩大工程范围。
4）工程施工方案、实施过程和计划的修改。
5）工程项目范围的变更。对工程项目范围内的活动进行增减、逻辑关系变化，以及工程活动内容、工程量等方面的调整。
6）其他。例如，投资者退出、管理模式改变等。

此外，工程项目所需变动的频率、范围及其影响大小，与项目所处环境的稳定性，项目目标设计的科学性、完备性和确定性，以及技术设计方案的可行性等密切相关。

5.6.2 工程项目变更处理要求

1）项目组织需要建立一套严格的变更管理制度。其中，包括变更审查、授权批准、变更程序、责任划分，以及与变更相关的各种管理规定等。
2）工程变更是对实施过程和目标进行调整的过程，通常会出现多种可供选择的措施。例如，针对工期拖延问题，不同方案可能会采取一个或多个措施甚至导致局部与系统的调整。

3）项目变更一旦确定，变更方案要尽快实施。在项目中，变更的影响程度往往取决于变更决策的时间点，如果变更带来的问题在项目初期就被发现和解决，对项目目标和实施过程的影响会比在项目实施中期或后期被发现时更小。此外，变更决策时间过长和变更程序过于缓慢也会带来重大损失：一方面，施工因变更指令迟迟不下达而停滞不前，进而造成工期延误；另一方面，工程项目因变更指令不能及时下达而继续施工，进而造成更大的返工工期费用损失。因此，简明高效的变更程序十分必要。

4）在做出变更指令后，应及时、全面地落实：全面变更工程相关文件，涉及工程图、规范、施工计划、材料采购计划等，确保工程相关文件与变更内容的一致性；贯彻变更指令于相关工作中，采取相关措施，解释新出现的问题，并且做好与其他工作的协调。

5）工程变更是一个新的计划过程，需要按照新情况（如新环境、新要求、项目实施状态）制订新的计划或修改原有计划。然而，与项目初期阶段不同，工程变更没有合理的计划期和计划过程，管理者需要"即兴而做"，及时解决问题，因此难以进行有效的管理。在实际项目中，由于变更时间紧，难以详细计划和分析，导致责任无法完全落实，容易出现计划、安排和协调方面的漏洞，引发混乱，从而导致损失。

任何变更都会带来新的问题和风险，并且产生额外的影响。例如，为解决项目延期风险需要投入额外的劳动力，导致额外人工费支出。因此，一旦新计划形成，必须将其与原目标进行比较，分析各种变量，预测最终对项目目标的影响。

6）在工程变更中，业主和承包商都应最大限度地利用合同赋予的权利和可能性，以将对方所需的补偿降至最低。

5.6.3　工程项目变更程序

变更是一个复杂的决策过程，可能会引起许多问题。因此，在变更管理中应该有一个规范化的程序，同时应该建立完整的申请、审查、批准、通知（变更令）等手续。此外，为避免个人决策的主观性，在做出重大变更决策时，必须采取决策会议等方式。工程项目变更一般遵循如下程序。

1. 提出变更申请

业主、设计单位、项目管理者均可提出变更申请，一般采用书面方式，或者先口头表述且随后以书面形式追加的形式（类似 FIDIC 合同条件对工程师口头指令的规定）。在工程承包合同（如 FIDIC 合同条件）中，业主授予工程师一定程度的变更指令权利，也可以由承包商以合理化建议（FIDIC 合同条件中称为"价值工程"）的形式提出。

一般情况下，变更必须按照一定的申请手续进行，变更申请表的格式和内容可以根据具体需要进行设计。

2. 变更审查与批准

1）任何变更措施都会带来新的问题和风险，因此，需详细说明变更的影响。例如，采用额外的劳动力解决工期延误，会增加费用开支，同时也可能会对工程质量产生一定的影响。

2）对变更进行全面评估，预测变更对项目目标的影响，如工期是否会推迟、成本是否超过预算等。对于重大的变更，应提出相应的影响评估报告。

3）变更必须经过相应级别管理人员的审查和批准，以便控制和管理项目目标。应根据变更的性质和影响范围，授权相关管理部门或人员进行审议、评价、批准或否决。

变更的批准权利应与项目相关的批准权利一致。通常情况下，承包商工作范围内的变更必须得到工程师或业主的批准；涉及项目总目标、技术系统、重大技术方案的变更，以及实施过程中的重大调整，必须经过上层组织做出决策，并且还需要获得用户和其他相关方的批准。

4）将变更的情况通知项目参加者。一般的工程变更在发布正式变更令之前，项目经理必须与业主进行充分协商以确保达成共识。对项目范围、进度计划和预算产生重大影响的变更，需通知项目相关方职能人员和下层操作人员，并且听取其意见，确保达成共识。

3. 发布变更令

变更文件一般由正式的变更令及其附件构成，其内容通常包括以下部分。

1）变更令编号及其签发变更令的日期。

2）项目名称和合同编号。

3）明确变更产生的原因和详细的变更内容说明，如变更令申请人、相关位置、标准、资料、变更类型、变更工作实施时间等合同条款依据。

4）对涉及工程设计、项目实施计划、合同等的调整，按要求调整费用估算，重新安排活动的顺序，以及重新制订风险应对办法等。

5）涉及费用调整的问题，如变更责任的分析、费用索赔程序和方法、项目经理（工程师）对最终价格决定的权利等。

6）项目各方，如投资者、业主、项目经理、承包商或用户在内的相关方应指定授权代表签字。

7）变更令附件，一般包括变更涉及的工程量表、设计资料和其他有关文件。

5.7 工程项目施工现场管理

施工现场管理是工程项目管理的核心部分，实施科学的施工现场管理是树立企业形象、提高企业声誉、获得经济效益和社会效益的根本途径。

5.7.1 工程项目施工现场管理的内容

1. 施工现场准备

施工现场准备是施工条件的创造和物资供应的保证服务，包括以下几个方面的内容。

1）确保做好施工测量控制网的复测和加密工作。根据设计单位提供的总平面图和测量控制网中的基线桩、水准基桩和重要标志保护桩等资料，对施工现场进行三角控制网的复测补充，实现施工所需各种标桩的建立和工程测量控制网的加密，满足施工要求。

2）补充钻探施工现场。当地质勘查资料无法真实反映实际地质情况时，需实施再次钻探，以明晰真实地质状况，为后续基础工程施工打下良好的基础。

3）确保做好"六通一平"工作。所谓"六通一平"，是指道路畅通、水系畅通、电力通畅、通信畅通、网络覆盖畅通、广播电视信号畅通和建筑场地平整。对于采用蒸汽养生和寒冷冰冻地区取暖的项目，则还需做好供热工作。

4）实施临时性建筑工程。根据施工总平面图建设办公场所、生活居住场所等临时房屋，以及混凝土搅拌站、构件预制场等大型临时设施。在可以利用永久建筑物时，应尽可能地加以利用。

5）施工机具的安装和调试工作。按照施工机具需求量计划组织施工机具进场，并且根据施工总平面图的布置将其摆放于规定位置；在开工前，应对施工机具进行检查和试运行；针对需要获得使用许可证的设备，应及时向主管部门申请。

6）原材料检验和储存堆放工作。根据所需原材料，制订相应的原材料测试计划，如钢材的机械性能试验、预应力材料的力学性能试验、水泥砂石等原材料的试验和混凝土的配合比试验等，应及时组织材料进场，并且按规定的地点与方式进行储存和堆放。

7）做好冬季和雨季施工安排。根据施工组织设计的要求，落实冬季与雨季的临时设施和技术措施，做好施工安排。

8）落实消防安全保卫措施。建立消防安全保卫组织，制定相关规章制度，配置消防和安全保卫设施。

2. 施工现场安全管理

安全管理的内容是管理现场中的人员和环境因素的状态，有效控制人的不安全行为和物品的不安全状态，消除或避免事故。其目的是保护劳动者的安全与健康。安全生产的方针是"安全第一、预防为主"。预防为主意味着要正确认识生产中的不安全因素。安全管理是所有与生产相关的组织和人员共同的工作，需要全员参与。

安全管理的重要原则之一是持续提升。管理就是要不断地改进、发展，以便与不断变化的生产活动相适应，并且排除新的风险。因此，需要持续摸索新的规律，总结控制的方法和经验，指导新的、变化后的管理，从而不断提高安全管理水平。

3. 施工现场材料管理

在建筑安装项目中，60%～70%的成本由采购产生。因此，在管理过程中，材料管理效果会对工程造价产生直接影响。施工单位应在施工前对材料的供应源进行全面调研，展开多方信息比较，尽可能寻得价格和数量的最优结合点；在此基础上，结合施工组织设计和实际工程建设需要，制订相应的需求计划；在施工过程中，应制订月、月度工作计划，确保资金正常运转和施工现场真实状况，高效布置施工机械的进出场工作；同时，注重现场材料保管工作，避免水泥损坏、钢筋锈蚀，减少材料的损失；此外，必须建立科学的材料采购、保管制度，以及材料价格信息中心和监管机制，加强材料采购人员的自身素养和专业技能，进行多方比较，选取质量好、价格低的材料，以降低成本、增加收益。

5.7.2 工程项目施工现场管理的要求

1. 文明施工要求

依据标准，文明施工的要求涉及现场围挡、封闭管理、施工场地、材料堆放、现场住宿、现场防火、治安综合治理、施工现场标牌、生活设施、保健急救、社区服务等多个方面。具体应符合下述要求。

1）有完善的施工组织设计或施工方案，工地布置合理、紧凑，满足环保、市容、卫生等要求。

2）建立完善的施工组织管理机构，每个岗位都有清晰的分工、合理的工作流程、明确的交接班责任。

3）对成品实行严格的防护措施与制度，各种材料部件与半成品、临时设施的摆放井然有序。

4）工地应平整、通畅，排水系统健全，水电布线整齐，机械设备状态完好、用途合理，施工操作能满足防火、安全等方面的需要。

5）做好施工现场、生活区和餐厅的环境卫生工作。

6）在工程的全生命周期中做到文明施工。

此外，做好现场材料、机械、安全、技术、保卫、消防、生活卫生等方面的工作，也是文明施工的必要条件。

2. 环境保护要求

根据《中华人民共和国环境保护法》和《中华人民共和国环境影响评价法》的有关规定，建设工程项目应满足以下基本要求。

1）当涉及自然保护区、风景名胜区、生活饮用水水源保护区和其他需要特别保护的区域时，建设工程项目应符合国家有关法律法规和该区域内环境管理规定，不得建设污染环境的工业生产设施。已建成的设施若污染物排放超过排放标准，需要限期整改。

2）开发利用自然资源的项目必须采取相应措施，保护生态环境。

3）建设工程项目选址、选线、布局应当符合区域、流域规划和城市总体规划。

4）建设项目所处区域应满足环境质量、相应环境功能区划和生态功能区划标准或要求。

5）拟采取的污染防治措施应确保污染物排放达到国家和地方规定的排放标准，满足污染物总量控制要求。如果涉及可能产生放射性污染，则应采取有效预防和控制放射性污染的措施。

6）在建设工程中，应当优先采用有利于环境和资源保护的建筑设计方案、建筑材料和装修材料，包括但不限于节能、节水方案等。所有使用的建筑材料和装修材料必须符合国家标准，禁止使用含有毒、有害物质的材料。此外，建筑构配件与设备也应当符合环保和资源节约的要求。

7）应减少建设工程施工中产生的干扰周围生活环境的噪声。

8）应采取生态保护措施，有效预防和控制生态破坏。

9）对环境可能造成重大影响的建设工程项目，应编制环境影响报告书；对可能严重影响项目所在地居民生活环境质量的建设工程项目和存在重大意见分歧的建设工程项目，环保部门应举行听证会，听取相关单位、专家和公众的意见，公开听证结果，并且说明有关意见或解释。

10）建设工程项目中防治污染的设施必须与主体工程同时设计、同时施工、同时投产使用。防治污染的设施必须经原审批环境影响报告书的环境保护行政主管部门验收合格后，该建设工程项目方可投入生产或使用。防治污染的设施不得擅自拆除或闲置，确有必要拆除或闲置的，必须征得所在地的环境保护行政主管部门同意。

11）新建工业企业和现有工业企业的技术改造，应当优先采取资源利用率高、污染物排放量少的设备和工艺，并且采用经济合理的废弃物综合利用技术和污染物处理技术。

12）排放污染物的单位，必须依照国务院环境保护行政主管部门的规定申报登记。

13）禁止引进不符合我国环境保护规定要求的技术和设备。

14）任何单位不得将产生严重污染的生产设备转移给没有污染防治能力的单位使用。

3. 职业健康安全卫生要求

按照国家有关标准，建筑工地的职业健康与安全卫生主要包括现场宿舍、食堂、厕所和其他场所的卫生管理等内容，具体应符合以下要求。

1）在工地上应设置办公区、食堂、宿舍、洗手间、文娱活动室、封闭的垃圾站（或集装箱）等临时设施。所用的建筑材料应满足环境保护、防火等方面的要求。

2）办公区域和生活区域均应有密闭的废物储存箱。

3）办公场所的布置要合理，所有的文件材料分类摆放，保持房间清洁和整齐。

4）建设单位应当按照有关的法律法规，制订相应的公共卫生应急计划。

5）工地上必须准备好绷带、止血带、颈托、担架等紧急救援设备，并且准备好一般药物。

6）建筑工地应配备全职或兼职的清洁人员，负责工地的清洁工作。

7）办公区域和生活区域必须采取措施消灭鼠、蚊、蝇和蟑螂等，并且有规律地投放和喷施药剂。

8）施工企业要根据时令特征，做好工人的防暑降温、防寒保暖和防毒面具准备等工作。

9）建筑工地应建立环境卫生管理和巡查制度，并且做好巡查工作记录。

5.7.3　工程项目施工现场管理的方法

1. 现场管理的层次

现场管理的工作面广、量大、综合性强，是一项复杂的系统工程，采用何种管理方法进行现场管理要根据现场管理的具体内容选择。在开展现场管理工作时，应采取有计划、有步骤的方式循序渐进进行，一般可分为以下三个层次。

（1）治理整顿。制定相关规章制度，重点解决现场"脏、乱、差"的问题，包括物品摆放无序、安全通道不畅、纪律松弛、责任不清等，逐步建立起良好的生产环境和生产秩序。

（2）专业到位。采用各种核算方法，对现场进行业务、统计和会计核算，使各项基础工作与专业管理真正有机结合和落实，确保管理重心下移，促进各专业管理的现场到位。

（3）优化提高。在考核和核算的基础上，对现场进行不断优化，即改善目标与现状之间的差距，不断积累经验，促进未来工作的提高。

2. 现场管理的具体方法

目前被广泛应用的工程项目现场管理方法主要有开展6S活动、定置管理、目视管理等。

（1）开展6S活动。6S活动是指持续进行现场生产要素状态的整理（Seiri）、整顿（Seiton）、清扫（Seiso）、清洁（Seiketsu）、素养（Shitsuke）、安全（Safety）活动。该方法是符合现代化大规模生产特点的科学管理方法，可作为提高现场管理效果的有效措施和手段。

开展6S活动的目的包括：提高产品质量，降低乃至消除不合格品率；提高生产率，消除生产故障；保障企业安全生产；降低生产成本，提高企业效益；改善员工的精神面貌。

1）整理：整理工作场所内的物品，清理不需要的物品，并且对剩余的有用物品进行分类。将经常使用的物品放置在易于取用的位置，将不经常使用的物品储存在固定位置。清除不再使用的物品。目的是提高工作效率，有效利用工作空间，避免混乱和错误，创造干净整洁的工作环境。

2）整顿：按照规定的标准对有用的物品进行分类摆放，并且做好明显标志。这样可以避免物品混乱、乱堆放和找不到所需物品等无序现象的发生，减少寻找物品的时间，消除过多的囤积物品，创造整洁的工作环境。具体方法是根据物品的使用频率对放置区域进行合理的规划，如设立经常使用物品区、不常使用物品区、废品区等。

3）清扫：对工作场所内的所有区域进行清洁，清理使用时的仪器、设备、工具、模具、材料等，维持工作场所干净、宽敞、明亮的环境。目的是确保生产安全，降低工业灾害风险，提高产品质量。具体工作包括清扫地面、墙壁、天花板上的所有物品，清洗仪器设备、工具和模具等；对破损的物品进行修复和处理；防止污染，对水源污染、噪声污染进行治理。

4）清洁：确保工作场所始终保持干净整洁，进行分类整理、整顿和清扫，同时进行定期和随机的监督检查。此外，工作责任人每天上下班前花费3～5分钟进行清洁工作，并且进行自我检查、相互检查，以及由专职人员进行定期或不定期检查等。

5）素养：努力提高员工的素质，使每名员工都养成良好的习惯，遵守规则，发扬积极主动的精神。例如，员工应严格遵守规定的作息时间，保持高效的工作状态，注重仪表整洁和工作环境清洁。

6）安全：注重员工的安全教育，始终坚持"安全第一"的理念，积极预防各类事故；建立和维护安全生产的环境，在保障员工生命、财产安全的前提下，推进工作的开展。

（2）定置管理。定置管理作为另一种科学管理方法，旨在对生产现场的人、物与场所之间的关系进行科学分析和研究，达到最佳结合状态。具体方法包括：通过将物品在规定位置上进行科学布置，并且运用完善的信息媒介，使人与事物之间产生有效的联系；通过对生产现场的整治，将生产中不必要的物品清除掉，并且把需要的物品放在规定位置上，推动生产现场的"三化"（秩序化、标准化和规范化），实现安全、高效、优质生产的要求，同时展现出现场文明施工的水平。定置管理是开展6S活动的一项基本内容，也是开展6S活动的深入和发展。

合理定置的主要依据包括现场管理的法律、法规、标准、管理办法，以及设计要求、施工组织设计、自然条件、材料设备需要量、进场计划和运输方式等。合理定置应保证施工的顺利进行，尽量减少施工用地、减少临时设施的建设量，最大限度地利用已有的建筑物和给水排水、道路等基础设施，从而降低临时设施成本。此外，合理布置施工现场的运输道路和各种材料堆放加工厂、仓库位置，尽量减少场内运输距离和二次运输，以降低运输成本。为了符合有关规定，应一次性按照标准进行布局，同时需要进行多种方案的比较，选择最优方案，最终实现人、物、场所之间的最佳结合，创造良好的施工环境。

定置管理的内容需要针对不同位置进行相应的调整和变动。对生产厂区，应该以工厂占地为基础，合理设计厂区定置图，对场所和物件实行全面的定置；对易燃、易爆、有毒、易变质、易伤人与污染环境的物品和重要场所、消防设施等进行特殊定置；对绿化区和卫生区进行责任定置；对临时停滞物品的区域也要进行定置；对各个工段、班组和工序、工位、机台均应进行相应的定置。库房的定置内容包括：设计库房定置图且将其悬挂在库房醒目处；对易燃、易爆、有毒、污染环境和限制储存的物品，应当进行特别定置；对限期储存的物品，应使用特定信息标示其接近储存期。开展定置管理的步骤如下：

1）开展工艺研究。工艺研究是开展定置管理的起点。其重点在于对生产现场现有的加工方法、机器设备、工艺流程进行详细研究，以确定工艺在技术水平上的先进性和经济合理性，并且分析是否需要与能否采用更先进的工艺和加工方法，从而确定生产现场产品制造的工艺路线和搬运路线。

2）对人与物结合的状态分析。人与物结合的状态分析是定置管理中的核心步骤之一。在生产过程中，人员和物品不可分割，只有将两者合理结合，才能有效开展工作。同时，为了确保工作效率，需要根据人与物的结合状态进行定位。人与物的结合是定置管理的实质和主体。定置管理需要在生产现场实现人、物、场所三者之间的最佳结合，因此，必须首先分析人与物的有效结合状态。

在生产现场，人与物的结合通常分为两种形式，即直接结合和间接结合。直接结合是指需要的物品能随即拿到手，无须花费时间寻找。例如，加工的原材料、半成品就在操作者的岗位周围，工检量具、储存容器就在操作者的工作台上或工作地周围，随手即得。间接结合是指人与物呈分离状态，为使其结合则需要信息媒介的指引。信息媒介的准确和可靠程度直接影响人与物之间的结合效果。

3）开展信息流分析。信息媒介是指在人、物、场所合理结合的过程中，起到指导、控制和确认等作用的信息载体。在生产过程中，所使用的物品种类繁多、规格杂乱，不可能都放置在操作者的手边，因此需要一定的信息来指引寻找各种物品；同时，许多物品在流动的过程中不可回归，该类物品的流向和数量也需要由信息来指导和控制。因此，在定置管理中，完善、准确的信息媒介十分重要，会直接影响人、物、场所的有效结合程度。

4）定置管理设计。它是整体的统筹安排，包括如何科学、合理地定置各种场地（如厂区、车间、仓库）和物品（如机台、货架、箱柜、工位器具等）。其中主要包括定置图设计和信息媒介物设计两部分。

5）定置实施。这是将定置的理论付诸实践的关键阶段，也是定置管理工作的重要环节。它包括三个步骤：清除与生产无关之物；根据定置图实施物品归置；放置标准信息名牌。总之，在定置实施过程中必须做到严格按照图纸操作，确保有图必有物、有物必有区、有区必挂牌且进行分类，使账（图）物一致。

6）定置检查与考核。它是定置管理的重要内容之一，必须坚持长期推行，以巩固定置成果且推动其不断发展。为此，需要建立定置管理的检查与考核制度，按照标准进行奖励或惩罚，以实现定置管理长期化、制度化和标准化。

定置检查与考核有两种形式：一是安装完毕后的检验，检验不合格者需要再次定置，直到达到标准为止；二是对定置管理的定期检验和考核，这是一项持久的工作，更加复杂和重要。

（3）目视管理。它是一种现代化的施工管理方法，符合建筑行业施工要求和心理需求。它是通过利用各种形象直观、色彩适宜的视觉感知信息，组织现场施工活动，以达到提高生产效率、保证工程质量、降低成本的目的。作为现场管理的重要内容，目视管理是实现文明施工的关键措施之一，也是达成改善施工现场环境的科学管理方法之一。

1）目视管理的特征。目视管理主要依赖于视觉信息呈现，以公开透明为基本原则，力求向所有员工提供全面、必要的信息，建立一个让所有人自觉参与且达成项目目标的管理系统。这种管理方法显著、直观、易操作、适用性强且透明度高，有利于工程参与方的自我提升，具有不可替代的作用。

2）目视管理的内容。目视管理针对施工现场的人员、物品和环境进行贯穿于施工全过程的管理，涵盖了施工现场的各个专业管理领域，包括作业者、作业环境和作业方式等方面。其内容主要包括以下几个方面。

① 将施工任务和已完成的进度以图表的形式呈现出来，让参与工程的人员知道有关信息。工程项目经理部要编写一份施工进度计划，并且每月制订旬、日作业计划，以施工任务书的形式表现，定时、定人、定量、定质、定项地将计划分解到各个施工班组；公开施工进度计划和网络计划图的任务实际完成状况，让所有的工程参与者都能明了在各个计划指标完成的过程中存在的问题和发展趋势，以及解决问题的方法和措施。

② 使用看板、挂板或写有规章制度、操作规程、标准等的张贴物进行现场管理。将有关的规章制度、操作规程、标准使用看板、挂板或书写的方式，贴于墙壁上公示，以便项目参与者遵守。与岗位直接相关的，应当在相应的岗位处进行展示。例如，施工现场的各项管理制度板和施工现场平面布置图应置于工地入口处；管理人员名单、岗位责任制等信息应张贴在办公场所；仓库，食堂，宿舍等制度牌要悬挂在墙上；此外，所有的机器操作手册都应展示于相关的操作室中。

③ 运用明显的视觉信号显示手段（如标志线、标志牌、标志色等）来确定各种大小型临时设施、拟建工程和物品的放置位置，防止误置或物品混放。上述措施将目视管理和定置管理融为一体，为定置管理创造了客观条件。

④ 标牌显示。施工现场管理人员应将施工现场划分为不同的区域、片段或栋号，落实责任人，以标牌来展示岗位责任人名单，激发责任人的责任感。例如，在施工现场入口设置标牌，注明工程的名称、建设单位、设计单位、项目经理等，以及开工日期和完工日期等。

⑤ 采取直观、便捷的施工现场操作控制方法。在我国建筑行业中，常使用的作业控制方法有点控制、线控制、施工图控制、通知书控制、看板控制、旗语、手势等信息传导、信号控制，等等。根据工程的具体情况，采用简单的方法对工程进行操作控制，可以有效地提高工程项目的进度、成本、质量、安全和安全等管理水平。

⑥ 利用各种安全色、安全标志等进行现场管理。安全色和安全标志是清晰、标准化的视觉信息，形象直观，使用方便。在现场管理中，科学、合理、巧妙地运用这些颜色来标识不同区域和装置，准确地使用各种标志，对创造良好的施工秩序和预防事故的发生具有重要作用。

⑦ 张榜公布施工现场管理的检查结果，提高现场管理水平。在现场管理中，将每次检查的结果绘制成图表，在黑板、专栏上公布，以鼓励先进、鞭策落后，提高现场管理的质量和水平。

⑧采用先进、科学的信息显示手段。采用计算机、电视机、广播、仪表等现代化传递信息手段，可以有效提升现场管理的先进性和科学性，提高现场管理的效果。

5.7.4 工程项目施工现场信息化管理

在信息技术日益成熟的今天，可以将信息技术应用于建筑工程建设中，更好地进行管理。但是，在将信息管理系统应用于工程管理之前，施工企业一定要根据自己的特点，有针对性地引入，并且每个项目的负责人都要充分了解信息化管理的重要性，这样才能更好地实施。信息管理系统可以为企业提供与施工现场相关的各种信息，现场管理人员可以基于这些信息制定行之有效的管理办法，提高施工现场管理水平，确保施工有序进行。此外，通过信息管理系统，施工企业可以及时准确地了解和掌握工程的具体进展，有效控制建筑工程的成本和质量。其中部分施工现场信息化管理措施如下。

1. 信息管理组织机构和人员安排

项目经理在信息管理中心的各职能部门均设有专责科室，并且配备专职项目信息人员。信息人员由部门主管和信息中心主任双重领导。

2. 项目信息管理系统解决方案

（1）组建办公局域网。项目部根据施工单位的统一标准，对局域网进行统一规划和网络配置，并且建立视频会议室。与此同时，运用统一规划的工程管理系统、信息平台和应用软件，保证建设数据采集和管理工作的顺利开展。

（2）构建远程施工工地信息管理系统。项目部应建立健全立体管理机制，促进管理效率的提升。该机制的核心就是远程施工工地信息管理系统，旨在向建设单位提供与项目相关的数据。系统采用与之配套的终端硬件设施，与施工企业并用统一接口，对其进行统一管理。该系统可监控焦点，并且可按需调整拍摄角度、焦距，及时发现和处理问题。

信息管理系统能够收集、整理、传输和存储现场施工的信息与数据，有助于加大对工地质量、安全、现场、进度等方面的管理力度。此外，该系统具有提供实时视频和图片的功能，可进一步加强管理。

（3）建立现代化信息管理制度。

1）基本作业管理制度。确定岗位责任，根据建设单位的相关要求，结合项目的具体状况，编制该项目信息管理的具体实施办法，标准化信息管理。要真实反映项目情况，不能编造事实，一切上报信息都要经过总工程师的审批；及时提供项目进展情况，对突发性事件在规定时限上报建设单位和监理单位；及时更新动态信息，确保信息的准确性。

2）培训制度。为了紧跟信息化发展步伐，应实施持续的培训计划，并且积极参与施工企业组织的信息化管理体系培训。这包括对项目部领导和用户开展培训。前者是重点加强对施工企业信息化管理体系的理解，以及对现代化项目管理的学习，从而提升领导团队对信息化管理的认识和能力；后者主要是对用户进行组织信息管理制度、计算机软硬件基础知识、系统操作的培训。

（4）建立规范的信息管理流程。

1）采集信息。采集信息的具体内容包括以下几个方面。

① 工程现场施工情况的数码照片、数码录像、电子化的施工图。

② 工程施工方案、设计变更图。

③ 电子文档签章。

④ 人、材、机等资源统计。

⑤ 工程进度和投资情况的统计报告。

⑥ 工程安全和质量保障数据、气象和气象资料、沉陷观测资料的分析。

⑦ 其他项目所需的信息管理材料等。

这主要是通过绘制、填写、拍照、扫描等方式来收集工程项目信息。对静态消息要及时上报和保存；对动态消息要及时收集上报且对其进行更新，以保证信息的准确性和时效性。

2）加工整理和传递信息。对所采集的信息必须经过甄别、挑选、核对、合并、排序、更新、计算和汇总等，生成多种形式的数据和信息，使用网络平台、数据库和局域网，实现数据在项目部内部的传送和共享，供建设单位、监理和项目部管理人员使用。

3）储存信息。一般把处理后的信息以统一的编码和固定的格式储存在服务器中。为了确保信息的安全性，还可以采用移动硬盘或光盘刻录的方法来备份。

课后思考题

1. 工作分解的具体流程是什么？
2. 工程项目进度计划编制方法有哪些？
3. 简述工程项目成本控制程序。
4. 工程项目竣工验收质量管理包括哪些内容？
5. 工程项目招标、投标的具体流程分别是什么？
6. 简述工程项目变更程序。
7. 工程项目施工现场信息化管理的措施有哪些？

第 6 章
CHAPTER 6

工程项目管理支撑技术

开篇案例

视频监控技术在电网基建工程管理中的应用

近年来,各地的用电需求增加,电负荷不断提高。为了满足日益增长的用电需要,电网基础设施建设越来越多。然而,受限于企业内部人员的岗位和编制等因素,导致电网基建项目的管理人员数量不可能大幅度增加。因此,运用现代科学技术解决人力资源短缺、项目控制等问题十分迫切。在工程管理信息化发展趋势下,利用视频监控技术建立视频监控系统对正在建设的工程项目进行管理,能够有效解决该问题,也有利于促进国家的信息化发展。

视频监控系统包含嵌入式前端服务器和智能视频分析客户端两个环节。其中,前端服务器能够对视频进行有效采集;智能视频分析客户端综合运用各种技术,确保完整的视频监控资源,从而实现对接收客户端命令情况的全方位监控。选择合理的监控安装点对视频进行采集,利用 ADSL 和 4G 网络传输,可实现对整个施工进度和关键部位的视频监控,确保整个施工过程都处于被监控状态,以便能够及时发现施工现场中存在的问题,助力施工项目管理过程。此外,还能为用户提供长期的视频资料,如质量、安全、纠纷等,供用户查询。整个系统采用浏览器网络系统或客户端,在互联网上获取所需要的视频信息。视频监控系统使各级管理人员可以足不出户,就能通过系统实时掌握项目现场进度、质量和安全等情况,还可以及时发现和解决问题,很大限度地避免了一些风险和隐患,极大地提升了基建项目的管理水平,同时也响应了工程管理信息化的发展要求。

学习目标

- 熟悉工程项目的沟通方式。
- 了解工程项目冲突的来源和管理。
- 了解工程管理信息系统、工程项目报告系统和文档管理。
- 熟悉工程项目风险管理。
- 了解工程项目职业健康安全与环境管理。

6.1 工程项目沟通管理

工程项目沟通管理是指在项目管理过程中，管理各类方式和内容的沟通活动的过程。它旨在保障项目的相关信息能够在合适的时间以科学合理的方式生成、收集、处理、存储和交流。工程项目沟通管理是对项目信息和信息传递的内容、方法、过程的全面管理，是对人们交换思想和交流感情（与项目工作和项目团队有关的思想和感情）的活动与过程的全面管理。项目管理人员和相关人员都必须学会使用"项目语言"发送和接收信息。此外，项目管理人员还必须管理和规范项目的沟通活动与沟通过程。

6.1.1 工程项目沟通障碍

1. 常见的沟通障碍

如果项目管理组织内部和组织界面之间存在沟通障碍，常常会产生以下问题。

1）混乱的项目组织或经理部。例如，没有统一明确的组织整体战略目标，某些部门与整体战略目标不统一，项目部人员之间的观点存在冲突，等等。

2）项目经理部经常讨论非重点事务性主题，以致中断或偏离议题。

3）信息无法及时、准确、有效地传递，信息量缺失或冗余，信息无反馈。

4）项目经理部之间虽然表面没有争执，但碍于职权等不敢或不习惯对分歧公开进行讨论。

5）混乱的项目实施过程。员工理解偏差，如对执行内容、执行方案、责任书等的理解不一致，国际工程中的文件由于翻译有误而造成误解。

6）个别工程项目无法获取职能部门的支持。项目在执行中缺乏职能部门提供的资源和管理服务，并且项目经理疲于应对职能部门，造成与外部交流的缺乏。

2. 组织争执

（1）项目中的争执。交流障碍常常会引起组织上的分歧。分歧在项目组织中广泛存在，其产生于项目本身、项目组织和项目组织行为的特征。冲突是项目组织和实施过程中的常态，项目经理是争执的解决者。常见的争执有以下几种。

1）目标不一致。它是指工程中多项目的各种目标之间存在矛盾。例如，工程造价、进度和质量等目标的优先次序不清晰；项目组织成员只将注意力集中在与自己有关的子目标上，而对总目标缺乏足够的认识和共识等。

2）专业分歧。这主要表现在对工艺、设备、施工方案等的设计和了解上，以及对建筑形态和结构的认识上。

3）角色混淆。工程项目中的每一名成员都被赋予特定的角色，并且承担相应的任务。但项目中常存在工作职责界线不明确等问题，导致项目组成员自身定位模糊。

4）流程中的分歧。例如，决策、计划与控制之间的信息和执行方式不一致，以及管理流程中的矛盾。

5）组织分歧。这主要表现为组织结构不合理、组织之间利益冲突、组织行为不协调、合同中存在冲突与漏洞等。例如，项目组织内和项目组织与外界存在权利争执、互相推诿情况，项目经理部与职能部门之间存在界面争执，业主与承包商之间出现索赔与反索赔争执。

6）资源匮乏导致项目在计划制订和资源分配上存在矛盾等。

（2）妥善处理矛盾。组织成员间的矛盾是一种常见而又难以避免的现象，处理矛盾已经成为项目管理人员的一项重要工作。

1）组织矛盾是一种容易引起人际关系紧张、产生观点分歧的复杂现象。争论往往是矛盾的一种表现。如果发生了激烈的争论或尖锐的对立，就会导致组织摩擦、能量损耗，从而导致效率降低。

2）组织争执具有积极性与消极性。争执若得到妥善处理，不仅可以解决矛盾，还可能产生激励作用；反之，不仅会激化矛盾，还可能引发更多冲突。

在现代管理中，没有争执时也有可能存在矛盾，如果不加以引导，则易引发更加剧烈的矛盾。在一个组织里，适度的争执能产生有益的影响，如果没有争执，组织就失去了活力与竞争力，无法达到最优。

正确的态度并不意味着宣布不允许争执或将其置于一边。有效利用争执可以发现组织中存在的问题，并且通过鼓励每个人公开自己的观点，使矛盾和意见分歧体现出来，从而获得新的信息，以及通过积极的引导和沟通来达成共识。有效的冲突管理可以提高管理效率，改善工作关系，推动项目实施。

3）对争执的处理首先依赖于项目经理的性格特点和对争执的认识程度。项目经理作为项目的组织者、管理者和协调者，要善于处理争论，自觉做好引导工作。在争执的解决过程中，项目经理可采取讨论、协商和沟通等手段，多考虑各方利益，在不损害他人利益的前提下，最大限度地实现项目目标。

6.1.2　工程项目沟通方式

沟通方式可按照不同的方式分类。

（1）按有无信息反馈分为双向沟通和单向沟通。双向沟通中的双方既是发送信息者，也是接收信息者；单向沟通则意味着信息的流向是单向的，也就是信息的发送者和接收者都是不变的。

（2）按组织层次分为垂直沟通、横向沟通和网络状沟通。垂直沟通是以组织层级为单位，进行上下级的交流；横向沟通是同一层级的组织单位间的交流；网络状沟通是组织内跨组织层次之间的交流。

（3）按形式的正式性分为正式沟通和非正式沟通。正式交流是指在组织内有明确规定的交流方法；非正式沟通是指在组织的官方沟通渠道以外交换信息的行为。在前者受阻的情况下，组织内部往往依赖后者。

（4）按是否用言语分为语言沟通和非语言沟通。语言沟通是指面对面的口头交流，如谈话、演讲等；非语言交流一般是指文字交流，包括项目手册、信件备忘录等。

随着时代的发展，项目组织可以结合现代交通媒介（如电话、电子邮件、互联网、视频会议和其他电子工具）建立组织内部的交流渠道，提高沟通效率。

下面具体介绍正式沟通和非正式沟通两种方式。

1. 正式沟通

（1）正式沟通的含义。正式沟通是指具有明确目的且经过规划的行为。它通过正规的组织程序而完成，包括项目组织结构图、项目工作流程、项目管理流程、信息流程和操作规则等。

（2）正式沟通的形式。正式沟通的方法和流程需要进行特别的设计，并且要有明确的定义，通常以合同或项目手册的形式列明。正式沟通应成为该组织准则，成员共同遵守，保证行动一致。组织的各成员必须遵守同一运作模式，并且沟通方式必须透明。

（3）正式沟通的结果。其结果受到法律约束，包含交流的文件和沟通的流程。例如，如果会议记录逾期未被驳斥，它就成为一份具有法律约束力的契约性文件；对业主所做的指示，承包商应按其要求执行，但应由业主来承担相应的责任。

2. 非正式沟通

（1）非正式组织的含义。非正式组织是指没有自觉的共同目标（即便可能产生共同的成果）的一些个体之间的活动，如业余爱好者相聚。在项目组织和企业组织中，正式组织和非正式组织共存。

（2）非正式沟通的形式。非正式沟通由项目中的非正式组织关系形成。在正式组织中，各个工程项目组织成员承担不同的角色，并且位于复杂关系网中，如非正式团体、共同兴趣小组、非职务组织等。在这些组织中，人们通过关系网络的构建进行信息交流，并且影响交流各方。非正式沟通具体有以下形式。

1）以聊天、喝茶等方式散播消息、了解情况、沟通感情。

2）通过非正式的实地考察，与有关人员接触、讨论、出席会议等方式，获得更多的第一手资料。这有助于直接获得项目中的软信息，并且有利于理解项目团队成员的工作状态和态度。

3）大规模非正式的跨部门交流（横向交叉沟通）可以加快各部门之间的信息交流，增进彼此的了解。

6.2　工程项目冲突管理

工程项目管理中必然伴随冲突。无论是在工期、费用和质量等核心项目目标中，还是在项目利益相关者对项目的期望中，冲突无处不在。因此，项目经理在项目管理中同样扮演冲突管理者的角色。

6.2.1　工程项目冲突来源

在工程项目管理过程中，冲突是固有的。冲突是由人引起的，只要方法得当，就可以在不对项目进度造成影响的情况下及时解决。了解冲突来源，有利于其有效化解。以下是常见的冲突来源。

1. 管理程序冲突

项目管理程序是冲突的来源之一，如项目报告中职责和关系的分解、项目工作范围的划分、项目的实施计划、与其他合作伙伴签订的合同等。

2. 技术意见和性能权衡冲突

在技术导向工程中，经常存在着技术品质、技术绩效要求和绩效实现方法等方面的矛盾。例如，用户要求要采用最新技术，而项目组织坚持采用成熟的技术。

3. 资源分配冲突

在资源分配中，工作人员对项目应采取人力、材料、机械的数量和时间易产生意见冲突，在任务分配过程中，以及项目团队的成员在部门工作与项目工作的协调等方面也存在矛盾。

4. 进度计划冲突

对任务顺序和完成时间的意见矛盾是冲突产生的原因之一。该冲突与支持部门密切相关,项目经理对支持部门的有限权力和他们对工作优先权考虑的差异导致了进度计划冲突。例如,一件对项目经理来说十万火急的事,在相应的支持部门处理时却只有较低的优先级。此外,进度计划冲突有时还与人力资源问题有关。

5. 费用冲突

在项目执行过程中,通常会因为费用金额而出现冲突。例如,工作人员对应拨给项目的金额的看法不同,工作包负责人可能会觉得这个工作包的预算太少,而另一个工作包的预算太多。

6. 项目优先权冲突

如果员工在同一时间被派往多个不同的项目组,就有可能发生冲突。在为达到一个项目的目的而需要做什么或按什么顺序来做的问题上,项目成员经常有不同的观点。项目间的"优先级"冲突不仅存在于项目组与其他支持团队(如各职能部门)间,也存在于项目组内部。由于项目组对目前的项目没有类似的经验,在实施时项目的优先次序可能与最初的预期有很大不同,导致关键资源的重新分配,从而严重影响项目的进度。

7. 个性冲突

个性冲突通常围绕着人的个性差异,如个人的价值观念、判断事物的准则,而不是一个技术问题。它常常是由于团队成员"以自我为中心"而产生的。

然而,其中一些冲突可以起到积极作用。例如,当两名技术专家在争论谁有更好的办法来解决某个问题时,他们都试图寻找更多的证据来证明自己。这类冲突就应当持续下去。

一些冲突是无法避免的,而且还在不断重复。例如,关于原材料和产成品的库存,生产部门希望自己手边有尽量多的原材料库存,以致不会减少产量;而市场销售部门则希望自己有更多的产品库存,以满足客户的需要;但是,财务人员想尽量减少原材料和产成品的库存,避免出现现金流动问题。

6.2.2 工程项目冲突解决

冲突强度是指不同冲突来源对项目运作的影响力(权值)。在项目的不同阶段,项目冲突源对项目影响程度和强度的差异性,决定了处理冲突的时机和方式的差异性。只有明确各个冲突对项目管理造成的影响程度,才能更好地进行调整和应对。项目管理专家通常结合项目全过程分析冲突强度且予以解决,具体包括以下内容。

1. 项目全过程中主要冲突的平均强度

(1)影响因素。由美国项目管理专家戴维·威尔蒙的研究成果可知,冲突强度的影响因素如下。

1）项目组成员在业务水平上的差距。
2）项目经理在对工程款发放单位，以及进行管理、奖励、惩罚等方面的权限差异。
3）项目团队对具体目标的了解差异，如项目成本、进度、质量等。
4）项目团队中各成员职责的明确程度。
5）项目团队成员对上级目标理解的一致性程度。
6）工程组织单位之间支持的相互依存关系。
7）对某一项目进行管理的水平差异。

（2）各类冲突源的平均冲突强度比较。图6-1反映了项目进程中冲突源的平均冲突强度。

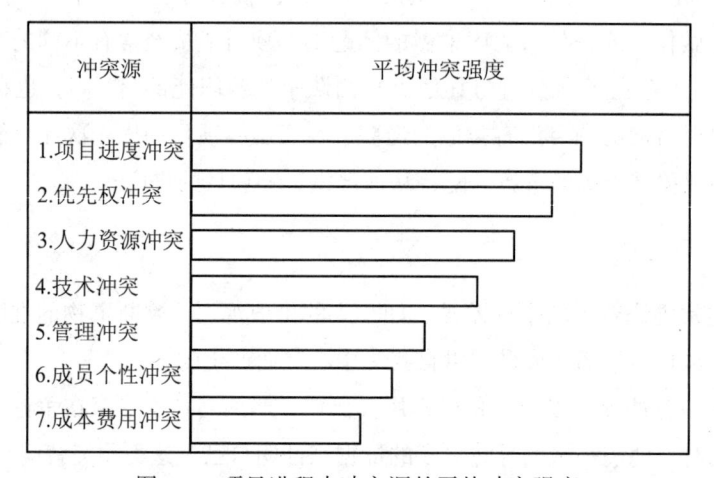

冲突源	平均冲突强度
1.项目进度冲突	
2.优先权冲突	
3.人力资源冲突	
4.技术冲突	
5.管理冲突	
6.成员个性冲突	
7.成本费用冲突	

图6-1　项目进程中冲突源的平均冲突强度

2. 解决冲突的方式

导致冲突产生的影响因素众多，并且在项目执行的不同时期，相同的因素表现出不同的特性。但是，冲突的解决方式存在着互通性，其基本方式有如下几种。

（1）回避或撤退。该方式的核心是使处于冲突中的项目成员从这一状态中走出来，从而避免发生实质性的争端。但这种方式有时并不是一种积极的解决途径，它可能会使冲突积累甚至逐步升级。

（2）竞争或强制。这种方式的精神实质就是"非赢即输"。该方式强调在冲突中获胜要比"勉强"保持人际关系更为重要。这是一种积极的冲突解决方式，冲突越激烈，就越容易采取这种方式，一方的获胜以另一方的失败为代价。

（3）缓和或调停。该方式的实质是"求同存异"。这种方式的通常做法是忽视差异，在冲突中找出一致的方面。该方式认为，解决问题的方式可能会伤害成员之间的感情，影响团队成员之间的凝聚力，因此，缓和成员之间的关系比解决问题更加重要。尽管这一方式能缓和冲突，避免某些矛盾，但并不利于问题的彻底解决。

（4）协商或调解。协商是指冲突方在平等地位下，通过沟通、交换意见和利益，自行协商解决问题且达成共识。调解是指通过第三方介入，帮助解决争议或纠纷的一种方法，第三方在冲突方之间起到中介和协调的作用。二者的不同之处在于：协商是为了使各方在符合自身利益的情况下达成一致意见；调解是由第三方采用其认为有利于冲突方达成和解的方式进行调解的。

（5）正视。该方式认为冲突的各方应当面对面会晤，尽力解决争端。此方式侧重于解决问题，而不是变得好斗。

直接面对冲突是克服分歧、解决冲突的有效途径。通过这种方式，团队成员直接正视问题、正视冲突，既正视问题的结果，也重视团队成员之间的关系。每位成员都必须以积极的态度对待冲突，并且愿意就面临的问题和冲突广泛地交换意见。只有充分暴露冲突和分歧，才能寻求良好的、全面的解决方案。由于信息的交流，每位成员都愿修订或放弃自己的观点和主张，以便形成一个最佳的方案。

以诚待人、形成民主的讨论氛围是这种方式的关键。在解决冲突时，不能夹杂个人的感情色彩，而应花更多的时间与精力去理解、掌握其他成员的观点和方案，要善于处理而不是压制成员的情绪和想法。

6.3 工程项目信息管理

6.3.1 工程管理信息系统

1. 项目管理信息系统概述

管理信息系统是确保不同管理职能与组织间沟通和协调一致的信息系统，由项目的信息、信息流通和处理等综合而成。它包括信息管理的组织、相关业务规则、管理工作流程、软件、信息管理方法（如存储方法、通信方法、处理方法），以及项目过程的各种数据和媒体。

作为项目的信息和控制中心，项目经理负责建立和维护管理信息系统，以确保可靠的项目管理信息系统支持完成项目管理任务。该系统具备一般信息系统的特点，其总体模式如图 6-2 所示。

项目管理信息系统主要包括以下功能。

1）整理数据与编写报告。

2）分析和审查数据，为决策提供依据。

3）在项目过程（包括前期规划、设计和实施）中，不断收集项目实施状况和环境的信息，尤其是项目实施状况的原始资料和各种数据。

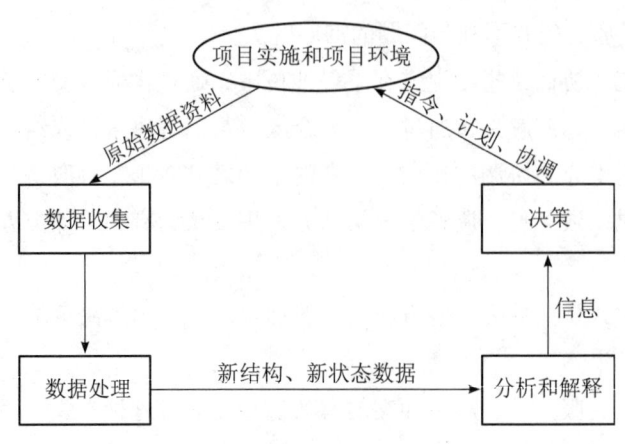

图 6-2　项目管理信息系统的总体模式

4）根据项目实施状况和环境的信息，对协调项目实施过程做出决策，发布指示，协调计划或协调各利益相关方的行动，控制项目实施过程。

项目管理的有效性高度依赖于信息系统的组织和运行，而信息管理的优劣直接影响组织和整个项目管理系统的运作效率。因此，在项目管理过程中，项目经理需要深刻认识管理信息系统对项目管理的关键作用。

2. 项目管理信息系统的设计和开发

为确保项目管理的有效执行，必须专门设计和开发项目管理信息系统。管理信息系统是项目管理系统的一部分，因此，在开发项目管理信息系统时必须综合考虑其设计。一般来说，项目管理信息系统的设计有两个角度。

1）工程建设项目管理信息系统：从业主的角度出发，以项目的整个施工过程为对象设计管理信息系统。

2）工程承包企业项目管理信息系统：针对承包企业项目管理目标设计的管理信息系统，作为建设项目管理信息系统的一部分。

通常情况下，市场上有针对上述两方面系统的软件程序，但该类商业化软件程序重点处理项目管理信息，完成各种管理功能的专业计算，以及信息的统计、分析和传输工作，通常不能直接用于工程建设项目或工程承包企业，还需要设计适当的管理信息系统。

一般来说，管理信息系统是建立在项目执行过程、项目管理过程、项目组织结构、责任制度和标准化管理制度的基础上的。因此，管理信息系统的建立需要明确以下问题。

（1）信息需求。通过项目组织结构和利益相关者分析，确定项目利益相关者的信息和交流需求。

1）在项目过程的各个阶段，应分析和考虑所有项目利益相关者和其他公众的信息需求。特别注意向项目组织的高层管理人员和投资者提供的信息渠道是否可以有效支持决策、规划和管理。

2）项目组织不同层次和职能部门的信息需求是由组织中的责任、权力和作用决定的。因此，根据上述原则，需要保证提供的信息能帮助完成相关任务、行使相关权力。

3）不同级别的管理层对信息的内容、准确性和完整性有不同的要求。

（2）信息收集和处理。

1）信息收集。项目执行过程中会产生大量数据，如材料单、任务单、记工单、图纸、指令、信件、报告等。因此，必须记录相关数据的录入人或负责人、信息与数据内容和结构的准确性、获得数据和信息的渠道等。信息录入工作通常由会计、材料经理、分包商、秘书等负责。

对于工作包和工程活动，应收集以下数据或信息。

① 反映质量状况的数据。

② 实际使用或贡献的资源、成本等。

③ 实际执行的数据，包括活动的实际开始和完成时间。

④ 关于项目范围、进度和预算变更的信息。

2）信息处理。原始资料较为凌乱，必须对其进行处理，以满足项目管理和各级管理人员的需要。

信息加工一般包括以下内容。

① 一般信息处理方法，如排序、分类、合并、插入、删除等。

② 逻辑判断方法，包括评估源信息的可信度、来源的可靠性、项目诊断和风险分析的数值准确性等。

③ 数学处理方法，如数值分析、数理统计、数学计算等。

3）对原始资料整理汇总，生成不同层次的报告，建立标准化的项目报告体系。

（3）建立文档系统。许多项目信息不仅在项目实施过程中经常使用，而且需要作为历史信息或工程项目实施的证据，保留至项目完成甚至更久，还有部分信息需要长期保存。因此，必须根据不同的使用和存储要求，将数据和信息存储在一个确定的信息载体上，以保证信息的安全、可靠、易于使用。为此，需要建立一个项目文档系统，对所有信息进行分解和编目。

1）存档方式。

① 组织形式：集中管理，在项目或企业内部建立信息中心，集中存储信息；分散管理，将信息存储在项目组织的各个环节和项目经理的不同部门中。

② 根据保存期的不同，信息可分为长期保存信息和非长期保存信息，如暂时有效的信息、在项目期间有效信息和必须长期保存的信息等。

③ 监督要求，包括对项目外和公众的信息公开。

2）信息载体。

① 照片、微缩胶卷、X 光片。

② 电子文件，如软盘和磁带。

③ 纸张，如各种合同、信件、图纸、说明书、表格等。

④ 其他，如录像带、电视录音、网络系统。

3）影响信息载体选择的因素。

① 项目信息系统的运行成本。不同的媒体需要不同的投资额，因此具有不同的运营成本。根据管理要求，信息系统设计的目标之一是尽可能降低信息系统的运行成本。

② 信息系统的性能要求。例如，气象工程、防震工程、国防工程、航天工程等工程项目要求信息系统快速运行，以便采用适当的载体与手段进行处理和传输。

③ 随着科技的发展，出现了新的信息载体，这些载体对技术和信息获取有不同的要求。例如，一些具体的要求包括合同、备忘录、工程变更指令、会谈纪要等必须以书面形式，由双方或一方签署才有法律证明效力。

④ 信息处理技术、传输技术和费用也存在一些限制。

（4）信息利用和传播渠道。信息传播是信息系统的主要特征之一。信息传播的特点是只传输信息内容，信息结构保持不变。在项目管理中，应根据不同的要求设计信息传输渠道，选择快速、低廉的传输方式。

1）使用目的。

① 决策，如各种计划文件、批准文件、变更单、实施说明等。

② 证明，如描述性能、期限和成本的各种信息。

2）使用权限。不同的项目参与者与项目经理需要对信息的使用和修改有明确的认识，否则权限的混淆很容易导致信息使用的混乱。此外，对信息有特定、一般的权限，以及申请、使用和修改的权限，都必须严格界定。

（5）信息收集和保存。项目实施和履行组织职责的过程中，管理信息系统中的信息收集和保存工作应由专门负责管理上述信息的部门或个人负责。

6.3.2 工程项目报告系统

1. 工程项目报告的类型

在工程项目中，报告的形式、内容各不相同，具体包括以下类型。

（1）日常报告。日常报告通常是按照管理时期、里程碑和项目阶段提供的定期信息总结。例如，可以按时间划分为日、周、月、年报告，以及关键里程碑报告。

（2）专门内容（或特殊事件）报告。它是为项目管理决策提供专门信息的报告，如质量报告、成本报告、工期报告。

（3）针对项目工作结构的报告。例如，工作包、单位工程、单项工程、整个工程项目报告。

（4）针对特殊情况的报告。它通常用于交流项目中取得的具体成果或对项目中遇到的问题提出具体意见。例如，风险分析报告、总结报告、特殊事件报告（具体的安全和质量事故）、比较报告等。

2. 工程项目报告的作用

1）作为决策的基础。报告概述了项目规划和实施状况，以及目标实现的程度，使未来的规划和及时、准确的决策成为可能。但其内容只反映了过去的情况。

2）用来评估项目过去的工作和成果。

3）在每个阶段或项目结束时都应有一份详细的分析报告，以便分析问题、总结经验，实现持续改进。

4）激励参与者，使参与者了解项目成果。

5）处理和解决问题，制订未来计划。

6）提供预警信息以预测未来情况。

7）提供证据和工程资料。

8）发布信息。例如，为项目利益相关者和社区发布关于项目实施状况的信息报告。

3. 工程项目报告的要求

为确保项目组织间的顺利沟通，履行报告职能，报告必须满足以下要求。

（1）目标一致。报告的内容和描述应与项目目标相一致，并且应着重于目标的实现程度和与之相关的问题。

（2）符合特定要求。不同的利益相关者在内容、频率、描述和详细程度方面的信息要求不同。因此，报告的格式、结构、内容、处理和使用应通过各级项目经理、技术专家和其他外部利益相关者的信息需求来确定。

（3）标准化和系统化。报告系统的结构和内容应在管理信息系统中被充分、完整地定义；报告的格式和数据结构应标准化，所有项目参与者都应采用统一的报告格式。

（4）真实性和有效性。应确保项目报告的真实性、有效性和完整性。

（5）清晰明确。必须确保内容完整、清晰，能被各类人员正确接收和充分理解，尽可能避免理解和传递过程中的错误。

（6）简明扼要。报告不宜详细，应当简明扼要地描述重大偏差、活动和关键事件。

4. 工程项目报告系统

在项目开始时，建立项目管理信息系统时必须包括项目的报告系统。具体来说，需要考虑以下两个方面。

1）系统化项目期间的各种报告。

2）尽可能地定义与规范不同报告的形式、结构、内容、数据、信息收集和处理。

此外，报告的编制应以事先向各级利益相关者提出的问题清单为指导。具体报告的内容如表 6-1 所示。

表 6-1 报告内容

名称	时间	报告提供者	报告接收者		
			A	B	C

在项目计划开始时，应考虑所需不同报告的性质、范围和频率，并且在合同或项目手册中规定。原始资料应一次性收集，以确保信息来源相同。对资料归纳整理前应进行可信度检查，并且引入计划值以便比较分析。报告应从最底层开始，包括记录完成度、工期、质量、劳动力、材料消耗和成本，以及验收测试和检查的记录。较高层次的报告应按职能部门进行汇总，并且根据工作分解结构与组织结构在每个层次上进行归纳和浓缩。随后进行分析和比较，形成一个金字塔式的报告体系，如图 6-3 所示。

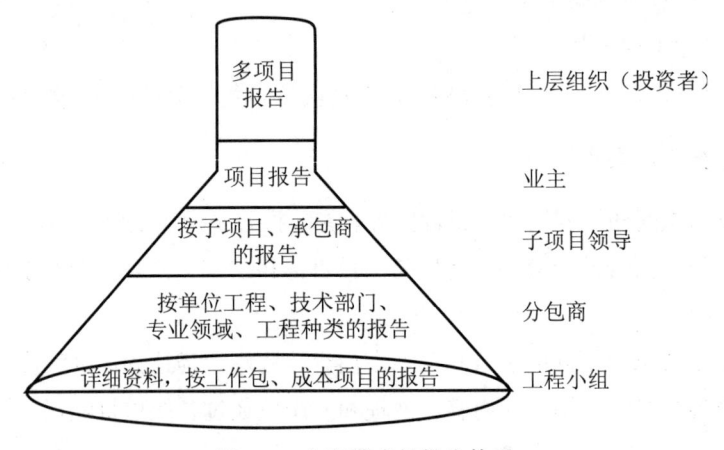

图 6-3 金字塔式的报告体系

报告自下而上传递，其内容不断浓缩，如图 6-4 所示。

项目月报是整个项目中最重要的项目总体情况报告。其格式自由，但内容比较固定，通常包含以下部分。

（1）项目概况。

1）说明项目的状况和报告期内的主要活动，如设计工作、审批程序、招标、施工和验收情况。

2）总的趋向分析。

3）项目形象进度。它一般包括项目状况、项目实施过程中遇到的主要问题及其解决方案、计划的行动、项目的变更和预期目标。施工和安装进度用图表表示，显示已完成和未完成的工作，说明已开始和已完成的计划活动，并且提供项目进展报告。

4）成本状况和成本曲线，包括以下几个层次。

① 各专业范围或各合同的成本分析。

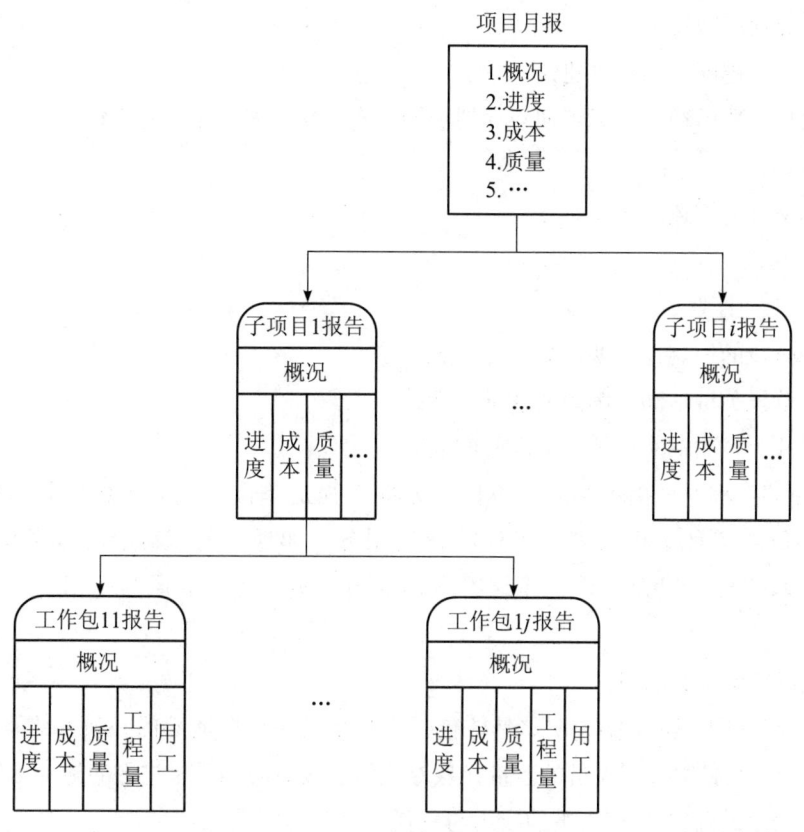

图 6-4 自下而上浓缩报告内容

② 整个项目的成本分析总结报告。

③ 按主要部门的费用分析。应分别说明最初的预算成本、经工程量调整的结算成本、估计的最终总成本、偏差、原因和责任,以及完成情况和成本。同时,可以用对比分析表、条形图、柱状图和累积曲线等形式来展示。

5) 通常可以通过在横道图上使用不同颜色和不同图例进行比较,或者采用前锋线方法来对比计划与实际总工期。

6) 下一个报告期要完成的一系列工作包。

7) 对下一个报告期关键活动的说明。

8) 对质量问题、工程量、成本和工期偏差的主要原因的解释。

9) 工程状况照片。

(2) 项目进度详细说明。

1) 列出按分部工程划分的工作成本细目,以及实际进度曲线与计划的比较情况,使用相同的格式。

2) 单项工程清单。

① 以横道图的形式对确认的控制性工期实际和计划数据(自上次检查以来)进行比较。

② 实际支出与计划支出的比较。

③ 各种界面的状态。

④ 当前的关键问题和解决建议。

⑤ 该项目主要活动的实际工期与计划工期（自上次检查以来）的比较。

⑥ 工程状态。

⑦ 特殊事件的描述。

⑧ 其他。

3）预计工期计划。

① 下一阶段的控制性工期计划。

② 下一阶段关键活动范围内的详细工期计划表。

③ 之后几个月内的关键施工活动时间表。

4）按分部工程罗列出各个施工单位。分部工程是单位工程的组成部分，可按建筑工程的主要部位或工种工程与安装工程的种类划分，如地基与基础工程、主体结构工程、建筑装饰装修工程、屋面工程、建筑给水排水与采暖工程、通风与空调工程、建筑电气工程等。

（3）项目组织状况说明。

1）现场组织图表的文字说明。具体包括项目部的主要职能部门，项目部下设的项目经理、技术负责人和施工管理人员的数量，各专业组应按时间和质量进行的施工工作等。

2）指明委派给施工管理人员的权力与责任。

3）关于人员配备情况的说明。

6.3.3 工程项目文档管理

1. 文档管理的概念和基本要求

文档管理是对作为信息载体的资料进行有序的收集、加工、分解、编目和存档，以便为项目各参与者提供专用和常用的信息。在实际的工程项目中，需要将多种信息存储在文档系统中，并且通过文档系统输出。文档系统是管理信息系统的基础，对管理信息系统的高效率运行具有关键作用。文档系统应满足以下要求。

1）系统性，即涵盖项目相关的全部资料，并且应该按照一定的系统进行归档。根据有关档案管理的规定，项目部需要将项目设计、采购、施工、试运行和项目管理过程中所形成的文件进行分类存档。

2）各个文档应独立编码，以便区别。随着项目进度的推进，应及时收集、整理文档，并且按照项目规定进行标识。

3）要落实文档管理责任，指定专门的人员或部门来负责资料管理工作。对于具体的项目资料管理工作，需要明确关键要素，如资料工作负责人、资料管理的范围、资料管理的问题、管理的具体内容和要求、何时收集和处理资料、向谁提供已处理好的资料等,如图 6-5 所示。

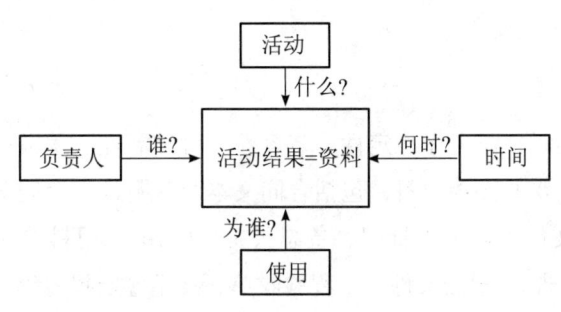

图 6-5 文档管理需要明确的要素

通常,文件和资料被集中保存、处理和提供。在项目过程中,文档通常可分为以下三种形式。

1)与项目有关的企业维护资料,应存储在企业文档系统中,包括项目经理提交给企业的各种报告、报表等必要信息,以满足上层系统的需求。

2)项目集中管理的文档,需要专门存储,并且由专业人员负责管理。在此过程中,应该配备专职或兼职的文件资料管理人员。

3)各部门专用的文档,仅保存本部门专门的资料。

注意,这些文档在内容上可能有重复。例如,一份重要的合同文件可能复制三份,分别由部门、项目部和企业保存。对此,应注意信息安全,做好保密工作。

2. 项目文件资料的数据类型

资料是数据或信息的载体。在项目中,资料中的数据有以下两种类型。

(1)内容性数据。它包括施工图的图形、信函的正文等,其内容丰富、形式多样,通常具有一定的专业含义,但在项目进程中也可能出现变更。

(2)说明性数据。为便于资料管理,需对各种资料进行说明和解释,并且通过相应的特征进行区分。该类特征包括图表、各种文件说明和文件索引目录等,由文档管理人员在项目实施过程中设计,不得随意更改。

文档管理通常以说明性数据为基础,如生成、编目、分解、存档等,文档按照内容性数据的性质分类。

项目中的文档资料面广、量大、形式多样。为了便于进行文档管理,可按如下方式分类。

1)按照重要性分类:必须建立文档、值得建立文档和不必存档。

2)按照文档的提供者分类:外部提供的文档和内部提供的文档。

3)按照登记责任分类:必须登记、存档和不必登记。

4)按照特征分类:书信、报告、图纸等。

5）按照文档产生方式分类：原件和复印件。

6）按照文档内容范围分类：单项资料和资料包（综合性资料），如综合索赔报告、招标文件等。

3. 文档系统的建立

进行项目资料分类时，需考虑稳定性、兼容性、可扩展性、逻辑性和实用性等方面。工程项目通常需要建立重要的文档资料，包括合同文本及其附件、合同分析资料、信件、会谈纪要、各种原始工程文件（如工程日记、备忘录）、记工单、用料单、各种工程报表（如月报、成本报表、进度报告）、索赔文件、工程验收单、技术鉴定报告等。

（1）资料特征标识（编码）。资料编码在文档管理中起到重要作用。为建立一个用户友好、表达能力强的编码体系，需要考虑资料的特征标识。序数虽然是一种简单的编码形式，但缺乏充分的表达能力，无法呈现文档的特征。因此，在项目实施前需要建立专门的编码体系，以满足以下要求。

1）统一的、适用于所有资料的编码系统。

2）能区分资料的种类和特征。

3）具备"随意扩展"性。

4）对人工处理和计算机处理有同样效果。

通常，项目管理中的资料编码包括以下部分。

① 有效范围。说明资料的有效范围和使用范围，如是否归属于某子项目、功能或要素。

② 资料种类。技术、商务、行政等特定属性的资料以特定属性为标准进行分类，如图纸、书信、备忘录等。

③ 内容和对象。资料的内容和对象是编码的核心。一般项目的资料可以以项目工作分解结构作为内容和对象进行编码。然而，由于项目工作分解结构按照功能、要素和活动设计，与资料描述的对象并不完全匹配，因此需要专门设计文档结构。

④ 日期或序号。相同有效范围、相同种类、相同对象的资料，可以通过日期或序号来表达，如对书信可用日期、序号来标识。

对于不同规模的工程，上述几部分的要求可能有所不同。例如，对于小型工程或仅包含一个单位工程的工程而言，可以省略有效范围。

（2）索引系统。为方便使用资料，需要建立资料索引系统，类似于图书馆的书刊索引。项目相关资料的索引通常采用表格形式，需要在项目实施前进行专门设计和规划。表格中的各列需反映资料的不同特征信息。针对不同类型的资料，可以采用不同的索引表进行分类。当查询或调取某种资料时，只需要根据索引表进行搜索。例如，信件索引可以包括信件编码、来（回）信人、来（回）日期、主要内容、文档号、备注等栏目。此外，还需考虑来信和回信之间的对应关系，并且在索引表上登记收到的来信或回信，将信件存入相应的文档中。索引和文档的关系如图6-6所示。

图 6-6 索引和文档的关系

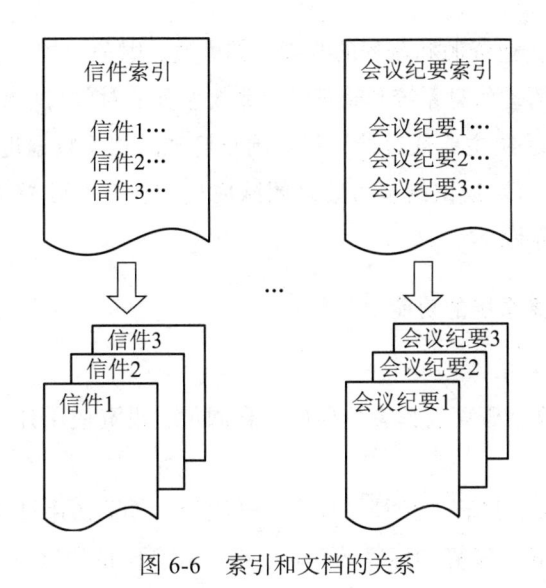

6.3.4 工程项目智能信息管理

工程管理的信息资源包括组织类信息、管理类信息、经济类信息、技术类信息和法规类信息等。在建设工程项目时，应重视开发和充分利用国内外同类或类似工程项目的相关信息资源。工程管理中的信息化应用包括项目决策阶段的管理、实施阶段的项目管理和使用阶段的设施管理，其中包括对信息技术的开发和应用。

自 20 世纪 70 年代以来，信息技术得到了迅速发展，并且在建筑工程管理中逐步完善和发展。

20 世纪 70 年代采用了单项程序的应用，如工程网络计划的时间参数的计算程序、施工图预算程序等。

20 世纪 80 年代采用了程序系统的应用，如项目管理信息系统、设施管理信息系统等。

20 世纪 90 年代则采用了程序系统的集成，随着工程管理的集成而发展。90 年代末期采用了基于网络平台的工程管理。

我国正在积极推进信息技术在建筑业中的应用，以促进建筑业技术进步和管理水平提升。为此，通过统筹规划和政策导向，加强建筑企业信息化建设，提高信息技术应用水平。同时，也在加快推广 BIM、协同设计、移动通信、无线射频、虚拟现实、4D 项目管理等技术的应用，以改进传统的生产与管理模式，提升企业的生产效率和管理水平。

1. 工程项目管理信息系统的内涵

工程项目管理信息系统是基于计算机的项目管理信息系统，主要功能是对项目目标进行控制。与此不同，管理信息系统（Management Information System，MIS）是基于计算机的管理信息系统，主要用于企业资源和流程的管理，如人员、财务、物资、生产、采购和销售等方面。因此，工程项目管理信息系统和管理信息系统服务的对象与功能有所不同。

工程项目管理信息系统主要通过计算机对项目管理的相关数据进行收集、记录、存储、过滤，以及将数据处理结果提供给项目管理团队成员。它不仅可以实现跟踪和控制项目进展，还可以实现信息流跟踪。

2. 工程项目管理信息系统的功能

（1）投资控制（业主方）的功能。

1）进行项目的估算、概算、预算、标底、合同价、投资使用计划与实际投资的数据计算和分析。

2）进行项目的估算、概算、预算、标底、合同价、投资使用计划和实际投资的动态比较（如概算和预算的比较、概算和标底的比较、概算和合同价的比较、预算和合同价的比较等），并且形成各种比较报表。

3）进行计划资金投入和实际资金投入的比较分析。

4）根据工程进展进行投资预测等。

（2）成本控制（施工方）的功能。

1）进行投标估算的数据计算和分析。

2）制定施工计划成本。

3）计算实际施工成本。

4）进行计划成本与实际成本的比较分析。

5）根据工程的进展情况进行施工成本预测等。

（3）进度控制的功能。

1）确定工程网络计划的时间参数，找出关键工作和关键路线。

2）绘制网络图和计划横道图。

3）制订资源需求量计划。

4）比较分析进度计划的执行情况。

5）根据工程进展情况进行工程进度预测。

（4）合同管理的功能。

1）查询合同的基本信息。

2）查询、统计分析合同的执行情况。

3）查询标准合同文本且协助起草合同。

3. 项目信息门户

项目信息门户是建设工程管理中的重要信息化工具，它基于互联网技术，具有重要的管理价值和意义。与传统的建设工程管理相比，项目信息门户能够有效解决信息交流问题，降低成本，减少工程变更和错误。

（1）项目信息门户的价值和意义。根据国际资料统计，传统建设工程中约有 2/3 的问题都与信息交流有关，10% ~ 33% 的成本增加与信息交流问题有关，大型建设工程的工程变更和错误占工程总投资的 3% ~ 5%。因此，项目信息门户作为管理项目信息的重要工具，对于项目管理具有重要价值和意义。

（2）项目信息门户的应用。

1）在项目决策期建设工程管理中的应用。在项目决策期，建设工程管理的主要任务包括：进行建设环境和条件的调查与分析；确定项目定义；进行项目结构分析；进行相关的组织、管理和经济方面的论证与策划；进行项目决策的风险分析等。这些任务需要各参与单位和个人在不同的工作地点进行大量的信息交流、文档管理和共同工作。在项目决策期，项目信息门户可以用于政府有关部门和国内外单位之间的信息交流、投资咨询、科研、规划、设计和施工单位选择等相关工作，从而更好地完成建设工程管理的任务。因此，在项目决策期使用项目信息门户可以有效提高建设工程管理的价值。

2）在项目实施期建设工程管理中的应用。如前所述，项目实施期包括设计准备阶段、设计阶段、施工阶段、动用前准备阶段和保修期。在整个项目实施期中，通常会涉及比项目决策期更多的政府部门和国内外单位进行工作，因此有更多的信息交流、文档管理和共同工作任务。因此，项目信息门户的应用可以有效提高项目实施期的建设工程管理效率。

3）在项目运营期建设工程管理中的应用。项目运营期建设工程管理在国际上被称为设施管理，工作范围比我国现行的物业管理更为广泛。整个设施管理过程需要利用大量项目实施期的信息进行形成和积累，此外，在设施管理过程中还会产生大量的工程文档。因此，设施管理单位需要与项目实施期的参与单位进行信息交流和共同工作。项目信息门户不仅是项目决策期和实施期建设工程管理的有效工具，而且同样可为项目运营期的设施管理提供支持。

6.4 工程项目风险管理

6.4.1 工程项目风险识别

工程项目风险识别是指确定项目的风险范围，并且将风险因素逐一列出，作项目风险目录表，为全面风险管理提供重要依据。在各个阶段因工程目标设计、技术设计与规划、环境调研的深度等因素，人们的风险认知呈现出由浅到深的变化趋势。

进行风险要素辨识时，首先列出会对项目整体施工产生影响的风险要素，其次重点关注影响项目经理决策的风险要素。风险要素辨识要从多角度、多方面出发，形成对项目系统风险的全方位透视。风险因素分析可以采用结构化分析方法，即由总体到细节、由宏观到微观，层层分解。通常可以从以下几个角度进行分析。

1. 项目环境系统的风险

根据目前的项目环境，对各个环境要素可能出现的不确定性和变化进行分析，一般可作为其他风险的来源。因此，环境系统结构的构建和环境调查有利于风险分析。常见的风险因素如下。

（1）政治风险。例如，政局不稳定性，战争、动乱和政变的概率，所在国家与其他国家的关系及其对外态度，政府信用和廉洁程度，相关政策与稳定性，国家是否排外、经济开放程度和国有化的概率，国内的民族矛盾、保护主义倾向等。

（2）法律风险。例如，不健全的法律体系、不遵守法律、执法不严、法律内容变更、法律对项目的干预程度、对相关法律全面正确理解的程度、工程实施过程中可能存在的触犯法律的行为等。

（3）经济风险。例如，国家经济政策的稳定性，产业结构调整，项目的产品市场需求发生改变，市场变动（如工程承包的市场变动、材料供应市场发生变动、劳动力市场的变动等），劳动力成本提高，材料价格上涨，通货膨胀速度加快，原材料进口限制，出现金融危机和外汇汇率变化，等等。

（4）自然条件风险。例如，地震、风暴、出现未预测到的特殊地质变化（如泥石流、河塘、垃圾场、流沙等），天气变化（如反常的雨雪天气、极寒天气），恶劣的现场条件，周边存在项目干扰源，工程建设导致周边环境的破坏，不良的运输条件，等等。

（5）社会风险。例如，不同的宗教信仰可能带来的影响和冲击，社会治安变化、可能存在的社会禁忌、劳动者的文化素质、社会风气等。

2. 工程技术系统的风险

现代工程技术新颖、结构复杂，专业系统之间界面处理困难，存在如下两方面的风险。

（1）工程的生产工艺和流程方面的问题，如新技术不稳定、生产工艺落后等，都会影响未来的生产和运行。

（2）工程的施工工艺在选择和应用方面的问题，如在应用过程中可能存在新技术和新工艺的使用带来的风险。

3. 项目实施活动的风险

（1）项目范围的不确定，如整体不协调、需增加新的分项、不完备、删除或减少工程量等。

（2）项目内各个工作单元在实施中可能遇到的各种障碍和异常情况等，如工期延后、技术问题、质量不合格，以及人工、材料、机械和费用消耗的增加等。

4. 项目行为主体产生的风险

项目行为主体产生的风险一般从项目相关者和组织角度分析。

（1）业主和投资者。

1）业主支付能力差，企业信用差，可能出现企业破产、企业收回投资、变更投资计划、变更项目目标等。

2）业主违约、苛求、刁难，随意改变需求但不支付赔偿，发出错误的指令，随意干预工程等。

3）业主不履行合同，不及时提供材料和设备，拖延支付款项，不按时交付场地，等等。

（2）承包商（分包商、供应商）。

1）技术和管理水平不高，没有适合的技术专家、项目负责人，不能有效地执行合同，在管理、技术上出现错误，导致项目停工。

2）未制定相关措施保证工程进度按计划完成，不能保证安全和质量等达到相关要求。

3）没有足够的资金支付采购费用和员工工资，企业经营状况恶化，濒临破产。

4）工作人员态度消极、提出抗议或进行软抵抗。

5）未能正确理解业主意图和招标文件，制定错误的实施方案，或者未正确报价导致计划失败。

6）设计单位未能正确提供设计方案，工程技术系统之间不协调，不具备齐全的设计文件，不能及时交付图纸，或者无力完成设计工作。

（3）项目管理者（如监理工程师）。

1）管理能力不足，组织能力较差，消极的工作态度和较差的积极性，存在职业道德问题和不公正情况，等等。

2）存在管理风格不合适和文化偏见等现象，导致错误地执行合同，提出过分要求和安排。

3）下达错误的指令，起草错误的招标文件、合同条件等。

（4）其他方面。例如，中介人可靠性不高，政府机关工作人员过度干预项目执行，城市公共供应部门（如水、电等部门）过度干预项目实施，政府相关工作人员或相关供应部门人员提出苛刻要求，项目周边涉及居民或相关单位的干扰、抗议或提出苛刻要求，等等。

6.4.2 工程项目风险评估

工程项目风险评估是对风险进行定性分析，依据风险对工程项目目标的影响程度对工程项目风险进行分级排序的过程。虽然评估过程经常涉及主观判断，风险评估仍可以较为有效地量化风险，从而尽可能确定各种结果发生的概率。

1. 工程项目风险评估的依据和过程

（1）工程项目风险评估的依据。

1）风险登记册。

2）风险管理计划。风险管理计划中用于风险评估的关键因素，包括风险管理预算和进度活动、风险管理角色和职责、风险类别、风险概率和影响的定义，以及风险概率和影响矩阵与修改后的利益相关者承受度。

3）工程项目范围说明书。普通或经常性的工程项目往往对风险事件发生概率及其后果有更好的了解；然而，采用新技术或创新性技术的工程项目或极其复杂的工程项目具有更高的不确定性，可通过检查工程项目范围说明书进行评估。

4）组织过程资产。可能影响风险评估过程的组织过程资产主要包括如下内容。

① 风险专家对类似工程项目的研究。

② 以往类似工程项目的信息。

③ 从行业或专有渠道获得的风险数据库。

（2）工程项目风险评估的主要过程。

1）对识别的每个风险项进行定性分析。评估风险发生的可能性和可能发生的频率；评估风险发生对工程项目的进度、成本、质量、范围等目标可能造成的影响，同时分析风险在工程项目进展中可能发生的时间。

2）分析是否需要进行风险的定量分析。如果需要，进一步分析量化所有风险的必要性。

3）根据评估结果对工程项目风险进行排序，加强对重要风险的关注和控制。

4）评估风险之间的关联和工程项目的整体风险等级。

5）充实和更新风险识别阶段形成的风险登记册。

2. 工程项目风险评估的主要工具和技术

（1）风险分类。可按照风险来源（使用风险分解矩阵）、受影响的工程项目区域（使用工作分解结构）或其他分类标准（如工程项目阶段）对工程项目风险进行分类，从而明确受不确定性影响最大的工程项目区域，这有助于制定有效的风险应对措施。

（2）风险概率和影响评估。风险概率评估是指调查每项具体风险发生的可能性。风险影响评估旨在调查风险对工程项目目标（如进度、成本、范围或质量）的潜在影响，既包括消极影响或威胁，也包括积极影响或机会。

对于识别的每项风险，需要确定其概率和影响。可通过任用熟悉风险类别的相关人员，包括项目团队成员和项目外部的专业人士，并且采用召开会议或进行访谈等方式对风险的发生概率和影响程度进行评估。此外，参与者可能不具有任何风险评估方面的经验，因此需要经验丰富的主持人引导讨论过程。

风险等级评定可以根据评定的风险概率和影响级别实现，通常采用参照表的形式或概率和影响矩阵的形式评估每项风险的重要性及其紧迫程度。概率和影响矩阵形式可以有效评估各种风险组合的概率与重要性，根据组织的偏好，可以使用描述性文字或数字表示。

（3）风险发展趋势评价方法。随着工程项目的进展，工程项目的风险评级可能会增大或减小，因此，趋势评估是项目风险管理的关键环节。

（4）工程项目假设前提和数据准确度评估。工程项目假设前提的评估主要针对两个核心内容：假设前提的稳定性；如果假设前提失误，对工程项目目标造成的影响。数据准确度评估是一种评估有关风险数据和信息对风险管理实用程度的技术。

3. 项目风险评估的成果

风险登记册是在风险识别过程中形成的，在风险评估后，根据风险评估的结果对其进行更新。更新的内容包括以下方面。

1）按照类别分类的风险。
2）工程项目风险的相对排序或优先级清单。
3）风险评估结果趋势。
4）需要在近期采取应对措施的风险清单。
5）需要进一步分析与应对的分析清单。
6）低优先级分析观察清单。

6.4.3　工程项目风险控制

风险监测与控制贯穿项目的全过程与工程全生命周期，体现在项目的进度控制、成本控制、质量控制和合同控制等过程中。

1. 对已经识别的风险进行监控和预警

对已经识别的风险进行监控和预警是项目控制的主要内容之一。其具体做法是在项目中不断地收集和分析各种信息，捕捉风险出现的信号，判断项目的预定条件是否仍然成立，了解项目的原有状态是否已经改变，并且进行趋势分析；同时，在工程实施过程中定期召开风险分析会议。此外，应当在工程中通过工期和进度的跟踪、成本的跟踪分析、合同监督、各种质量监控、现场情况报告等手段，及时了解工程现场的风险。

2. 风险控制措施

风险一旦发生，应积极采取控制措施，执行风险应对计划，及时控制风险的影响，降低损失，防止风险蔓延，保证工程的顺利实施。

风险控制工作可分为预防损失和减少损失两个方面。在采用风险控制对策时，所制定的风险控制措施应当形成一个周密的、完整的损失控制计划系统。该计划系统一般应由预防计划、灾难应对计划和应急计划三部分组成。

（1）预防计划。它的目的在于有针对性地预防损失的发生。其主要作用是降低损失发生的概率，在一定程度上降低损失的严重性。

在损失控制计划系统中，应当详细制订预防计划的内容与措施，包括组织措施、经济措施、合同措施、技术措施。

（2）灾难应对计划。它是一组事先编制好的、目的明确的工作程序和具体措施，为现场人员提供明确的行动指南，可以使其在灾难发生时能从容不迫、及时妥善地处理风险事故，从而减少人员伤亡、财产和经济损失。

（3）应急计划。它是指事先准备好的若干种替代计划方案。当遇到某种风险事件时，相关人员能够根据应急预案对项目原有计划的范围和内容做出及时的调整，使中断的项目尽快全面恢复，并且减少进一步的损失，使其影响程度减至最小。

应急计划应包括的内容有：调整项目的实施进度计划、材料与设备的采购计划、供应计划；全面审查可使用的资金情况；准备保险索赔依据；确定保险索赔的额度；起草保险索赔报告；必要时需调整筹资计划等。

6.5 工程项目职业健康安全与环境管理

6.5.1 工程项目职业健康安全管理

1. 相关概念

（1）职业健康安全事故。它主要分为职业伤害事故与职业病。前者是指由于生产过程、工作原因或其他原因造成的伤亡事故；后者是指因接触有毒、有害物质或恶劣环境，经诊断确认的急慢性疾病。

（2）职业健康管理。它旨在建立职业健康卫生管理机构，对工作场所内受劳动条件和职业活动中存在的有害物理、化学、生物因素及其他职业有害因素的影响进行有效控制，防止工作人员出现职业健康问题，并且管理职业健康相关工作。

（3）安全生产和安全管理。

1）安全生产的主要目标在于确保生产过程中不发生人身伤害、设备损坏和其他不可接受的损害风险。其中，不可接受的损害风险是指超出法律、法规和规章要求，超出政策、目标和法规的其他要求，以及超出一般可接受（或隐含）要求的风险。

2）建筑工程领域因其特殊性，具有许多不安全因素，在施工过程中安全事故较频发。安全管理，即组织工程项目安全生产的全部管理活动，以此消除人的不安全行为和物的不安全状况，防止人身伤害和设备损坏等事故的发生，确保项目的顺利实施。

2. 健康和安全管理的范围

（1）危险源。辨识工程项目健康和安全的危险源，需从根源和状态两方面着手，主要包括以下来源。

1）材料、设备、机械等物的不安全状态。

2）人的不安全行为（主要指违章行为）。

3）设计方案、结构上的缺陷，作业环境的安全防护措施设置不合理、防护装置缺乏等管理技术缺陷。

（2）对于危险源，需区分项目活动的三种状态，具体如下。

1）正常状态，如正常的施工活动。

2）异常状态，如抢修活动、加班加点等。

3）紧急状态，如突发事件。

（3）施工现场活动涉及的范围与内容。

1）施工作业区，以及加工区、办公区和生活区。

2）危险源辨识与评价活动必须包括所用设备、材料和物资。

3）常规作业活动和非常规作业活动等各种作业活动。

4）进入施工现场的相关方。

（4）对危险源的处理。

1）从心理学和行为科学的角度出发，可通过训练与提高人们的安全意识和行为能力来消除不安全行为，从而确保人的行为的可靠性。

2）从研究安全技术入手，消除物的不安全状态可通过采取安全措施和应用各种有效的安全技术体系，以确保安全设施的可靠性。

3）针对施工难度大、结构复杂和专业性强的项目，制定专门的安全施工措施。

4）针对非常规性的作业，如高空作业等，制定单项职业健康安全技术措施和预防措施，并且审查管理人员、操作人员的安全作业资格和身体状况。

3. 工程项目职业健康和安全管理的具体要求

（1）工程项目职业健康和安全管理的特殊性。

1）在工程项目中，安全管理是一个"生死攸关"的问题。安全事故的发生不仅会造成经济损失，还会带来社会影响和法律责任。对于一些特殊的工程项目，如核电建设，安全管理是整个管理体系的重中之重。

2）安全管理、质量管理与环境管理有着相似的管理体系和程序，因为发生质量事故和环境事故也会导致安全事故，同时，很多安全事故也是由质量问题或环境问题引起的。因此，为了保障工程项目的整体安全，这些管理的体系文件和措施许多是相似的。

3）实现工程项目安全目标需要各方的共同努力。根据我国法律的规定，对于工程项目中的所有参与者，如业主、项目管理方、设计单位、承包商等，所有与工作范围、权利和合同义务相关的安全责任都必须明确。相关企业和项目部应建立工程项目安全管理制度，以确保安全目标的实现。

4）安全管理是一项非常细致且具体的工作，必须按照安全管理体系实施，分解责任目标且将其分配给各级人员，并且在各个阶段实施安全管理措施。一旦发生安全事故，就要追溯安全措施的实施情况，如工作人员是否接受过安全培训，操作人员是否有工作许可证，安全设施和用具是否齐全，安全检查是否到位等，并且据此划分各方面的法律责任。

（2）工程项目安全管理的具体工作。

1）工程设计阶段。

① 工程设计应考虑结构、地质条件、气象环境和建设运营安全防护的需求等因素，采取有利于工作人员安全健康管理和操作的设计方案。

② 设计文件应明确与施工、操作安全有关的关键部位和环节，并且进行技术交底。

③ 对采用新结构、新材料、新工艺，或者引进技术和设备的建设工程，以及具有特殊结构的工程，应开展职业健康和安全防护专题研究，提出安全保障措施。

④ 根据法律规定，工程的消防设计图和数据等安全系统设计必须经公安消防机构批准后才能实施。

2）工程施工准备阶段。

① 项目安全施工措施的有关文件应按规定向工程所在地的县级以上地方人民政府建设行政主管部门报备，取得安全行政主管部门颁发的安全施工许可证后方可开工。总承包单位和各分包单位都应持有施工企业安全资格审查认可证。

② 项目实施人员应熟悉且在项目实施过程中严格执行相关的安全法律法规。应根据项目的特点制定相应的安全管理制度，将安全法规转变为实际行动。

③ 全面制订、实施安全管理计划，建立安全管理组织机构，分解安全目标和责任，明确各部门和人员的安全职责，形成安全管理责任体系。

④ 在施工组织设计中，安全管理应被放在重要位置，组织安全技术交底，制定安全技术措施，并且进行审查。

⑤ 分析、汇总、评价危险源，制定重大危险源的控制措施和应急预案。对达到一定规模的基坑支护和降水工程、土方开挖工程、模板工程、吊装工程、脚手架工程、拆除、爆破工程和其他高风险工程，应编制专项施工方案，并且进行安全审查。

⑥ 开展系统的安全教育培训，增强人民群众的安全生产意识和质量，提高其做好安全生产工作的自觉性和责任感。

⑦ 确保对现场安全等方面设施和器具的投入，施工现场安全设施和用品齐全，符合国家和地方有关规定。

3）工程施工阶段。

① 定期进行安全检查，识别施工中的不安全因素（人的不安全行为和物的不安全状态），采取对策，发布隐患通知，消除不安全因素，纠正不安全行为。

② 在项目建设中，作业人员可能因工作或其他原因带来伤害，或者因接触有毒、有害物质或不良环境而患上急性和慢性疾病，如水泥搬运、投料、拌合人员可能患上水泥尘肺病，油漆作业人员可能患上甲苯中毒甚至白血病。因此，有必要定期组织对特种岗位作业人员，以及女职工和炊事人员进行体检，等等。

③ 在项目实施过程中需把好安全生产"六关"，即措施关、交底关、防护关、检查关、教育关、改进关；对查出的安全隐患应做到"五定"，即确定整改责任人、确定整改措施、确定整改完成时间、确定整改完成人、确定整改验收人。

④ 对危险作业和特殊作业有相应的安全管理要求。

a. 为现场工作期间从事危险作业的人员办理意外伤害保险，各类人员上岗前必须具备相应的执业资格。

b. 从事特殊工种（如水上作业、水下作业、高空作业、井下作业、有害有毒环境作业、爆破作业、脚手架上作业、特种机构作业，以及从事电气、起重机、压力容器、金属焊接、机动车和船舶驾驶、井下瓦斯检验等特殊工种的作业）的作业人员必须持有特种作业操作证，并且对体检情况进行审查，以及定期进行复查。

c. 施工机械（如起重设备等）必须进行安全检查合格后才可投入使用。

d. 必须向所在地有关部门办理爆破的批准手续才可进行爆破作业，由具备爆破资质的专业组织进行施工，并且向有关的居民和单位通报说明作业计划、影响范围、程度和有关措施等情况，以及采取相应的措施控制施工机械的噪声和振动对居民的干扰。

4）项目结束前。

① 竣工验收时，对工程安全功能系统一并进行验收，并对不符合要求的部分指导纠正。

② 在工程运行维护手册中应包括运行安全和消防管理体系，并且制定相应的管理制度。

③ 对工程的运行维护和生产设备操作人员提供安全培训。

6.5.2 工程项目环境管理

1. 工程项目环境管理概述

（1）工程项目环境管理的内涵。工程项目环境管理的目标是保护自然和生态环境。环境保护也是现代工程领域的工程技术与工程管理研究和开发的热点。应依照法律法规、合同与企业要求，保护和改善作业现场环境，控制和减少现场的各种粉尘、废水、废气、固体废弃物、噪声、振动等给环境造成的污染与危害。

（2）工程项目对环境的影响、与环境的交互作用。自20世纪中叶以来，环境危机被列为全球性的严重问题。危机的根源与工程建设项目密切相关，大规模的工程建设和运行导致资源浪费与环境污染，如破坏植被和生物多样性，建筑垃圾、粉尘、废气、污水排放造成严重的环境污染等。由于大量资源和能源消耗引起的高碳排放，工程项目已逐渐成为影响环境的重要污染源之一。同时，项目与环境相互制约，只有促进环境与项目协调发展，才能确保项目取得成功。

2. 我国工程项目环境评价制度

根据《中华人民共和国环境影响评价法》，前期策划阶段应进行环境影响评价，提出环境影响评价报告。环境影响评价报告和总体环保规划应包含以下内容：对于项目对环境的影响进行评价，包括环境污染、对生态的影响和对人文景观的影响等，全面制订且实施环境保护计划，对污染物与废弃物的排放进行有效控制和治理；保护生态环境，防止因工程建设和运行引发的生态变化与扰民问题；防止水土流失，进行绿化规划等。具体包括以下几个方面。

1）依法进行严格的环境影响评价。依据工程建设项目对环境影响程度编制环境影响评价报告，包括环境影响报告书、环境影响报告表、环境影响登记表。

2）评价文件应由具有相应环境影响评价资质的机构提出，并且由相关行政主管部门审批。

3）在项目总投资中必须明确关于环境保护设施建设的投资安排。

4）在环境影响报告被批准后，建设项目设计任务书才能被批准。

5）所有新建、改建、扩建与技术改造项目和开发项目都必须实现"三同时"，即污染治理的设施与主体工程同时设计、同时施工、同时投产运行。

3. 设计阶段的环境管理

工程设计阶段环境管理的主要目标是最大限度地做好资源和环境的规划设计，以便合理利用。应根据环境影响评价文件里的环境影响因素和工程设计要求，提出相应的技术和管理措施，并且在设计文件中得以体现。

1）设计必须严格按照有关环境管理的法律、法规和工程建设强制性标准中关于环境保护的相应规定执行，充分考虑环境因素，防止因设计不当造成环境问题。

2）应选择符合规定的污染物排放标准的工艺设计和生产设备。

3）现代工程中独立的环保专业工程系统（如污水处理系统、中水回收系统、粉尘吸附系统、二氧化硫回收系统等）的设计应符合项目目标和法律规定的污染处理标准。

4）应将环保设施设计和环保方案作为设计审查的审查重点。

5）加强设计人员的环保教育，以提高其环境保护意识和职业道德。

4. 施工阶段的环境管理

（1）施工阶段的环境影响。施工阶段作为工程项目环境管理的关键阶段，持续时间长、工序复杂，环境问题集中在施工现场。

1）大量临时用地会损害原地动植物，破坏生物多样性。

2）大量自然资源和能源的消耗将直接或间接产生大量碳排放。

3）施工过程常常会对现场和周边环境产生影响。

① 大量的建筑垃圾、粉尘等给城市带来严重污染，如许多城市严重的雾霾与大量的施工工地有很强的关联性。

② 噪声会影响周边居民的生活和学习。

③ 可能造成周边建筑不均匀沉降甚至倒塌。

④ 危害文物古迹、地下管线。

⑤ 污水会污染江河水生态。

4）施工材料中的有毒、有害物质会直接污染环境，危害施工人员和用户的身体健康。

（2）施工现场环境管理的基本要求。

1）严格执行相关的法律法规和标准规范，建立健全施工环境保护方面的管理制度。

2）按照法律规定，在开工前向工程所在地政府环境保护管理部门申报登记。

3）按照规定与所在地政府市政管理部门签署污水排放许可协议，进行现场污水排放必须申领临时排水许可证。

4）施工中如需停水、停电、封路，应事先经有关部门批准，并且进行公告，在现场设有标志。

5）夜间施工应事先办理夜间施工许可证明，并且公告附近社区居民。

6）文明施工现场管理，包括施工现场的场容管理、作业环境、现场机械管理、文化与卫生环境等全方位管理。

7）对施工中不利于环境的因素，如噪声、强光、污水、烟尘、有毒与有害气体等实行信息跟踪，明确责任，预防、预报，制定严格的控制措施，以尽可能降低影响。

（3）施工现场环境管理的主要内容。施工现场涉及大量的细节性工作。现有多数施工企业已有细致的文明施工现场的管理规范。

1）施工准备阶段主要做好环境调查和施工组织设计工作。

① 在施工前，分析施工现场的环境因素。

② 在施工组织设计中，应加强环境管理方面的内容，在综合考虑节能、安全、防爆、防火、防污染等因素的基础上提出详细具体化的环保措施，做好环境管理方面的预案。

③ 在拆除旧建筑物、构筑物的过程中，应采用隔离、洒水等措施。

2）施工过程中重点做好现场文明施工工作。

① 现场应按照施工组织的设计与规范设置办公、生产、生活临时设施，警卫室，施工临时道路，水、电、气管线，排水系统，设备、材料堆场与仓库，变配电间，消火栓，土方与建筑垃圾堆放区，等等。

② 企业名称或企业标识应放置在施工现场出入口处的醒目位置，并且应公示项目概况牌、防火须知牌、安全纪律牌、安全无重大事故牌、文明施工牌、安全生产牌、施工总平面图、项目经理部组织架构与主要管理人员名单和监督电话牌等制度牌。

③ 对施工现场必须实施封闭管理，设置门卫，并且根据需要设置警卫。

④ 对施工现场使用的水泥和其他易飞扬的细颗粒建筑材料应采取密闭存放或覆盖等措施；对混凝土搅拌场所应采取封闭、降尘措施。

⑤ 对施工现场土方作业，以及装载建筑材料、垃圾或渣土的车辆，应防止尘土飞扬、洒落；根据施工现场的需要，还应设置机动车辆冲洗设施且对冲洗污水进行处理。

⑥ 施工过程中若发现文物、爆炸物、古迹、电缆等，应当立即停止施工，保护现场，并且及时向有关部门报告，按照规定处理后继续施工。

⑦ 应在指定地点集中堆放建筑垃圾和渣土，分类存放，并且采取措施定期进行清理和搬运，保持场容、场貌的整洁；禁止在施工现场焚烧油毡和熔化沥青、油漆与其他可产生有毒、有害烟尘和恶臭气味的废弃物等。

3）竣工后现场管理。

① 在规定期限内将废弃物清理完毕，必须采用相应的容器或管道清运建筑垃圾，严禁凌空抛掷。

② 应按相关规定处理有毒、有害物质，禁止将有毒、有害废弃物作为土方回填。

③ 对建筑垃圾应做处理和回收再利用，从而减少填埋量。

④ 做好施工临时用地的生态复原工作。

5. 项目结束阶段的环境管理

在工程项目结束阶段，环境管理是一个薄弱环节。该阶段的主要工作如下。

1）在主体工程竣工验收的同时进行环境保护设施竣工验收，从而保证项目配套的环境保护设施与主体工程同时投入试运行。

2）与工程配套建设的环境保护设施的竣工验收应向环境保护行政主管部门申请，监测环境保护设施运行情况和建设项目对环境的影响程度，如对周边大气、水体、生物等生态环境指标的监测，必须确保其污染排放量限制在国家规定的标准范围内。

3）在工程运行阶段必须使环保设施同步运行，并且持续监控与测量运行效果。定期对监测与测量设备进行校准和维护，以保证监测结果的可靠性。

4）在项目后评价中应调查、分析、评价工程项目环境设施的建设、管理和运行效果，若发现实际情况偏离原目标或指标，应根据偏离情况提出改进的意见和建议。

课后思考题

1. 工程项目的沟通方式有哪些？
2. 工程项目冲突的来源有哪些？如何进行冲突管理？
3. 简述工程项目管理信息系统总体模式。
4. 如何进行工程项目风险管理？
5. 简述工程项目安全管理的具体工作。

第 7 章
CHAPTER 7

工程项目管理技术的发展与应用

开篇案例

BIM 与 3D 打印技术在工程项目管理中的融合

A 项目（一期）位于 X 省 Y 市，总投资约 20 亿元，总建筑面积约 50 万平方米。建设内容包括公共绿化工程、便民服务中心、医院、学校和各地块配套设施建设。该项目于 2022 年 10 月开工，在开工前，由 BIM 中心负责整体设计过程。首先，基于 BIM 软件按照设计院的图纸进行模型构建，以确保设计细节和意图的直观展现。在创建过程中，研究人员发现百余处图纸错误，并且及时对错误进行了改正。在后续的场地布置等阶段，BIM 中心又根据实际情况制订了改进方案，为后续方案评审效率及其质量的进一步提高发挥了重要的作用。BIM 技术的出现，为二维图纸平面化的抽象概念问题提供了解决方案。同样，在机电安装工程中，管线排布也是工程施工中的重点和难点。为处理该问题，BIM 中心基于构建模型，利用 3D 打印技术打印出效果模型。在后续施工过程中，工人在安装前手动拼装，提前了解设备安装与定位，借助实物模型指导机电安装，使现场作业效率得到了提升。可见，以 BIM 模型搭建的数据库为核心，通过 3D 打印机控制系统，实现了由三维虚拟模型向实物的智能转化。

改革开放以来，我国建筑业发展迅速，建设规模和水平均已达到世界领先水平。近年来，我国 BIM 和 3D 打印等技术的推广应用非常迅速，诸多建设项目的技术应用水平同样位居世界先进行列。BIM、3D 打印等技术的应用是我国现代工程项目管理未来发展的重要方向，也是减少工程成本投入、提高施工效率与质量的重要方式。优势技术的有机结合，有助于推动我国现代工程建设领域不断向前发展。

学习目标

- 了解建筑工程项目全生命周期的 BIM 集成管理。
- 了解装配式建造的基本原理和特点。
- 了解 3D 打印技术的基本原理和特点。
- 了解智慧城市、海绵城市与韧性城市的概念和特点。
- 了解重大工程协同管理。
- 了解项目群管理与项目组合管理。

7.1 工程项目管理技术的发展

7.1.1 建筑工程项目全生命周期 BIM 集成管理

20 世纪 70 年代，美国的查克·伊斯曼（Chuck Eastman）博士最先提出了建筑信息模型（Building Information Model，BIM）理念，从而被称为"BIM 之父"。BIM 是对建筑物的物理属性和功能属性的数字化表达，是对工程对象的全面描述，可以为建设项目各参与方提供一种通用方法，将建设工程项目生命周期不同阶段的数据、过程和资源联系起来，以提高项目团队的决策效率和准确性。随着建筑产业数字化理念和数字孪生技术的快速发展，BIM 逐渐引起了学术界的广泛关注，成为建筑工程领域的关键技术之一。

BIM 既可应用于工程规划、设计、施工、运营等单一环节，也可为建筑工程项目全生命周期的一体化管理提供支撑，能够有效组织和追踪项目全生命周期的信息，确保各个环节之间的信息传递过程不出现"信息断层"现象，减少信息的模糊与不一致，有助于更好地对建筑工程项目进行管理与控制。然而，目前 BIM 技术在建筑工程项目管理中的应用还停留在静态化层面，忽视了管理是一个需要有计划—执行—检查—纠偏的动态过程，以实现从施工技术管理向施工全过程管理的拓展。因此，有必要构建一套完备的建筑信息模型，并且面向建设工程项目全生命周期的集成管理平台，编制一套与之相匹配的数据编码交换标准等，以对项目各阶段相关的工程信息进行有机的集成、共享和管理，为各参与方、各阶段、各专业之间的信息交换提供支持，从而实现项目全生命周期动态的集成管理。

应用 BIM 技术能够提高建筑工程项目的设计质量和性能，减少错误、缩短工期、降低成本。此外，对建筑工程项目的全生命周期进行 BIM 集成管理，在设计之初就将建筑工程项目对环境的影响、能源的消耗考虑在内，加强对成本、进度安排和质量管理的直接控制，并且对建筑工程项目的规划、设计等环节进行协调整合，可有效规避人力、资源等不必要的浪费，实现建筑工程项目与环境的和谐统一，有助于实现建筑工程项目的可持续性发展目标，推进节约型社会的建设。

7.1.2 装配式建造下的工程项目管理

装配式建造是一种在工厂预制建筑、道路、桥梁等工程的部分或全部构配件后,运输至现场装配的施工方法。装配式建造将现场高消耗人力、资源、时间等要素的施工活动转移至工厂,相较传统现浇施工方法,具有提高工程质量、缩短工期、节能环保等优势。

与欧美国家相比,我国的装配式建造起步较晚。1956 年,我国发布了《关于加强和发展建筑工业的决定》,为建筑装配化发展提供了指导。但由于计划经济体制的限制和技术创新动力的缺乏,相关技术水平较低,装配式建造发展受限。改革开放后,我国政府对装配式建造的重视程度逐渐提高,出台多项政策助推工程项目装配化发展。但由于技术积累尚浅、工业基础较为薄弱等因素,装配式工程存在"热、裂、漏"现象,装配式建造的发展仍较为缓慢。2011 年至今,因节能减排理念的深入、技术的日益成熟和建材的多样化进入发展机遇期,装配式建造从单一房屋建筑工程逐步拓展到涵括道路、桥梁、水利、地下等多类工程,并且随着规划、待建、在建装配式项目数量持续增加,装配式项目占所有工程项目的比重逐年增大。

装配式建造的迅速发展给现代工程项目管理发展带来了诸多益处。由于地质、地形等施工场地限制,传统现浇施工方法在主体承力结构施工工艺方面存在不足,致使项目施工质量较难控制,并且面临运输困难、施工工作面小、施工难度大等问题。引入装配式建造能够解决传统工程项目的质量问题,充分发挥工业化优势,实现从设计到施工全过程的标准化、技术化集成,通过工厂集中生产,提升能源效率、节约建设资源,最终实现绿色生产施工。

然而,装配式建造仍存在一些亟待解决的问题。一是需要提高信息技术的应用和集成水平。例如,装配式建造中部分预制构配件的规格、尺寸等参数与标准不符时,可通过激光扫描方式提高质量监测的准确性和有效性,并且将检测结果导入 BIM 信息化管理平台,充分发挥数字化检测优势;同样,GIS、大数据、云计算、人工智能、物联网等技术的应用也将为装配式建造的发展注入强大动力。二是装配式建造过程的标准化、模数化与信息化。随着装配式建造的不断发展,将逐渐形成标准化生产,不断加强构配件结构形式和设计灵活性,并且进一步降低生产成本。此外,装配式建造在绿色化、定制个性化、人员专业化、建造一体化(工程总承包)等方面也具有较强的发展潜力。

7.1.3 3D 打印建造下的工程项目管理

3D 打印也称增材制造,是以 3D 设计这种数字模型文件为基础,通过对金属、碳纤维、尼龙等材料进行逐层打印,从而构造出物体的一种快速成型技术。1983 年,查克·赫尔(Chuck Hull)发明了 SLA(Stereo Lithography Appearance,光固化)3D 打印技术,拉开了 3D 打印的序幕。此后,国内外学者不断探索这一新型建造方式,同时也受到部分国家和地区政府的大力支持。目前,3D 打印技术已应用于模型制造,涉及建筑、航空航天、医疗等领域，并且产品制造和零部件生成也可直接应用该技术。总之，3D 打印技术因其数字化、智能化、机械自动化和新型材料应用等特征，近年来在众多领域不断发展应用。

我国住房和城乡建设部在《2016—2020 年建筑业信息化发展纲要》中指出："积极开展建筑业 3D 打印设备及材料的研究。结合 BIM 技术应用，探索 3D 打印技术运用于建筑部品、构件生产，开展示范应用。"这表示 3D 打印技术在我国建筑业的发展应用受到了国家的鼓励与认可。3D 打印技术应用在建筑工程施工中同样具有重要意义。3D 打印建造可缩短施工工期、减少劳动力投入。同时，3D 打印建造的另一优势是建筑垃圾再利用，可节约建筑材料，减少资源浪费和能源消耗，有利于推进我国新型城镇化建设。然而，目前我国 3D 打印技术还处于探索阶段，较少应用 3D 打印技术建造大型基础设施和建筑工程项目，开展 3D 打印建造业务的企业数量和规模仍待扩大。此外，3D 打印技术在打印材料、打印设备、应用范围、施工工艺等方面也存在待解决的挑战与困难。

总体而言，3D 打印技术应用于建筑业属于新兴领域，通常新兴技术需经过时间的沉淀，方能进一步发展与推广。结合当前 3D 打印建造的发展形势，3D 打印技术极有可能取代传统建筑技术，意味着工程管理模式将面临新挑战。如果 3D 打印技术发展成熟且市场化，传统工程管理模式将受到较大影响。

7.2 现代工程项目管理技术的应用领域

7.2.1 智慧城市

智慧城市最早起源于 21 世纪初的"智慧地球"理念。2010 年，国际商业机器公司（IBM）正式提出"智慧城市"（Smart City）这一愿景，并且对智慧城市进行了定义：利用通信技术手段对城市运行核心系统的各项关键运营信息进行观测、分析和整合，从而达到智能响应包括民生、环保、公共安全、城市服务和工商业活动在内的各种需求的目的。随着数字化技术发展和经济增长的需求，智慧城市的概念在我国得到了全面响应。在相关政策的出台与驱动下，我国智慧城市的发展历程可归纳为 2012 年以前的萌芽期、2012—2016 年的探索期和 2016 年至今的推进期。

在萌芽期，政府政策旨在推进城市的信息化和数字化建设，其中的重点技术有无线通信、光纤宽带和遥感技术等，可实现单个系统信息化，但仍存在信息共享系统不健全、各主体间信息孤岛等问题；在探索期，住房和城乡建设部办公厅印发的《关于开展国家智慧城市试点工作的通知》加快了我国智慧城市的发展进程，在该时期通过鼓励性政策推进了全国智慧城市试点工作，其间广泛应用了 LTE 网络、RFID（射频识别）和云计算等信息技术，但仍存在着各部门的决策目标与战略定位模糊、标准不统一等问题；在推进期，智慧城市建设进入新型智慧城市发展阶段，NB-IoT、5G、人工智能、数字孪生等技术的成熟应用推动智慧城市建设向网络化和智能化的新模式发展。

截至 2020 年 4 月初，住房和城乡建设部公布的我国智慧城市试点数量接近 300 个。我国智慧城市通过新一代信息技术应用，不断加深城市信息化、工业化和城镇化融合，并且为广大城市居民提供相关服务。例如，依托有线、无线宽带等网络的共建，实现城市管理对象与机构和市民间的泛在互联；通过应用支撑平台等工具提供各类数据的存储、分析与服务功能，保障城市的智能高效运行；利用多元传感设备等工具，打造民生服务、城市治理、生态环境等多方面的智能融合应用产品。发展至今，我国智慧城市横向跨越多个垂直行业，涉及工程、交通、安防、环保、教育等十多个领域，通过体量庞大的数据收集、整理与分析，提升城市事务的决策和调度效率，改善居民的生活品质。

我国智慧城市试点的发展虽已初见成效，但智慧城市的整体发展仍处于初期阶段，有待进一步完善。习近平总书记在党的二十大报告中强调"加强城市基础设施建设，打造宜居、韧性、智慧城市"。这要求各城市持续加快推进智慧化转型，在城市未来的建设进程中重视智慧城市顶层设计强化，加大城市基础设施中现代信息技术和科技元素的融入，建设多方协作的立体化产业生态圈，积极打造新型智慧城市发展的新产业、新服务和新模式。

7.2.2 海绵城市

海绵城市是新一代城市雨洪管理概念，是指城市在适应环境变化和应对雨水带来的自然灾害等方面具有良好的"弹性"，能够像海绵一样，在下雨时做到吸水、蓄水、渗水、净水，在需要时将蓄存的水"释放"且加以利用，以此达到降温、防洪、抗旱、捕碳等目的，并且获取相关效益，从而从根本上解决城市阻绝水与生态的问题，迈向真正的生态城市和低碳城市。

2013 年 12 月 12 日，习近平总书记在中央城镇化工作会议上指出"在提升城市排水系统时要优先考虑把有限的雨水留下来，优先考虑更多利用自然力量排水，建设自然积存、自然渗透、自然净化的'海绵城市'"。这是我国官方首次正式提出建设海绵城市，至此拉开了我国海绵城市建设的序幕。随后，国务院积极响应，将其纳入重点工作日程，国家相关部门先后下发了多份技术和政策方面的文件，对海绵城市建设目标和具体操作等方面都做出了明确且翔实的规定。

2015 年 3 月，16 座城市入选国家第一批海绵城市试点；2016 年 4 月，14 座城市入选国家第二批海绵城市试点。我国目前已经有 400 多座城市出台了海绵城市建设实施规划方案，以加快推进海绵城市的建设。根据国务院办公厅发布的《关于推进海绵城市建设的指导意见》，到 2030 年，要实现城市建成区 80% 以上的面积建成海绵城市这一目标。

海绵城市建设体现了城市发展理念的转变，我国将以现代公园城市理念为指导，进一步探索更多创建海绵城市的新举措，促进城市水资源的综合保护与利用，从而提升城市建设水平和活力，不断提高人们的幸福感和城市竞争力。此外，对接国家"3060"双碳（碳达峰、碳中和）目标，应充分发挥海绵城市建设的重要作用，以缓解城市热岛效应、促进建筑能耗降低。海绵城市建设与"3060"目标具有一致性，能够降低碳排放。因此，有望借助"3060"目标这一机遇，利用碳汇交易市场来支撑海绵城市建设，鼓励探索新的市场机制模式。

7.2.3 韧性城市

韧性城市是指城市能够依靠自身的能力来抵御各种灾害，从而减轻灾害损失，并且在遭受灾害冲击之后，能通过合理调配相关资源，从灾害中快速恢复。在当前社会语境下，相较以往抵抗多元化灾害风险侵袭的需求，韧性城市已从单一的自然灾害维度扩展到社会生态城市系统的生态、形态、功能、感知、社会、经济、治理等维度。

2020年党的十九届五中全会审议通过的《中共中央关于制定国民经济和社会发展第十四个五年规划和二〇三五年远景目标的建议》（简称《建议》）中首次提出建设"韧性城市"。《建议》指出："推进以人为核心的新型城镇化……强化历史文化保护、塑造城市风貌，加强城镇老旧小区改造和社区建设，增强城市防洪排涝能力，建设海绵城市、韧性城市。提高城市治理水平，加强特大城市治理中的风险防控。"

韧性城市理念主要关注城市-社会系统在面对自然或人为的长期压力与突发事件时的自我调节和修复能力，强调城市中的个体、社区、机构，以及城市机能、城市系统等在各类风险与危机中呈现出的抵抗力和恢复力。我国城市正面临着外界诸多因素的冲击。韧性城市具有鲁棒性、整体性、自组织性等特性，有助于城市系统更好地应对动荡和变化，通过思考未来如何提升城市韧性的预见性和引导性，推动城市规划思维转型，建立人性化城市。韧性城市是人类作为命运共同体，以综合动态视角应对风险和危机的新思路，意味着城市具备从干扰中恢复、适应、转变和创新的能力。

结合国内外实践经验，韧性城市的未来建设需要从统筹发展和安全的战略高度进行规划：一是要将韧性城市建设提升到维护国家经济发展安全的战略高度；二是建立健全韧性城市发展规划体系；三是更加重视韧性社区和韧性街区建设；四是打造新型韧性区域生产综合体；五是以韧性城市建设为牵引，统筹城市适应新技术应对新风险的能力。

7.3 现代工程项目管理的发展趋势

7.3.1 重大工程协同管理

重大工程是指由政府主导的投资规模大、复杂性高，对国家政治、经济、社会、科技发展、环境保护、公众健康与国家安全等具有重要影响的大型公共工程，其范围包括交通、水利、城市建设等大型建设项目，并且发挥着经济发展"稳定器"的关键作用。在重大工程中，除了导弹、卫星、载人航天及重离子加速器等重大国防工程与重大科学技术工程以外，还有一类主要为社会、民生、环境提供长久性基础构筑物的重大基础设施工程，如三峡水利工程、南水北调工程、全国高速公路网工程等。伴随巨大的市场需求、全球范围的广泛合作、政府支持与巨额资金投入，重大工程建设越发复杂，各种工程体系在影响人们生产、生活方式的同时，也为重大工程带来新的机遇和挑战。

我国作为世界最大的发展中国家，重大工程的数量和重大单体工程的规模均名列前茅。近年来，基础设施建设在国家的支持与推动下得到大力发展，涌现出一大批重大工程，如港珠澳大桥、三峡工程、青藏铁路等世界级"超级重大工程"。目前，我国重大工程的发展初见成效，但其涉及组织、人员众多，成败与否受到技术、资源等众多因素的影响，更为突出的是如何在重大工程涉及的多主体中进行协同管理的问题。技术方面，例如，港珠澳大桥项目中采用设计施工联动机制完成难度最大的岛障工程，其沉管道的预制与装配涉及一系列的创新技术活动。管理方面，在改革开放之后，重大工程的管理模式发生了很大的变化，涉及组织性质变得多元化，市场要素增多，协同的复杂度和难度增大。越是如此，重大工程进行组织协同管理研究的重要意义就越发突出。在重大工程这样的庞杂系统中，为降低工程建设成本、加快工程建设进度，有效协同管理重大工程且保障工程顺利建设将是大势所趋。

7.3.2 项目群管理与项目组合管理

项目群是指经过协调统一管理以便获取单独管理时无法取得的效益和控制的一组相互联系的项目。项目群中的项目需要共享组织的资源，进行项目间的资源调配。项目群具有多项目并行、统一战略目标和统一配置资源等特征。项目组合是为实现战略目标而组合在一起管理的项目、项目群、子项目群和运营工作的集合。项目组合中的项目或项目群不一定彼此依赖或直接相关，但都通过项目组合与组织战略规划联系在一起。项目群包含在项目组合中，其自身又包含需要协调管理的子项目群、项目或其他工作。单个项目无论是否属于项目群，都是项目组合的组成部分。

项目群管理（Program Management）是指为了实现组织的战略目标和利益，而对一组项目（项目群）进行的统一协调管理。项目群管理需要运用知识和资源来界定、计划、执行和汇总复杂项目的各个方面。项目组合管理（Project Portfolio Management）是指在可利用的资源和企业战略计划的指导下，进行多个项目或项目群投资的选择和支持。项目组合管理是通过项目评价选择、多项目组合优化，确保项目符合企业的战略目标，从而实现企业收益最大化。项目组合管理不是简单地对多个项目进行管理，而是超越了传统项目管理的边界。它作为企业项目和战略之间的桥梁，将项目实施和企业商业战略结合起来。

面对激烈的市场竞争和快速变化的经营环境，项目化管理灵活多变的组织方式因其能够有效承载组织战略、提升综合竞争力等核心优势，引起了越来越多企业的关注。随着企业项目管理的发展，多项目并行实施已经成为常态，项目化管理模式不断加强，以"群"为单位的项目群管理和项目组合管理等多项目管理模式逐渐成为项目管理发展的重要方向。

多项目管理模式作为一种非常复杂的项目管理方式，其实是用来应对复杂的、项目目标高度不确定的项目环境。随着全球化步伐的不断加快，几乎所有的行业、组织和企业都在加快转型速度，我国企业不断走出国门，很多企业在海外投资项目且数量不断增加，很多项目更是与国际接轨，通过国际招标、咨询等方式运作，而这种转型调整会给企业同时带来创新和不确定性。项目群管理与项目组合管理等多项目管理模式就是用来应对这种不确定环境下管理的一种有效的组织保障形式。

◆ 课后思考题

1. 简述 BIM 技术在工程项目管理中应用的优势。
2. 比较传统建造方式与装配化建造方式的共同点和不同点。
3. 利用 SWOT 分析模型分析 3D 打印技术。
4. 简述智慧城市、海绵城市与韧性城市的概念和特点。
5. 简述重大工程协同管理的概念。
6. 比较项目群管理与项目组合管理的共同点和不同点。

参 考 文 献

［1］尚梅，史玉芳.工程项目管理［M］.西安：西安电子科技大学出版社，2015.
［2］冯辉红.工程项目管理［M］.北京：中国水利水电出版社，2016.
［3］王文睿，王洪镇，焦保平.建设工程项目管理［M］.北京：中国建筑工业出版社，2014.
［4］成虎，陈群.工程项目管理［M］.4版.北京：中国建筑工业出版社，2015.
［5］PROJECT MANAGEMENT INSTITUTE.A guide to the project management body of knowledge：PMBOK® guide［M］.7th ed，Newtown Square：Project Management Institute，2021.
［6］PPM OFFICAL PRODUCT.Managing successful projects with PRINCE2［M］.6th ed，Norwich：The Stationery Office，2017.
［7］黎亮，肖庆钊，宋瑾.项目管理：PRINCE2+PMBOK［M］.北京：清华大学出版社，2015.
［8］中国（双法）项目管理研究委员会.中国项目管理知识体系［M］.北京：电子工业出版社，2015.
［9］杨侃，等.项目设计与范围管理［M］.2版.北京：电子工业出版社，2013.
［10］徐兰英，刘晓伟.工程项目融资［M］.沈阳：东北大学出版社，2015.
［11］赵华，贺云龙.工程项目融资［M］.2版.北京：人民交通出版社，2010.
［12］刘亚臣，包红霏.工程项目融资［M］.3版.北京：机械工业出版社，2020.
［13］王立国.工程项目融资［M］.北京：人民邮电出版社，2002.
［14］吴芳，胡季英.工程项目采购管理［M］.北京：中国建筑工业出版社，2008.
［15］李效飞，马卫周，卢毅，等.工程项目采购管理［M］.北京：中国建筑工业出版社，2014.
［16］陆彦.工程项目组织理论［M］.南京：东南大学出版社，2013.
［17］王孟均.工程项目组织［M］.北京：中国建筑工业出版社，2011.
［18］张智钧.工程项目管理［M］.北京：机械工业出版社，2004.
［19］郭云涛.项目范围管理［M］.北京：中国电力出版社，2014.
［20］白思俊.现代项目管理：升级版［M］.2版.北京：机械工业出版社，2019.
［21］PROJECT MANAGEMENT INSTITUTE.项目管理知识体系指南：PMBOK® 指南 第六版［M］.北京：电子工业出版社，2018.
［22］KERZNER.项目管理：计划、进度和控制的系统方法 第7版［M］.杨爱华，杨磊，王增东，等译.北京：电子工业出版社，2002.
［23］刘易斯.项目计划、进度与控制：第3版［M］.赤向东，译.北京：清华大学出版社，2002.
［24］戚安邦.项目成本管理［M］.天津：南开大学出版社，2006.
［25］魏道升，刘蓉，王欲敏，等.工程合同管理［M］.2版.北京：人民交通出版社股份有限公司，2018.
［26］刘燕.工程招投标与合同管理［M］.北京：人民交通出版社，2007.
［27］彭余华，原驰.合同管理［M］.3版.北京：人民交通出版社，2013.
［28］丛培经.工程项目管理［M］.5版.北京：中国建筑工业出版社，2017.

［29］蒋景楠.项目管理［M］.上海：华东理工大学出版社，2006.

［30］骆汉宾.工程项目管理信息分析［M］.北京：中国建筑工业出版社，2022.

［31］王颖佳，黄小亚.装配式建筑施工组织设计和项目管理［M］.成都：西南交通大学出版社，2019.

［32］孙芊芊.智慧城市系统设计中的信息资源整合研究［M］.北京：中国传媒大学出版社，2021.

［33］EASTMAN C M，TEICHOLZ P，SACKS R，et al.BIM handbook：a guide to building information modeling for owners，managers，designers，engineers and contractors［M］.New York：John Wiley & Sons，2011.

［34］ZHANG X，SKITMORE M，PENG Y.Exploring the challenges to industrialized residential building in China［J］.Habitat international，2014，41：176-184.

［35］马伟斌，王志伟.钻爆法铁路隧道预制装配化建造研究及智能建造展望［J］.隧道建设（中英文），2022，42（7）：1119-1134.

［36］曹新颖，孟凡凡，李小冬.基于精益管理的装配式建造过程返工风险智能识别［J］.清华大学学报（自然科学版），2023，63（2）：201-209.

［37］刘金典，张其林，张金辉.基于建筑信息模型和激光扫描的装配式建造管理与质量控制［J］.同济大学学报（自然科学版），2020，48（1）：33-41.

［38］RENGIER F，MEHNDIRATTA A，TENGG-KOBLIGK H V，et al.3D printing based on imaging data：review of medical applications［J］.International journal of computer assisted radiology and surgery，2010，5（4）：335-341.

［39］LI R，TING Y H，YOUSSEF S H，et al.Three-dimensional printing for cancer applications：research landscape and technologies［J］.Pharmaceuticals，2021，14（8）：787.

［40］TAN H W，CHOONG Y Y C，KUO C N，et al.3D printed electronics：processes，materials and future trends［J］.Progress in materials science，2022，127：100945.1-100945.28.

［41］周思齐，张荣荣，杨湛宁，等.3D打印模拟月壤道路材料制备与性能研究［J］.中国公路学报，2022，35（8）：105-117.

［42］田秀林，赵华平，张所地.智慧城市建设对城市创新产出的作用机理与实证检验［J］.统计与决策，2022，38（17）：184-188.

［43］杨凯瑞，蔡龙珠，班昂.中国智慧城市发展政策的演变与启示：基于对中央政府政策文本的共词分析［J］.软科学，2022，（1）：69-76.

［44］陈哲夫，莫操湖，陈端吕，等.常德市海绵城市建设示范区雨洪适应性评价与分区［J］.自然资源学报，2022，37（8）：2195-2208.

［45］项勇，苏洋杨，邓雪，等.城市基础设施防灾减灾韧性评价及时空演化研究［M］.北京：机械工业出版社，2021.

［46］王祖和，等.现代工程项目管理［M］.3版.北京：电子工业出版社，2020.

［47］白礼彪，郑堪尹，石荟敬，等.企业项目群协同管理组织模式构建［J］.工程管理学报，2019，

33（5）：91-96.

［48］PROJECT MANAGEMENT INSTITUTE. 项目组合管理标准：第4版［M］. 北京：电子工业出版社，2019.

［49］白礼彪，白思俊，郭云涛. 绿色项目组合配置的协同管理［J］. 科技管理研究，2016，36（15）：242-246.

［50］白礼彪，杜强. 项目群协同管理［M］. 北京：机械工业出版社，2020.